AMÉRICA
DEL SUR

MAR CARIBE

BELICE
HONDURAS
NICARAGUA

Lago de Managua

Barranquilla
Cartagena

Maracaibo

Caracas ✪

Lago de Maracaibo

Río Orinoco

EL SALVADOR

San Cristóbal

Georgetown ✪

Paramaribo

ATEMALA

Medellín

VENEZUELA

GUAYANA

SURINAM

Cayena ●

PANAMÁ

COSTA RICA

Cali ●

✪ Bogotá

Boa Vista ●

GUAYANA FRANCESA

COLOMBIA

✪ Quito

ECUADOR

Guayaquil ● ● Cuenca

● Iquitos

Río Amazonas

AS
LAPAGOS

Río Magdalena

A M A Z O N A S

PERÚ

BRASIL

L O S   A N D E S

Lima ✪

Machu Picchu

Ayacucho ● ● Cuzco

BOLIVIA

Brasilia ✪

Lago Titicaca

✪ La Paz

Santa Cruz ●

● Sucre
● Potosí

CHILE

PARAGUAY

Río Paraná

Río de Janeiro ●

São Paulo ●

Asunción ✪

Iguazú ●

L O S   A N D E S

Río Uruguay

OCÉANO PACÍFICO

Córdoba ●

OCÉANO ATLÁNTICO

URUGUAY

Viña del Mar ●
Valparaíso

Montevideo ✪

Santiago ✪

Buenos Aires ✪

Concepción ●

ARGENTINA

Bahía Blanca ●

Río de la Plata

Viedma ●

ISLAS MALVINAS (Br.)

Estrecho de Magallanes

TIERRA DEL FUEGO

OCÉANO ATLÁNTICO

ECUADOR

| 0 | 200 | 400 | 600 | 800 | 1,000 MILLAS |

| 0 | 400 | 800 | 1,200 | 1,600 KILÓMETROS |

NIGERIA

ÁFRICA

CAMERÚN

Malabo ✪

GUINEA ECUATORIAL

GABÓN

ÁFRICA

ECUADOR

| 0 | MILLAS | 500 |
| 0 | KILÓMETROS | 800 |

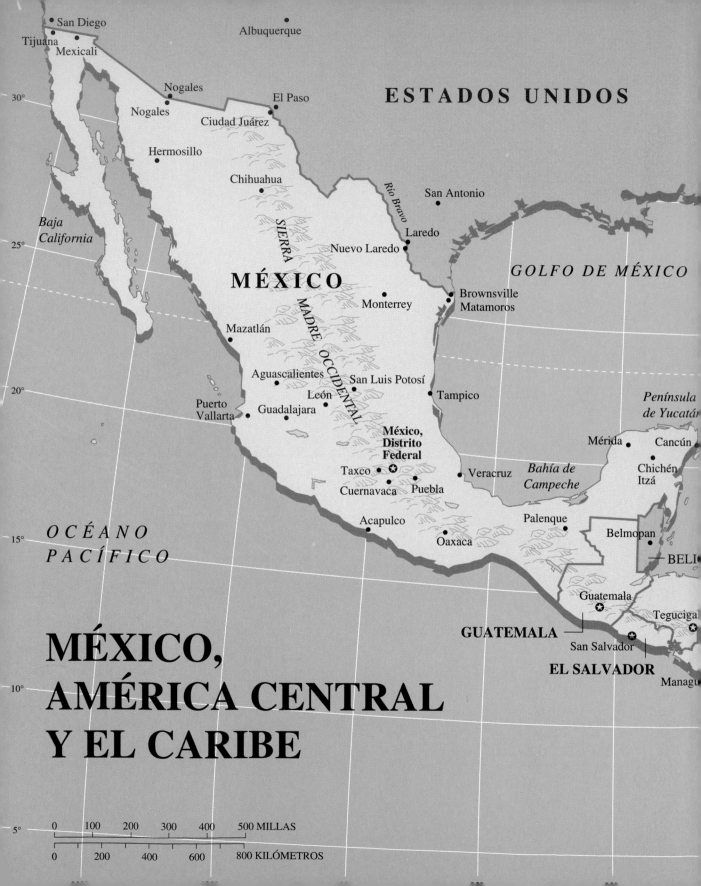

San Diego
Tijuana
Mexicali

Albuquerque

ESTADOS UNIDOS

30°

Nogales

Nogales

El Paso

Ciudad Juárez

Hermosillo

*Baja
California*

Chihuahua

Río Bravo

San Antonio

25°

SIERRA

Nuevo Laredo

Laredo

GOLFO DE MÉXICO

MÉXICO

Monterrey

Brownsville
Matamoros

Mazatlán

MADRE OCCIDENTAL

Aguascalientes

San Luis Potosí

20°

León

Puerto
Vallarta

Guadalajara

Tampico

*Península
de Yucatán*

Mérida

Cancún

**México,
Distrito
Federal**

Taxco

Veracruz

*Bahía de
Campeche*

Chichén
Itzá

Cuernavaca

Puebla

Acapulco

Palenque

Belmopan

15°

*OCÉANO
PACÍFICO*

Oaxaca

BELI

Guatemala

Teguciga

GUATEMALA

San Salvador

MÉXICO,
AMÉRICA CENTRAL
Y EL CARIBE

EL SALVADOR

Managu

10°

5°

0   100   200   300   400   500 MILLAS

0   200   400   600   800 KILÓMETROS

75° 70° 65° 60° 55°

30°

OCÉANO
ATLÁNTICO

25°

Miami

Nassau

BAHAMAS

La Habana

20°

CUBA

REPÚBLICA
DOMINICANA

San Juan

MAR CARIBE

Santiago
de Cuba

Puerto Príncipe

Santo
Domingo

Kingston

PUERTO
RICO

GUADELOUPE

JAMAICA

HAITÍ

HONDURAS

MARTINIQUE

15°

NICARAGUA

ago de
Managua

10°

Caracas

San José

Canal de
Panamá

Colón

Panamá

PANAMÁ

VENEZUELA

COSTA
RICA

Golfo
de
Panamá

COLOMBIA

Bogotá

ESPAÑA

FRANCIA

ANDORRA

OCÉANO ATLÁNTICO

MAR CANTÁBRICO

PORTUGAL

GALICIA

Santiago

PRINCIPADO DE ASTURIAS

CANTABRIA

Santander

Bilbao

PAÍS VASCO

NAVARRA

Pamplona

PIRINEOS

CATALUÑA

Gerona

Barcelona

Lérida

Zaragoza

ARAGÓN

Río Ebro

LA RIOJA

CORDILLERA CANTÁBRICA

CASTILLA Y LEÓN

Valladolid

Salamanca

Segovia

SIERRA DE GUADARRAMA

✪ **Madrid**

MADRID

Toledo

CASTILLA-LA MANCHA

Cuidad Real

EXTREMADURA

Río Tajo

COMUNIDAD VALENCIANA

Valencia

ISLAS BALEARES

MENORCA

MALLORCA

Palma

IBIZA

MAR MEDITERRÁNEO

Alicante

Cartagena

MURCIA

Murcia

ANDALUCÍA

Río Guadalquivir

Córdoba

Granada

SIERRA NEVADA

Costa del Sol

Málaga

Sevilla

Cádiz

Tanger

Estrecho de Gibraltar

— *Gibraltar (Br.)*

— *Ceuta (Sp.)*

Melilla (Sp.)

Costa Brava

Lisboa

ISLAS CANARIAS

LANZAROTE

FUERTEVENTURA

GRAN CANARIA

Las Palmas

TENERIFE

LA PALMA

GOMERA

HIERRO

MILLAS
KILÓMETROS 120

0   75

0

ÁFRICA

12°

28°

14°

16°

18°

150 MILLAS

200 KILÓMETROS

150

100

50

100

50

50

0

0

0

44°

42°

40°

38°

36°

10°

8°

6°

4°

2°

2°

38°

40°

42°

Encuentros

SECOND EDITION

Emily Spinelli
UNIVERSITY OF MICHIGAN AT DEARBORN

Marta Rosso-O'Laughlin
TUFTS UNIVERSITY

Harcourt Brace College Publishers

Fort Worth   Philadelphia   San Diego   New York   Orlando   Austin   San Antonio
Toronto   Montreal   London   Sydney   Tokyo

Publisher   Ted Buchholz
Senior Acquisitions Editor   Jim Harmon
Developmental Editors   Jeff Gilbreath and Sharon Alexander
Senior Project Editor   Katherine L. Vardy
Senior Production Manager   Ken Dunaway
Art and Design Supervisor   Serena Barnett Manning
Text Design   Rita Naughton
Cover Design   Sok James Hwang
Illustrators   Lamberto Alvarez/Ed Malsberg
Back Cover Art   Michael Gomez
Map Artist   Carol Zuber-Mallison

Library of Congress Cataloging-in-Publication Data

Spinelli, Emily.
    Encuentros / Emily Spinelli, Marta Rosso-O'Laughlin. — 2nd ed.
        p.   cm.
    Spanish and English.
    Includes index.
    ISBN 0-03-055869-7
    1. Spanish language—Textbooks for foreign speakers—English.
I. Rosso-O'Laughlin, Marta.   II. Title.
PC4129.E5S7   1992
468.2'421—dc20   91-22913
                                                                                   CIP

ISBN 0-03-055869-7

Requests for permission to make copies of any part of the work should be mailed to:
Copyrights and Permissions Department, Harcourt Brace & Company, Publishers,
Orlando, FL 32887.

Address for Editorial Correspondence:
Harcourt Brace & Company, Publishers, 301 Commerce Street, Suite 3700
Fort Worth, Texas 76102

Address for Orders:
Harcourt Brace & Company, Publishers, 6277 Sea Harbor Drive, Orlando, FL 32887
3-800-782-4479, or 1-800-443-0001 (in Florida)

Printed in the United States of America

3 4 5   016   9 8 7 6 5 5 4 3

PREFACE

The second edition of the **Encuentros** elementary Spanish program emphasizes a communicative approach to teaching listening comprehension, speaking, reading, writing, and culture. The program consists of several components that promote the use of language to do things, to function in social situations, and to communicate with others. Each of the four skills is given equal importance in terms of explanations, exercises, and activities so that the end goals of communicating and functioning within Hispanic culture are met.

NEW TO THIS EDITION

The second edition of **Encuentros** has the following new features:

1. Beautiful full-color design and photography enhance the cultural aspect of the text.
2. One or more dialogues expanding on the functional vocabulary and phrases of each *Presentación* is recorded on the audio cassette available with each student text. Comprehension exercises follow, giving **Encuentros**, Second Edition, one of the most outstanding listening strands available in any first-year text.
3. The list of cultural and communicative goals opening each chapter is now followed by *A pensar*, questions designed to make students aware of cross-cultural functional comparisons.
4. Each chapter concludes with *A recordar*, a list of linguistic functions and tasks students can use for self-review.
5. The *Puente cultural* sections appear completely in Spanish beginning with *Capítulo 5* and are now followed by comprehension check exercises.
6. A revised sequence in the second edition introduces the preterite earlier (*Capítulo 6*) and the subjunctive later (*Capítulo 9*); many new dialogues have been added to illustrate these structures.
7. A *Para escribir bien* section in each chapter provides writing strategies such as using a dictionary, pre-writing, summarizing, and writing letters. A *Composiciones* section follows with topics and suggestions for writing in a variety of formats.

FEATURES

The **Encuentros** program offers a variety of unique features in organization and approach. It is characterized by the following features.

- Authentic language and materials provide the same type of listening and reading materials that native speakers hear and read.
- Interactive exercises, activities, and role plays simulate the language used by native speakers.

- Functional terms are used in the presentation of vocabulary, grammar, and expressions.
- Cultural information introduces students to the Spanish-speaking world and helps them develop their ability to function within that culture.
- Spiral sequencing of grammar allows students to proceed from conceptual to partial to full control of individual structures with less frustration.
- The development of the receptive skills of listening and reading serves as a foundation for building proficiency in the productive skills of speaking and writing.
- The program develops basic language functions such as listing and enumerating; creating with language within a variety of basic contexts; asking and answering questions; initiating, sustaining, and closing a simple conversation; and learning to respond to a predictable situation in the target culture.

ORGANIZATION OF STUDENT TEXTBOOK

The student textbook is composed of an *Encuentro preliminar* plus eighteen chapters. Each chapter is organized around a place or situation that is likely to be encountered by a person studying, working, or traveling in a Spanish-speaking country. The vocabulary, expressions, cultural information, and grammar structures taught within each chapter relate to the situation and provide the student with the skills and information needed to be able to function within that situation. Each chapter is divided into four sections called *encuentros* so that vocabulary, structures, and culture can be presented to the students in more manageable amounts. This information is then expanded upon and re-entered throughout the chapter.

A pensar   Each chapter begins with a statement as to the cultural theme and communicative goals for the chapter. In the *A pensar* section students are asked questions to help them activate their background knowledge concerning the stated goals.

Presentación   The first three *encuentros* of each chapter begin with a *Presentación* that introduces the vocabulary and basic phrases necessary for communicating and functioning within the situation of the chapter. The vocabulary and expressions are presented in context and practiced in a variety of exercises and activities.

Así se habla, A escuchar   Each chapter contains at least one section entitled *Así se habla* which follows the *Presentación*. This section contains phrases or expressions used to perform a linguistic function related to the chapter situation. Students learn the expressions for such functions as making a phone call, extending and declining invitations, complaining, shopping, ordering a meal, or expressing disbelief. The listening comprehension section *A escuchar* is included in one of the *Así se habla* sections of each chapter. After the presentation and practice of the functional expressions of the *Así se habla* section, students listen to a brief taped conversation illustrating the linguistic function under consideration. Students then complete the listening comprehension exercise for the conversation. An audio tape containing the *A escuchar* conversations is included with each student textbook.

Sonidos   These sections occur within the first nine chapters and are devoted to the presentation and practice of individual sounds, linking, accentuation, and intonation. Each section includes an explanation of how to pronounce certain letters or diphthongs followed by practice with individual words, phrases, and sentences. Each of the *Sonidos* sections is organized around phonetic characteristics illustrated in the vocabulary and phrases taught in the *Presentación* section.

Estructuras The grammar presentation follows a spiral sequencing; only one aspect of the difficult grammar structures is presented per *encuentro*. For example, the teaching of *ser* and *estar*, the present and preterite tenses, and the subjunctive are spread over many chapters so that there is ample opportunity for re-entry and constant review of the grammar point. In this manner, students can naturally progress from conceptual to partial control, and ultimately to full control of the grammar structure. Numerous contextualized exercises follow each grammar explanation; the exercises progress from mechanical to meaningful to communicative.

Puente cultural Each lesson includes at least one *Puente cultural*, a brief section that explains a salient feature of Hispanic culture related to the situation of the chapter. Each *Puente cultural* section includes a photo or piece of realia that illustrates the cultural information being discussed and is followed by a brief comprehension exercise designed to help students assimilate cultural differences. The *Puente cultural* sections of the beginning chapters are in English; the switch to Spanish is made in *Capítulo 5*.

Para leer bien, Lectura *Para leer bien* is designed to facilitate the reading of the *Lectura*. It precedes the reading selection and offers advance organizers in the form of concise explanations and an exercise on such items as cognate recognition, prefixes and suffixes, word families, predicting content, and general reading hints. It is related to the content of the *Lectura*. The *Lectura* serves to recombine and reintegrate the vocabulary and grammar of the chapter as well as to provide further cultural information related to the situation of the chapter. The *Lectura* frequently examines the institutions, values, and concepts of Hispanic culture. It is followed by a variety of reading comprehension activities.

Actividades The *Actividades* section is intended to be the culminating activity of the chapter and one which allows the student to use the language in interesting and entertaining ways. These individual and small-group activities recombine the vocabulary, structures, and linguistic functions of the chapter in games and role-playing situations.

Para escribir bien, Composiciones The *Para escribir bien* sections offer a series of strategies designed to teach writing as a process. Topics include general writing techniques such as preparing to write, improving accuracy, or using a dictionary as well as writing for specific situations such as personal and business letters, filling out an application, and extending and replying to invitations.

A recordar Each chapter ends with a list of the communicative functions taught within the chapter. This list can serve as a springboard for further classroom activities or out-of class individual or small group review work.

Other features Each chapter includes a list of the active vocabulary introduced within the chapter. The vocabulary is organized by theme and by part of speech. The *Appendixes* include information on metric units of measurement, a detailed guide to Spanish pronunciation, charts of regular and irregular verbs, and a brief explanation of the verb tenses of low frequency that have been omitted from the textbook proper. The Spanish-English vocabulary and the index conclude the textbook.

ANCILLARIES

Cuaderno de ejercicios y manual de laboratorio   The *Cuaderno de ejercicios y manual de laboratorio* is considered to be a principal and integral part of the **Encuentros** program. In the workbook, students practice (*a*) forming sentences in the target language, (*b*) writing for various social or work situations, and (*c*) writing the more formal types of compositions required in an academic situation.

The laboratory portion of the program includes sections that specifically emphasize the development of the listening skill in proficiency-based exercises related to the chapter situation. The lab manual also includes pronunciation exercises, exercises for oral practice of the vocabulary and grammar structures of the chapter, and additional listening comprehension exercises based on chapter materials.

Instructor's Annotated Edition   The Instructor's Annotated Edition is an expanded version of the student textbook. It contains detailed suggestions for using the various components of the **Encuentros** program. Marginal annotations provide instructors with supplemental vocabulary and grammar, material for varying and expanding the textbook exercises, *Sonidos* reviews for *Capítulos* 10-18, and additional cultural information. The Answer Key for the student textbook exercises is found in the Testing Program that accompanies *Encuentros* 2e.

Situation Cards for Oral Evaluation   The situation cards are designed to assist the instructor in evaluating oral achievement. The cards provide a conversation topic or role-play situation that tests discrete items related to vocabulary, grammatical structures, and/or linguistic function. They may also be used for impromptu speaking practice in the classroom.

Repasos y exámenes   The six *Repasos* correspond to each three-chapter sequence of the student textbook. A quiz for the *Encuentro preliminar*, tests for each of the eighteen chapters and a comprehensive final examination are also included in this ancillary. The tests are also available on ExaMaster, a computerized testing program in IBM and Macintosh formats.

Video   The accompanying *Actualidades* video program provides authentic listening and viewing materials. The twenty episodes treat topics that will help the student develop skills for functioning within Hispanic culture.

Transparencies   A set of 32 full-color overhead transparencies to assist in teaching or testing language functions is available for instructor use. Included are transparency maps of the Spanish-speaking world.

A detailed descriptions of all ancillary materials and their correlations with the textbook is contained in the preface to the Instructor's Annotated edition.

Spanish MicroTutor Software   A generic interactive microcomputer grammar tutorial for the IBM PC is available as an optional supplement for **Encuentros**, Second Edition. It provides pre-tests, tutorials, exercises, and post-tests.

ACKNOWLEDGMENTS

The publication of this second edition of *Encuentros* could not have been accomplished without the assistance and contributions of many people. We would first like to thank Harcourt Brace Jovanovich College Division in general and Jim Harmon, Senior Acquisitions Editor, in particular, for the continued support of *Encuentros* and for facilitating the publication of the second edition. We would also like to thank Page Pepiot-Sanders for her enthusiastic promotion of our textbook and the art and production departments for their quality work. We would like to acknowledge the preliminary work done on the project by Sharon Alexander; it was her guidance that led to the conceptualization of the second edition and its new and unique features. We are very grateful to our Developmental Editor Jeff Gilbreath at Harcourt Brace Jovanovich College Division for his thorough and timely editing of the manuscript, his attention to detail, and his many helpful suggestions. We also wish to express our appreciation to Katherine Vardy at HBJ for expertly guiding the text through production.

Last we would like to acknowledge the work of the many reviewers who provided us with insightful comments and constructive criticism of the text. Harold Cannon, California State University, Long Beach; Rosa Commisso, Kent State University; Teresa Minik, Kent State University; Pat Mosier, University of Houston, Downtown; Eunice Myers, Wichita State University; Delores O'Connor, University of New Orleans; Angel Puente-Guerra, University of Maryland; Robert A. Philips, Jr., Wichita State University; Donald Schurlknight, Wayne State University; Tony Spanos, Weber State University; Grant Staley, The Citadel; Virginia Vigil, Northern Arizona University; Caroline White, College of Saint Catherine.

CONTENTS

CAPÍTULO 2   *AMIGOS Y COMPAÑEROS*   48

CAPÍTULO 5   *¡A COMER Y A BEBER!*   148

CAPÍTULO 6   *VAMOS DE COMPRAS*   179

CAPÍTULO 14   *¿CÓMO TE SIENTES?*   418

CAPÍTULO 18   *EL MUNDO DE LOS NEGOCIOS*   534

SCOPE AND SEQUENCE

CHAPTER TITLE AND CULTURAL THEME	VOCABULARY PRESENTATION	COMMUNICATIVE FUNCTIONS AND GRAMMAR	
Encuentro preliminar: Saludos Introduction to the Hispanic World	**¡Hola! ¿Qué tal?**	Inquiring about health	**Estoy, estás, está** + health expressions
		Expressing small quantities	Numbers 0–10
Capítulo 1: En la universidad Hispanic University Life	**¿Qué hay en la clase? ¿Dónde estudias? Escuchen, por favor.**	Talking about specific things and people	Nouns and definite articles
		Talking about non-specific things and people	Indefinite articles
		Discussing what you like, don't like, and need to do	Infinitives
		Addressing and referring to people	Subject pronouns
		Talking about common, everyday activities	Present tense of regular **-ar** verbs
		Expressing location	Present tense of **estar**; **estar** + location
		Describing emotional and physical conditions	**Estar** + adjectives of condition
		Asking questions	Yes/no question formation
Capítulo 2: Amigos y compañeros The Concept of Friendship in the Hispanic World	**¿Cómo es tu mejor amigo? ¿De dónde eres? Te presento a mis amigos**	Describing people	**Ser** + adjectives and nouns
		Describing objects	Position and agreement of adjectives

CHAPTER TITLE AND CULTURAL THEME	VOCABULARY PRESENTATION	COMMUNICATIVE FUNCTIONS AND GRAMMAR	
		Describing nationality	**Ser** + place of origin or adjective of nationality
		Discussing things we do or ought to do	Present tense of regular **-er** verbs
		Discussing other things we do	Present tense of regular **-ir** verbs
		Requesting information	Question formation with interrogative words
Capítulo 3: En familia The concept of the family in the Hispanic world	**¿Quien soy yo?** **Los planes del bautismo** **Un problema familiar**	Talking about destination and future plans	**Dar**, **ir**, and **ir a** + *infinitive*
		Discussing belongings and things that have to be done	Irregular verbs **tener**, **venir**
		Indicating small quantities	Numbers 21–100
		Indicating ownership	Possession with **ser** + **de** Unstressed possessive adjectives
		Clarifying and adding information	Relative pronoun **que**
		Talking about schedules and time of day	Telling time
		Describing people and location	**Ser** versus **estar**

SKILL DEVELOPMENT STRATEGIES		CULTURAL READINGS	
Sonidos	**r, rr**		
	Diphthongs with **u**: ua, ue, ui, uo		
Para leer bien	Format of a reading		
Para escribir bien	Expressing frequency of actions		
Así se habla	Expressing cause or reason	**Puente cultural**	**Los apellidos**
	Denying and contra- dicting		**La fiesta quinceañera**
		Lectura	**La familia hispánica**
A escuchar	Denying and contra- dicting		
Sonidos	**b, v**		
	Diphthongs with **i**: ia, ie, io, iu		
Para leer bien	Recognizing cognates		
Para escribir bien	Preparing to write		

CHAPTER TITLE AND CULTURAL THEME	VOCABULARY PRESENTATION	COMMUNICATIVE FUNCTIONS AND GRAMMAR	
Capítulo 4: El tiempo pasa Important dates, holidays, and festivals in the Hispanic world	**¿Qué tiempo hace? Una cita ¿Cuándo vienes?**	Talking about things you do	Some irregular verbs
		Distinguishing between people and things	Personal **a**
		Expressing ability and familiarity	Verbs ending in **-cer** and **-cir**; **saber** versus **conocer**
		Giving an opinion	Impersonal expressions + infinitive
		Expressing large quantities	Numbers above 100
		Expressing destination and purpose	Some prepositions; **por** versus **para**
		Indicating the recipient of something	Prepositional pronouns
Capítulo 5: ¡A comer y a beber! Hispanic meals and eating customs	**¿Qué te gusta comer? A dieta Vamos a poner la mesa**	Discussing preferences, recommendations, and wishes	Stem-changing verbs e → ie
		Pointing out people and things	Demonstrative adjectives
		Talking about having lunch, trying new foods, and other common activities	Stem-changing verbs o → ue
		Discussing ordering and serving foods	Stem-changing verbs e → i
		Asking and requesting	**Pedir** versus **preguntar**
		Indicating quantity	Adjectives of quantity
		Discussing everyday activities and occurrences	**Oír**; verbs ending in **-uir**

SKILL DEVELOPMENT STRATEGIES		CULTURAL READINGS	
Así se habla	Extending, accepting, and declining invitations	**Puente cultural**	**El día del santo**
			La feria de Pamplona
	Expressing polite dismissal	**Lectura**	**Las fiestas**
A escuchar	Extending, accepting, and declining invitations		
Sonidos	**d**		
	s, ce, ci, z		
Para leer bien	Recognizing holidays		
Para escribir bien	Extending and replying to a written invitation		

Así se habla	Expressing likes and dislikes	**Puente cultural**	**El pan del mundo hispano**
			El jerez
	Expressing readiness	**Lectura**	**El horario de las comidas**
A escuchar	Expressing likes and dislikes		
Sonidos	**p, t**		
	Linking		
Para leer bien	Word order		
Para escribir bien	Improving accuracy		

CHAPTER TITLE AND CULTURAL THEME	VOCABULARY PRESENTATION	COMMUNICATIVE FUNCTIONS AND GRAMMAR	
Capítulo 6: Vamos de compras Shopping in the Hispanic world	**Vendedores y clientes** **¡Gran oferta!** **En la tienda de regalos**	Talking about past activities	Preterite of regular **-ar** verbs
		Discussing looking for and purchasing items	Preterite of **-ar** verbs with spelling changes
		Discussing everyday past activities	Preterite of regular **-er** and **-ir** verbs
		Making comparisons	Comparisons of inequality
		Giving information	**Se** in impersonal and passive constructions
		Talking about where you went and what you did	Preterite of **dar**, **ir**, **ser**, and **hacer**
Capítulo 7: ¿A qué restaurante vamos? Eating in Hispanic cafés and restaurants	**El Restaurante Valencia** **En el Restaurante Xochimilco** **¿Qué salsa prefiere Ud.?**	Avoiding repetition of something already mentioned	Direct object pronouns referring to things
		Discussing some past activities	Irregular preterites with **i** and **u** stems
		Discussing more past activities	Irregular preterites with **j** and **y** stems
		Avoiding repetition of someone already mentioned	Direct object pronouns referring to people
		Expressing how long ago actions were done	**Hace** + preterite tense
		Talking about a series of completed actions in the past	Uses of the preterite

SKILL DEVELOPMENT STRATEGIES		CULTURAL READINGS	
Así se habla	Indicating past time Complaining Shopping	**Puente cultural**	**La casa de artículos regionales** **Los vendedores ambulantes**
A escuchar	Shopping	**Lectura**	**La compra como actividad social**
Sonidos	**m, n, ñ** More on accentuation and accent marks		
Para leer bien	The suffix **-ería** = *shop, store*		
Para escribir bien	Letters of complaint		

Así se habla	Ordering a meal Expressing food preferences	**Puente cultural**	**La comida de origen hispanoamericano**
A escuchar	Ordering a meal	**Lectura**	**Vamos a tomar algo**
Sonidos	**c, qu** **l, ll, y**		
Para leer bien	Understanding meaning through context		
Para escribir bien	Using the dictionary		

CHAPTER TITLE AND CULTURAL THEME	VOCABULARY PRESENTATION	COMMUNICATIVE FUNCTIONS AND GRAMMAR	
Capítulo 8: La vida diaria Daily life in the Hispanic world	**La rutina diaria** **El detective Jaime Aguilar** **Mami, ¿qué me pongo?**	Discussing daily routine	Present tense of reflexive verbs
		Describing daily routine	Adverb formation
		Discussing daily routine in the past	Preterite of stem-changing verbs
		Talking about other people	Uses of the indefinite article
		Giving commands	Formal commands
		Denying and contra-dicting	Indefinite and negative expressions
Capítulo 9: La vida en casa Hispanic home life	**Mi nueva casa** **Arreglemos la casa** **¿Quién hace los quehaceres domésticos?**	Expressing possibility	Present sub-junctive of regular **-ar** verbs
		Expressing hope and opinion	Subjunctive used with impersonal expressions
		Expressing need, opinion, and advice	Present sub-junctive of regular **-er** and **-ir** verbs plus **ir, saber,** and **ser**
		Expressing hope and opinion	Subjunctive of stem-changing verbs
		Indicating to whom or for whom actions are done	Indirect object pronouns
		Expressing endearment	Diminutives

SKILL DEVELOPMENT STRATEGIES		CULTURAL READINGS	
Así se habla	Expressing frequency and sequence of actions	Puente cultural	El paseo
	Discussing clothing	Lectura	La dignidad
A escuchar	Discussing clothing		
Sonidos	x		
	Intonation		
Para leer bien	Words ending in **-dad** and **-tad**		
Para escribir bien	Sequencing events		

Así se habla	Expressing spatial relations	Puente cultural	El patio español
	Enlisting help	Lectura	¿Dónde vivimos?
A escuchar	Enlisting help		
Sonidos	**ga**, **go**, **gu**		
	j, **ge**, **gi**		
Para leer bien	Learning new vocabulary		
Para escribir bien	Giving written instructions		

CHAPTER TITLE AND CULTURAL THEME	VOCABULARY PRESENTATION	COMMUNICATIVE FUNCTIONS AND GRAMMAR	
Capítulo 10: ¿Qué tal el partido? Sports and Games in the Hispanic World	¿Qué deporte practicas? ¡El campeonato! Conseguimos unos asientos fantásticos	Expressing hopes and wishes	Subjunctive after verbs of hope and desire
		Making comparisons	Superlative forms of adjectives
		Giving commands	Regular familiar commands
			Irregular familiar commands
		Avoiding repetition of previously mentioned people and things	Double object pronouns
		Making statements and giving commands	Position of reflexive and object pronouns
Capítulo 11: La vida estudiantil High school and university educational systems	La Universidad del Litoral Quedé suspendido El Club Latino	Talking about past routine	Imperfect of regular -ar verbs
		Discussing and describing past actions	Some uses of the imperfect
		Talking about how life used to be	Imperfect of regular -er and -ir verbs
		Describing previous friends and activities	Imperfect of ir, ser, and ver
		Describing life in the past	More uses of the imperfect
		Talking to and about other people and things	Uses of the definite article
		Discussing general characteristics	Lo + adjective

SKILL DEVELOPMENT STRATEGIES		CULTURAL READINGS	
Así se habla	Talking about a game	**Puente cultural**	**La corrida de toros**
	Expressing opinions		**El jai alai**
A escuchar	Talking about a game		**Otros deportes populares**
Para leer bien	Borrowed words	**Lectura**	**La pasión del fútbol**
Para escribir bien	Keeping a diary or journal		

Así se habla	Expressing sympathy and giving encouragement	**Puente cultural**	**Los estudiantes y la política**
	Changing direction in a conversation		**Estudiantes y profesores**
A escuchar	Changing direction in a conversation	**Lectura**	**La UNAM**
Para leer bien	Words with the same root		**El sistema educativo**
Para escribir bien	Describing events in the past		

CHAPTER TITLE AND CULTURAL THEME	VOCABULARY PRESENTATION	COMMUNICATIVE FUNCTIONS AND GRAMMAR	
Capítulo 12: En la agencia de empleos The concept of work in the Hispanic world	**De niño yo quería ser bombero** **Feliz Futurama, Agencia de empleos** **Los obreros están de huelga**	Talking about meeting, finding out, and refusing in the past	Verbs that change meaning in the preterite
		Discussing past events	Imperfect versus preterite
		Narrating in the past	More uses of the imperfect and preterite
		Pointing out people and things	Demonstrative pronouns
		Comparing people and things with equal qualities	Comparisons of equality with adjectives and adverbs
		Comparing the possessions of people	Comparisons of equality with nouns
Capítulo 13: Intereses y diversiones Leisure-time activities in the Hispanic world	**¿Cuáles son tus pasatiempos?** **¿Qué hacemos esta noche?** **De picnic en la playa**	Expressing likes, dislikes, and interests	Verbs like **gustar**
		Talking about people and things in a series	Ordinal numbers
		Requesting and commanding others	Subjunctive after verbs of request, command, and judgment
		Discussing sequence of actions	Infinitives after prepositions
		Doubting and denying actions of others	Subjunctive after verbs of doubt, denial, and uncertainty
		Linking ideas	Changes of **y** → **e** and **o** → **u**

CHAPTER TITLE AND CULTURAL THEME	VOCABULARY PRESENTATION	COMMUNICATIVE FUNCTIONS AND GRAMMAR	
Capítulo 14: ¿Cómo te sientes? Doctors, hospitals, and pharmacies in the Hispanic World	**El cuerpo humano** **Una llamada al consultorio** **Farmacia Falca**	Talking about actions in progress Expressing duration of actions Discussing accidents and unexpected events Describing exceptional qualities Expressing destination, purpose, motive, and duration of time	Progressive Tenses **Hace** + expressions of time Reflexive for unplanned occurrences Absolute superlative **Por** versus **para**
Capítulo 15: De viaje Travel, places of interest, and modes of transportation in the Hispanic world	**Agencia de viajes La Buena Vida** **La lista de una viajera** **En el aeropuerto**	Talking about future activities Expressing uncertainty about future actions Asking for definitions and preferences Discussing when future actions will take place	Future tense of regular verbs Future tense of irregular verbs Subjunctive in adverb clauses **¿Qué?** versus **¿Cuál?** Subjunctive in adverb clauses of time
Capítulo 16: En el hotel Hotels and tourism	**¿Dónde nos alojamos?** **En el Hotel Los Valles** **Quisiera abonar la cuentra**	Talking about completed past actions Discussing what you have done, seen, and said	Present perfect indicative of regular verbs Present perfect indicative of irregular verbs

SKILL DEVELOPMENT STRATEGIES		CULTURAL READINGS	
Así se habla	Making a telephone call Giving advice	**Puente cultural**	**La atención médica** **La partera**
A escuchar	Making a telephone call		**Los curanderos**
Para leer bien	Main ideas and supporting elements	**Lectura**	**¿Dónde hay un doctor?**
Para escribir bien	Summarizing		
Así se habla	Expressing probability Making promises	**Puente cultural**	**Las pirámides de Teotihuacán**
A escuchar	Expressing probability		**El Museo de Oro**
Para leer bien	Personal letters		**La costa española**
Para escribir bien	Writing postcards	**Lectura**	**Saludos de México**
Así se habla	Circumlocution Making apologies	**Puente cultural**	**Las pensiones** **Los campamentos**
A escuchar	Making apologies		**Los paradores nacionales de España**
Para leer bien	Recapitulation		
Para escribir bien	Making a reservation by letter	**Lectura**	**La industria del turismo en España**

CHAPTER TITLE AND CULTURAL THEME	VOCABULARY PRESENTATION	COMMUNICATIVE FUNCTIONS AND GRAMMAR	
		Expressing possession	Stressed possessive adjectives and pronouns
		Talking about actions completed before other actions	Past perfect indicative
		Describing unknown or non-existent people and things	Subjunctive in adjective clauses
Capítulo 17: En la ciudad Urban life in the Hispanic world	**En el Distrito Federal El pueblo viejo Una ciudad histórica: Burgos**	Explaining what you would do in certain situations	Conditional of regular verbs
		Softening requests and criticism	Conditional of irregular verbs
		Linking ideas	Relative pronouns **que**, **quien**, and **lo que**
		Talking about reciprocal actions	Reciprocal **nos**, **se**
		Telling people what you want others to do	Indirect commands
		Talking about old friends, great people, and new things	Position, form, and meaning of adjectives
Capítulo 18: El mundo de los negocios Hispanic business practices	**La financista En la ventanilla del banco La correspondencia**	Expressing past wants and hopes	Imperfect subjunctive of regular verbs
		Linking contradictory ideas	**Pero** versus **sino**

CHAPTER TITLE AND CULTURAL THEME	VOCABULARY PRESENTATION	COMMUNICATIVE FUNCTIONS AND GRAMMAR	
		Discussing previous doubts, advice, and commands	Imperfect subjunctive of irregular and stem-changing verbs
		Making polite requests	Other uses of the imperfect subjunctive
		Discussing contrary-to-fact situations	*If* clauses with imperfect subjunctive and conditional tense

**SKILL DEVELOPMENT
STRATEGIES**

**CULTURAL
READINGS**

PHOTO CREDITS

p. 1, Robert Frerck/Odyssey Productions. p. 7, Ulrike Welsch. p. 11, Robert Fried. p. 12 and 13 (top left and top right), Ulrike Welsch. p. 13, (bottom left) Chip and Rosa Maria Peterson. p. 13, (bottom right), Robert Fried. p. 16, Ulrike Welsch. p. 23, Robert Frerck/Odyssey Productions. p. 24, (top) DDB Stock. p. 24, (bottom) 41 and 43, Ulrike Welsch. p. 48, Robert Frerck/Odyssey Productions. p. 49, Robert Fried. p. 50, (top left) Ulrike Welsch. p. 50, (bottom right) Daemmrich Photos. p. 57, Chip and Rosa Maria Peterson. p. 67, Peter Menzel. p. 74 and 79, Robert Frerck/Odyssey Productions. p. 89, Allan Oddio/PhotoEdit. p. 98, Tony Freeman/PhotoEdit. p. 105, Comstock. p. 107, Ulrike Welsch. p. 112, Robert Frerck/Odyssey. p. 120, Peter Menzel. p. 132, Robert Fried. p. 140, Robert Frerck/Odyssey Productions. p. 142, Robert Fried. p. 148 and 156, Ulrike Welsch. p. 170 and 171, Robert Frerck/Odyssey Productions. p. 173, Peter Menzel. p. 179, Ulrike Welsch. p. 180, Hugh Rogers/Monkmeyer Press. p. 181, (top) Robert Fried. p. 181, (bottom) Hugh Rogers/Monkmeyer Press. p. 196, Robert Frerck/ Odyssey Productions. p. 205, Robert Fried. p. 207, Ulrike Welsch. p. 212, R. Sidney/ PhotoEdit. p. 213, Robert Frerck/Odyssey Productions. p. 221, Ulrike Welsch. p. 229 and 230, Robert Frerck/Odyssey Productions. p. 237, Chip and Rosa Maria Peterson. p. 242, Robert Frerck/Odyssey Productions. p. 251, Robert Fried. p. 265, Stuart Cohen/ Comstock. p. 267 and 272, Robert Frerck/Odyssey Productions. p. 281, Grant Le Duc/ Monkmeyer Press. p. 287, Bob Daemmrich Photography. p. 293, 295, 301 and 302, Robert Frerck/Odyssey Productions. p. 303, Sports Illustrated © Time Inc. (Millan). p. 309, Peter Menzel. p. 317, Stuart Cohen/Comstock. p. 326, Chip and Rosa Maria Peterson. p. 328, Sports Illustrated © Time Inc. p. 333, Robert Frerck/Odyssey Productions. p. 335, Chip and Rosa Maria Peterson. p. 340, Robert Frerck/Odyssey Productions. p. 347, Museo del Prado/Art Resource. p. 348, Ulrike Welsch. p. 355, Beryl Goldberg. p. 357, Paul Conklin/PhotoEdit. p. 362, Monkmeyer Press. p. 369, Robert Fried. p. 374, Jeff Gillbreath/HBJ Photo. p. 377, George D. Lepp/Comstock. p. 378, DDB Stock Photo. p. 384, Mohamed Lounes/Gamma-Liason. p. 390, Robert Frerck/Odyssey Productions. p. 397, Museo del Prado/Art Resource. p. 405, Shooting Star. p. 411, Stuart Cohen/Comstock. p. 418, Robert Frerck/Odyssey Productions. p. 425, Chip and Rosa Maria Peterson, p. 434, Kaluzny/Gamma-Liason, p. 435, Comstock. p. 440, Robert Frerck/Odyssey Productions. p. 442, Ulrike Welsch. p. 447, Chip and Rosa Maria Peterson. p. 448, (left) Robert Frerck/Odyssey Productions, p. 448, (right) Ulrike Welsch. p. 454, Chip and Rosa Maria Peterson. p. 461, Ulrike Welsch. p. 467, 469, Robert Frerck/Odyssey Productions. p. 470, (left), Chip and Rosa Maria Peterson. p. 470, (right), Peter Menzel. p. 475, Robert Frerck/Odyssey Productions. p. 481, Grant Le Duc/Monkmeyer Press. p. 489, Chip and Rosa Maria Peterson. p. 496, Bazion/Monkmeyer Press, p. 498, Stuart Cohen/Comstock. p. 499, (top), Peter Menzel. p. 499, (bottom), TSW-Click/Chicago Ltd. p. 504, Robert Frerck/ Odyssey Productions. p. 505, Stuart Cohen/Comstock. p. 512, Beryl Goldberg. p. 513, 521 and 522, Robert Frerck/Odyssey Productions. p. 527, Peter Menzel. p. 529 and 534, Robert Frerck/Odyssey Productions. p. 540 and 541, Stuart Cohen/Comstock. p. 554, Robert Frerck/Odyssey Productions.

LITERARY CREDITS

Ad for American Airlines, p. 59, reprinted by permission of *Miami Mensual* 10, (julio, 1990), p. 5.

ENCUENTRO PRELIMINAR
Saludos

Cultural Theme: Introduction to the Hispanic world

Communicative Goals:
- Greetings
- Inquiring about health
- Expressing small quantities

✳ *A pensar*

In order to understand the importance and use of greetings, think about how you greet other people in English. Then answer the following questions and provide examples to illustrate the point.

- Do greetings vary according to the time of day?
- Do you normally use the same greeting for someone you call by a first name as well as someone you address with a title and last name (*Mrs. Smith, Dr. Jones*)?
- What gestures or body language accompany typical greetings?
- Do greetings vary according to the social situation?
- After you greet someone, what questions can you ask in order to continue the conversation?

PRESENTACIÓN   ¡Hola! ¿Qué tal?

Professor Acosta	Buenos días, clase.	**Sr. Flores**	Buenas tardes, señorita Méndez.
Clase	Buenos días, profesor Acosta.	**Srta. Méndez**	Buenas tardes, señor Flores.

Hello! How are things?

Professor Acosta	Good morning class.
Class	Good morning, Professor Acosta.
Mr. Flores	Good afternoon, Miss Méndez.
Miss Méndez	Good afternoon, Mr. Flores.

María	Buenas noches, señora Lado.
Sra. Lado	Buenas noches, María.

Susana	¿Cómo te llamas?
Roberto	Me llamo Roberto, ¿y tú?
Susana	Me llamo Susana.

Tomás	Elena, te presento a Manuel García.
Elena	Mucho gusto, Manuel.
Manuel	El gusto es mío.

Carlos	Hola, Ricardo. ¿Qué tal?
Ricardo	Muy bien, gracias. ¿Qué hay de nuevo?
Carlos	No mucho. Hasta mañana.
Ricardo	Adiós. Hasta luego, Carlos.

María	Good evening, Mrs. Lado.
Mrs. Lado	Good evening, María.
Susana	What's your name?
Roberto	My name is Robert. And yours?
Susana	My name is Susan.
Tomás	Elena, let me introduce you to Manuel García.
Elena	Pleased to meet you, Manuel.
Manuel	The pleasure is mine.
Carlos	Hello, Ricardo. How are things?
Ricardo	Very well, thank you. What's new?
Carlos	Not much. See you tomorrow. (Until tomorrow.)
Ricardo	Good-bye. See you later, Carlos.

Comentarios lingüísticos y culturales

a. In Spanish, a name or title of respect is used with the greetings **buenos días, buenas tardes,** or **buenas noches.** Without the name or title the greetings sound abrupt or even impolite to a Spanish-speaker.

b. The following abbreviations are very common: **Sr.** = señor; **Sra.** = señora; **Srta.** = señorita.

PRÁCTICA Y CONVERSACIÓN

A. ¿Cómo te llamas? Since you will be conversing with your classmates throughout the course, you need to know their names. Ask several students sitting near you what their names are.

B. Mucho gusto. Now that you know the names of several students, work in groups of three and introduce one classmate to another. Vary your roles so that all three of you have a chance to introduce and be introduced.

C. Buenas tardes. You and your classmates work for a large corporation in Venezuela. Greet each other as you go about your jobs.

D. Hasta mañana. You are a student at the University of Barcelona. It is the end of the class hour. Say good-bye to several of your classmates. Vary your phrases.

ASÍ SE HABLA

INFORMAL GREETINGS

The following questions can be used after the greeting **¡Hola!** with persons you call by a first name, such as family members, friends, and classmates.

¡Hola! ¿Qué hay?	*Hello! What's new? (How are things?)*
¿Qué hay de nuevo?	*What's new?*

Responses

No mucho.	*Not much.*
Nada en especial.	*Nothing special.*

Also

¡Hola! ¿Cómo te va?	*Hello! How is it going?*
¿Cómo estás?	*How are you?*
¿Qué tal?	*How are things?*

Responses

Muy bien, gracias. ¿Y tú?	*Very well, thank you. And you?*
Bien. Gracias.	*Fine. Thank you.*
No muy bien.	*Not very well.*
Regular.	*So, so.*

PRÁCTICA Y CONVERSACIÓN

A. Saludos. Greet another student and ask him or her how things are.

B. ¡Hola! ¿Qué tal? Your classmates will play the following roles. You must give an appropriate reply to their statements or questions. Then switch roles.

1. El profesor García: Buenos días, Susana. ¿Cómo estás?
2. Emilio: Hola, Federico. ¿Qué tal?
3. Gloria: Hola, Anita. ¿Qué hay?
4. Vicente: Hasta mañana, Carolina.
5. Un(-a) alumno(-a): ¿Cómo te llamas?

C. Situaciones. (*Situations.*) With a classmate invent a brief conversation of two to four lines in Spanish for the following situations.

1. You greet another student in your evening literature class.
2. You meet your Spanish professor in the hallway before the 10:30 class.
3. In the cafeteria you run into a friend you haven't seen since last spring.
4. While waiting for the arrival of the professor for your last class of the afternoon, you strike up a conversation with the student sitting next to you; you ask his or her name.
5. At the end of class you say good-bye to a classmate that you will see in class again tomorrow.

A ESCUCHAR

Some friends meet in the hallway on the first day of class. Listen to their conversation and circle the correct answers.

1. There are (2, 3, 4, 5) friends.
2. They are all (sad, fine, sick).
3. They (don't, do) all know each other.

SONIDOS • *The Spanish Alphabet; Accentuation*

THE ALPHABET

Letter		Examples	Letter		Examples
a	a	alumno	n	ene	noche
b	be	biblioteca	ñ	eñe	mañana
c	ce	clase	o	o	Roberto
ch	che	noche	p	pe	profesor
d	de	día	q	cu	qué
e	e	español	r	ere	señora
f	efe	Flores	rr	erre	guitarra
g	ge	luego	s	ese	saludos
h	hache	hola	t	te	tarde
i	i	señorita	u	u	universidad
j	jota	julio	v	ve	nueve
k	ka	kilómetro	w	doble ve	Washington
l	ele	luego	x	equis	examen
ll	elle	llamar	y	i griega	Yolanda
m	eme	María	z	zeta	Méndez

a. There are thirty letters in the Spanish alphabet.
b. In Spanish **ch**, **ll**, and **rr** are considered single letters.
c. The letters **k** and **w** appear in words of foreign origin and in vocabulary pertaining to the metric system, such as "kilo".
d. You have no doubt noticed that some vowels have a written accent mark. These accent marks cannot be omitted; they are a part of spelling.

e. Written accent marks are used mainly to determine stress.

  • When a word ends with a vowel, **n**, or **s**, the stress falls on the next-to-last syllable: **Ho**la, **Car**los y Es**te**ban.
  • When a word ends in any other consonant, the stress falls on the last syllable: profe**sor**, espa**ñol**.
  • When words do not follow these rules, a written accent mark is placed over the stressed vowel: **Mén**dez, ki**ló**metro.

f. Written accent marks are also used

  • to distinguish one word from another: **sí** = *yes*; **si** = *if*.
  • for interrogative and exclamatory words: ¿**Qué** tal?; ¿**Cómo** te llamas?; ¡**Qué** lástima!

PRÁCTICA

A. Letras españolas. Spell the following words in Spanish.

1. gracias	3. hola	5. llamo	7. que
2. noches	4. José	6. mañana	8. guitarra

B. En Guadalajara. You work for a firm with a branch in Guadalajara, Mexico. You call the branch office to give them the names of the employees that will be flying in next week for a sales meeting. Spell the names of the employees for the secretary who speaks no English.

Thomas Anderson	John Fleming	Carolyn Simmons
Elizabeth Clarke	Christopher Brown	(your name)

PUENTE CULTURAL

Saludos

Hispanics tend to greet each other with more physical contact than people in the U.S. Men usually greet each other with a handshake or even an embrace and pats on the back. Women generally kiss each other on the cheek. Even among mere acquaintances a handshake is customary. When greeting other Spanish-speakers, you should use a handshake and take the lead from your Hispanic friends with regard to kissing on the cheek.

COMPRENSIÓN CULTURAL

A. What gestures accompany English greetings in the following situations?

1. Two businessmen meet each other for lunch.
2. Two female friends meet for lunch.
3. Two grandparents visit their grandchildren after a month-long separation.
4. Two male students meet in the student center.
5. Two female students meet in the student center.

B. What gestures would be used in Hispanic culture in these same situations?

 C. With a classmate, create an appropriate dialogue for the scene in the photo.

ESTRUCTURAS

INQUIRING ABOUT HEALTH

Estoy, estás, está + Health Expressions

In order to talk about your own health and inquire about the health of others, you will need to learn several new expressions.

INQUIRING ABOUT HEALTH

¿Cómo estás? / ¿Cómo está Ud.?	*How are you?*
Estoy bien, gracias.	*I am fine (well), thank you.*
Estoy muy bien.	*I am very well.*
Estoy bastante bien.	*I am rather well.*
Estoy mal.	*I am bad (sick).*
No estoy bien.	*I'm not well.*
Regular.	*All right. So-so.*
¿Y tú? / ¿Y Ud.?	*And you?*
¿Cómo está Carlos?	*How is Carlos?*
Carlos (no) está bien.	*Carlos is (not) well.*

a. The verbs **estoy, estás, está** change endings to indicate the subject of the sentence.
b. The word **no**, meaning *not*, is placed before the verb: **estoy** = *I am*; **no estoy** = *I am not.*

EN CONTEXTO

Mercedes	Hola, Clara. **¿Cómo estás?**
Clara	**Bastante bien, gracias. ¿Y tú?**
Mercedes	**Bien.** ¿Y la familia?
Clara	Francisco **no está bien.**
Mercedes	¡Qué lástima! Lo siento mucho.
Clara	¿Y tu familia?
Mercedes	**Muy bien.**
Clara	¡Qué bueno! Pues, hasta luego.

PRÁCTICA Y CONVERSACIÓN

A. ¿Qué diría Ud.? (*What would you say?*) How would you respond in these situations?

1. Un(-a) compañero(-a): ¿Cómo estás?
2. Un(-a) compañero(-a): ¿Cómo está tu familia?
3. La Sra. Gómez: La familia no está bien.
4. Tomás: Estoy muy bien, gracias.
5. Mariana: Estoy muy mal.

B. ¿Cómo está tu compañero(-a)? Ask a classmate how he/she is feeling. After your classmate has answered, your instructor will then ask you about that person and you will explain.

MODELO	Alumno(-a) 1:	**¿Cómo estás, Teresa?**
	Alumno(-a) 2:	**Bastante bien, gracias.**
	Profesor(-a):	**¿Cómo está Teresa?**
	Alumno(-a) 1:	**Teresa está bastante bien.**

C. En el centro estudiantil. You meet a classmate in the student center and carry on a brief conversation. Present your conversation to the entire class.

Mercedes	Hello, Clara. How are you?
Clara	Rather well, thank you. And you?
Mercedes	Fine. And the family?
Clara	Francisco isn't well.
Mercedes	That's too bad! I'm very sorry.
Clara	And your family?
Mercedes	Very well.
Clara	How nice! Well, see you later.

EXPRESSING SMALL QUANTITIES

Numbers 0–20

NUMBERS 0–20

0	cero						
1	uno	6	seis	11	once	16	dieciséis
2	dos	7	siete	12	doce	17	diecisiete
3	tres	8	ocho	13	trece	18	dieciocho
4	cuatro	9	nueve	14	catorce	19	diecinueve
5	cinco	10	diez	15	quince	20	veinte

The numbers 16–19 have an optional spelling—16: **diez y seis**; 17: **diez y siete**; 18: **diez y ocho**; 19: **diez y nueve**.

PRÁCTICA Y CONVERSACIÓN

A. Cuente en español. (*Count in Spanish.*)

1. Count from 0 to 20.
2. Count from 0 to 20 by twos, by threes, by fives.

B. ¿Cuántos son? You must help your neighbor's child who attends a bilingual school learn to add and subtract in Spanish. A classmate will play the role of the child.

MODELO	Usted:	$3 + 10 = ?$	**¿Cuántos son tres y diez?**
	Compañero(-a):	$3 + 10 = 13$	**Tres y diez son trece.**
	Usted:	$20 - 10 = ?$	**¿Cuántos son veinte menos diez?**
	Compañero(-a):	$20 - 10 = 10$	**Veinte menos diez son diez.**

a. $2 + 2 = ?$ e. $7 + 5 = ?$ i. $17 - 14 = ?$
b. $5 + 3 = ?$ f. $16 - 7 = ?$ j. $20 - 5 = ?$
c. $12 - 8 = ?$ g. $8 + 6 = ?$ k. $10 + 10 = ?$
d. $9 - 5 = ?$ h. $19 - 11 = ?$ l. $6 + 7 = ?$

C. ¿Qué número es? Your instructor will divide the class into pairs. You must think of a number in Spanish between 0 and 20 and your partner will try to guess it. If your partner guesses incorrectly, help him or her by saying **más** if the number should be larger, or **menos** if the number should be smaller. When your partner guesses correctly, tell him or her: **¡Sí! ¡Qué bien!**

LECTURA   The Spanish-Speaking World

Of the thousands of languages in the world today, Spanish ranks among the top five in number of speakers. Spanish is the native language of some 250,000,000 persons who live in Spain, Mexico, and eighteen other countries of the Caribbean and Central and South America. In addition, there are some 25,000,000 native Spanish-speakers in the United States.

Because of this large number of Spanish-speakers and their wide geographic distribution, there is great diversity in Hispanic culture. The populations of Mexico and Central and South America are made up primarily of Indians, Europeans, and mestizos; that is, persons with a mixture of Indian and European ancestry, while the peoples of the Caribbean show European, Indian and African influences. People in Spain have the ethnic characteristics of the Celts, Romans, and Arabs who conquered and colonized the Iberian peninsula. The geography and climate of the Hispanic world are varied, as are the customs and patterns of daily living.

EMPLEADO DE FARMACIA	**AGENCIA BILINGÜE**
Se necesita empleado de farmacia. Buena predisposición para atención al público. Dominio de inglés y español. Se ofrecen beneficios sociales. Tel.: 24-52-08.	Compañía multinacional en expansión necesita cinco personas bilingües (español-inglés) para relaciones comerciales. Salario, comisión, beneficios. TELÉFONO: 852-8731

There is even variety in the Spanish language itself. For example, people living in Mexico speak with a different pronunciation than people who live in Argentina or Spain. There are also some differences in vocabulary. However, these differences rarely cause problems in communication.

The study of the Spanish language and its cultures is quite practical. Given the Hispanic presence in the United States and the proximity of our Spanish-speaking neighbors in Latin America, proficiency in Spanish is increasingly necessary for numerous professions and careers. You will soon discover in your **encuentros°** with the language and its culture that   encounters
such study can also be highly interesting and personally rewarding.

PRÁCTICA Y COMPRENSIÓN

A. **Comprensión.** Use the photos and information from the **Lectura** to correct the following statements.

1. Spanish is spoken only in Spain. In Mexico they speak Mexican.
2. There is little geographical diversity in the Spanish-speaking world.
3. There is little ethnic diversity in the Spanish-speaking world.
4. The climate is generally the same throughout the Spanish-speaking world.
5. Spanish is not practical for residents of the U.S.

B. **Los mapas.** Use the maps on the first few pages of this textbook as well as the information of the **Lectura** to answer the following questions.

1. What are the Spanish-speaking countries of the world?
2. The Andes Mountains are a major geographical feature of South America. In what countries are the mountains located? What advantages and disadvantages do they offer?
3. What countries border on Spain? What bodies of water form Spain's coastlines? What advantages and disadvantages does Spain's geographical position offer?
4. What countries make up Central America? What are the major geographical features of this region?
5. What are some important cities in Mexico? What bodies of water form Mexico's coastlines?

VOCABULARIO ACTIVO

Sustantivos	*Nouns*
el (la) alumno(-a)	*student*
la clase	*class*
el (la) compañero(-a) de clase	*classmate*
el encuentro	*meeting, encounter*
la familia	*family*
el (la) profesor(-a)	*professor*
el saludo	*greeting*
el señor (Sr.)	*Mr., Sir, man*
la señora (Sra.)	*Mrs., lady*
la señorita (Srta.)	*Miss*

Saludos y presentaciones	*Greetings and introductions*
Buenas noches.	*Good evening, good night.*

Buenas tardes.	*Good afternoon.*
Buenos días.	*Good morning.*
Hola.	*Hello. (an informal greeting)*
¿Cómo te llamas?	*What's your name?*
Me llamo _____.	*My name is _____.*
Te presento a _____.	*Let me introduce you to _____.*
Mucho gusto.	*(I am) Pleased to meet you.*
El gusto es mío.	*The pleasure is mine.*

Otras expresiones	*Other expressions*
adiós	*good-bye*
bastante	*rather*

Otras expresiones	*Other expressions*	muy	*very*
		Nada en especial.	*Nothing special.*
bien	*well*	**no**	*no, not*
¿cómo?	*how?, what?*	**pues**	*well*
¿cuántos?	*how many?*	**¡Qué bueno!**	*That's good! How nice!*
está	*he is, she is*		
estás	*you are*	**¿Qué hay de nuevo?**	*What's new?*
estoy	*I am*	**¡Qué lástima!**	*That's too bad!*
gracias	*thank you*	**¿Qué tal?**	*How are things? How's it going?*
hasta	*until*		
hay	*there is, there are*	**regular**	*all right, okay, so-so*
Lo siento.	*I'm sorry.*	**sí**	*yes*
luego	*later*	**tu**	*your*
mal	*bad, sick*	**tú**	*you*
mañana	*tomorrow*	**y**	*and*
menos	*less*		
mucho	*much, a lot*		

✳ *A recordar*

Review the following situations and tasks that have been presented and practiced in this chapter.

- Greet the following people: a classmate; a professor in a morning/afternoon/evening class.
- Introduce yourself to another person. Respond when someone is introduced to you.
- Inquire about the health of the following people: a close friend/a classmate/your professor/the family of your friend.
- Respond to inquiries about your own health.
- Express the quantities 0–20.

CAPÍTULO 1
En la universidad

Cultural Theme: Hispanic university life

Communicative Goals:
- Naming university objects and people
- Discussing everyday activities
- Asking questions
- Describing physical and emotional conditions

A pensar

- What part of speech is generally associated with naming objects and people? *In the* **classroom** *there are* **students**, **desks**, **chairs**, **books**, *and* **pens**.
- What part of speech is associated with discussing everyday activities? When we explain who is doing the activity, do these verbs change form or endings? *I* **work**; *Carlos and Roberto* **study**; *Felipe* **watches** *TV*.
- What part of speech is generally associated with describing emotional and physical conditions? *Elena is* **worried** *because Tomás is* **sick**. Do these words change form according to the person being described?

PRIMER ENCUENTRO

PRESENTACIÓN   ¿Qué hay en la clase?°

What is there in
the classroom?

Comentarios lingüísticos y culturales

a. **Hay**, meaning *there is* or *there are*, is used before singular or plural nouns.

Hay papel en el cuaderno.	*There is paper in the notebook.*
Hay profesores en la universidad.	*There are professors in the university.*

b. **Hay** is made negative by placing **no** before it.

    No hay sillas en la clase.   *There aren't any chairs in the classroom.*

c. **¿Qué hay...?** = *What is there / What are there...?*

    ¿Qué hay en la clase?   *What is there in the classroom?*

PRÁCTICA Y CONVERSACIÓN

A. En el dibujo. (*In the drawing.*) ¿Qué hay en el dibujo? Conteste en español. (*Answer in Spanish.*)

B. En su (*your*) **mochila.** ¿Qué hay en su mochila? Conteste en español.

C. En esta (*this*) **clase.** ¿Qué hay en esta clase? Conteste en español.

 D. ¿Qué es esto (*this*)**?** Point out an item in your classroom or hold up something you own. Ask your classmates what it is, and they will provide the Spanish name for the item.

ASÍ SE HABLA

EXPRESSING GRATITUDE

The following polite words and phrases are used to express gratitude.

Gracias.	*Thank you.*
Muchas gracias.	*Thank you very much.*
De nada.	*You're welcome.*
No hay por qué.	
No hay de qué.	*You're welcome. Don't mention it.*

EN CONTEXTO

Usted	¿Me prestas° tu lápiz, por favor?	*will you lend me*
Compañero(-a)	Sí.	
Usted	Gracias.	
Compañero(-a)	De nada.	

PRÁCTICA Y CONVERSACIÓN

 A. ¿Me prestas tu lápiz, por favor? You forgot your backpack and need to borrow items from your classmates. Ask a classmate to lend you the following things. Don't forget to thank him/her.

bolígrafo / papel / libro / cuaderno / lápiz

SONIDOS • *Vowels*

Even though the letters **a**, **e**, **i**, **o**, **u**, and sometimes **y** are used to represent vowel sounds in both English and Spanish, the pronunciation of the vowel sounds is different in the two languages. English vowel sounds are generally longer than those in Spanish. In addition, English vowel sounds often glide into or merge with other vowels to produce combination sounds. As a general rule you should pronounce Spanish vowels with a short, precise sound: **me** ≠ *may*. Do not reduce Spanish unstressed vowel sounds to *uh* as in English: **presidente** ≠ *president*.

PRÁCTICA

Escuche y repita después de su profesor(-a). *(Listen and repeat after your instructor.)*

a   alumna   papel   lápiz   cuaderno   mochila
Hay tres **a**lumnas en la clase.

e   mesa   clase   pupitre   reloj   escritorio
Enrique, ¿qué hay en tu pupitre?

i   y   libro   silla   bolígrafo   mochila
Hay sillas y escritorios en la universidad.

o   mochila   bolígrafo   reloj   profesor   libro
No hay bolígrafos en la mochila.

u   alumnos   universidad   pupitre   usted   nueve
Hay nueve pupitres y alumnos en la clase.

ESTRUCTURAS

TALKING ABOUT SPECIFIC THINGS AND PEOPLE

Nouns and Definite Articles

In order to talk about people, places, objects, and ideas you will need to know how to use nouns and definite articles in Spanish.

All Spanish nouns whether they refer to a person, place, object, or idea have **gender**—that is, they are either masculine or feminine. It is usually possible to predict the gender of Spanish nouns. Nouns that refer to males and most nouns that end in **-o** are masculine: **el alumno**, **el libro**. Nouns referring to females and most nouns that end in **-a** are feminine: **la alumna**, **la mesa**.

In addition to having gender, all Spanish nouns show **number**—that is, nouns are **singular** when they refer to one person or object, and **plural** when they refer to more than one.

a. The plural of Spanish nouns ending in a vowel is formed by adding **-s: libro > libros**; **alumna > alumnas**.

b. The plural of nouns ending in a consonant is formed by adding **-es**: **papel > papeles**; **reloj > relojes**.

c. In a few cases other changes are made when a noun becomes plural. For example, the letter **z** becomes **c** when followed by the letter **e**: **lápiz > lápices**.

NOUNS ENDING IN -o *AND* -a

	Singular	Plural
Masculine	el libro el alumno	los libros los alumnos
Feminine	la mesa la alumna	las mesas las alumnas

d. The definite article *the* is expressed in Spanish by four different words: **el, la, los, las**. The definite article must agree in gender and number with the noun it precedes. For example, the masculine singular article **el** must precede a masculine singular noun such as **libro**.

e. Because of gender and number agreement, many nouns ending in **-o** that refer to people such as **el alumno** (*student*) have four forms: **el alumno, los alumnos / la alumna, las alumnas**.

el amigo	*friend*
el compañero	*companion*
el compañero de clase	*classmate*
el compañero de cuarto	*roommate*
el (la) chico(-a)	*boy (girl)*

f. Nouns ending in a consonant that refer to people have four forms: **el profesor, los profesores / la profesora, las profesoras**.

el doctor	*doctor*
el profesor	*professor*
el señor (la señora)	*sir, Mr., gentleman (ma'am, Mrs., lady)*

g. Some Spanish nouns end in **-e**. They can be either masculine: **el pupitre**; or feminine: **la clase**. Since it is not usually possible to predict the gender of nouns ending in **-e**, you need to learn the definite article along with these nouns in order to use them correctly.

1. The plural of Spanish nouns ending in **-e** is formed by adding **-s** to the singular form: **el pupitre > los pupitres**.
2. Spanish nouns that end in **-e** and refer to persons have only two forms: a singular and a plural. The gender and meaning of the noun is determined by the definite article: **el estudiante** = (*male*) *student*; **la estudiante** = (*female*) *student*.

EN CONTEXTO

—¿Hay **lápices** en **la mochila**?
—No, pero° hay **bolígrafos** en **el pupitre**.   but

PRÁCTICA Y CONVERSACIÓN

A. En la clase de medicina. Identify the following objects found in a medical classroom by giving the singular form of the definite article + noun.

 B. ¿Hay alumnos en la universidad? Help your classmate who is new to the university learn more about the school by answering his or her questions. Use the model as a guide.

> MODELO   ¿alumnos?
> Alumno(-a) 1: **¿Hay alumnos en la universidad?**
> Alumno(-a) 2: **Sí, hay alumnos y alumnas.**

¿profesores? / ¿doctores? / ¿chicos? / ¿compañeros? / ¿amigos?

C. ¿Qué hay en la clase de español? Diga qué personas y cosas hay en su clase de español. (*Say what people and things there are in your Spanish class.*)

D. ¿Qué hay en la universidad? You and your classmates will each answer this question in succession. The first student answers giving the name of one item found in the university. The second student repeats the answer of the first student and adds one new item. The third student then repeats the answer of the second student and adds another new item. The other students continue the pattern.

MODELO	¿Qué hay en la universidad?
Alumno(-a) 1:	**Hay libros en la universidad.**
Alumno(-a) 2:	**Hay libros y alumnos en la universidad.**
Alumno(-a) 3:	**Hay libros, alumnos y pupitres en la universidad.**

TALKING ABOUT NON-SPECIFIC THINGS AND PEOPLE

Indefinite Articles

In order to discuss a non-specific person or thing such as a friend or some students, you will need to learn to use the indefinite articles.

	Singular	*Plural*
Masculine	**un** libro **un** alumno	**unos** libros **unos** alumnos
Feminine	**una** mesa **una** alumna	**unas** mesas **unas** alumnas

a. In Spanish there are four forms of the indefinite article: **un**, **unos**, **una**, **unas**. The indefinite article must agree in gender and number with the noun it precedes.

b. The English equivalents of the indefinite articles are **un** / **una** = *a, an*; **unos** / **unas** = *some.*

EN CONTEXTO

—¿Hay **un** libro en tu mochila?

—Sí, y hay **unos** lápices y **un** bolígrafo también.

PRÁCTICA Y CONVERSACIÓN

A. En la clase de historia. A history instructor wants to know what there is in the classroom. Using indefinite articles explain to the instructor if there is only one or several of the following items in the classroom.

MODELO	mesas
	Hay unas mesas en la clase.

1. libros	4. reloj	7. cuaderno
2. sillas	5. bolígrafo	8. señoritas
3. mochila	6. alumnos	9. lápices

B. ¿Qué hay en estos lugares? Ask a classmate if the following items are located in the places indicated. Your classmate should give an appropriate reply.

> MODELO   reloj / clase
> Alumno(-a) 1:   **¿Hay un reloj en la clase?**
> Alumno(-a) 2:   **Sí, hay un reloj en la clase.**
>   **No, no hay un reloj en la clase.**

1. mesa / clase
2. doctoras / universidad
3. libros / mochila
4. cuaderno / escritorio
5. profesora / clase
6. lápiz / pupitre

C. El Club Internacional. The **Club Internacional** of your university has a campaign to collect classroom items to send to Nicaragua. You are in charge of the booth where things are dropped off. Role play the following scene. (A **¿?** symbol which follows the last item in an exercise means that you are free to add items of your own. Try to use as many of the new vocabulary items and structures as you can. This is your opportunity to be imaginative and to say what you would like to say.)

> MODELO   Alumno(-a) 1:   **Aquí** (*here*) **hay unos lápices.**
>   Alumno(-a) 2:   **Gracias por los lápices.**
>   **(Muchas gracias.)**
>   Alumno(-a) 1:   **De nada. (No hay por qué.)**

una mochila / unos cuadernos / un reloj / unos bolígrafos / ¿?

SEGUNDO ENCUENTRO

PRESENTACIÓN ¿Dónde estudias?

Me llamo Alicia Muñoz. **Estudio en** la Universidad de México. **Este semestre** estudio **francés, matemáticas, historia** y **biología.** Hay **un examen** en la clase de historia **hoy.** ¡Qué lástima! **No me gustan** los exámenes.

Where do you study?

My name is Alicia Muñoz. I study at the University of Mexico. This semester I'm studying French, mathematics, history, and biology. There's an exam in history class today. What a pity! I don't like exams.

Me llamo Nicolás Pereda. Estudio en la Universidad de Texas. Me gusta estudiar en **el laboratorio de lenguas. Aquí practico el inglés con** unos compañeros de clase. Y tú, **¿dónde practicas el español?**

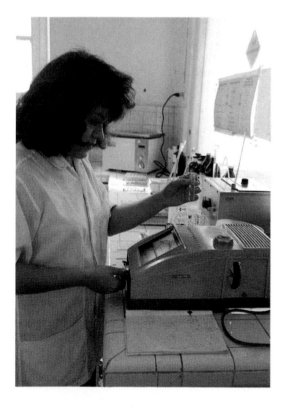

Me llamo Matilde Ortega. ¿Dónde estudio? **Ahora** estoy en el laboratorio de **química**. También estudio en **el edificio** de matemáticas, en **la biblioteca** y en **mi cuarto** en **la residencia**. Y tú, ¿dónde estudias?

My name is Nicolás Pereda. I study at the University of Texas. I like to study in the language laboratory. I'm practicing English here with some classmates. And you, where do you practice Spanish?

My name is Matilde Ortega. Where do I study? Now I'm in the chemistry laboratory. I also study in the math building, in the library, and in my room in the dormitory. And you, where do you study?

¿Dónde estudia Raúl?

Raúl estudia **en casa** y en **la oficina**. ¿En **la librería**? No, no estudia **allí**. ¿En **el café**? No, no estudia allí **tampoco**.

Comentarios lingüísticos y culturales

a. The expression **me gusta** or **te gusta** is followed by a singular noun or infinitive. **Me gustan** or **te gustan** is followed by a plural noun.

—¿**Te gusta** la clase de química?   *Do you like chemistry class?*
—Sí, pero no **me gustan** los exámenes.   *Yes, but I don't like the exams.*

b. Many words in Spanish and English have similar spellings and meanings. Such words are called *cognates*. Some words such as **examen** and **oficina** may not look much like English to you at first but if you study them carefully, their similarity to English becomes more apparent. Some cognates you have seen already are **profesor**, **papel**, **clase**, and **universidad.**

Where does Raúl study?

Raúl studies at home and in the office. In the bookstore? No, he doesn't study there. In the café? No, he doesn't study there either.

---

c. Occasionally words which have similar spellings in English and Spanish have very different meanings. Such words are called *false cognates*. For example, **librería** is a false cognate. It means *bookstore*, not *library*. You should pay particular attention to such words and learn the proper meaning.

d. **Un café** is a bar or coffee shop which serves coffee, soft drinks, and alcoholic beverages as well as snacks and sandwiches. Many cafés have both an indoor and outdoor area for meeting with friends while enjoying a light refreshment.

PRÁCTICA Y CONVERSACIÓN

A. ¿Cierto o falso? (*True or false?*) Are the following statements from the **Presentación** correct? If yes, answer **¡Cierto!** If not, answer **¡Falso!** and then correct the statement.

1. **Alicia Muñoz**   Estudio en la Universidad de México.
                        Estudio francés, matemáticas y química.
                        Me gustan los exámenes.
2. **Nicolás Pereda**   Estudio en la Universidad de Texas.
                        No me gusta estudiar en el laboratorio de lenguas.
                        Practico el español con unos compañeros.
3. **Matilde Ortega**   Ahora estoy en el edificio de matemáticas.
                        Estudio en la biblioteca y en el café.
                        Estudio en mi cuarto en la residencia.

B. Unos cognados. ¿Cómo se dice en inglés? (*How do you say it in English?*)

física	fotografía	música	teatro	sociología
expresión	cultura	actividad	teléfono	secretaria

C. ¿Qué estudias? Using courses from the following list, explain what you do and do not study.

(No) estudio...

inglés / francés / español / matemáticas / biología / química
historia / sociología / música / física

D. ¿Dónde estudias? Tell your classmate all the places you like to study so you can choose a convenient place to get together.

> MODELO   **Me gusta estudiar en la biblioteca, en el edificio de matemáticas y en mi cuarto.**

E. ¿Estudias inglés? With a classmate ask and answer the following questions about your studies. Remember to switch roles so you both get a chance to ask and answer.

> MODELO   Alumno(-a) 1:   **¿Estudias inglés?**
>   Alumno(-a) 2:   **Sí, estudio inglés.**
>   *or*   **No, no estudio inglés.**

1. ¿Estudias francés?
2. ¿Estudias matemáticas?

5. ¿Estudias en un café?
6. ¿Estudias en un cuarto en la residencia?

SONIDOS • *h, ch*

The letter **h** is the only silent letter in the Spanish alphabet; it is never pronounced: **historia.**
The fourth letter of the Spanish alphabet is **ch.** The **ch** is pronounced as in the English word *church:* **mochila.**

PRÁCTICA

Escuche y repita después de su profesor(-a).

h historia **h**oy **h**ola **h**ay **H**éctor
Hay un examen en la clase de **h**istoria **h**oy.

ch mo**ch**ila o**ch**o no**ch**e **ch**ico San**ch**o
—¿Me prestas tu mo**ch**ila?
—Si. Aquí está, San**ch**o.
—Mu**ch**as gracias, **Ch**ela.

ESTRUCTURAS

DISCUSSING WHAT YOU LIKE, DON'T LIKE, AND NEED TO DO

Infinitives

In order to express what you like, don't like, or need to do, the infinitive is used in both Spanish and English. *I like to dance. I need to work.*

a. In English an infinitive is composed of *to* + *verb*: to speak. Spanish infinitives are only one word ending in **-ar, -er,** or **-ir: hablar** (*to speak*).
b. Infinitives are used after expressions such as **me/te gusta** and **necesito** (*I need*).

No me gusta **trabajar.**	*I don't like to work.*
Necesito **trabajar.**	*I need to work.*

c. Here are some useful **-ar** infinitives and expressions.

bailar	*to dance*	hablar	*to speak*
caminar	*to walk*	mirar la televisión	*to watch television*
cantar	*to sing*	necesitar	*to need*
comprar	*to buy*	practicar	*to practice*
escuchar música	*to listen to music*	trabajar	*to work*
estudiar	*to study*		

EN CONTEXTO

—¿Te gusta **mirar** la televisión?
—Sí, me gusta mucho pero necesito **estudiar**.

PRÁCTICA Y CONVERSACIÓN

A. **Me gusta cantar.** Explain to your classmates what you like and what you don't like to do. Then tell them what you need and don't need to do.

   1. (No) Me gusta...
      escuchar música rock / bailar / hablar español / mirar la televisión / cantar / estudiar en la biblioteca
   2. (No) Necesito...
      estudiar matemáticas / trabajar / caminar a clase / practicar en el laboratorio de lenguas / comprar libros / estudiar español

B. **¿Qué te gusta?** Ask a classmate if he or she likes to do the following things.

   MODELO   estudiar
              Usted: **¿Te gusta estudiar?**
   Compañero(-a):   **Sí, (No, no) me gusta estudiar.**

   bailar en una discoteca / hablar con amigos / estudiar en la biblioteca / escuchar música clásica / mirar la televisión / ¿?

C. **¿Qué necesitas hacer hoy?** Ask questions to find out at least three things that a classmate needs to do today. Your classmate should then find out three things that you need to do.

   MODELO   Usted: **¿Necesitas estudiar hoy?**
          Compañero(-a):   **Sí, (No, no) necesito estudiar.**

ADDRESSING AND REFERRING TO PEOPLE

Subject Pronouns

In order to talk to and about other people you will need to learn subject pronouns.

	Singular		*Plural*	
1st person	**yo**	*I*	**nosotros** / **nosotras**	*we*
2nd person	**tú**	*you (familiar)*	**vosotros** / **vosotras**	*you (familiar)*
3rd person	**él**	*he*	**ellos** / **ellas**	*they*
	ella	*she*		
	usted	*you (formal)*	**ustedes**	*you (formal)*

a. In Spanish there are several words used as the equivalent of *you*. These words fall into two categories: familiar and formal.

  1. **Tú** is the familiar, singular form of *you*, used to address one person that you would call by a first name, such as a relative, friend, or child.

  2. **Usted** is the formal, singular form, used to address one person you do not know well or a person to whom you should show respect. In general **usted** is used with a person with whom you use a title such as **señora**, **profesor**, or **doctor**. It is better to use **usted** when addressing a native speaker; he or she will let you know if it is appropriate to use the **tú** form. **Usted** is generally abbreviated **Ud**.

  3. In Hispanic America and in the United States **ustedes** is the plural of both **tú** and **usted**. It is used to address two or more persons regardless of your relationship with them. **Ustedes** is generally abbreviated **Uds**.

  4. In Spain, **vosotros** and **vosotras** are used as the plural forms of **tú**. **Ustedes** is the plural form of **usted**.

b. **Nosotras** and **ellas** are used to refer to groups of females. The masculine forms **nosotros** and **ellos** are used for groups of males or for groups of both sexes. Even if there is only one male in the group the masculine form is used.

c. Study the following patterns.

One or more persons + **yo**	
Carmen y yo	= **nosotros, nosotras**
One or more persons + **tú**	
Carmen y tú	= **ustedes**
One or more persons + **Ud.**	
Carmen y Ud.	= **ustedes**
Two or more males	
José y él	= **ellos**
José y Pedro	
Two or more females	
Carmen y ella	= **ellas**
Carmen y María	
Mixed group	
José, Carmen y María	= **ellos**

EN CONTEXTO

—**Yo** estudio en la biblioteca. ¿Y **Uds**?
—¿**Nosotros?** En el café… ja, ja.

PRÁCTICA Y CONVERSACIÓN

A. ¿Y tú? The following people have just asked you how you are feeling. You reply and then ask them about their health. Use the proper Spanish form for *you.*

> MODELO   your friends Ana and María
> **Bien, gracias. ¿Y Uds.?**

1. your friend Paco
2. your neighbor, Sr. Fuentes
3. your grandmother
4. your friends Eva and Ramón
5. your professors
6. your dentist

B. Unos amigos del pasado. You and a friend are looking through an old high school yearbook. As you look at the photos you ask your friend about former acquaintances using the Spanish pronouns.

> MODELO   Marta y Felipe
> **¿Y ellos?**

1. los profesores de inglés
2. la profesora Ramírez
3. Pedro Mendoza
4. Carolina y Elvira
5. el Sr. Montalvo
6. Carlos y Paquita
7. Roberto y tú
8. Olivia y tú

TALKING ABOUT COMMON, EVERYDAY ACTIVITIES

Present Tense of Regular -ar Verbs

In order to discuss everyday activities with other people you will need to learn to conjugate verbs, that is, to form and use the verb endings that correspond to the subject of the sentence.

In Spanish all verbs have specific endings that agree in number with the subject noun or pronoun. Fortunately, you will not have to learn a separate conjugation for each Spanish verb since most Spanish verbs follow a set pattern.

HABLAR   to speak

	Singular			**Plural**		
1st person	yo	habl**o**	*I speak*	nosotros / nosotras	habl**amos**	*we speak*
2nd person	tú	habl**as**	*you speak*	vosotros / vosotras	habl**áis**	*you speak*
3rd person	él / ella / usted	habl**a**	*he speaks / she speaks / you speak*	ellos / ellas / ustedes	habl**an**	*they speak / they speak / you speak*

a. To conjugate a regular **-ar** verb such as **hablar**, obtain the verb stem by dropping the **-ar** from the infinitive: **hablar > habl-**. The appropriate subject endings are then added to the stem.

b. Subject nouns also require the appropriate verb endings.

la profesora = ella   **los alumnos = ellos**
La profesora **habla** español.   Los alumnos **hablan** español.

c. When the verb ending corresponds to only one subject pronoun, the subject pronoun is usually omitted. **Hablo** = *I speak*; **hablas** = *you speak*; **hablamos** = *we speak*; **yo**, **tú** and **nosotros** are not used because the verb ending indicates the subject.

d. It is often necessary to use the third-person pronouns for clarification since the verb endings **-a** and **-an** correspond to three different subject pronouns.

e. Verbs are made negative by placing the word **no** directly before the verb; in such cases **no** = *not*.

Paco **no estudia** español.   *Paco **doesn't study** Spanish.*

f. Spanish verbs in the present tense may be translated three ways:

hablo =
I speak
I do speak
I am speaking

g. When two verbs are used in sequence with no change of subject, the second is generally an infinitive.

—¿**Necesitas estudiar** mañana?   *Do you need to study tomorrow?*
—No, pero **necesito estudiar** hoy. Hay un   *No, but I need to study today.*
examen en la clase de biología.   *There's an exam in biology class.*

EN CONTEXTO

—¿Dónde **practican** el español Uds.?
—Mi compañera y yo **practicamos** en el laboratorio de lenguas y también **hablamos** mucho con amigos mexicanos.

PRÁCTICA Y CONVERSACIÓN

A. ¿Quiénes trabajan hoy? Your Spanish instructor is trying to schedule appointments with all the members of the class and needs to know which students can't come today because of work. Explain to your instructor which students work and which do not.

MODELO   Carlos (sí) / Elena (no)
Carlos trabaja hoy. Elena no trabaja hoy.

1. Roberto y Tomás (sí)   5. Arturo (sí)
2. Miguel y yo (no)   6. yo (no)
3. Paquita (no)   7. Catalina y Rita (sí)
4. tú (sí)   8. Uds. (no)

B. Unas actividades. Using the picture describe what the following people are doing in the student center.

1. Gustavo y Adela _____.
2. Raquel _____.
3. Tres estudiantes _____.
4. Enrique _____.
5. Claudio _____.
6. Nicolás _____ con un amigo.

C. ¿Estudian Uds. español? A Hispanic friend wants to know what you and your college friends do. Conteste en español.

> MODELO   Compañero(-a):   **¿Estudian Uds. español?**
> Usted: **Sí, (No, no) estudiamos español.**

1. ¿Estudian Uds. mucho?
2. ¿Hablan Uds. español en la residencia?
3. ¿Escuchan Uds. música rock?
4. ¿Compran Uds. libros?
5. ¿Trabajan Uds.?
6. ¿Bailan Uds. mucho?

D. Entrevista. (*Interview*.) Hágale preguntas a un(-a) compañero(-a) de clase sobre su vida y su compañero(-a) debe contestar. *(Ask a classmate questions about his/her life and your classmate should answer.)*

> MODELO
> Pregúntele si (*if*) estudia historia este semestre.
> Usted: **¿Estudias historia este semestre?**
> Compañero(-a):   **Sí, (No, no) estudio historia este semestre.**

Pregúntele...

1. si mira la televisión mucho.
2. si camina a la universidad.
3. si canta bien.
4. si practica el español mucho.
5. si escucha música clásica.
6. si habla francés. ¿italiano?

E. Unos estudiantes hispanos. Some Hispanic students are visiting your university. Answer their questions as you take them on a campus tour. Work in pairs with a classmate.

1. ¿Qué estudias este semestre?
2. ¿Dónde practicas el español?
3. ¿Dónde estudias?
4. ¿Trabajas este semestre? ¿Dónde?
5. ¿Trabajan tus compañeros? ¿Dónde?

TERCER ENCUENTRO

PRESENTACIÓN   Escuchen, por favor.

Profesor Reyes	Buenos días. **Por favor**, **abran** sus libros y escuchen. Ricardo, **¿cómo se dice** « book » en español?
Ricardo	Se dice « libro ».
Profesor Reyes	Bien, Ricardo. Ahora, Margarita, **pregúntele** a otro alumno cómo está.
Margarita	**No comprendo**, señor. **Repita**, por favor.
Profesor Reyes	Pregúntele a otro alumno cómo está.
Margarita	¡Ah, sí! Roberto, ¿cómo estás?
Roberto	Estoy **cansado**. Y tú, ¿cómo estás?
Margarita	Estoy **contenta**.
Profesor Reyes	Muy bien.

Listen, please.

Profesor Reyes	Good morning. Please open your books and listen. Ricardo, how do you say "book" in Spanish?
Ricardo	You say "libro".
Profesor Reyes	Good, Ricardo. Now, Margarita, ask another student how he or she is.
Margarita	I don't understand, sir. Repeat, please.
Profesor Reyes	Ask another student how he or she is.
Margarita	Ah, yes! Roberto, how are you?
Roberto	I'm tired. And you, how are you?
Margarita	I'm happy.
Profesor Reyes	Very well.

Comentarios lingüísticos y culturales

In order to follow instructions in Spanish, you need to be able to recognize formal commands. In Spanish there is a command form used with a single person addressed by **usted** and another command form used with more than one person addressed by **ustedes**.

Learn to recognize commands by using the following chart.

FORMAL COMMANDS

	Verbs ending in -ar like HABLAR		Verbs ending in -er like LEER		Verbs ending in -ir like ABRIR	
Singular (Ud.)	hable	*speak*	lea	*read*	abra	*open*
Plural (Uds.)	hablen	*speak*	lean	*read*	abran	*open*

PRÁCTICA Y CONVERSACIÓN

A. En la clase. What commands does Professor Reyes give to or what questions does he ask the following people? Conteste (*Answer*) con expresiones de la **Presentación**.

la clase / Ricardo / Margarita / Ricardo y Margarita

B. ¿Qué diría Ud.? (*What would you say?*) How would you reply in the following situations? Conteste con expresiones de la **Presentación**.

1. A classmate asks you how to say "notebook" in Spanish.
2. Your instructor asks you a question but you don't understand.
3. You need to ask a classmate how to say "library" in Spanish.
4. You want your instructor to repeat the question he or she just asked you.
5. You want your friends to listen to what you have to say.

ASÍ SE HABLA

CLASSROOM EXPRESSIONS

These are some expressions which you have been using and will use throughout your Spanish class.

Estudiante	*Student*
No comprendo.	*I don't understand.*
Repita, por favor.	*Repeat, please.*
¿Cómo se dice «book» en español?	*How do you say "book" in Spanish?*
No sé.	*I don't know.*
Tengo una pregunta.	*I have a question.*

Profesor(-a)	*Instructor*
Abran sus libros.	*Open your books.*
Pregúntele a otro(-a) alumno(-a)...	*Ask another student...*
Repitan.	*Repeat.*
Lean en voz alta.	*Read aloud.*
Más alto, por favor.	*Louder, please.*
Cierren sus libros.	*Close your books.*
Dígale a otro(-a) alumno(-a)...	*Tell another student...*

PRÁCTICA Y CONVERSACIÓN

A. El/la profesor(-a). You are the instructor of your Spanish class. Tell your class to do the following things.

1. Open your books.
2. Read aloud.
3. Repeat.
4. Listen well.
5. Close your books.
6. Ask another student how he/she is.

B. La clase. Your instructor will divide the class into groups of three or four. One student will play the role of the instructor. The other members of the group are "the class." The "instructor" will then tell the "class" to open and close books, read aloud, repeat, ask the other students a question, and perform various other tasks. The "students" should follow the instructions, ask questions, and make comments.

A ESCUCHAR

As you walk by a Spanish class you hear these directions given by the instructor. Listen to what he says and write **C** (**cierto**) if the statement is true and **F** (**falso**) if it is false. Correct the false statements.

1. El profesor dice, «Abran sus libros en la página 20».
2. El libro de Ana está en la clase.
3. Ana no necesita el libro.
4. «Juntas» = «together» en inglés.
5. Ana y Ema trabajan juntas en clase.

ESTRUCTURAS

EXPRESSING LOCATION

Present Tense of *estar; estar* + Location

To explain where something or someone is located the expression **estar** + **en** + the name of the place is used.

ESTAR   to be

	Singular		*Plural*	
1st person	yo **estoy**	*I am*	nosotros nosotras } **estamos**	*we are*
2nd person	tú **estás**	*you are*	vosotros vosotras } **estáis**	*you are*
3rd person	él ella } **está** usted	*he is* *she is* *you are*	ellos ellas } **están** ustedes	*they are* *they are* *you are*

a. Although **estar** ends in **-ar**, it does not quite follow the pattern you have already learned for regular **-ar** verbs. Since **estar** is an *irregular verb*, you will need to memorize each of its forms.

b. REMINDER: Spanish verbs are made negative by placing the word **no** directly before the verb; **no** corresponds to the English *not*.

> Yo **no estoy** en la biblioteca.   *I'm not in the library.*
> Carlos **no está** en el café.   *Carlos isn't in the café.*

c. Since a major use of the verb **estar** is to express location, the question word **¿dónde?** is often used with forms of **estar**.

> —**¿Dónde están** los alumnos?   *Where are the students?*
> —Los alumnos **están** en clase.   *The students are in class.*

EN CONTEXTO

Diana   Hola, Manuel. ¿**Está** aquí Enrique?
Manuel   No, **está** en el edificio de matemáticas.
Diana   ¡Qué lástima! Necesito hablar con él.°   with him

PRÁCTICA Y CONVERSACIÓN

A. No están en el centro estudiantil (*student center*). A friend calls you to find out why no one is in the student center today. Explain to your friend where everyone is.

> **MODELO**   Pepe / en la residencia
> **Pepe está en la residencia.**

1. Norma / en el laboratorio
2. Ramón y Felipe / en la oficina
3. Uds. / en casa
4. Roberto / en clase
5. yo / en el cuarto
6. mis amigos / en el edificio de química

B. ¿Dónde están en la universidad? Ask a classmate where the following people or things are located.

MODELO el cuaderno
Usted: **¿Dónde está el cuaderno?**
Compañero(-a): **El cuaderno está en el pupitre.**

el libro de español / Uds. / el (la) profesor(-a) / tú / mis amigos / la librería / yo / los lápices / el laboratorio de lenguas

C. ¿Dónde están? Where are these people when they do the following activities?

MODELO Ana habla español.
Ana está en la clase de español.

1. Uds. escuchan música.
2. Practico el francés.
3. Mario y Federico estudian.
4. La profesora trabaja.
5. Hablas con amigas.
6. Los alumnos compran lápices y papel.
7. Catalina y yo miramos la televisión.
8. Ud. estudia química.

DESCRIBING EMOTIONAL AND PHYSICAL CONDITIONS

Estar + Adjectives of Condition

a. In addition to being used to express location, you have learned to use **estar** to express states of health. **Estar** is also used to express other physical and emotional conditions. The following list contains adjectives of condition which may follow the verb **estar**.

aburrido	*bored*	enojado	*angry, mad*
cansado	*tired*	loco	*crazy*
contento	*happy, content*	preocupado	*worried*
enfermo	*sick*	triste	*sad*

b. Spanish adjectives change form in order to agree in gender and number with the noun or pronoun they modify. Adjectives that end in **-o** have four forms. Adjectives ending in **-e** have two forms.

AGREEMENT OF ADJECTIVES

Adjectives ending in -o	Adjectives ending in -e
El alumno está enfermo.	El alumno está triste.
La alumna está enferma.	La alumna está triste.
Los alumnos están enfermos.	Los alumnos están tristes.
Las alumnas están enfermas.	Las alumnas están tristes.

EN CONTEXTO

—¿Están Uds. **tristes?**

—No, estamos **preocupados**. Hay un examen en la clase de química hoy.

PRÁCTICA Y CONVERSACIÓN

A. ¿Cómo están estas personas? Describa a las siguientes personas según el dibujo. (*Describe the following persons according to the drawing*.)

1. El Sr. González _____.

2. Carlos y Marta _____.

3. Tú _____.

4. Lupe y Graciela _____.

B. ¿Cómo están los amigos de Catalina? Catalina transferred to another university last term. She calls you to find out how the people she knows are.

MODELO Nora / enfermo
Compañero(-a): **¿Cómo está Nora?**
Usted: **Nora está enferma.**

1. Tomás y Eduardo / enojado
2. Mateo y tú / contento
3. Mónica / aburrido
4. la profesora Fernández / enfermo
5. Enrique / triste
6. tú / cansado
7. Silvia y Bárbara / preocupado
8. el doctor Guzmán / loco

C. ¿Cómo está tu compañero(-a) de clase? Ask a classmate how he/she is feeling. Your classmate will reply and then will ask how you are. After completing your brief conversation, explain to the entire class how your classmate is feeling today.

D. Un(-a) compañero(-a) de clase. Talk with a classmate and find out all you can about the person. Ask questions about the classes he/she is taking, where he/she studies, how he/she is feeling. Then switch roles so that you both have the opportunity to ask and answer questions.

ASKING QUESTIONS

Yes-No Question Formation

A normal conversation consists of a series of questions and answers. In this section you will learn how to ask several kinds of questions that require a *yes* or *no* as an answer.

a. Questions Formed by Intonation
In Spanish a statement can become a written question by placing the question marks at the beginning and end of the sentence. In speech a question is indicated by raising the pitch of one's voice at the end of the sentence.

¿Eduardo está en la biblioteca? *Robert is studying in the library?*
¿Hay pupitres en la librería? *There are student desks in the bookstore?*

b. Tag Questions
A statement can become a question by adding the words **¿no?** or **¿verdad?** to the end of a sentence.

Debra y Susana están en el laboratorio, ¿no? *Debra and Susana are in the lab, aren't they?*
Manolo habla inglés, ¿verdad? *Manolo speaks English, doesn't he?*

c. Inversion
A statement can also become a question by inversion; that is, by placing the subject after the verb.

¿Estudia Miguel en la residencia? *Does Miguel study in the dormitory?*

1. When using inversion to form a question that contains more than just a subject and verb, the word order is generally

VERB	+	REMAINDER	+	SUBJECT
¿Está		aquí		Teresa?

2. However, when the remainder of the sentence contains more words than the subject, then the word order is generally

VERB	+	SUBJECT	+	REMAINDER
¿Está		Teresa		en la oficina de matemáticas?

EN CONTEXTO

—Manolita trabaja en el laboratorio de biología, **¿verdad?**
—Sí, trabaja allí con Eduardo.
—¿Trabaja Miguel con Manolita también?
—No, Miguel trabaja en la biblioteca.

PRÁCTICA Y CONVERSACIÓN

A. ¿Verdad? Form questions from the following statements using the expressions **¿verdad?** or **¿no?**

1. Uds. compran libros.
2. El profesor baila en clase.
3. Antonio y Silvia estudian.
4. Tú estás en la oficina.
5. Marta y yo escuchamos música.
6. Los amigos hablan en el café.
7. Paco está en su cuarto.
8. La estudiante practica el español.

B. Unas preguntas. Change the order of the subject and verb to make questions from the statements in **Práctica A.** Ask a classmate the questions and he/she will answer them.

C. Entrevista. Hágale a su compañero(-a) preguntas sobre su vida en la universidad y su compañero(-a) debe contestar.

Pregúntele...

1. si trabaja. ¿Dónde?
2. si estudia en su cuarto.
3. si baila mucho.
4. si necesita practicar en el laboratorio.
5. si estudia en el laboratorio de lenguas.
6. si mira la televisión en su cuarto.

D. La vida estudiantil. You work for a research firm that is studying patterns of student life at your university. Interview a classmate to find out the following information. Add at least two questions of your own.

¿Estudian los alumnos en la biblioteca?
¿Hablan mucho con amigos? ¿Dónde?

¿Practican el español en el laboratorio de lenguas?
¿Caminan a sus clases?
¿Trabajan los estudiantes?
¿Bailan mucho? ¿?

PUENTE CULTURAL

Las universidades hispánicas

Hispanic universities have a long and proud history. The University of Salamanca in Spain dates from the 13th century and is one of the oldest universities in Europe. Many universities in Spanish America, including the University of Mexico, were founded before universities in the United States.

Most Hispanic universities are located in large cities and many students live at home and commute to classes. Students from outside the city live in apartments or even hotels because dormitories are few or non-existent.

COMPRENSIÓN CULTURAL

A. Conteste en español. ¿Qué hay en la fotografía?

B. Answer in English.

1. What are some of the oldest universities in the U.S? When were they founded?
2. Do U.S. universities have statues and monuments on the campus? If so, of whom?
3. Does the architecture of the Universidad de Salamanca resemble the architecture of any U.S. universities? If so, which one(s)?
4. Compare the student living arrangements of your university to that of Hispanic universities. Why are they the same or different?

CUARTO ENCUENTRO

PARA LEER BIEN • *Predicting and Guessing Content*

In this section you are going to learn strategies that will help you become a better reader. Follow them closely and apply the strategies whenever you read in Spanish.

In order to help locate the key themes and ideas of a reading, it is important to try to guess the content of a passage prior to actually reading it. In order to make educated guesses and predictions, first look at the title and ask yourself what topics might be covered in the reading. Then, look at any photos or artwork that accompany the reading for further ideas.

PRÁCTICA

A. La vida estudiantil. The title of the following reading is «**La vida estudiantil**». Brainstorm possible topics that might be included in the passage.

B. ¿Qué ves? Look at the accompanying photo. What further topics and ideas come to mind?

C. A leer. Now you are ready to read the following passage. As you read, you will confirm, change, or discard your initial ideas about the content of the passage.

LECTURA   La vida estudiantil°

student life

Las universidades. Muchos hispanos quieren° estudiar en la universidad. Por eso° las universidades son grandes° con muchos alumnos y edificios. Hay unos 300.000 estudiantes en la Universidad Nacional Autónoma de México. En España también hay muchos alumnos en las universidades.

want
For this reason /
large

Las clases. Hay muchos estudiantes en las clases populares. En clase los profesores hablan y los alumnos escuchan. Unos estudiantes están aburridos pero muchos escuchan con entusiasmo porque necesitan aprender°.

to learn

Los cafés. Cerca de° las universidades hay cafés. Allí los estudiantes se reúnen° y hablan de las clases, de los profesores y de los amigos y compañeros. También escuchan música o estudian. Los estudiantes están contentos en los cafés.

near
meet

Las actividades. Los estudiantes no estudian siempre. Los fines de semana° celebran una fiesta°, bailan, caminan en la universidad o en un parque, visitan a amigos, miran la televisión o escuchan música.

on weekends
party

En la biblioteca. Cuando hay un examen importante, muchos alumnos están preocupados o nerviosos. A veces° caminan a la biblioteca para estudiar. Otros° alumnos estudian en grupo con amigos. Aunque° están cansados, estudian porque° quieren recibir un 10, la nota° superior.

Sometimes
other / Although
because / grade

En casa. Muchos estudiantes viven° en casa con su familia. Otros estudiantes viven en hoteles o en apartamentos porque no hay muchas residencias estudiantiles. Pocos° estudiantes necesitan trabajar porque las universidades públicas son baratas°.

live
few
are inexpensive

PRÁCTICA Y COMPRENSIÓN

A. ¿Cierto o falso? Conteste con **cierto** o **falso**. Corrija las oraciones falsas. (*Answer with* **cierto** *or* **falso**. *Correct the false statements.*)

1. Los hispanos quieren estudiar en la universidad.
2. Hay pocos estudiantes en las clases.
3. En clase los profesores hablan y los alumnos escuchan.
4. Los alumnos en el café están enojados.
5. Los estudiantes no participan en fiestas.
6. Unos estudiantes estudian en la biblioteca.
7. Unos estudiantes viven en hoteles.
8. Muchos estudiantes trabajan porque las universidades públicas no son baratas.

B. ¡Qué ridículo! (*How ridiculous!*) Each person will compose five true or false statements about Hispanic universities based on the **Lectura**. Each student will then say each statement to a partner. If the statement is true, the partner will say **cierto**. If the statement is false, the partner will say **¡Qué ridículo!**

ACTIVIDADES

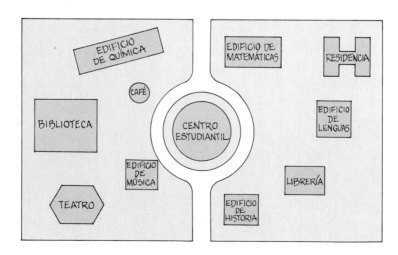

A. **Un(-a) amigo(-a).** You are an exchange student in Guatemala. It is the first day of classes and you are very confused. You ask a new friend (played by a classmate) where your classes are located and where to study, buy books, chat with friends. Use the map of the campus provided on page 44.

B. **Un encuentro.** As an exchange student you meet another student. With a classmate play the roles of the two acquaintances and tell each other where you study, practice, work, and do other activities. Find a place to meet later to study Spanish. Use the map of the campus provided.

C. **Mis clases en la universidad.** Explain to your classmates what courses you are taking this term, in what building your classes meet, where you study, where you talk with friends.

D. **La mochila.** Each student will explain to the class what there is in his or her backpack or book bag. Which students have the most contents? Least contents? Most interesting contents? Why? What are the contents of a typical student book bag?

E. **¿Cómo estás?** Ask a classmate how he or she feels in certain places or situations in the university such as the language lab, an exam, Spanish class, the dorm, the café. Then tell your other classmates about his or her responses. What is a typical response for each situation?

PARA ESCRIBIR BIEN • *Writing Personal Letters*

Personal notes and letters are important means of communicating with family and friends in the Hispanic world. The following are some standard ways of beginning and ending personal letters and notes.

Salutations

Querido(-a) Julio (Julia):	*Dear Julio (Julia),*
Queridos amigos / padres:	*Dear friends / parents,*

Closings

Abrazos,	*Hugs* (comparable to Love,)
Hasta siempre,	*As always,*

COMPOSICIONES

A. **Querido Roberto.** Roberto García was an exchange student in your high school. He has since returned to his home in Ecuador but you still keep in touch with him. Write a brief letter to him explaining that you're studying Spanish in the university. Tell him what other classes you're taking, where your classes meet, where you study and chat with friends.

B. **Queridos padres.** Write a letter to a family member explaining your activities as a student. Discuss what classes you take, if you work, how you spend your free time, and other pertinent information. Describe how you feel as you engage in the various activities.

VOCABULARIO ACTIVO

La clase

el bolígrafo	pen, ballpoint pen
el cuaderno	notebook, workbook
el escritorio	desk
el lápiz	pencil
el libro	book
la mesa	table
la mochila	backpack, book bag
el papel	paper
el pupitre	student desk
el reloj	clock, watch
la silla	chair

La universidad — The university

la biblioteca	library
el centro estudiantil	student center
el edificio	building
el laboratorio	laboratory
la librería	bookstore
la oficina	office
la residencia	dormitory

Las personas — Persons, people

el (la) amigo(-a)	friend
el (la) compañero(-a)	companion, -mate
el (la) compañero(-a) de clase	classmate
el (la) compañero(-a) de cuarto	roommate
el (la) chico(-a)	boy (girl)
el (la) doctor(-a)	doctor
el (la) estudiante	student

Las clases

la biología	biology
el español	Spanish (language)
el francés	French (language)
la historia	history
el inglés	English (language)
la lengua	language
las matemáticas	mathematics
la música	music
la química	chemistry

Otros sustantivos — Other nouns

el café	café, coffee house
la casa	house
el cuarto	room
el examen	examination, exam
la lección	lesson
la música	music
la televisión	television

Verbos — Verbs

bailar	to dance
caminar	to walk
cantar	to sing
comprar	to buy
escuchar	to listen (to)
estar	to be
estudiar	to study
hablar	to speak, talk
mirar	to look at, watch
necesitar	to need

practicar	*to practice*	**con**	*with*
trabajar	*to work*	**de**	*of, from*
		De nada.	*You're welcome.*
Adjetivos	*Adjectives ·*	**¿dónde?**	*where?*
		en	*in, on, at*
aburrido	*bored*	**este semestre**	*this semester*
cansado	*tired*	**falso**	*false*
contento	*content, happy*	**hasta siempre**	*as always*
enfermo	*sick, ill*	**hoy**	*today*
enojado	*angry, mad*	**me gusta(-n)**	*I like*
loco	*crazy*	**mi**	*my*
preocupado	*worried*	**pero**	*but*
triste	*sad*	**por favor**	*please*
		¿qué?	*what?*
Otras expresiones		**querido**	*dear*
		si	*if*
a	*to, toward*	**también**	*also, too*
abrazos	*hugs* (closing for a personal letter)	**tampoco**	*(not) either, neither*
ahora	*now*	**te gusta(-n)**	*you like*
allí	*there, over there*	**¿verdad?**	*true? right?*
aquí	*here*		
cierto	*true*		

 A recordar

Review the following situations and tasks that have been presented and practiced in this chapter.

- Explain what items there are in your bookbag / desk / classroom.
- Discuss some activities you like / don't like / need to do.
- Explain some activities you and your friends do or do not do in a normal day.
- Ask a classmate if he/she engages in various activities.
- Explain what courses you are taking this semester, where they are located, and where you study.
- Explain how you and your classmates feel in certain places or situations around the university.
- Ask another person what courses he/she is taking, where he/she studies / what other activities he/she does in a normal day / how he/she feels as he/she does the various activities.

CAPÍTULO 2
Amigos y compañeros

Cultural Theme: Concept of friendship in the Hispanic world

Communicative Goals:
- Describing people and objects
- Discussing activities with friends
- Making introductions
- Requesting information
- Expressing agreement and disagreement

A pensar

- What part of speech is generally associated with describing people and objects? *Lisa is **tall**, **thin**, and **pretty**. She lives in a **large modern house**.* Do these descriptive words change form according to the person or object being described?
- When discussing activities, what part of speech is generally used? *During the weekend my friends and I **attend** concerts, **read** novels, and **eat** in the café.* Do these verbs change form according to who is doing the activity? How?
- What arc some standard phrases used when making introductions in English? Do the phrases vary according to who is being introduced? How?
- List some common interrogative or question words we use in questions that request information.

PRIMER ENCUENTRO

PRESENTACIÓN   ¿Cómo es tu mejor amigo?

Diego Villarreal   Ramón es mi mejor amigo. Es **alto** y **delgado**. Estudiamos en la Universidad de Valencia. Ramón es **inteligente** y cs un estudiante muy **bueno**.

What is your best friend like?

Diego Villarreal   Ramón is my best friend. He is tall and thin. We study at the University of Valencia. Ramón is intelligent and he is a very good student.

Alicia Gallegos   Bárbara Hurtado es mi mejor amiga. Es **colombiana** pero ahora trabaja aquí en Guatemala. Es muy **simpática**. **Siempre** me escucha **cuando** hablo de mis **problemas**.

Consuelo Ramos   Mi **novio** José Luis es mi mejor amigo. Es muy **guapo**, ¿verdad? Somos estudiantes en la Universidad de México. En **el futuro** José Luis **quiere** trabajar en la universidad y yo **quiero** trabajar en una oficina en **la capital.**

Alicia Gallegos	Bárbara Hurtado is my best friend. She's Colombian but now she works here in Guatemala. She's very nice. She always listens to me when I talk about my problems.
Consuelo Ramos	My boyfriend José Luis is my best friend. He's very handsome, isn't he? We are students at the University of Mexico. In the future José Luis wants to work at the university and I want to work in an office in the capital.

TERESA   MARIANA

(a)

Teresa es **rubia; su** amiga Mariana es **morena**. Teresa y Mariana son **bonitas**. No son **feas**.

SR. LADO

PEPITO

(b)

Pepito es **joven** y **pequeño**. El Sr. Lado es **viejo** y **grande**.

DON QUIXOTE

SANCHO

(c)

Don Quixote es alto y delgado. Su amigo Sancho es **bajo** y **gordo**.

EDUARDO   NICOLÁS

(d)

Eduardo es un niño **malo**, pero su amigo Nicolás es bueno.

Comentarios lingüísticos y culturales

a. The word for *my* has two forms. **Mi** precedes a singular noun: **Mi mejor amigo es Carlos.** **Mis** precedes a plural noun: **Mis amigos son simpáticos.**

b. The words **tu(-s)** = *your* and **su(−s)** = *his/her/your* function in the same manner as **mi(-s)**.

c. The word **el (la) novio(-a)** usually translates as *boyfriend* (*girlfriend*) in English. However, the Spanish term generally implies a more serious relationship than the English term. As a result **el (la) novio(-a)** may also translate as *fiancé(-e)*.

PRÁCTICA Y CONVERSACIÓN

A. ¿Comprende Ud.? Conteste según la **Presentación**. (*Answer according to the* **Presentación**.)

1. ¿Es bajo Ramón? ¿Es gordo? ¿Es un estudiante bueno o malo?
2. ¿Dónde trabaja Bárbara Hurtado? ¿Es mexicana? ¿Quién escucha cuando Alicia habla de sus problemas?
3. ¿Cómo se llama el mejor amigo de Consuelo Ramos? ¿Cómo es José Luis? ¿Dónde quieren trabajar Consuelo y José Luis?

B. Los amigos. You and a classmate are discussing acquaintances but you can't agree on what they're like. Whatever you say, your classmate says the exact opposite.

MODELO	Mariana / alto
Usted:	**Mariana es alta, ¿verdad?**
Compañero(-a):	**No, Mariana es baja.**

1. Cristina / bueno
2. Diego / rubio
3. Elena / delgado
4. Tomás / pequeño
5. Rosa / bonito
6. Roberto / bajo
7. Eduardo / feo
8. Juana / joven

C. ¿Cómo son estas personas? Describa a las personas en el dibujo. (*Describe the people in the drawing*.)

1. El señor es _____ .
2. La señorita es _____ y _____ .
3. La señorita es _____ y _____ .
4. El señor es _____ y _____ .
5. Pedro es _____ .
6. Juan es _____ .

D. ¿Cómo es tu mejor amigo(-a)? Using the adjectives you have just learned, briefly describe your best friend to your classmates.

SONIDOS • *r, rr*

When the letter **r** does not begin a word, it is pronounced by a single flap of the tip of the tongue on the ridge behind the upper front teeth. This sound is similar to the English *tt* in *batter* or *dd* in *ladder*.

To pronounce the letter **r** at the beginning of a word and the letter **rr** in the middle of a word, the tip of the tongue is flapped on the ridge behind the upper teeth in rapid succession. This action is called *trilling* and the **rr** sound is often called a *trilled r*.

PRÁCTICA

Escuche y repita después de su profesor(-a).

r   Bárbara   Hurtado   mejor   trabajar   problemas
Bárbara Hurtado es mi mejor amiga. Siempre me escucha cuando hablo de mis problemas.

rr   Villarreal   **R**amón   **R**amos   rubio
Ramón es el amigo de Diego Villarreal. **R**amón es alto, delgado y rubio.

r and **rr**   En el futuro Consuelo **R**amos quiere trabajar en la capital.

ESTRUCTURAS

DESCRIBING PEOPLE

Ser + Adjectives and Nouns

In order to describe traits and characteristics of people, you need to learn to use the verb **ser** = *to be.*

		SER *to be*			
yo	**soy**	*I am*	nosotros	**somos**	*we are*
tú	**eres**	*you are*	vosotros	**sois**	*you are*
él		*he is*	ellos		*they are*
ella	**es**	*she is*	ellas	**son**	*they are*
Ud.		*you are*	Uds.		*you are*

a. There are two Spanish verbs *to be:* **estar,** which you learned in **Capítulo 1,** and **ser.** Like **estar, ser** is an irregular verb that does not follow a normal pattern of conjugation.
b. **Ser** is used with adjectives that tell what someone or something is like.

    Carlos **es** muy alto.   *Carlos is very tall.*
    Susana y María **son** rubias. *Susana and María are blondes.*

c. **¿Cómo está él?** = *How is he?* **Estar** in this context refers to health.
¿Cómo es él? = *What is he like?* **Ser** in this context refers to traits and characteristics.
Study the following examples.

—¿**Cómo está** Yolanda?   *How is Yolanda?*
—Yolanda **está** enferma.   *Yolanda is sick.*

—¿**Cómo es** Yolanda?   *What is Yolanda like?*
—Yolanda **es** muy bonita.   *Yolanda is very pretty.*

d. **Ser** is used with nouns to tell who or what someone or something is. In such cases **ser**
is followed by professions, nationalities, or even a definition.

Mi amiga Norma **es** estudiante.   *My friend Norma is a student.*
Es una estudiante muy buena.   *She's a very good student.*

Note that the indefinite article is not used after **ser** with professions and nationalities
unless the noun is modified by an adjective.

EN CONTEXTO

Antonio, Miguel y yo **somos** muy buenos amigos. Antonio **es** alto y del-
gado; Miguel y yo **somos** bajos. Yo **soy** moreno pero Antonio y Miguel
son rubios. Y tú, ¿cómo **eres**?

PRÁCTICA Y CONVERSACIÓN

A. Personas altas. The drama instructor needs very tall people to act in the next production.
Explain to the instructor which of the following people are tall.

MODELO   Mónica (sí)
          Mónica es alta.

1. Tomás y Raquel (sí)   5. Manolo y yo (no)
2. yo (no)   6. tú (no)
3. Olga (sí)   7. Lupe y Rosa (sí)
4. Uds. (sí)   8. Vicente (no)

B. ¿Cómo son estas personas? Tell your classmates what the following people are like.

1. Yo soy _____.   5. Mi profesor(-a) de español es _____.
2. Mi familia es _____.   6. Mi papá es _____.
3. Mis amigos son _____. 7. Mi compañero(-a) de cuarto es _____.
4. Mi mamá es _____.   8. Mi mejor amigo(-a) es _____.

C. Entrevista. Hágale a su compañero(-a) de clase preguntas sobre las personas siguientes (*about the following people*) y su compañero(-a) debe contestar.

Pregúntele a un(-a) compañero(-a) cómo es…

1. su mejor amigo(-a)
2. su compañero(-a) de clase.
3. el presidente de los EE.UU.
4. su familia.
5. su profesor(-a) de español.
6. su actor (actriz) favorito(-a).

D. La clase de español. Observe the members of your Spanish class to find out the following information. Then tell your classmates about themselves.

¿Cuántos alumnos hay en su clase? ¿Cuántos son rubios? ¿morenos? ¿Cuántos son altos? ¿bajos? ¿simpáticos? ¿inteligentes? ¿?

DESCRIBING OBJECTS

Position and Agreement of Adjectives

In order to describe objects, you need to learn how to form and where to place adjectives of color and other descriptive adjectives.

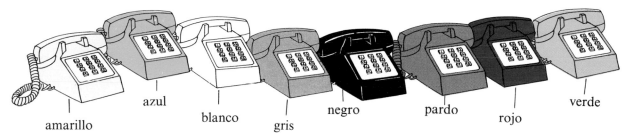

amarillo · azul · blanco · gris · negro · pardo · rojo · verde

Teléfonos de varios colores

a. Like other adjectives denoting a characteristic, adjectives of color may follow a form of **ser**.

—¿De qué color es el teléfono de tu amiga? — *What color is your friend's telephone?*
—Su teléfono es **amarillo**. — *Her phone is yellow.*

b. Descriptive adjectives usually follow the noun they modify.

Quiero comprar **un coche azul**. — *I want to buy a blue car.*

c. Like adjectives that are used with **ser** or **estar**, adjectives that modify a noun change form to agree in number and gender with that noun.

1. Adjectives ending in **-o** have four forms: **blanco, blancos, blanca, blancas**.
2. Adjectives ending in a vowel other than **-o** have two forms: **verde, verdes**.
3. Adjectives ending in consonant have two forms: **azul, azules** / **gris, grises**.

EN CONTEXTO

—¿Cuál° es tu color favorito?   Which
—**El rojo**, por supuesto°. Mi mochila es **roja**. Mis lápices y bolígrafos son   of course
rojos y mi coche nuevo° también es **rojo**.   new

PRÁCTICA Y CONVERSACIÓN

A. Colores. Pregúntele a un(-a) compañero(-a) de clase de qué color son las cosas siguientes
(*following things*) y su compañero(-a) debe contestar.

Pregúntele de qué color es...

su coche / su cuarto / su casa / su cuaderno / su teléfono / ¿?

B. ¿Qué quieres? Using adjectives that you have already learned, tell a classmate how you
would like the following things to be.

> MODELO   casa
> **Quiero una casa grande y bonita.**

coche / amigos / novio(-a) / profesor(-a) / cuarto /casa

C. ¿Cómo son estas personas y cosas? Describe the following people and things using phrases
chosen from each column.

A	B	C
mi mejor amigo(-a)	(no) ser	grande / pequeño
mi casa		nuevo / viejo
mi coche		feo / bonito
mi familia		alto / bajo
mi cuarto		malo / bueno
mis amigos		blanco / negro / rojo /
mi novio(-a)		verde / azul / amarillo /
mi teléfono		gris / pardo

D. ¿A quién admiras? Interview three people in the class and find out who is the person
that they admire most and why. Use the verb **admirar**.

> MODELO   Usted: **¿A quién admiras?**
> Compañero(-a): **Admiro a Susana porque es inteligente y bonita.**

SEGUNDO ENCUENTRO

PRESENTACIÓN   ¿De dónde eres?

*Unos estudiantes internacionales **comen** y **beben** en una cafetería.*

Mario   Felipe, **¿de dónde** eres?
Felipe   Soy colombiano; soy de Bogotá. ¿Y tú, Raquel?
Raquel   Pues, Mariana y yo somos de México, de la capital.

Where are you from?

Some international students are eating and drinking in a cafeteria.

Mario   Felipe, where are you from?
Felipe   I'm Colombian; I'm from Bogota. And you, Raquel?
Raquel   Well, Mariana and I are from Mexico, from the capital.

Raúl	Yo también soy **mexicano** pero soy de Guadalajara. Miguel, tú eres de **Chile**, ¿verdad?
Miguel	No, soy de **Venezuela** pero hay muchos alumnos aquí que son de Chile.
Fernanda	Es verdad. Soy de Santiago y mi mejor amiga Graciela también es de Santiago.
Héctor	¿Por qué están Uds. aquí?
Fernanda	Porque queremos **viajar** a **otros países**. Si **visitamos** los EE.UU., **debemos aprender** inglés.

OTROS PAÍSES

Alemania	*Germany*	Francia	*France*
la Argentina	*Argentina*	Inglaterra	*England*
el Canadá	*Canada*	Italia	*Italy*
Cuba	*Cuba*	el Japón	*Japan*
España	*Spain*	Puerto Rico	*Puerto Rico*
los Estados Unidos	*United States*	Rusia	*Russia*

¿Qué lenguas hablan en otros países?

En Alemania hablan **alemán**.
En Italia hablan **italiano**.
En el Japón hablan **japonés**.
En Rusia hablan **ruso**.
¿Y qué hablan en España?

PRÁCTICA Y CONVERSACIÓN

A. ¿Comprende Ud.? Conteste según el diálogo.

1. ¿Quiénes comen y beben en la cafetería?
2. ¿De dónde es Felipe? ¿Raúl? ¿Miguel?
3. ¿De dónde son Mariana y Raquel? ¿Fernanda y Graciela?
4. ¿Por qué deben aprender inglés Fernanda y Graciela?

Raúl	I'm Mexican also but I'm from Guadalajara. Miguel, you're from Chile, aren't you?
Miguel	No, I'm from Venezuela but there are a lot of students here who are from Chile.
Fernanda	That's right. I'm from Santiago, and my best friend Graciela is also from Santiago.
Héctor	Why are you here?
Fernanda	Because we want to travel to other countries. If we visit the U.S., we ought to learn English.

B. Las capitales. Pregúntele a un(-a) compañero(-a) de clase en qué países están las capitales siguientes.

MODELO	Bogotá
Usted:	**¿Dónde está Bogotá?**
Compañero(-a):	**Bogotá está en Colombia.**

Caracas / Lima / San José / Santiago / Buenos Aires / La Paz / Quito / Asunción / Tegucigalpa / San Salvador

C. Las lenguas. Pregúntele a un(-a) compañero(-a) qué lenguas hablan en estos países.

   MODELO   Colombia
                       Usted: **¿Qué hablan en Colombia?**
            Compañero(-a):   **En Colombia hablan español.**

   1. el Japón   3. los Estados Unidos   5. Italia   7. el Canadá
   2. Francia   4. Alemania   6. Rusia   8. la Argentina

D. ¿Quieres visitar la Argentina? Take a survey of at least five members of your Spanish class to find out which countries they would like to visit. Ask them if they speak the language of the countries they want to visit.

ASÍ SE HABLA

EXPRESSING AGREEMENT AND DISAGREEMENT

These are some expressions that can be used to agree with somebody.

Sí.	*Yes.*
¡Cómo no!	*Of course!*
¡Por supuesto!	*Of course!*
(Estoy) de acuerdo.	*I agree.*
Creo que sí.	*I think so.*
¡Claro!	*Of course!*
Es verdad.	*It's true.*

These are some expressions that are used to disagree with someone.

Creo que no.	*I don't think so.*
No estoy de acuerdo.	*I don't agree.*
No, no es así.	*No, it's not so.*
No es verdad.	*It's not true.*

PRÁCTICA Y CONVERSACIÓN

A. ¿De acuerdo o en desacuerdo? Using expressions presented in **Así se habla**, tell whether you agree or disagree with these statements.

   1. Mis amigos son muy simpáticos.
   2. Mañana hay un examen en la clase de español.
   3. El presidente es muy bueno.
   4. México es un país muy bonito.
   5. La química es aburrida.

B. El primer día (*first day*) de clase. Work in pairs and answer these questions.

1. ¿Eres de los EE.UU.?
2. ¿Quieres viajar a España?
3. ¿Quieres escuchar música ahora?
4. ¿Estudias en la biblioteca?
5. ¿Estás de acuerdo con tus profesores?

SONIDOS • *Diphthongs with u: ua, ue, ui, uo*

The **u** before a vowel creates a diphthong—that is, a blending or merging of two vowel sounds. The **u** in these diphthongs is pronounced like the English *w* before vowels as in *was*, *way*, *we*, and *won't*. The diphthong **ui** found in the word **muy** and **uo** found in the word **cuota** are not as common as the diphthongs **ua** or **ue**.

PRÁCTICA

Escuche y repita después de su profesor(-a).

ua Ed**ua**rdo G**ua**dalajara G**ua**temala g**ua**po c**uá**ntos
—¿C**uá**ntos estudiantes son de G**ua**temala?
—C**ua**tro—Inés, Ed**ua**rdo, G**ua**dalupe y Roberto.

ue Venez**ue**la P**ue**rto Rico ac**ue**rdo por s**ue**sto Man**ue**l
—Man**ue**l es de P**ue**rto Rico, ¿verdad?
—Por s**ue**sto. Es de la capital.

ESTRUCTURAS

DESCRIBING NATIONALITY

Ser + Place of Origin or Adjective of Nationality

To explain where someone or something is from, you use a form of **ser** followed by the names of places or nationalities.

a. The forms of **ser** can be used to express places of origin. When followed by the preposition **de** meaning *from* + the name of a city, country, or geographic region, it can be used to tell where someone or something is from.

Somos de Bogotá. *We are from Bogota.*
Los libros **son de** España. *The books are from Spain.*

b. The expression **¿de dónde?** is used with **ser** to ask where someone or something is from.

¿De dónde es Mario? *Where is Mario from?*
¿De dónde son los alumnos? *Where are the students from?*

c. The verb **ser** is used with the adjectives of nationality in the following list.

alemán	*German*	inglés	*English*
argentino	*Argentinian*	italiano	*Italian*
canadiense	*Canadian*	japonés	*Japanese*
colombiano	*Colombian*	mexicano	*Mexican*
cubano	*Cuban*	norteamericano	*North American*
español	*Spanish*	puertorriqueño	*Puerto Rican*
francés	*French*	venezolano	*Venezuelan*

d. The preposition **de** follows the verb **ser** to express place of origin. An adjective follows the verb **ser** to express nationality. Compare the following examples.

Pedro **es de** Colombia.   *Pedro is from Colombia.*
Pedro **es** colombiano.   *Pedro is Colombian.*

e. Note the formation of adjectives of nationality.

1. Adjectives of nationality that end in **-o** such as **mexicano** have four forms: **mexicano, mexicanos, mexicana, mexicanas.**
2. Adjectives of nationality that end in a consonant, such as **español**, have the following four forms: **español, españoles, española, españolas.**
3. With adjectives of nationality that end in an accented syllable (**-és, -mán**), the accent mark appears only in the masculine singular form.

Roberto es **inglés**.   *Robert is English.*
Margarita es **inglesa** también.   *Margarita is English also.*

f. When an adjective is used to modify a group including both masculine and feminine nouns, the masculine form is used.

Victoria, Susana y Ricardo son **cubanos**.   *Victoria, Susana, and Ricardo are Cuban.*

EN CONTEXTO

Mi mamá es **francesa** y mi papá es **español**. Mi mejor amiga es **inglesa**; es de Londres. Y mi compañera de cuarto en la universidad es **italiana**. ¿Qué hablamos? Hablamos español porque todos nosotros° somos   all of us **argentinos**.

PRÁCTICA Y CONVERSACIÓN

A. Nacionalidades. Conteste según el modelo.

MODELO   Usted: **Manuel es mexicano. ¿Y Amalia?**
               Compañero(-a):   **Amalia es mexicana también.**

1. Juan es español. ¿Y Vicente y Emilio?
2. Los alumnos son colombianos. ¿Y Teresa?
3. Josefina es alemana. ¿Y Raúl?
4. El profesor es argentino. ¿Y las alumnas?
5. Las señoritas son francesas. ¿Y Miguel?
6. Ramón es inglés. ¿Y Francisco y Anita?

B. ¿Eres español? You try to guess where your classmate is from but unfortunately you aren't very successful.

MODELO   español
       Usted: **¿Eres español(-a)?**
  Compañero(-a):   **No, no soy español(-a). No soy de España.**

1. mexicano	3. argentino	5. inglés	7. colombiano
2. alemán	4. italiano	6. francés	8. japonés

C. Unas personas famosas. You are a reporter for your local newspaper and you must write an article on several famous people. However, you cannot do the assignment because you do not know the nationality of these people. Ask your classmate where the following people are from and your classmate will give you the nationality.

MODELO   Jane Fonda
       Usted: **¿De dónde es Jane Fonda?**
  Compañero(-a):   **Es norteamericana.**

Julio Iglesias / François Mittérand / Fidel Castro / la princesa Diana y el príncipe Carlos / Plácido Domingo / Sofía Loren / Tom Cruise / ¿?

D. Autorretrato. Provide a self portrait for your classmates by completing the following sentences.

1. Me llamo (*su nombre*).
2. Soy (*profesión*).
3. Soy (*nacionalidad*).
4. Soy de (*ciudad* / *estado*)
5. Soy el (la) amigo(-a) de (*nombre de su amigo(-a)*).
6. Soy (*adjetivo*), (*adjetivo*) y (*adjetivo*).

E. ¿De dónde son sus compañeros de clase? ¿Es internacional su clase? Find out the nationality of at least five of your classmates. What is the nationality of most of the students in the class?

DISCUSSING THINGS WE DO OR OUGHT TO DO

Present Tense of Regular-*er* Verbs

To describe and discuss activities and obligations, you need to be able to use regular **-er** verbs, the second major category of Spanish verbs.

VENDER   *to sell*

Yo	vend**o**	libros.	Nosotros	vend**emos**	libros.
Tú	vend**es**	libros.	Vosotros	vend**éis**	libros.
Él			Ellos		
Ella ⎬	vend**e**	libros.	Ellas ⎬	vend**en**	libros.
Ud.			Uds.		

a. To form the present tense of a regular **-er** verb like **vender**, first obtain the stem by dropping the **-er** from the infinitive: **vender** > **vend-**. To this stem add the endings that correspond to the subject: **-o, -es, -e, -emos, -éis, -en**.

b. REMINDER: The present tense in Spanish has three possible meanings: **vendo** = *I sell, I am selling, I do sell.*

c. Here is a list of common regular **-er** verbs.

aprender	*to learn*	creer	*to believe*
beber	*to drink*	deber	*to owe, ought to, should*
comer	*to eat*	leer	*to read*
comprender	*to understand*	vender	*to sell*

EN CONTEXTO

Mis amigos y yo estudiamos francés porque queremos trabajar en Francia.
En clase **leemos** los diálogos y después° **aprendemos** los verbos. **Creo** que   afterwards
comprendemos bien pero **debemos** practicar mucho.

PRÁCTICA Y CONVERSACIÓN

A. **¿Quiénes comen en el café?** A friend is going to eat lunch in the student café and he/she wants to know who else will be there. Tell your friend if the following people go to the café to eat.

MODELO   Ramón (sí) / Tomás (no)
Ramón come en el café.
Tomás no come en el café.

1. Juanita y yo (sí)
2. tú (sí)
3. Emilio y Luis (no)
4. Silvia (sí)
5. yo (sí)
6. los profesores (no)

B. **Unas actividades.** Explain what the following people are doing now.

MODELO   Roberto / comer en casa
Roberto come en casa ahora.

1. Nicolás y yo / comer en un café
2. tú / aprender el vocabulario
3. Paula y Berta / vender unos libros

4. Uds. / beber una limonada
5. Manolo / leer en su cuarto
6. ¿?

C. Entrevista. Hágale a su compañero(-a) de clase preguntas sobre sus actividades y su compañero(-a) debe contestar.

Pregúntele...

1. si come en casa o en un café.
2. dónde estudia y lee.
3. si lee libros en español.

4. si aprende mucho en clase.
5. si comprende la lección.

D. Sus deberes (*duties*). Your instructor will divide the class into pairs. Tell each other the things you should do today.

> **MODELO**   **Hoy debo leer el Capítulo Dos y debo _____.**
> **También debo _____.**

TERCER ENCUENTRO

PRESENTACIÓN   Te presento a mis amigos.

En la residencia estudiantil.

Sergio	¡Hola, Ana María! ¿Qué tal?
Ana María	Bien, gracias. Sergio, **te presento** a mis amigas Clara y Marta.
Sergio	Mucho gusto, Marta.
Marta	El gusto es mío.
Clara	**Encantada**, Sergio.
Sergio	Encantado. ¿**Viven** aquí en la residencia estudiantil?
Clara	Sí, Marta y yo somos compañeras de cuarto.
Sergio	¿Quieren **tomar** un café? Yo **invito**.

Let me introduce you to my friends.

In the student dormitory.

Sergio	Hello, Ana María! How are things?
Ana María	Fine, thank you. Sergio, let me introduce you to my friends Clara and Marta.
Sergio	Pleased to meet you Marta.
Marta	The pleasure is mine.
Clara	Delighted, Sergio.
Sergio	Delighted. Do you live here in the dorm?
Clara	Yes, Marta and I are roommates.
Sergio	Do you want to have a coffee? I'm inviting.

Ana María	Lo siento pero no tomo café **por la noche**.
Sergio	**Una cerveza** entonces…
Marta	¡Ah sí! ¡Cómo no! **Aceptamos**.

1. **Siempre** tomo café **por la mañana**.

2. **A menudo** tomo té **por la tarde**.

3. Por la noche **a veces** tomo cerveza.

Comentarios lingüísticos y culturales

a. Both **el gusto es mío** and **encantado(-a)** are appropriate replies to **mucho gusto. Encantado(-a)** agrees with the person speaking.

b. The verb **tomar** can mean *to drink* or *to have* when it is followed by a noun denoting a liquid.

   Tomo café por la mañana.   *I have (drink) coffee in the morning.*

c. In Hispanic society when a person says «**Yo invito**» it means that he/she is inviting you to do something and that he/she will pay for the activity.

PRÁCTICA Y CONVERSACIÓN

A. ¿Comprende Ud.? Conteste según la Presentación.

1. ¿Quiénes son las amigas de Ana María?
2. ¿Dónde viven las chicas?
3. ¿Quién es la compañera de cuarto de Clara?
4. ¿Toma café por la noche Ana María?
5. ¿Aceptan las chicas la invitación de Sergio?

Ana María	I'm sorry but I don't drink coffee in the evening.
Sergio	A beer then . . .
Marta	Ah yes! Of course! We accept.

1. I always drink coffee in the morning. 2. I often drink tea in the afternoon. 3. In the evening sometimes I drink beer.

B. **¿Por la mañana?, ¿Por la tarde? o ¿Por la noche?** Complete the following sentences explaining when you do these activities.

1. Hablo con mis amigos _____.
2. Leo las lecciones _____.
3. Como en casa _____. Como en un restaurante _____.
4. Siempre bebo café/té _____.
5. Practico en el laboratorio _____.
6. Estoy en la clase de español _____.
7. No trabajo _____.

PUENTE CULTURAL

La importancia de la amistad

In Spanish the word **amigo** has a different connotation from the English word *friend*. It means an intimate, trusting, deep relationship that lasts a lifetime. Though young people in Hispanic countries derive their sense of identity from belonging to a large group of friends, there are always one or two close friends called **amigos íntimos**. With time these friends are treated like members of the family.

COMPRENSIÓN CULTURAL

A. Conteste las siguientes preguntas según la fotografía.

1. ¿Quiénes son las personas en la fotografía?
2. ¿Dónde están?
3. ¿Son amigos?

B. Explain why the following statements do not reflect the Hispanic concept of friendship.

1. I have many new friends in the university.
2. We're inviting 150 friends to our party.
3. I just can't trust my best friend with any secrets.

ASÍ SE HABLA

MAKING INTRODUCTIONS

These are some of the common expressions used to introduce people.

Introducing other people

Luisa, te presento a Mónica.	*Luisa, let me introduce you to Mónica.*
Ésta es mi amiga Mónica.	*This is my friend Mónica.*

Introducing yourself

Permítame que me presente. Me llamo Marcos Guevara.	*Allow me to introduce myself. My name is Marcos Guevara.*

Responses

Encantado(-a) de conocerte.	*Delighted to meet you.* (Informal)
Encantado(-a) de conocerlo(-la).	*Delighted to meet you.* (Formal)
Encantado(-a).	*Delighted.*
Mucho gusto.	*Pleased to meet you.*
Mucho gusto en conocerlo(-la).	*Pleased to meet you.* (Formal)
El gusto es mío.	*It's my pleasure.*

PRÁCTICA Y CONVERSACIÓN

A. Nuevos amigos. Your instructor will divide the class into groups of three people. Each of you should introduce one classmate to the other using the appropriate phrases.

B. **Situaciones.** In the following situations someone makes a statement to which you must reply. What would you say?

1. Te presento a mi amiga Carmen.
2. Te presento a mi amigo Roberto.
3. Me llamo Marcos Guevara.
4. Me llamo Amelia del Río.
5. Mucho gusto, señor / señora / señorita.

A ESCUCHAR

These friends are going on a blind date on Saturday night. Listen to what they say when they meet; then circle the answer that best completes the sentence according to the conversation you have heard.

1. Las muchachas están muy (bonitas / feas / cansadas).
2. Las muchachas están (muy / un poco / bastante) nerviosas.
3. Los muchachos son amigos de (Elena / Ana / Ramón).
4. Los muchachos son de (Venezuela / Bolivia / México).
5. El grupo / Las muchachas / Ramón decide (-n) tomar una cerveza y luego decide (-n) bailar.

ESTRUCTURAS

DISCUSSING OTHER THINGS WE DO

Present Tense of Regular *-ir* Verbs

To describe and discuss certain things you and your friends do, you need to be able to use regular **-ir** verbs, the third and last category of Spanish verbs.

ESCRIBIR CARTAS *to write letters*

Yo	escrib**o**	cartas.	Nosotros	escrib**imos**	cartas.
Tú	escrib**es**	cartas.	Vosotros	escrib**ís**	cartas.
Él			Ellos		
Ella	escrib**e**	cartas.	Ellas	escrib**en**	cartas.
Ud.			Uds.		

a. To form the present tense of regular **-ir** verbs like **escribir**, obtain the stem by dropping the **-ir** from the infinitive: **escribir > escrib-**. To this stem add the endings which correspond to the subject: **-o, -es, -e, -imos, -ís, -en**.

—¿**Viven** Uds. lejos de la universidad?　　*Do you live far from the university?*
—No, **vivimos** en un apartamento cerca 　*No, we live in an apartment near the*
de la universidad.　　　　　　　　　　　*university.*

b. Note that the endings for **-ir** verbs are like those of **-er** verbs, except for the **nosotros** and **vosotros** forms.

c. Here is a list of regular **-ir** verbs to learn to conjugate and use.

asistir a un concierto	*to attend a concert*	recibir	*to receive*
discutir	*to discuss*	vivir	*to live*
escribir	*to write*		

EN CONTEXTO

Federico **¿Asistes** a clase por la noche?
  Elena No, **vivo** muy lejos de la universidad y **asisto** a clase por la mañana.

PRÁCTICA Y CONVERSACIÓN

A. ¿Dónde viven? Explain where the following people live.

      MODELO   Miguel / Venezuela
                         Miguel vive en Venezuela.

1. tú / España
2. las alumnas / los EE.UU.
3. Clara y yo / la Argentina
4. Diego / Bolivia
5. Uds. / Puerto Rico
6. yo / Ecuador
7. Lupe / México
8. Ignacio y Esteban / el Perú

B. Entrevista. Hágale preguntas sobre las siguientes cosas a un(-a) compañero(-a) de clase y su compañero(-a) debe contestar.

Pregúntele…

1. si vive cerca o lejos de la universidad.
2. si vive en una casa o en un apartamento.
3. si discute problemas con sus amigos.
4. si escribe muchas cartas.
5. si recibe muchas cartas de los amigos.
6. si asiste a conciertos de música rock.

C. La vida (*life*) **en la universidad.** Interview a classmate to find out about his/her life in the university. Find out what he/she does in the morning / afternoon / evening. Report your findings to the class.

TEMAS DE CONVERSACIÓN: asistir a clases / asistir a conciertos / comer y beber en un café / escribir cartas / hablar por teléfono / visitar a amigos / discutir problemas / leer / ¿?

REQUESTING INFORMATION

Question Formation with Interrogative Words

In order to request information you must be able to form questions using interrogative words. In this section you will learn various interrogatives and how to use them.

a. Questions requesting information contain an interrogative word such as those in the following list. Note that interrogative words use a written accent mark.

¿cómo?	*how?*	¿dónde?	*where?*
¿cuál?	*which? which one(s)?*	¿por qué?	*why?*
¿cuándo?	*when?*	¿qué?	*what?*
¿cuánto?	*how much? how many?*	¿quién?	*who?*

b. Most questions requesting information are formed by inverting the order of the subject and verb. Note that the interrogative word is the first word of the question.

—¿**Dónde** vive Enrique?   *Where does Enrique live?*
—Vive en México.   *He lives in México.*

—¿**Qué** beben Uds.?   *What are you drinking?*
—Café.   *Coffee.*

c. ¿**Por qué?** meaning *why?* is written as two words. The word **porque** (written as one word) means *because* and is often used in answers.

—¿**Por qué** vives en la residencia?   *Why do you live in the dorm?*
—**Porque** quiero estar con mis amigos.   *Because I want to be with my friends.*

d. ¿**Quién?** is singular and usually requires a response in the singular form. ¿**Quiénes?** is plural and usually requires a response in the plural form. Both **quién** and **quiénes** mean *who*.

—¿**Quién** escucha música?   *Who is listening to music?*
—Ana escucha música.   *Ana is listening to music.*

—¿**Quiénes** escuchan música?   *Who is listening to music?*
—Los alumnos escuchan música.   *The students are listening to music.*

e. ¿**Cuánto?** has four forms. It agrees in number and gender with the noun that follows.

1. ¿**cuánto(-a)?** + noun = *how much?* + noun
   ¿**Cuánta** cerveza beben Uds.? *How much beer do you drink?*
2. ¿**cuántos(-as)?** + noun = *how many?* + noun
   ¿**Cuántos** alumnos comen en el café? *How many students eat in the café?*

f. There are two ways to express *which?* in Spanish.

1. The interrogative ¿**qué?** can function as an adjective meaning *which?* or *what?*

   qué + noun   = *which / what* + noun
   ¿En **qué** casa vives?   *In which house do you live?*

2. **¿Cuál(-es)?** is a pronoun* meaning *which?* or *which one(-s)?* of a group. It is used to replace a previously mentioned noun.

> **cuál(-es)**   = *which one(-s)*
> Enrique quiere el coche pequeño.   *Enrique wants the small car.*
> **¿Cuál** quiere Ud.?   *Which one do you want?*
>
> Amalia compra las sillas blancas.   *Amalia is buying the white chairs.*
> **¿Cuáles** compra Silvia?   *Which ones is Silvia buying?*

EN CONTEXTO

—**¿Qué** tomas por la mañana?
—Tomo café por la mañana.
—Y **¿cuándo** tomas cerveza?
—Tomo cerveza por la noche.

PRÁCTICA Y CONVERSACIÓN

A. Una conversación incompleta. You are listening to a phone conversation between your roommate and his/her mother. Since you can only hear your roommate's answers you have to supply the questions. Fill in the appropriate interrogative words and role-play the completed conversation with a classmate.

1. —Hola, Julio(-a). ¿_____ estás?
   —Estoy bien, mamá.
2. —¿_____ estudias este semestre?
   —Estudio biología, historia y matemáticas.
3. —¿Y _____ asistes a clase?
   —Por la mañana.
4. —¿_____ no asistes a clases por la tarde?
   —Porque trabajo por la tarde.
5. —Bien. ¿Con _____ estudias?
   —Con mis amigos y mi compañero de cuarto.
6. —¿Y _____ estudian Uds.?
   —En la biblioteca o en mi cuarto de la residencia.
7. —¿_____ es tu residencia?
   —Es el edificio nuevo y alto.
8. —¡Qué bien! ¿_____ estudiantes viven allí?
   —Hay cien estudiantes en mi residencia.
9. —Pues, adiós, Julio(-a).
   —Hasta pronto, mamá.

---

* Although **cuál(-es)** is used as an adjective in some parts of the Hispanic world, this text uses **cuál(-es)** only as a pronoun and **qué** as the adjective meaning *which / what.*

B. Entrevista. Hágale preguntas a un(-a) compañero(-a) de clase acerca de las siguientes cosas y su compañero(-a) debe contestar.

Pregúntele…

1. cuándo asiste a clase.
2. cuál es su clase favorita este semestre.
3. dónde estudia generalmente.
4. por qué aprende español.
5. cuántas cartas escribe y recibe a la semana (*per week*).
6. con quiénes vive.
7. en qué residencia / apartamento / casa vive.

C. La nueva compañera. You and your Cuban friend are discussing a new classmate in your English literature class. Provide the questions and your friend will answer them. Use your imagination for your answers.

1. Ask which one is the new student.
2. Ask why she is learning English.
3. Ask which dorm she lives in.
4. Ask how many roommates she lives with.
5. Ask when your friend studies with the new student.
6. ¿?

CUARTO ENCUENTRO

P A R A L E E R B I E N • *Format of a Reading*

> The format of a reading will provide you with many clues that will allow you to better predict the content. Certain types of readings always appear in the same layout; as a result, they are immediately recognizable. In a newspaper, for example, you recognize the format or layout of the classified ads and can predict the general content without reading a word; likewise, the editorial page has a distinguishing layout and an expected content. When you first approach a new reading, look at its format and try to predict content from the clues it offers.

PRÁCTICA

A. La forma. Look at the format of the following reading. What type of reading is it? What are the distinguishing features of the layout that are always repeated in this type of reading? What subject and verb endings would you expect to encounter frequently in this type of reading? Why?

B. El título y la foto. Now look at the title and accompanying photo. What specific topics might be found in the reading?

LECTURA   Mis nuevos amigos

Querida Teresita,

Estoy muy contenta de estar en los EE.UU. Ya conozco° a muchas personas con ideas muy interesantes pero yo no me olvido° de mis queridos amigos venezolanos.

Vivir con una familia estadounidense° ofrece° la posibilidad de comprender mejor° sus valores° y su forma de vida°. Por ejemplo,° la relación entre° los jóvenes es muy informal y liberal. Cuando visitan a un amigo en su casa lo° reciben en su cuarto. Nosotros en Venezuela somos mucho más formales y conservadores. También creo que las relaciones aquí son más superficiales; nosotros somos más íntimos y cariñosos°. Además°, aquí no existe el grupo grande de amigos. Yo los extraño a todos Uds.° mucho.

En la universidad no hay grupos de estudio.° Todos preparan su tarea° solos° en la residencia, en la biblioteca o en su casa. Es muy aburrido estudiar sola. Es más divertido° estudiar en grupos de tres o cuatro como hacemos° en Venezuela. Además aprendemos más porque si no comprendes la lección, siempre hay un compañero en el grupo que puede° explicar el tema.

	I already know
	I don't forget
	of the U.S. / offers
	better / values /
	life / for example /
	among / him
	loving / besides
	I miss all of you
	study groups /
	homework / alone
	fun
	as we do
	can

En mi clase de inglés hay alumnos de muchos países sudamericanos.
Mónica es mi compañera favorita. Ella es de la Argentina. Es muy sim-
pática y habla inglés muy bien. Nosotras conversamos en inglés para°   in order to
practicar la pronunciación.

Estoy muy cansada ahora y todavía° debo escribir una composición   still
para mañana. Espero° recibir cartas de Venezuela pronto°.   I hope / soon

Un abrazo de tu amiga de siempre.

PRÁCTICA Y COMPRENSIÓN

A. ¿Cierto o falso? Answer **Cierto** or **Falso** according to the reading; correct the false
statements.

1. Teresita está en los Estados Unidos.
2. Carmen está triste en los Estados Unidos.
3. Es más divertido estudiar solo.
4. En la clase de inglés hay estudiantes hispanos.
5. Mónica es de la Argentina.
6. Mónica y Carmen practican el español.

B. ¿En qué país? In what countries do people do the following things? **¿En los EE.UU.?
¿En Venezuela?**

1. Los jóvenes entran en el cuarto de sus amigos en _____ .
2. El grupo grande de amigos existe en _____ .
3. Los alumnos estudian en grupos de tres o cuatro en _____ .
4. Los estudiantes preparan la tarea solos en _____ .
5. Los jóvenes son más liberales en _____ .
6. Las relaciones son más íntimas en _____ .
7. Los jóvenes son más formales en _____ .
8. Los jóvenes son más informales en _____ .

ACTIVIDADES

A. En el café. You and a classmate are having a light snack in the café. A friend of yours
comes in; you introduce your friend to your classmate. You also give a brief description
of your friend by explaining his or her nationality, what languages he or she speaks,
and what he or she is studying at the university.

B. Su futuro(-a) esposo(-a). You have been selected to appear on a television program
which offers you the possibility of meeting a future wife or husband. Since you cannot
see this person, you must interview him or her about character and physical appearance.
Make up five to seven questions you would like to ask this person. A classmate will
play the role of your TV partner/future spouse and will answer your questions.

C. **Una fiesta estudiantil.** You and your classmates are at a party for new students. Circulate around the room and meet at least five people you haven't talked with before. Introduce yourselves, shake hands and find out three items of information about each other— where you are from, where you live now, why you're studying Spanish, when and where you eat, study, and so on. After the party is over your instructor will have you tell the entire class about one of the people you met.

D. **Una persona famosa.** You are an internationally famous person and your classmates must guess who you are. They can only ask questions which can be answered with **sí** or **no**.

E. **La estrella del cine.** Work in pairs and create the personality and life-style of a movie star. Then introduce him/her to the class. One of you will play the role of the movie star; the other will be his or her agent. The class will be the producer looking for a person to play a character in a new movie. The class must judge at the end of the presentations who will get the job.

PARA ESCRIBIR BIEN • *Expressing Frequency of Actions*

When describing your activities or those of a friend, you will often want to explain how often or when you do the activity. The following list contains phrases that will help you express the frequency of actions. The phrases are placed near the verb.

Escribo cartas a menudo.	*I often write letters.*
A menudo miro la televisión con amigos.	*I often watch television with friends.*

a menudo	*often, frequently*	nunca	*never*
a veces	*sometimes*	siempre	*always*
por la mañana / tarde / noche	*in the morning / afternoon / evening*	todos los días	*every day*

COMPOSICIONES

A. **Mi nuevo(-a) amigo(-a):** Write a letter to one of your parents or a friend describing someone you have met recently at the university. Using vocabulary you have learned, explain what this person is like and describe what the person does. Begin your letter with **Querida mamá**, **Querido papá**, or **Querido(-a)** _____.

B. **Mis actividades.** Write a letter to a friend at another university explaining your life as a student. Explain your various activities and how frequently you do them.

VOCABULARIO ACTIVO

Unas lenguas   *Some languages*

el alemán	*German*
el italiano	*Italian*
el japonés	*Japanese*
el ruso	*Russian*

Otros sustantivos

el apartamento	*apartment*
el café	*coffee*
la capital	*capital (city)*
la carta	*letter*
la cerveza	*beer*
el coche	*car*
el color	*color*
el concierto	*concert*
la cosa	*thing*
el futuro	*future*
el gusto	*pleasure*
el (la) novio(-a)	*boyfriend (girlfriend), fiancé (fiancée)*
el país	*country, nation*
el problema	*problem*
el restaurante	*restaurant*
el té	*tea*
el teléfono	*telephone*

Los colores   *Colors*

amarillo	*yellow*
azul	*blue*
blanco	*white*
gris	*gray*
negro	*black*
pardo	*brown*
rojo	*red*
verde	*green*

Otros adjetivos   *Other adjectives*

alto	*tall*
bajo	*short*
bonito	*pretty*

bueno	*good*
delgado	*thin*
feo	*ugly*
gordo	*fat*
grande	*big, large*
guapo	*attractive, handsome*
inteligente	*intelligent*
internacional	*international*
joven	*young*
malo	*bad, evil*
mejor	*best*
moreno	*dark-haired, brunette*
nuevo	*new*
otro	*(an-)other*
pequeño	*small, little*
rubio	*blond*
simpático	*nice*
su	*his, her, your, their*
viejo	*old*

Verbos

aceptar	*to accept*
aprender	*to learn*
asistir a	*to attend*
beber	*to drink*
comer	*to eat*
comprender	*to understand*
creer	*to believe*
deber	*to owe, ought to, should*
discutir	*to discuss*
escribir	*to write*
invitar	*to invite*
leer	*to read*
presentar	*to introduce*
recibir	*to receive*
ser	*to be*
tomar	*to take, drink*
vender	*to sell*
viajar	*to travel*

visitar	to visit	¡Cómo no!	Of course!
vivir	to live	Creo que no.	I don't think so.
		Creo que sí.	I think so.
Palabras interro-	*Interrogative words*	después	later, afterwards
gativas		encantado	delighted
¿cómo?	how?	estar de acuerdo	to agree, to be in
¿cuál? / ¿cuáles?	which? which		agreement
	one(-s)?	lejos (de)	far (from)
¿cuándo?	when?	nunca	never
¿cuánto(-a)?	how much?	o	or
¿cuántos(-as)?	how many?	por la mañana	in the morning
¿dónde? / ¿de dónde?	where? / from	por la noche	in the evening, at
	where?		night
¿por qué?	why?	por la tarde	in the afternoon
¿qué?	what?	porque	because
¿quién? / ¿quiénes?	who?	por supuesto	of course
		quiere	he/she wants
Otras expresiones		quieres	you want
a menudo	often, frequently	quiero	I want
a veces	sometimes, at	siempre	always
	times	todos los días	every day
cerca de	near (to)		

 A recordar

Review the following situations and tasks that have been presented and practiced in this chapter.

- Describe the physical characteristics and nationality of a male friend / classmate.
- Describe the physical characteristics and nationality of a female friend / classmate.
- Describe the colors of a telephone / car / room / house.
- Explain the activities you / your friends do in the morning / afternoon / evening of a typical day.
- Request information about the activities of a friend / classmate.
- Introduce yourself / a classmate / a friend to another person.
- Agree and/or disagree with statements that other people make.

CAPÍTULO 3
En familia

Cultural Theme: The concept of the family in the Hispanic world

Communicative Goals:
- Talking about the family, family events, and problems
- Discussing plans and possessions
- Telling time
- Denying and contradicting
- Expressing cause and reason

✳ *A pensar*

- How is ownership indicated in English? *Lisa's mother; Ricardo's brother.* In what other way can the phrase *Lisa's mother* be expressed in English?
- What phrase is often used in English to express plans? *This weekend **I'm going to** study a lot.*
- In addition to counting, what are some important uses for the numbers 1–100?
- What are some common English phrases used when you want to deny or contradict what someone has suggested that you do?
- What are the uses of the verb **ser** that you have learned?
- What are the uses of the verb **estar** that you have learned?

PRIMER ENCUENTRO

PRESENTACIÓN   ¿Quién soy yo?

Soy Eduardo Rivas. **Tengo** diecinueve **años**. Vivo con mi familia en Bogotá y estudio en la universidad. **Voy a** ser **abogado**. Mi **madre** se llama Dolores. Es profesora de biología y también **ama de casa**. Mi **padre** se llama Arturo.

Who am I?

I am Eduardo Rivas. I am 19 years old. I live with my family in Bogota, and I study at the university. I am going to be a lawyer. My mother's name is Dolores. She is a biology professor and also a housewife. My father's

Es abogado. Trabaja en una oficina con mi **abuelo** y mi **tío**. Mi **hermana** Maricarmen es **mayor** que yo. **Va a** ser **arquitecta**. Siempre habla **por teléfono** con su novio **que** también estudia **arquitectura**. Mi **hermano** Julio es **el menor** de la familia. Tiene dieciséis años. También tenemos un **perro**. Se llama Remolino y es muy simpático.

OTRAS PERSONAS

don	*sir, male title of*	la mujer	*woman*
	respect	el (la) nieto(-a)	*grandson*
doña	*lady, female title*		*(granddaughter)*
	of respect	los parientes	*relatives*
el (la) hijo(-a)	*son (daughter)*	el (la) primo(-a)	*cousin*
el (la) esposo(-a)	*husband (wife)*	el (la) sobrino(-a)	*nephew (niece)*
el hombre	*man*		

OTRAS EXPRESIONES

estar divorciado	*to be divorced*
estar muerto	*to be deceased, dead*
estar separado	*to be separated*

Comentarios lingüísticos y culturales

a. Many of the words referring to family members have both a masculine and feminine form: **abuelo** / **abuela** (*grandfather* / *grandmother*); **tío** / **tía** (*uncle* / *aunt*).

b. The masculine plural form for family members can include both males and females in its meaning: **los hijos** = *sons* / *children*; **los padres** = *fathers* / *parents*; **los tíos** = *uncles* / *aunts and uncles*.

c. **Don** is a title of respect used before the first names of men. **Doña** is a title of respect used before the first names of women. Both titles are usually reserved for persons who occupy a position of respect within a community or family. There is no real equivalent for these titles in English.

PRÁCTICA Y CONVERSACIÓN

A. ¿Comprende Ud.? Conteste según la **Presentación**.

1. ¿Cuántos años tiene Eduardo Rivas? ¿Dónde vive? ¿Qué va a ser en el futuro?
2. ¿Cómo se llama la madre de Eduardo? ¿Trabaja ella?

---

name is Arturo. He is a lawyer. He works in an office with my grandfather and my uncle. My sister Maricarmen is older than I. She is going to be an architect. She is always talking on the phone with her boyfriend who also studies architecture. My brother Julio is the youngest in the family. He's 16 years old. We also have a dog. His name is Remolino ("whirlwind"), and he's very nice.

---

3. ¿Cómo se llama el padre de Eduardo? ¿Cuál es su profesión? ¿Con quiénes trabaja?
4. ¿Quién es Maricarmen? ¿Tiene novio? ¿Qué estudia Maricarmen?
5. ¿Quién es el menor de la familia? ¿Cuántos años tiene?

B.   ¿Quiénes son? Conteste según la información en el dibujo. *(Answer according to the information in the drawing.)*

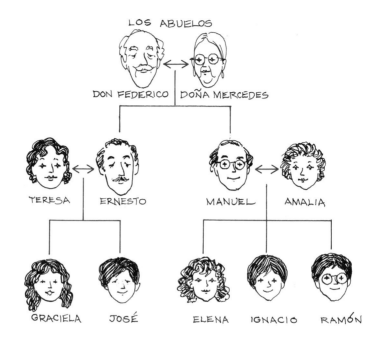

LOS ABUELOS

DON FEDERICO   DOÑA MERCEDES

TERESA   ERNESTO   MANUEL   AMALIA

GRACIELA   JOSÉ   ELENA   IGNACIO   RAMÓN

1. ¿Cómo se llaman los hijos de don Federico y doña Mercedes?
2. ¿Quién es la esposa de Ernesto? ¿y de Manuel?
3. ¿Quiénes son los nietos de don Federico y doña Mercedes?
4. ¿Cómo se llaman los hijos de Manuel y Amalia? ¿y los hijos de Ernesto y Teresa?
5. ¿Cuál es la relación entre Manuel y Graciela?
6. ¿Cuál es la relación entre Ramón y Ernesto?
7. ¿Quiénes son los primos de Graciela?

C.   ¿Cómo es su familia? Pregúntele a un(-a) compañero(-a) de clase acerca de su familia y su compañero(-a) debe contestar.

Pregúntele…

1. si su familia es grande o pequeña.
2. dónde vive la mayoría (*majority*) de sus parientes.
3. cuántos hermanos tiene. ¿Quién es el (la) mayor? ¿Y el (la) menor?
4. cómo se llama su tío(-a) favorito(-a).
5. si tiene primos. ¿Cuántos?
6. de dónde son sus abuelos. ¿Cómo son?

D. Mi familia. Describe your family using Eduardo Rivas' description in the **Presentación** as a model.

SONIDOS • *b, v*

The letters **b** and **v** are identical in sound. At the beginning of a single word or group of words and after **m** or **n** they are pronounced like the *b* in the English word *boy*. The symbol for this sound is [b].

In the middle of a word or group of words both letters are pronounced similar to an English *b* but with the lips barely touching. This sound has no English equivalent. The symbol for this sound is [ƀ].

PRÁCTICA

Escuche y repita después de su profesor(-a).

[b]   va **B**ogotá **b**iología también
               Mi hermana Maricarmen estudia biología en **B**ogotá. **V**a a ser arquitecta.

[ƀ]   Ri**v**as a**b**ogado a**b**uelo no**v**io
               Mi padre es a**b**ogado. Tra**b**aja en una oficina con mi a**b**uelo y mi tío.

[b] and [ƀ]   Vi**v**o con mi familia en **B**ogotá y estudio en la uni**v**ersidad. **V**oy a ser a**b**ogado.

ESTRUCTURAS

TALKING ABOUT DESTINATION AND FUTURE PLANS

Dar, ir, and *ir a* + Infinitive

The irregular verbs **dar** and **ir** can be used to discuss family events. You can use them to talk about where you are going, what you are going to do, and what you give.

DAR REGALOS *to give gifts*		*IR A CASA* *to go home*	
Doy	regalos.	**Voy**	a casa.
Das	regalos.	**Vas**	a casa.
Da	regalos.	**Va**	a casa.
Damos	regalos.	**Vamos**	a casa.
Dais	regalos.	**Vais**	a casa.
Dan	regalos.	**Van**	a casa.

a. The verb **dar** is irregular only in the first-person singular form: **doy.**

b. The verb **ir** has an irregular stem and endings. Note that it is conjugated like **dar.**

c. The preposition **a** combines with the question word **¿dónde?** to form **¿adónde?. ¿Adónde?** meaning *(To) where?* is used with verbs of destination such as **ir** and **viajar**; **¿dónde?** is used with most other verbs.

d. The phrase **ir a** + *infinitive* is a common way to describe actions and events that will take place in the near future.

Mi familia **va a dar** una fiesta.	*My family is going to give a party.*
Van a dar muchos regalos.	*They are going to give a lot of gifts.*

e. **Vamos a** + *infinitive* can mean *we are going to (do something)* but it is used frequently as the equivalent of *let's (do something).* The context will determine the meaning.

—Mamá, ¿**vamos a mirar** la televisión?	*Mom, are we going to watch television?*
—No, **vamos a escuchar música.**	*No, let's listen to music.*

f. The preposition **a** meaning *to* or *toward* expresses destination and is often used with **ir.** The definite article is used when **a** is followed by a noun other than a proper name or by the names of countries that use the definite article. The preposition **a** combines with the definite article **el** to form the contraction **al:**

$$a + el \rightarrow al$$

—¿Papá, **vas a la** oficina?	*Dad, are you going to the office?*
—No, **voy al** laboratorio.	*No, I'm going to the laboratory.*

EN CONTEXTO

Soy Eduardo Rivas. Vivo con mi familia en Bogotá y estudio en la universidad. **Voy a ser** abogado. Mi hermana Maricarmen **va a ser** arquitecta.

PRÁCTICA Y CONVERSACIÓN

A. La fiesta de tu hermano. It's your brother's birthday and he's having a party. **Conteste las preguntas y haga oraciones nuevas con los sujetos dados.** *(Answer the questions and form new sentences using the subjects provided.)*

MODELO   Compañero(-a):   ¿Quiénes van a la fiesta? / mis abuelos
                Usted: **Mis abuelos van a la fiesta.**

1. ¿Quiénes van a la fiesta?

   mi tía Margarita / yo / mis primos / tú / mis hermanos y yo

2. ¿Quiénes dan buenos regalos?

   yo / mis abuelos / tú / nosotras / mi sobrino

B. ¿Vas a la oficina? Your mother is trying to determine where you are going but she can never guess correctly.

MODELO oficina / laboratorio
Compañero(-a): **¿Vas a la oficina?**
Usted: **No, no voy a la oficina. Voy al laboratorio.**

1. universidad / casa de mis primos
2. fiesta / café con mi hermano
3. clase / laboratorio de química
4. residencia / edificio de lenguas
5. apartamento de José / casa de Carmen
6. laboratorio de lenguas / oficina de mi papá

C. Entrevista. Your instructor will divide the class into pairs. Each person will interview the other to find out what he or she is going to do this weekend.

MODELO comer con tu familia
Usted: **¿Vas a comer con tu familia?**
Compañero(-a): **Sí, (No, no) voy a comer con mi familia.**

hablar con tus padres / ir a la casa de tus tíos / dar una fiesta / visitar a tu familia / ir al café con tus hermanos / comprar regalos para tu familia / ¿?

DISCUSSING BELONGINGS AND THINGS THAT HAVE TO BE DONE

Irregular Verbs *tener, venir*

To discuss belongings, what you have to do, and when you will arrive, you need to be able to use the irregular verbs **tener** and **venir**.

TENER *to have*		VENIR *to come*	
Tengo	tres hermanos.	**Vengo**	mañana.
Tienes	tres hermanos.	**Vienes**	mañana.
Tiene	tres hermanos.	**Viene**	mañana.
Tenemos	tres hermanos.	**Venimos**	mañana.
Tenéis	tres hermanos.	**Venís**	mañana.
Tienen	tres hermanos.	**Vienen**	mañana.

a. The verbs **tener** and **venir** have irregular first-person forms as well as an irregular stem in other forms.
b. **Tener... años** means *to be . . . years old.*

—¿Cuántos **años tiene** tu hermana? *How old is your sister?*
—**Tiene** veinte **años**. *She's twenty years old.*

c. **Tener que** + infinitive means *to have to* + infinitive.

Mi padre **tiene que ir** a la oficina hoy.   *My father has to go to the office today.*

EN CONTEXTO

Un padre y su hijo hablan por teléfono.

Padre ¿**Vienen** Uds. aquí hoy?
 Hijo   No, vamos mañana. Hoy Julia y yo **tenemos que** trabajar.

PRÁCTICA Y CONVERSACIÓN

A. Una fiesta especial. You have just become engaged, and your mother is giving you an engagement party. Tell her who will be coming to the party so she knows how much food to prepare.

> MODELO   mi sobrina Rita (sí)
> **Mi sobrina Rita viene a la fiesta.**

1. tío Ramón (no)
2. mi novio y yo (sí)
3. tú (sí)
4. yo (sí)
5. mi hermana Claudia (no)
6. mis primos (no)

B. ¿Quién tiene que trabajar? Explain what the following people have to do today.

> MODELO   mi padre / trabajar
> **Mi padre tiene que trabajar hoy.**

1. mi madre / comprar regalos
2. yo / escribir cartas
3. Uds. / ir a la universidad
4. tú / visitar a tu familia
5. mi hermano / hablar con los abuelos
6. mis primos / caminar a clase

C. El censo. A census bureau investigator (played by a classmate) has been sent to your house to find out some information about you, your family, and your life-style. **Conteste sus preguntas.**

1. ¿Cuántos años tiene Ud.?
2. ¿Cuántos hermanos tiene Ud.?
3. ¿Cuántos años tiene su hermano(-a) menor?
4. ¿Tienen Uds. un perro? ¿Cómo se llama?
5. ¿Tiene Ud. un coche? ¿Cómo es?
6. ¿Tienen un coche sus padres?
7. ¿Cuántos teléfonos tienen Uds.?

INDICATING SMALL QUANTITIES
Numbers 21–100

The numbers 21–100 are used to count, to indicate small quantities, and for phone numbers.

NUMBERS 21–100

21	veintiuno	30	treinta	40	cuarenta
22	veintidós	31	treinta y uno	50	cincuenta
23	veintitrés	32	treinta y dos	60	sesenta
24	veinticuatro	33	treinta y tres	70	setenta
25	veinticinco	34	treinta y cuatro	80	ochenta
26	veintiséis	35	treinta y cinco	90	noventa
27	veintisiete	36	treinta y seis	100	cien, ciento
28	veintiocho	37	treinta y siete		
29	veintinueve	38	treinta y ocho		
		39	treinta y nueve		

a. The numbers 21–29 may also be written as three separate words: **veinte y uno**, **veinte y dos**, **veinte y tres**.

b. The numbers beginning with 31 must be written as three separate words:
   31 = **treinta y uno**; 56 = **cincuenta y seis**; 83 = **ochenta y tres**.

c. When **uno** occurs in a compound number (21, 31, 41, 51, etc.), it becomes **un** before a masculine noun and **una** before a feminine noun.

   veinti**ún** hermanos   veinti**una** hermanas
   cuarenta y **un** primos   noventa y **una** primas

   Note the written accent mark on the word **veintiún**.

d. The word **cien** is used before all nouns and may be used in counting: **cien libros**; **cien casas**. The word **ciento** is used in numbers above 100: 101 = **ciento uno**; 120 = **ciento veinte**; 147 = **ciento cuarenta y siete**.

PRÁCTICA Y CONVERSACIÓN

A. Vamos a contar. Cuente (*count*) en español de 20 a 30 / de 30 a 40 / de 1 a 100 de diez en diez, de cinco en cinco.

B. ¿Cuántos años tienen? Pregúntele a un(-a) compañero(-a) de clase cuántos años tienen estas personas y su compañero(-a) debe contestar.

MODELO	tu hermano
Usted:	**¿Cuántos años tiene tu hermano?**
Compañero(-a):	**Tiene veintidós años.**

tus padres / tu mejor amigo(-a) / tu abuelo / tu compañero(-a) de cuarto / tu tía favorita / el presidente de los EE.UU.

C. Un(-a) telefonista. You work as a telephone operator for the information service in Lima, Peru. Give people the following phone numbers when requested. Note that in many Hispanic countries telephone numbers are written and read in pairs.

MODELO   Diego Álvarez / 88-41-15
              Compañero(-a):   **¿Cuál es el número de Diego Álvarez, por favor?**
                     Usted: **Es ochenta y ocho—cuarenta y uno—quince.**
              Compañero(-a):   **Muchas gracias.**

1. Graciela Muñoz / 82-22-43   5. el Banco Nacional / 96-38-17
2. Tomás Zorrilla / 31-15-83   6. José Pacheco Díaz / 47-69-25
3. la Oficina de Turismo / 76-51-12   7. Amalia Fuentes / 65-13-44
4. Alfonso Estrada / 56-41-08   8. el Restaurante Lima / 28-03-51

SEGUNDO ENCUENTRO

PRESENTACIÓN   Los planes del bautismo°   *baptism*

*Mercedes y Laura son **vecinas**. Mercedes está **casada** pero Laura es **soltera**.*

Laura	¿Están tus **suegros** aquí hoy?
Mercedes	Sí, y mis **cuñadas** también están aquí porque vamos a **planear** el bautismo de mi nuevo **sobrino**. Mi cuñado es **el padrino** y yo voy a ser **la madrina**.
Laura	¿De quién es **el bebé**?
Mercedes	Es de Marilú y Paco.
Laura	¡Ah! ¿Y cómo se va a llamar?
Mercedes	Martín, pues **nació** el día de San Martín.
Laura	Y van a **celebrar** con una fiesta grande, ¿no?
Mercedes	Creo que sí, porque tenemos muchos **parientes** que viven cerca.
Laura	**¡Qué bien! ¡Felicitaciones!**

Baptism plans

Mercedes and Laura are neighbors. Mercedes is married, but Laura is single.

Laura	Are your in-laws here today?
Mercedes	Yes, and my sisters-in-law are also here because we are going to plan the baptism of my new nephew. My brother-in-law is the godfather, and I am going to be the godmother.
Laura	Whose baby is it?
Mercedes	It's Marilú's and Paco's.
Laura	Ah! And what's his name going to be?
Mercedes	Martín, because he was born on Saint Martin's Day.
Laura	And you are going to celebrate with a big party, right?
Mercedes	I think so, because we have many relatives who live nearby.
Laura	How nice! Congratulations!

Comentarios lingüísticos y culturales

a. The baptism or christening of a new child is always an important event in Hispanic countries. There is often a party for family and friends following the religious ceremony.

b. The role of godmother or godfather is taken seriously because the godparents take over the responsibilities of parenthood if something should happen to the parents.

c. In Hispanic society it is considered a great honor to name a child after an important Biblical or religious figure. Thus, at their baptism Hispanic children are frequently given the name of the saint whose birthday falls on the day they were born. The names **José**, **María,** and even **Jesús** are very common. Often the names **María** or **José** are combined with a second name in order to distinguish among the many people with the same first name, for example **Maricarmen** or **José Luis**. **Apodos**, or *nicknames*, are used in Hispanic society just as in our own and are a sign of friendship and affection. Some common nicknames are **Paco (Francisco)**; **Pepe (José)**; **Tere (Teresa)**; and **Mari (María)**.

PRÁCTICA Y CONVERSACIÓN

A. ¿Comprende Ud.? Conteste según la **Presentación**.

1. ¿Es soltera o está casada Laura?
2. ¿Va a dar una fiesta Mercedes?
3. ¿Por qué están los suegros y las cuñadas en su casa?
4. ¿Quién va a ser el padrino? ¿la madrina?
5. ¿Cómo se va a llamar el bebé? ¿Por qué?
6. ¿Va a ser una fiesta grande o pequeña? ¿Por qué?

B. Definiciones. Complete las oraciones siguientes.

1. El hermano de su esposo(-a) es su _____.
2. La madre de su esposo(-a) es su _____.
3. En un bautismo hay una _____ y un _____.
4. Su suegro es el _____ de su _____.
5. Su cuñada es la _____ de su _____.

C. ¿Y Ud.? Conteste estas preguntas.

1. ¿Está Ud. casado(-a) o es soltero(-a)?
2. ¿Cómo son los suegros de su madre? ¿y de su padre?
3. ¿Tiene Ud. cuñados(-as)? ¿Cuántos(-as)?
4. ¿Es Ud. padrino (madrina)? ¿De quién?
5. ¿Quiénes son sus vecinos? ¿Cómo son?

PUENTE CULTURAL

Los apellidos

Hispanic names such as MARIO TORRES AVELLANEDA are composed of two surnames—the last name of the father followed by the last name of the mother. The legal and formal surname is Torres Avellaneda. The paternal surname—Torres—is considered the family name and is used alone in informal situations. This system of surnames creates special problems for Hispanics living in the United States, where they are generally referred to by their "last name," that is, the maternal surname. Errors in filing can occur when people alphabetize Hispanics by the "last name" instead of the paternal/family name.

ME LLAMO
María Inés
Nací el día 13 de Julio de 1988

☆

MIS PAPITOS
Carlos A. Aguilar
Laura C. Vázquez de Aguilar

MIS PADRINOS
Rafael C. Aguilar
Ana María Vázquez de Olmos

☆

Me bautizaron el 9 de agosto de 1988

EN LA PARROQUIA
Ntra. Sra. del Valle

CORDOBA

COMPRENSIÓN CULTURAL

Usando la información de la invitación, conteste las siguientes preguntas en español.

1. ¿Cuándo nació María Inés? ¿Cuándo bautizaron a María Inés?
2. ¿Cuántos años tiene María Inés ahora?
3. ¿Cómo se llama su padre? ¿y su madre?
4. ¿Cómo se llama el padrino de María Inés? ¿y su madrina?
5. En su opinión, ¿quién es Rafael C. Aguilar? ¿Quién es Ana María Vázquez de Olmos?
6. ¿Cuál es el nombre legal de María Inés?

SONIDOS • *Diphthongs with i: ia, ie, io, iu*

The letter **i** (and **y**) before the other vowels **a**, **e**, **o**, and **u** creates a diphthong that is pronounced like the English *y* as in *yacht*, *yet*, *yoke*, and *you*.

PRÁCTICA

Escuche y repita después de su profesor(-a).

ia   famil**ia**   estud**ia**   Amal**ia**   residenc**ia**   universitar**ia**
Amal**ia** estud**ia** en la universidad. Por eso vive en una residenc**ia** universitar**ia**.

ie   f**ie**sta   b**ie**n   par**ie**ntes   t**ie**ne   v**ie**ne
Mis par**ie**ntes v**ie**nen a la f**ie**sta del bautismo. ¡Qué b**ie**n!

io   Anton**io**   Jul**io**   nov**io**   felicitac**io**nes   veint**io**cho
Anton**io** y Jul**io** son primos. Tienen veint**io**cho años.

iu   veint**iu**no   treinta **y u**no   cuarenta **y u**no
Tengo veint**iú**n años. Mi madre tiene cuarenta **y u**n años y mi abuela tiene sesenta
y un años.

ASÍ SE HABLA

EXPRESSING CAUSE OR REASON

Here are some ways of explaining the reason or the cause why something happened or did
not happen.

Están aquí **porque** vamos a planear el bautismo.	*They are here because we're going to plan the baptism.*
Se va a llamar Martín, **pues** nació el día de San Martín.	*His name will be Martín because he was born on Saint Martín's Day.*
Tiene un examen. **Por eso** estudia.	*He has an exam. That's why he's studying.*

Pues is a commonly used word that has several meanings. One of them is *because*.

PRÁCTICA Y CONVERSACIÓN

La fiesta de cumpleaños. It's Raquel's birthday and she is explaining what is going to
happen. Fill in the blanks with words that express cause or reason.

1. Es mi cumpleaños de quince, _____ mis padres van a dar una fiesta grande.
2. Mi tía Marina va a comprar un regalo muy bonito _____ ella es mi madrina.
3. Mi mamá y mis tías deben preparar mucho para comer y beber _____ van a venir
   muchos parientes y amigos.
4. Mi primo Roque no viene a la fiesta _____ está enfermo.
5. Mis abuelos están contentos _____ vamos a estar todos juntos (*all together*).
6. Mi padre no está muy contento _____ tiene que pagar mucho dinero por la fiesta.
7. Yo voy a recibir muchos regalos _____ es mi cumpleaños.

ESTRUCTURAS

INDICATING OWNERSHIP

Possession with *ser* + *de*

There are several ways to indicate ownership in Spanish. The expression **ser** + **de** is used when you mention the name of the owner of the item.

a. In Spanish the preposition **de** is used to show possession and is the equivalent of *'s* in English. Compare the following examples and note the difference in word order in the two languages.

> el hermano **de** Jorge   *George's brother*
> el coche **de** mi padre   *my father's car*

b. The definite article is used when **de** is followed by a noun other than a first name. The preposition **de** combines with the definite article **el** to form the contraction **del**:

$$de + el \rightarrow del$$

> —¿Es el perro **del** doctor?   *Is it the doctor's dog?*
> —No, es el perro **de la** Srta. Marín. *No, it's Srta. Marín's dog.*

c. The verb **ser** is often used with the preposition **de** to express possession. **¿De quién(-es)?** is the equivalent of *whose?* in English questions.

EN CONTEXTO

—¿**De quién es** el bebé?
—**Es de** Marilú y Paco.

PRÁCTICA Y CONVERSACIÓN

A. **Unos regalos del bautismo.** A neighbor is admiring the gifts your baby received at his/her baptism. Explain to your neighbor who gave each gift.

> MODELO   el Sr. Romeo
> **Es el regalo del señor Romero.**

la abuela / los suegros / el padrino / la Sra. Guzmán / Rodolfo / el Sr. Estrada / unos primos / Rafaela

B. En la recepción. You are at a wedding reception and your husband/wife doesn't know most of the guests. Explain to him or her who the guests are.

MODELO   Luis: hermano / Sra. Mendoza
        Compañero(-a):   **¿Quién es Luis?**
        Usted: **Es el hermano de la Sra. Mendoza.**

1. la chica rubia: prima / Sr. Ortega
2. Fernando: hijo / Sra. Sánchez
3. el chico alto: cuñado / profesor Hurtado
4. la mujer gorda: madrina / hijo de Graciela
5. Eduardo y Javier: hermanos / doctor Gutiérrez
6. Elvira y Carlota: suegras / Sra. Ramírez

C. La oficina de objetos perdidos. You are in charge of the Lost and Found Department of the university and are trying to return lost items to their owners. Collect a group of items from your classmates. Describe each item and ask to whom it belongs. Your classmates will tell you the name of the owner.

INDICATING OWNERSHIP

Unstressed Possessive Adjectives

Possessive adjectives are used in order to avoid repeating the name of the person who owns an item.

Is that *Sam's* brother?   No, *his* brother lives in Chile.

UNSTRESSED POSSESSIVE ADJECTIVES

mi hijo	**mis** hijos ⎫ *my*		**nuestro** hijo	**nuestros** hijos ⎫ *our*	
mi hija	**mis** hijas ⎭		**nuestra** hija	**nuestras** hijas ⎭	
tu hijo	**tus** hijos ⎫ *your*		**vuestro** hijo	**vuestros** hijos ⎫ *your*	
tu hija	**tus** hijas ⎭		**vuestra** hija	**vuestras** hijas ⎭	
su hijo	**sus** hijos ⎫ *his, her, its, your*		**su** hijo	**sus** hijos ⎫ *their, your*	
su hija	**sus** hijas ⎭		**su** hija	**sus** hijas ⎭	

a. The possessive adjective refers to the owner/possessor but the ending agrees with the person or thing possessed: *his cousins* = **sus primos**; *our sister* = **nuestra hermana**.

b. To avoid ambiguity Spanish speakers often replace **su / sus** with the following construction: article + noun + **de** + pronoun: **la hija de ella** = *her daughter*; **el hijo de Uds.** = *your son.*

la hija de él = *his daughter*	la hija de ellos = *their daughter*
la hija de ella = *her daughter*	la hija de Uds. = *your daughter*
la hija de Ud. = *your daughter*	

EN CONTEXTO

Laura ¿Están **tus** suegros aquí hoy?

Mercedes Sí, y **mis** cuñadas también están aquí porque vamos a planear el bautismo de **mi** nuevo sobrino.

PRÁCTICA Y CONVERSACIÓN

A. Unos abogados. You and your cousin have just been admitted to law school.

1. With whom will you share the good news?

   MODELO **Vamos a hablar con nuestros <u>padres.</u>**

   tía Amalia / primas / abuelos / tío Ricardo / padrinos

2. Who will come to help you celebrate?

   MODELO **Mi <u>amigo Roberto</u> va a venir.**

   amigas / sobrino / parientes / compañeros de clase / vecinos

B. El álbum familiar. You and your mother are looking through an old family photo album. You are uncertain who some of your relatives are, so your mother clarifies the situation.

MODELO		hermana / tío Rodolfo
	Usted:	**¿Es la hermana de mi tío Rodolfo?**
	Compañero(-a):	**Sí, es la hermana de él.**

1. cuñado / abuela
2. primo / madrina
3. madre / primas
4. bebé / padrinos
5. esposo / tía Anita
6. hermano / cuñado

C. **Entrevista.** Hágale preguntas a un(-a) compañero(-a) sobre las siguientes cosas y su compañero(-a) debe contestar.

Pregúntele…

1. si vive con sus padres ahora.
2. cómo es su casa o apartamento.
3. cómo son sus clases de la universidad.
4. si tiene un(-a) novio(-a). ¿Cómo es?
5. si habla mucho por teléfono con sus amigos.

D. **Claudia llama por teléfono.** Your best friend Claudia is visiting her family in Colombia for a few months. She calls to ask you about your family. A classmate will play the role of Claudia. **Conteste sus preguntas en español.**

1. ¿Tiene un nuevo novio tu hermana Elena?
2. ¿Cómo se llama él?
3. ¿Cómo es?
4. ¿Vive su novio cerca de tus tíos?
5. ¿Está contenta Elena? ¿Y tus padres?
6. ¿Va a dar una fiesta tu familia?
7. ¿?

CLARIFYING AND ADDING INFORMATION

Relative Pronoun *que*

To supply additional information or to make two short sentences into a single, more descriptive one, use the word *que*.

a. The relative pronoun *que* meaning *who*, *which*, or *that* may refer to people or things. *Que* is used to join two clauses into one longer sentence.

Tenemos muchos parientes **que** viven cerca.	*We have a lot of relatives that (who) live nearby.*
La fiesta **que** planeamos va a ser muy grande.	*The party that (which) we're planning is going to be very big.*

b. Even though the relative pronoun is frequently not used in English sentences, the relative pronoun **que** cannot be omitted in Spanish. Compare these two examples.

El regalo **que** compro para mi sobrino es muy bonito.	*The gift (that) I'm buying for my nephew is very pretty.*

EN CONTEXTO

Laura   Y van a celebrar con una fiesta grande, ¿no?
Mercedes   Creo que sí, porque tenemos muchos parientes **que** viven cerca.

PRÁCTICA Y CONVERSACIÓN

A. La familia de Paco. Describe Paco's family to your classmates by combining phrases from each of the columns to form sentences.

> MODELO **Eugenia es la sobrina que vive en Colombia.**
> **Eugenia es su tía que tiene 80 años.**

A	B	C	D	E
Eugenia	ser	su primo	que	estudia filosofía
Filiberto		la sobrina		vive en Colombia
Pepe		su hermano		trabaja con su padre
Vicente		su tía		tiene un nuevo bebé
Olga		su tío		nació el día de San Vicente
Susana		su hermana		va a venir aquí
Carlos				siempre da fiestas
Juana				tiene 80 años

B. Su familia. Complete las oraciones en español. *(Complete the sentences in Spanish.)*

1. Tengo muchos parientes que _____.
2. Tengo un(-a) tío(-a) que _____.
3. Mi abuelo(-a) que vive en _____ es _____.
4. Quiero visitar a mis parientes que _____.
5. Tengo unos parientes que son de _____.

TERCER ENCUENTRO

PRESENTACIÓN   Un problema familiar

Inés	Papá, necesito **dinero** para ir a la **discoteca**.
Padre	¿Con quién vas?
Inés	Con Felipe y...
Padre	¿Y quién es Felipe? Siempre tienes un novio **diferente** y eso no está bien.
Inés	Pero papá, vamos **en grupo** y Felipe no es mi novio.
Padre	¿A qué hora vas a **regresar?**

A family problem

Inés	Dad, I need money to go to the disco.
Father	Who are you going with?
Inés	With Felipe and . . .
Father	And who is Felipe? You always have a different boyfriend, and that's not right.
Inés	But Dad, we are going in a group, and Felipe is not my boyfriend.
Father	What time are you going to return?

Inés   Un poco **después de** las dos de la mañana.
Padre   **¡Ni que hablar!** Es muy tarde. A las doce y media **en punto** estás aquí o no vas.
Inés   **¡Imposible!**
Padre   Sólo tienes dieciocho años y no está bien **llegar** a casa a las dos de la mañana.
Inés   ¡No está bien! ¡No está bien!… ¿Cuántas veces tengo que escuchar **esas palabras**?
Padre   Eres la mayor y debes **dar el ejemplo**.
Inés   Está bien. Voy a regresar a las doce y media, pero no es **justo**.

Inés   A little after 2:00 A.M.
Father   Don't even mention it! It's very late. Be here at 12:30 on the dot or you are not going.
Inés   Impossible!
Father   You are only eighteen years old, and it's not right to arrive home at 2:00 A.M.
Inés   It's not right! It's not right! . . . How many times do I have to hear those words?
Father   You are the oldest, and you should set an example.
Inés   All right. I'm going to return at 12:30. But it's not fair.

Comentarios lingüísticos y culturales

a. In Hispanic culture parents encourage teenagers to go out with a group of their friends rather than on a single date. Frequently, a lasting relationship is formed with one of the members of the group.

b. It is considered inappropriate for girls to have several boyfriends. The term **el(la) novio(-a)** implies a lasting relationship that will lead to marriage.

PRÁCTICA Y CONVERSACIÓN

A. ¿Comprende Ud.? Conteste según la **Presentación**.

1. ¿Adónde va Inés?
2. ¿Con quién va a la discoteca?
3. ¿Tiene novio Inés?
4. ¿Cuándo quiere regresar ella?
5. ¿Cuándo debe estar en casa?
6. ¿Cuántos años tiene Inés?
7. ¿Es ella la menor de la familia?
8. ¿Va Inés a la discoteca esta noche o no?

B. Preguntas personales. Conteste en español.

1. ¿Hay una discoteca cerca de la universidad? ¿Van Uds. allí mucho?
2. ¿Va Ud. a una fiesta con su novio(-a) o va en grupo?
3. ¿Cuándo debe regresar a casa por la noche?
4. ¿Cuándo regresa a casa después de una fiesta?
5. ¿Es Ud. el (la) mayor de su familia? ¿Debe dar el ejemplo?

ASÍ SE HABLA

DENYING AND CONTRADICTING

There are set phrases in Spanish that are used for contradicting or denying. Some expressions are more polite, more informal, or more emphatic than others. You should choose the correct expression according to the situation and the person to whom you are speaking.

Emphatic

Imposible.	*Impossible.*
Nunca.	*Never.*
Ni que hablar.	*Don't even mention it.*
¡No y no!	*No, no, no!*
Lo siento, pero no.	*Sorry, but no.*

Weak

No es así.	*It's not that (way).*
No está bien.	*It's not right.*
No es justo.	*It's not fair.*
Creo que no.	*I don't think so.*
no + *verb*	*don't* + verb

It's usually polite to give an alternative, an excuse, or a reason for a denial or contradiction.

Denial + reason	Ni que hablar. Es muy tarde.
Denial + excuse	No viene porque tiene que trabajar.
Denial + alternative	A las doce y media estás aquí o no vas.

PRÁCTICA Y CONVERSACIÓN

A. Reacciones (*Reactions*). Use a negative expression to react to these situations.

1. Your friend asks you to pay his debts.
2. Your neighbor wants to borrow $100.
3. Somebody accuses you falsely.
4. Your younger sister insists on your doing something that you don't like.

B. El estéreo. Use the dialogue on pages 97–98 as a model for bargaining for what you want from your parents. Your instructor will divide the class into groups of three. Each person will choose one role to play—the teenager, the father, or the mother. Once you have decided who you are, do not read the instructions for the other roles.

Teenager: You need money to buy a new stereo. You have some money saved but you need some more and you can't wait any longer to have it. Try to convince your parents to help out. Tell them how good the stereo is. Tell them that it is going to be in your room and that it is not going to be loud.
USEFUL VOCABULARY: **Me prestas...** / **ruido** (*noise*) / **fuerte** (*loud*)

Father: At the beginning you are not willing to grant your son's/daughter's request. Give excuses. Offer some alternatives. Finally you listen to your wife's advice and come to an agreement with your son/daughter.

Mother: You are sympathetic to your son's/daughter's request, and you think you and your husband can help him/her. Suggest an agreement for your son/daughter to pay off the extra money he/she needs.
USEFUL VOCABULARY: **Tienes que...** / **Debes...**

A ESCUCHAR

Juanito and his father are having a disagreement. Listen to their conversation and choose the correct answer.

1. Juanito quiere (25.000 / 20.000 / 15.000) pesos.
2. Su padre (quiere / no quiere) prestarle el dinero.
3. Juanito (va / no va) a tener un trabajo.
4. Juanito quiere el dinero para ir a (la universidad / México / Texas).
5. Su padre (está / no está) de acuerdo con Juanito.

ESTRUCTURAS

TALKING ABOUT SCHEDULES AND TIME OF DAY

Telling Time

You need to learn how to tell time so that you can discuss your daily routine and when you do things.

a. To express time in Spanish you use **es la** + the first hour and **son las** + the other hours.

¿Qué hora es? *(What time is it?)*

Es la una.   **Son las** cuatro.   **Son las** once.

b. From the hour to half-past the hour, time is expressed by adding minutes onto the hour; the phrase **y** + number of minutes is used.

Es la una **y ocho**.   Son las siete **y cuarto**.   Son las diez **y media**.

c. From half past to the hour time is generally expressed by subtracting the minutes from the next hour. The phrase **menos** + number of minutes is used.

Es la una **menos veinticinco**.   Son las cinco **menos cuarto**.   Son las ocho **menos tres**.

d. **De la mañana, de la tarde**, and **de la noche** are used to express *A.M.* and *P.M.*

Son las ocho de la mañana.	*It's 8:00 A.M.*
Son las dos de la tarde.	*It's 2:00 P.M.*
Son las once de la noche.	*It's 11:00 P.M.*

e. The preposition **a** + the hour is used to express *at* + the hour. Compare the following examples.

—¿Qué hora es?	*What time is it?*
— Son las dos.	*It is two c'clock.*
—¿A qué hora llegas aquí?	*(At) What time are you arriving here?*
—Llego a las dos.	*I am arriving at two o'clock.*

f. Here are some other useful expressions to aid you in telling time.

Es mediodía.	*It's noon.*	a tiempo	*on time*
Es medianoche.	*It's midnight.*	tarde	*late*
temprano	*early*	en punto	*on the dot, exactly*

EN CONTEXTO

Padre   ¿**A qué hora** vas a regresar?

  Inés   **A las dos** de la mañana.

Padre   ¡Ni que hablar! Es muy **tarde**. **A las doce y media en punto** estás aquí o no vas.

PRÁCTICA Y CONVERSACIÓN

A. ¿Qué hora es? Conteste en español.

1. 5:10	4. 3:24	7. 12:00 P.M.
2. 8:30	5. 1:05	8. 9:40 A.M.
3. 10:45	6. 4:15	9. 5:55 P.M.

 B. En el aeropuerto de Miami. You work at the information booth in the airport in Miami. Answer the travelers' questions about the arrival time of various flights.

LLEGADAS		
Procedencias	**Número del Vuelo**	**Hora**
Buenos Aires	AA 031	9:40 A.M.
Caracas	VZ 542	3:18 P.M.
Guadalajara	AM 728	2:29 P.M.
Lima	AP 906	6:52 A.M.
Montevideo	AU 418	10:12 A.M.
Quito	AE 1387	12:45 P.M.

¿A qué hora llega el vuelo de...?

Lima / Caracas / Buenos Aires / Montevideo / Quito / Guadalajara

C. Entrevista. Pregúntele a un(-a) compañero(-a) de clase a qué hora hace (*does*) varias cosas y su compañero(-a) debe contestar.

Pregúntele...

1. a qué hora come por la mañana. ¿Por la tarde? ¿Y por la noche?
2. a qué hora regresa a casa.
3. si regresa tarde después de una fiesta.
4. cuándo habla con su familia. ¿Y con sus amigos?
5. si trabaja. ¿Cuándo?

DESCRIBING PEOPLE AND LOCATION

Ser versus *estar*

You have learned to use both **ser** and **estar** in various contexts and situations. Below is a list of the various uses of the two verbs so you can compare them.

Uses of estar	*Uses of* ser
With adjectives to express condition or health: **¿Cómo está?** Margarita **está** cansada. **Estoy** bien pero mi tío **está** enfermo.	*With adjectives to express traits or characteristics:* **¿Cómo es?** Margarita **es** simpática. **Soy** alto pero mi padre **es** bajo.
To express location: **¿Dónde está?** Acapulco **está** en México. Mis hermanas **están** en clase.	*To express origin:* **¿De dónde es?** Claudia **es de** Colombia. Mis sobrinos **son de** México.
	*With the preposition **de** to show possession:* **¿De quién es** la casa? **Es de** mi madre.
	With nouns to express who or what someone or something is: **¿Quién es?** **Es** mi prima Bárbara.
	To express nationality: Carmen **es** mexicana.
	To tell time: **¿Qué hora es?** **Son** las ocho y media. **Es** la una de la tarde.

Sometimes there is a change in the meaning depending upon whether **ser** or **estar** is used with the adjective.

Carlos es aburrido.	*Carlos is boring.*
Carlos está aburrido.	*Carlos is bored.*
María es mala.	*María is bad (evil).*
María está mala.	*María is sick.*

EN CONTEXTO

Padre   ¿Quién **es** Felipe? Siempre tienes un novio diferente y **no está** bien.
Inés   Pero papá, Felipe **no es** mi novio.

PRÁCTICA Y CONVERSACIÓN

A. Unas oraciones. Haga oraciones usando una frase de cada columna. *(Make sentences using a phrase from each column.)*

A	B	C
Mi hermana y yo	somos estamos	de Colombia en Acapulco enfermas rubias estudiantes
Tú	eres estás	alto cansado doctor en España
Mis primos	son están	puertorriqueños aburridos en clase de San Juan altos

B. ¡Qué sorpresa! A classmate is very surprised to learn certain information. Confirm that what your classmate has heard is totally true.

MODELO   Compañero(-a):   ¿Tus primas? ¿Bonitas?
                Usted: **Sí, mis primas son bonitas.**

1. ¿Tus padres? ¿En Bolivia?
2. ¿El coche nuevo? ¿De tu hermano?
3. ¿Tu madre? ¿Enojada?
4. ¿Tus tíos? ¿Argentinos?
5. ¿Tu casa? ¿Amarilla?
6. ¿Juan? ¿Alto y guapo?
7. ¿Claudio y Anita? ¿Novios?
8. ¿Tu sobrino Enrique? ¿Enfermo?

C. La carta de Manuel. Parts of Manuel's letter to his parents got wet and are impossible to comprehend. In order to read the letter you must fill in the missing parts. **Complete las oraciones con la forma adecuada de *ser* o *estar*.**

Queridos padres:

    ¿Cómo _____ Uds.? ¿Y cómo _____ mi perro? Yo _____ muy contento aquí en la universidad. Mi compañero de cuarto se llama David. _____ de Texas y también _____ hispano. Siempre hablamos español. David _____ muy inteligente y también _____ un estudiante muy bueno. Ahora _____ en la biblioteca aunque (*although*) _____ las once y media de la noche.

    Mañana tengo mi primer examen en la clase de química. Yo _____ un poco preocupado. Creo que el examen va a _____ difícil (*difficult*). Pero la profesora _____ simpática y creo que _____ justa.

    Bueno, ya _____ tarde y yo _____ cansado. Debo estudiar un poco más para mi examen. Espero (*I hope*) recibir cartas de Uds. pronto.

Abrazos,

Manuel

D. Un(-a) compañero(-a). Choose a classmate to describe to the rest of the class but do not tell the class the name of the person. The other members of the class must then guess the name of the classmate you are describing. Use as many adjectives as possible.

PUENTE CULTURAL

La fiesta quinceañera

The **fiesta quinceañera**—fifteenth-birthday party for young women—is a special occasion in Hispanic culture. It is similar to a debutante ball or a "coming-out" party in the United States. The **fiesta quinceañera** is an important family event; families spare no expense in giving their daughters a proper **fiesta quinceañera**.

COMPRENSIÓN CULTURAL

Conteste en español.

1. ¿Cuál es la ocasión representada en la fotografía?
2. ¿Cuántos años tiene la chica principal? ¿Cómo es ella?
3. ¿Quiénes son las otras personas de la foto?
4. ¿Qué van a hacer (*to do*) estas personas en la fiesta?
5. ¿Qué cumpleaños es importante para las jóvenes en nuestra cultura?

CUARTO ENCUENTRO

PARA LEER BIEN • *Recognizing Cognates*

In order to improve your ability to read in Spanish you should learn to guess and predict the meaning of words so you do not look up every new word in a dictionary. Knowledge of word formation will greatly improve your ability to recognize cognates and will facilitate your reading. For example, there are many Spanish words that are based on an English word plus the vowels **-a**, **-e**, or **-o**, such as, the cognates **moderna** (*modern* + **-a**), **importante** (*important* + **-e**), and **mucho** (*much* + **-o**). Another example are words with the Spanish ending **-ción** which corresponds to the English *-tion*: **obligación** → *obligation*; **institución** → *institution*.

PRÁCTICA

Cognados. ¿Cómo se dice en inglés?

1. concepto
2. hispánico
3. organización
4. visita
5. generalización
6. educación
7. tradición
8. fantástico
9. música
10. nación
11. ocasión
12. elegante

LECTURA   La familia hispánica

El concepto hispánico de la familia es diferente del concepto de familia en los Estados Unidos. Cuando el norteamericano habla de la familia piensa en° el núcleo familiar°, los padres y los hijos. En cambio°, para los hispanos, el concepto de familia incluye° también a los parientes cercanos y lejanos°. Casi° siempre usan la palabra «familia» para hablar de primos, tíos y abuelos.

thinks about /
nuclear family /
on the other hand /
includes / extended
family / almost

La familia es la institución básica en el mundo hispano. Casi todas las actividades—las diversiones°, los paseos°, las fiestas—incluyen a la familia. Los ritos religiosos son ocasiones para reunir° a la familia. El bautismo es también una ocasión para elegir° a los padrinos.

entertainment / outings
gather
choose

Los padrinos son padres «extras». Ellos tienen la obligación de cuidar° a los ahijados° como a sus propios° hijos.

care for
godchildren / own

En la familia hispana tradicional, el padre es el señor de la casa y la madre es responsable de la educación académica y religiosa de los hijos. Pero esto° es una generalización, pues la familia hispana está cambiando°. En las familias hispanas jóvenes, los padres comparten° las responsabilidades.

this / is changing
share

La industrialización causa cambios° en la organización y en los valores de la familia. Hoy muchas familias hispanas son similares a las familias de los Estados Unidos.

changes

PRÁCTICA Y COMPRENSIÓN

A. ¿Cierto o falso? Decide whether the following statements are **Cierto** o **Falso**. Correct the false statements.

1. Los conceptos hispánicos y estadounidenses de la familia son similares.
2. Los hispanos hablan de toda la familia—abuelos, tíos, primos—cuando usan la palabra «familia».
3. Los tíos, primos y abuelos no van al bautismo de un miembro de la familia.
4. Los padrinos tienen la obligación de cuidar a los ahijados.
5. Todas las familias hispánicas modernas tienen valores tradicionales.

B. Preguntas. Conteste según la información de la **Lectura**.

1. ¿Cuál es la institución básica del mundo hispano?
2. ¿Cuál es el papel (*role*) del padre en la familia hispana? ¿y el de la madre?
3. ¿Participa Ud. en actividades familiares? ¿Cuáles?
4. ¿Cómo son las familias hispanas modernas?
5. ¿Qué causa cambios en la organización y los valores de la familia hispana?

ACTIVIDADES

A. Mi pariente favorito(-a). Tell your classmates about one of your favorite or most interesting relatives. Explain who the person is, what he/she is like, where the relative lives, his/her profession, possessions, nationality, and any other information you wish to include. Why is he/she your favorite?

B. Un árbol genealógico. Prepare a family tree with the names and nationalities of at least three generations of your family. Explain to your classmates the relationship between you and the various members of your family. Provide one item of information about each family member listed on the tree. You may invent a "family" if you wish.

C. Un problema familiar. You are a female university student home for the summer; you want to go to a party with your new boyfriend. A classmate will play the role of your strict father who doesn't want to give you permission to go. Your father will ask you who your boyfriend is, what he is like, and what his family is like. You will also be asked to explain where the party is, when you will go to the party and return home, and who will be at the party.

D. Un matrimonio. You work as a society reporter for a local newspaper and one of your classmates is planning to be married soon. Talk with your classmate about the wedding and the members of the wedding party. Have your classmate provide information about the new spouse and in-laws (what they are like, where they are from, professions, etc.) USEFUL VOCABULARY: **el anillo** = *the ring* / **la dama de honor** = *maid of honor* / **el padrino** = *best man* / **el novio** = *groom* / **la novia** = *bride* / **la boda** = *wedding*.

PARA ESCRIBIR BIEN • *Preparing to Write*

Careful preparation is the most important phase of the writing process. The following suggestions should help you plan and organize so the actual writing is less time-consuming and the composition is more interesting and readable.

1. Choose a topic that interests you and one for which you have some background knowledge and ideas.
2. Make a list of ideas that pertain to the topic. Write these ideas in Spanish.
3. Organize your key ideas into a logical sequence. These key ideas form a basic outline for your composition.
4. Fill in the outline with details that support the key ideas.
5. You are now ready to write the composition.

COMPOSICIONES

A. **Mi familia.** Write a brief composition describing your family. Describe what the people are like, their nationality, their possessions, their activities, and any other important characteristics about them.

B. **El horario.** Write out a schedule of your activities for one day this weekend. Write out the times of the day and then explain the various things you will do at those times.

C. **Un matrimonio.** After completing **Actividad D**, write a newspaper article on the approaching wedding of your classmate. Use your imagination to describe the new spouse, the in-laws, the wedding, and the reception.

VOCABULARIO ACTIVO

La familia

el (la) abuelo(-a)	*grandfather (-mother)*	la madre	*mother*
		la madrina	*godmother*
los abuelos	*grandparents*	el (la) nieto(-a)	*grandson (-daughter)*
el (la) cuñado(-a)	*brother (sister)-in-law*	los nietos	*grandchildren*
		el padre	*father*
el (la) esposo(-a)	*husband (wife)*	los padres	*parents*
el (la) hermano(-a)	*brother (sister)*	el padrino	*godfather*
el (la) hijo(-a)	*son (daughter)*	el (la) pariente	*relative*
los hijos	*children*	el (la) primo(-a)	*cousin*

el (la) sobrino(-a)	*nephew (niece)*
el (la) suegro(-a)	*father (mother)-in-law*
el (la) tío(-a)	*uncle (aunt)*

Otras personas

el (la) abogado(-a)	*lawyer*
el ama (*f.*) de casa	*housewife*
el (la) arquitecto(-a)	*architect*
el (la) bebé (beba)	*baby*
el hombre	*man*
la mujer	*woman*
el (la) niño(-a)	*child, boy (girl)*
el (la) soltero(-a)	*single person; bachelor*
el (la) vecino(-a)	*neighbor*

Otros sustantivos

el año	*year*
la arquitectura	*architecture*
el bautismo	*baptism*
el cuarto	*quarter*
el dinero	*money*
la discoteca	*discotheque*
el ejemplo	*example*
la fiesta	*party*
la hora	*hour, time*
el (la) mayor	*the oldest*
la medianoche	*midnight*
el mediodía	*noon*
el (la) menor	*the youngest*
la palabra	*word*
el perro	*dog*
el plan	*plan*
el regalo	*gift*

Verbos

celebrar	*to celebrate*
dar	*to give*
ir	*to go*
ir a + *inf.*	*to be going to* (do something)
llegar	*to arrive*
planear	*to plan*

regresar	*to return*
tener	*to have*
tener... años	*to be . . . years old*
tener que + *inf.*	*to have to* (do something)
venir	*to come*

Adjetivos

casado	*married*
diferente	*different*
divorciado	*divorced*
familiar	*family*
imposible	*impossible*
justo	*fair, just*
mayor	*older*
menor	*younger*
muerto	*dead, deceased*
separado	*separated*
soltero	*single, unmarried*

Otras expresiones

a casa	*(to) home*
¿A qué hora...?	*(At) What time . . . ?*
a tiempo	*on time*
¿adónde?	*where?*
al	*to the* (+ *masc. sing. noun*)
de la mañana	A.M.
de la noche	P.M.
de la tarde	P.M.
¿de quién(-es)?	*whose?*
del	*of the* (+ *masc. sing. noun*)
después de	*after*
don	*male title of respect used with first names*
doña	*female title of respect used with first names*
en grupo	*in a group*
en punto	*exactly, on the dot*
¡Felicitaciones!	*Congratulations!*
nació	*he/she was born*

¡Ni que hablar!	*Don't even mention it!*	**pues**	*because, then*
No es así.	*It's not that (way).*	**que**	*that, which, who*
por eso	*for that reason, that's why*	**¡Qué bien!**	*How nice!*
		tarde	*late*
por teléfono	*by telephone, on the telephone*	**temprano**	*early*
		vamos a + *inf.*	*let's + verb*

 A recordar

Review the following situations and tasks that have been presented and practiced in this chapter.

- Describe your family / individual members of your family. Include physical and emotional characteristics, ages, nationalities, and so forth. Discuss their possessions.
- Explain what you / you and your friends / you and your family are going to do this weekend.
- Explain what you have to do this weekend.
- Count from 0–100; provide telephone numbers; give ages.
- Give the time of day. Explain at what time you do various activities.
- Deny and contradict the ideas and suggestions that other people give you.
- Describe conditions and characteristics of people; provide location of persons and things; tell time; indicate origin, nationality, and ownership.

CAPÍTULO 4
El tiempo pasa

Cultural Theme: Important dates, holidays, and festivals in the Hispanic world

Communicative Goals:
- Making plans
- Discussing the weather
- Expressing dates
- Extending, accepting, and declining invitations

A pensar

- What are the important dates, holidays, and festivals in our culture? Which are religious / patriotic / personal?
- What typical activities do you associate with each of the four seasons and/or various types of weather?
- What phrases do you use to invite a friend to do something with you? How do you accept or decline an invitation?
- In addition to counting, how do we use numbers above 100 in our daily lives?

PRIMER ENCUENTRO

PRESENTACIÓN   ¿Qué tiempo hace?

Alfonso Es **el verano**. **Hace sol** y **tengo** mucho **calor**. Quiero **nadar**. Voy a **llamar** a mis amigos y **luego** vamos a ir en coche a **la playa**. Y hoy voy a **manejar** yo.

Julio Es **el otoño**. **Hace fresco** y **viento** y también **llueve**. No **sé** qué **hacer**. Creo que voy a **poner la radio** o escuchar **discos**.

What's the weather like?

Alfonso It's summer. It's sunny, and I am very hot. I want to swim. I'm going to call my friends, and later we are going by car to the beach. And today I'm going to drive.

Julio It's autumn. It's cool and windy, and it's also raining. I don't know what to do. I think I'm going to put on the radio or listen to records.

Pilar   ¡Tengo mucho **frío**! En **el invierno** aquí **hace mal tiempo**. Siempre **hace frío** y **nieva** mucho. Voy a invitar a unos amigos a ir a **esquiar**.

Rosalía   La **primavera** es mi **estación favorita**. **Hace buen tiempo** hoy y los colores de **las flores** y **los árboles** son muy bonitos. **Salgo** a caminar **por el parque**.

Comentarios lingüísticos y culturales

a. In Spanish, weather conditions are often expressed with a form of **hace** + *noun*. In such expressions **mucho** is used to modify the noun and corresponds to the English *very*: **Hace mucho frío.** = *It's very cold.*

b. Note that the expressions **tener calor / frío** refer to personal feelings and mean *to be hot / cold* while **hace calor / frío** refer to the weather and mean *it is hot / cold*.

c. The infinitive **llover** means *to rain*. Only the third-person singular form is used: **llueve** = *it's raining*.

d. The infinitive **nevar** means *to snow*. Only the third-person singular form is used: **nieva** = *it's snowing*.

e. In countries south of the equator the seasons are reversed. Thus, the South American countries of Peru, Chile, Argentina, Paraguay, Uruguay, Bolivia and parts of Brazil and Ecuador enjoy the warm summer weather from December to March and endure the winter from June to September.

PRÁCTICA Y CONVERSACIÓN

A.   ¿Comprende Ud.? Conteste según la **Presentación**.

1. ¿Tiene calor o frío Alfonso? ¿Qué quiere hacer? ¿A quiénes va a invitar a ir a la playa?

Pilar   I'm very cold! During the winter here the weather is bad. It's always cold, and it snows a lot. I'm going to invite some friends to go skiing.

Rosalía   Spring is my favorite season. It's nice weather today, and the colors of the flowers and trees are very pretty. I'm going out to walk in the park.

2. ¿Llueve en el otoño? ¿Hace viento? ¿Qué va a hacer Julio?

3. ¿Por qué tiene mucho frío Pilar? ¿Nieva mucho en el invierno? ¿Qué van a hacer Pilar y sus amigos?

4. ¿Cuál es la estación favorita de Rosalía? ¿Hace buen o mal tiempo? ¿Por dónde va a caminar Rosalía?

B. ¿Qué tiempo hace? Conteste según los dibujos.

1.   2.

3.   4.

C. Las estaciones. ¿Qué tiempo hace en su ciudad (*city*)?

¿Qué tiempo hace aquí en el invierno / el otoño / el verano / la primavera?

D. Ud. y el tiempo. Hágale preguntas a un(-a) compañero(-a) de clase y su compañero(-a) debe contestar.

Pregúntele...

1. cuál es su estación favorita.
2. si tiene frío o calor ahora.
3. si le gusta nadar. ¿ esquiar?
4. si maneja a la universidad.
5. si llama mucho a sus amigos. ¿Cuándo?
6. si va mucho a la playa. ¿Cuándo?
7. si camina por el parque. ¿Cuándo?
8. cuándo pone la radio.

SONIDOS • *d*

The Spanish **d** has two different pronunciations; neither is like an English *d*. The **d** that occurs at the beginning of a sentence or phrase and after **n** or **l** is pronounced by pressing the front of the tongue against the back of the upper teeth; this sound is represented by [d]. The fricative **d** is pronounced like the English *th* in *this* and is represented by [đ].

PRÁCTICA

Escuche y repita después de su profesor(-a).

[d]	**d**ía **d**ónde cuán**d**o el **d**isco **D**olores
	Diego, ¿**d**ónde está el **d**isco nuevo?
[đ]	na**d**ar ra**d**io uste**d** tar**d**e Ma**d**ri**d**
	A**d**ela va a na**d**ar esta tar**d**e.
[d] and [đ]	Fernan**d**o y Clau**d**ia na**d**an mucho cuan**d**o hace calor.
	Creo que voy a poner la ra**d**io o escuchar **d**iscos.

ESTRUCTURAS

TALKING ABOUT THINGS YOU DO

Some Irregular Verbs

In order to discuss a variety of common everyday activities, you will need several new irregular verbs.

DECIR *to say, tell*	HACER *to do, make*	PONER *to put, place*	SALIR *to leave*	TRAER *to bring, carry*	SABER *to know*	VER *to see*
digo	hago	pongo	salgo	traigo	sé	veo
dices	haces	pones	sales	traes	sabes	ves
dice	hace	pone	sale	trae	sabe	ve
decimos	hacemos	ponemos	salimos	traemos	sabemos	vemos
decís	hacéis	ponéis	salís	traéis	sabéis	veis
dicen	hacen	ponen	salen	traen	saben	ven

a. In the present tense **decir** has several irregular forms. The other verbs are irregular in the first-person singular (**yo**) form only.

b. Learn to use the following expressions.

hacer ejercicio	*to exercise*	poner la radio	*to turn on the radio*
hacer la tarea	*to do homework*	poner la televisión	*to turn on the television*
decir la verdad	*to tell the truth*		

c. **Salir** is followed by **de** when a location is mentioned.

> No **salgo de** casa cuando nieva. *I don't leave the house when it's snowing.*

d. **Saber** means *to know* (*information*).

> Marito tiene tres años y ya **sabe** las estaciones del año. *Marito is three years old, and he already knows the seasons of the year.*

When followed by an infinitive, **saber** means *to know how to* (*do something*).

> **Sé esquiar** muy bien. *I know how to ski very well.*

EN CONTEXTO

—¿Cuál es tu estación favorita?

—¡El verano, por supuesto! Yo **sé** nadar muy bien y **salgo** mucho con mis amigos y vamos a la playa.

—Y cuando llueve en el verano, ¿qué **haces**?

—Pues **veo** a mis amigos o **pongo** la televisión.

PRÁCTICA Y CONVERSACIÓN

A. ¿Qué sabes hacer? Tell your classmates what you do or do not know how to do.

(No) Sé...

leer ruso / bailar el tango / escribir poemas / nadar bien / manejar / cantar en italiano / ¿?

Es tu quinceañero,
Un tiempo para desear
Que todo lo que recibes
Lo vayas a gozar.

Feliz Cumpleaños

B. ¿Qué hacen Uds. en el otoño? You are in the student lounge in the dormitory talking to your friend on the phone. Answer your friend's questions about what everyone is doing by forming new sentences with the subjects provided.

1. ¿Quiénes hacen la tarea? <u>Federico</u> hace la tarea.

   José y yo / Margarita / yo / Eduardo / Catalina y Vicente

2. ¿Quiénes salen a las nueve? <u>La compañera de Manolita</u> sale a las nueve.

   Nicolás y Rosita / Emilio / Ana y yo / Bárbara / yo

C. ¿Cuándo hacen estas actividades? Explain when the following people do certain activities by forming at least six sentences using phrases from each of the columns.

Norma	poner la televisión	en el otoño
tú	traer cerveza a la fiesta	en la primavera
nosotros	no salir de casa	cuando hace frío
Ignacio y tú	ver a los compañeros de clase	cuando hace calor
los Sres. Lado	hacer ejercicio	cuando llueve
yo	poner la radio	en el invierno

D. Actividades del invierno. A Mexican friend of yours (played by a classmate) is interviewing people in order to write a report about typical winter activities in the U.S. for his sociology class. Answer your friend's questions.

1. ¿Qué haces cuando nieva?
2. ¿Pones la televisión mucho?
3. ¿Ves mucho a tus amigos?
4. ¿Sales a caminar por el parque?
5. ¿Esquías cuando hace frío?
6. ¿Haces ejercicio? ¿Cuándo?

DISTINGUISHING BETWEEN PEOPLE AND THINGS

Personal *A*

In Spanish it is necessary to distinguish between direct objects referring to people and direct objects referring to things.

a. In English and Spanish a direct object receives the action of the verb; it answers the question *whom?* or *what?* asked in relation to the verb.

We are visiting our friends.	We are visiting whom? Whom are we visiting? }	Our friends.
Paul is doing his homework.	Paul is doing what? What is Paul doing? }	His homework.

The answer to these questions is the direct object of the verb.

b. In Spanish the word **a** is used before a direct object noun that refers to a person or persons. It is not translated in English. Compare the following sentences.

Person

Buscamos **a** la doctora.   *We are looking for the doctor.*

Thing

Buscamos el parque.   *We are looking for the park.*

EN CONTEXTO

—¿Vas a visitar la capital en el verano?
—Bueno, voy a visitar **a** mis abuelos que viven en la capital. Si hay tiempo vamos a visitar la ciudad.

PRÁCTICA Y CONVERSACIÓN

A. ¿A quién vas a visitar? Explain to your classmates what and whom you will visit this summer by making new sentences with the direct objects provided.

> **MODELO**   mis abuelos
> **(No) voy a visitar a mis abuelos.**

el parque / mi tía favorita / el museo de arte / mi compañero(-a) de cuarto / mis padrinos / la capital de los EE.UU. / ¿?

B. Entrevista. Hágale preguntas a un(-a) compañero(-a) de clase y su compañero(-a) debe contestar.

Pregúntele...

1. si ve mucho a su familia. ¿y a sus amigos?
2. cuándo visita a sus abuelos.
3. a quiénes invita a sus fiestas.
4. a quién llama cuando quiere ir a la playa.
5. a quién busca cuando tiene un problema.

SEGUNDO ENCUENTRO

PRESENTACIÓN   Una cita°

date

Ramón	Consuelo, ¿quieres ir a una fiesta o al **cine** este **fin de semana**?	movies / weekend
Consuelo	¡Ay! Lo siento, pero tengo que **preparar** un **informe** sobre la	+ / report
	música latina para el **martes**. **Como** sabes, trabajo de **lunes** a	Tuesday / As / Monday
	viernes todos los días y no tengo mucho **tiempo durante** la	Friday / time /
	semana.	during
Ramón	Pues, es muy **fácil**. Mis amigos tienen más de **ciento cincuenta**	easy / one
	discos de música latina. ¿Por qué no vas a la fiesta?	hundred fifty
Consuelo	¿Ciento cincuenta? Hm… ¿Quiénes son tus amigos?	

Ramón	¿**Conoces** a Ana y José?	Do you know
Consuelo	Ah, sí. Los° conozco° bien. Son muy **agradables**.	them / I know / nice
Ramón	No es bueno estudiar y trabajar **solamente**. También tienes que **descansar** y divertirte°. ¡Vamos°!	only to rest / to have a good time / Come on!
Consuelo	Mm… Está bien. Voy a llegar tarde, a eso de las once. Voy a estudiar **un poco** antes de ir.	a little
Ramón	No te preocupes°. Las fiestas latinas duran° hasta las cuatro de la mañana. A las once es temprano todavía.	Don't worry / last

EL CALENDARIO

Los días de la semana		Los meses del año			
lunes	*Monday*	enero	*January*	julio	*July*
martes	*Tuesday*	febrero	*February*	agosto	*August*
miércoles	*Wednesday*	marzo	*March*	setiembre	*September*
jueves	*Thursday*	abril	*April*	octubre	*October*
viernes	*Friday*	mayo	*May*	noviembre	*November*
sábado	*Saturday*	junio	*June*	diciembre	*December*
domingo	*Sunday*				

Comentarios lingüísticos y culturales

a. The days of the week and the months of the year are masculine, singular nouns. They are not capitalized unless they begin a sentence.

b. The ninth month has two acceptable spellings: **setiembre** and **septiembre**.

c. **Sábado** and **domingo** add **-s** to become plural. The other days have an identical singular and plural form.

d. When used with a day of the week the definite articles **el** / **los** = *on*.

> Tomás llega **el martes**.   *Tomás is arriving on Tuesday.*
> Trabajo **los viernes** y **los sábados**.   *I work on Fridays and Saturdays.*

e. When a day of the week follows **hoy es**, no definite article is used: **Hoy es miércoles**.

f. The verb **estar** is often used to express that one is in a particular month or season.

> ¿En qué mes/estación **estamos**?   *What month/season is it?*
> **Estamos** en octubre/otoño.   *It's October/autumn.*

g. In order to recognize direct object pronouns as you read and listen to Spanish, use the information of the following chart. Note that the Spanish direct object pronouns are placed before a conjugated verb and are used to avoid the unnecessary repetition of a noun.

DIRECT OBJECT PRONOUNS

me	*me*	nos	*us*
te	*you*	os	*you*
lo	*him, it*	los	*them*
la	*her, it*	las	*them*

—¿Conoces a Juan Vásquez?   *Do you know Juan Vásquez?*
—Sí, **lo** conozco bien.   *Yes, I know him well.*

PRÁCTICA Y CONVERSACIÓN

A. ¿Comprende Ud.? Conteste según la **Presentación**.

1. ¿Qué tiene que hacer Consuelo este fin de semana? ¿Por qué?
2. ¿Qué va a hacer Ramón?
3. ¿Qué música tienen los amigos de Ramón?
4. ¿Cómo son Ana y José?
5. ¿Es bueno trabajar y estudiar solamente?
6. ¿Va a ir a la fiesta Consuelo?

B. El calendario. Conteste las preguntas siguientes.

1. ¿Qué día es mañana si hoy es martes / domingo / viernes?
2. ¿Qué día es hoy si mañana es lunes / viernes / miércoles?
3. ¿Cuántos meses hay en un año? ¿Cuáles son?
4. ¿Cuáles son los meses del invierno? ¿del verano? ¿del otoño? ¿de la primavera?
5. ¿Qué tiempo hace aquí en julio / enero / abril / octubre?
6. ¿Cuántos días hay en setiembre / diciembre / febrero?

C. Entrevista. Hágale preguntas a un(-a) compañero(-a) de clase y su compañero(-a) debe contestar.

Pregúntele...

1. cuál es su día favorito.
2. qué días no tiene clases.
3. si siempre va al cine los viernes.
4. si estudia todos los días.
5. si trabaja los fines de semana.
6. qué va a hacer el sábado. ¿Y el domingo?

ASÍ SE HABLA

EXTENDING, ACCEPTING, AND DECLINING INVITATIONS

There are several ways of inviting a friend to do something with you.

¿Quieres venir conmigo a _____?	*Do you want to come with me to _____?*
Vamos a tomar algo.	*Let's go (to) have a drink.*
Te invito a comer.	*I invite you to (have something to) eat.*
Ven conmigo el domingo.	*Come with me on Sunday.*
¿Estás libre hoy?	*Are you free today?*
¿Te gustaría salir conmigo el jueves?	*Would you like to go out with me on Thursday?*
¿Por qué no vienes a bailar con nosotros?	*Why don't you come dancing with us?*

How can you respond to an invitation? To accept an invitation you might say:

Sí, gracias. Me encantaría.	*Yes, thank you. I'd be delighted.*
Sí, con mucho gusto.	*Yes, with pleasure.*
Encantado(-a).	*Delighted.*
Bueno, cómo no.	*Sure, why not?*
Sí, tengo el día libre.	*Yes, I have the day free.*
De acuerdo.	*Agreed.*

To decline an invitation you might say:

No, gracias.	*No, thank you.*
Lo siento pero debo estudiar.	*I'm sorry, but I should study.*
No es posible el jueves porque tengo que trabajar.	*It's not possible on Thursday because I have to work.*
¡Qué lástima! Estoy ocupado(-a) hoy.	*What a pity! I'm busy today.*
Otro día, tal vez.	*Some other day, perhaps.*

PRÁCTICA Y CONVERSACIÓN

A. Invitaciones. Work in pairs. Extend an invitation, and the other person has to accept or decline and give an explanation.

1. esquiar el fin de semana
2. bailar el viernes
3. mirar la televisión
4. escuchar discos el sábado
5. nadar con los chicos
6. ir al cine el domingo
7. comer en su casa
8. ir a visitar a mis padres

B. Diálogo guiado. Complete the following dialogue with another student.

A ¿_____ salir conmigo esta noche?
B _____, pero no puedo.
A ¿Y mañana por la noche?
B ¡Qué lástima! _____.
A ¿_____ al cine el viernes?
B _____.
A _____.

A ESCUCHAR

Anita wants to have a special birthday celebration, so she decides to invite three close friends to an elegant meal in a restaurant. Listen to how she extends an invitation and after listening to the dialogue, decide if the statements are true (**cierto**), or false (**falso**).

Correct the false statements.

1. Anita cumple 20 años.
2. Su cumpleaños es el 25 de noviembre.
3. Anita invita a sus amigos a una fiesta en su casa.
4. Los amigos van a ir en un coche con chófer a un restaurante.
5. Ignacio no acepta la invitación.
6. Todos tienen que estar en la casa de Anita a las seis de la tarde.

SONIDOS • *s, ce, ci, z*

In most of the Americas and in some parts of Spain, the letters **s**, **z**, and **c**, before **e** or **i** are pronounced like the English *s* in *sun*.

PRÁCTICA

Escuche y repita después de su profesor(-a).

s	Consuelo música después lunes semana
	Trabajo de lunes a viernes todos los días.
ce and **ci**	cita cine ciento cincuenta hacer once
	Francisco tiene una cita a las once.
z	lápiz azul marzo Méndez Sánchez
	La señorita Méndez necesita un lápiz azul.
s, ce, ci, z	Cecilia, ¿qué piensas hacer este fin de semana?
	Patricia y Vicente, espérenme a eso de las once.

ESTRUCTURAS

EXPRESSING ABILITY AND FAMILIARITY

Verbs Ending in *-cer* and *-cir*; *saber* versus *conocer*

You will need to learn a new category of irregular verbs in order to talk about acquaintances.

Verbs in **-cer** *like* **CONOCER** *to know, be acquainted with, meet*		Verbs in **-cir** *like* **TRADUCIR** *to translate*	
conozco	conocemos	**traduzco**	traducimos
conoces	conocéis	traduces	traducís
conoce	conocen	traduce	traducen

a. Verbs that end in **-cer** or **-cir** are irregular only in the first-person singular: the **c** > **zc**: **conozco**, **traduzco**. Some common verbs of this type are

conocer	*to know, meet*	conducir	*to drive*
	be acquainted with	traducir	*to translate*
merecer	*to deserve, merit*		
ofrecer	*to offer*		

b. Both **saber** and **conocer** mean *to know*. However, each verb has more specific meanings and uses.

1. The verb **saber** means *to know* (*information or facts*).

> Yo **sé** dónde están.   *I know where they are.*
> Mónica no **sabe** la fecha.   *Monica doesn't know the date.*

Saber can be followed by an infinitive; in such cases it means *to know how* (*to do something*).

> **¿Sabes conducir?**   *Do you know how to drive?*
> Julio no **sabe** esquiar.   *Julio doesn't know how to ski.*

2. The verb **conocer** means *to know* or *to be acquainted with* (*a person, place, or thing*); *to meet*. Remember to use the personal **a** with **conocer** when the direct object is a person.

> **Conocemos al** Sr. Gómez pero no   *We know Mr. Gómez but we don't know*
> **conocemos a** su hijo.   *his son.*
> **Conozco** bien Madrid.   *I know Madrid well.*

EN CONTEXTO

Julio   No **conozco** bien a Mariana. **¿Sabes** dónde vive?
Marta   Claro que sí. Vive cerca del parque.

PRÁCTICA Y CONVERSACIÓN

A. ¿Quiénes conducen? State who drives to the university.

>MODELO   Inés (sí)
>**Inés conduce a la universidad.**

1. Graciela y su hermana (sí)
2. yo (no)
3. Gloria (sí)
4. tú (sí)
5. Ud. y yo (no)
6. Felipe y Antonio (sí)

B. Las habilidades de Carlos. Explain what and whom Carlos knows using the correct form of **conocer** or **saber**.

1. _____ bien California.
2. No _____ bailar el tango.
3. _____ a todos sus primos.
4. _____ conducir bien.
5. No _____ cuándo es el cumpleaños del presidente.
6. No _____ bien la capital.

C. Entrevista. Hágale preguntas a un(-a) compañero(-a) de clase y su compañero(-a) debe contestar.

Pregúntele...

1. si conduce a clase.
2. si conoce a una persona famosa. ¿A quién?
3. qué ciudades grandes conoce.
4. si traduce bien del inglés al español.
5. si merece más dinero.

D. ¿Qué saben hacer sus compañeros? Your instructor will divide the class into groups of three. Interview each other to find out the following information which you will report to the entire class. Remember to ask the questions individually.

1. ¿Cuántos alumnos saben nadar? ¿esquiar? ¿bailar bien?
2. ¿Cuántos saben hablar francés? ¿ruso? ¿japonés?
3. ¿Cuántos conocen a una persona famosa? ¿A quién(-es)?
4. ¿Cuántos conocen un país hispánico? ¿Cuál(-es)?
5. ¿Cuántos conocen otra universidad? ¿Cuál(-es)?

GIVING AN OPINION

Impersonal Expressions + Infinitive

To offer an opinion about various actions, Spanish often uses an impersonal expression such as *it's important*, followed by an infinitive.

IMPERSONAL EXPRESSIONS

es bueno	*it's good*	es malo	*it's bad*
es difícil	*it's difficult, it's unlikely*	es mejor	*it's better*
es fácil	*it's easy, it's likely*	es necesario	*it's necessary*
es importante	*it's important*	es posible	*it's possible*
es imposible	*it's impossible*	es ridículo	*it's ridiculous*
es (una) lástima	*it's too bad*	es urgente	*it's urgent*

a. In impersonal expressions the subject of **es** is *it*. These expressions are invariable; that is, the verb and adjective do not change form.

> No vamos a salir el jueves. **Es imposible**.
>
> *We're not going to leave on Thursday. It's impossible.*

> Necesito hablar con Pepe. **Es muy importante**.
>
> *I need to speak with Pepe. Its very important.*

b. Impersonal expressions can be followed by an infinitive.

> **Es mejor llegar** el martes.   *It's better to arrive on Tuesday.*

EN CONTEXTO

Padre   Diego, Federico... Como Uds. saben, **es necesario** estar en la casa de sus tíos a las tres. **Es importante** salir ahora.

Hijos   Pero, papá, no queremos ir. **Es mejor** estar aquí con nuestros amigos.

PRÁCTICA Y CONVERSACIÓN

A. Unas oraciones. Haga por lo menos seis oraciones usando una palabra o frase de cada columna.

A	B	C
(no) es ridículo	nadar	en una fiesta
(no) es bueno	bailar	en el verano
(no) es difícil	hacer ejercicio	en la playa
(no) es necesario	poner la radio	un coche a clase
(no) es posible	descansar	los fines de semana
(no) es importante	traer	los sábados

B. Opiniones. Complete las oraciones de una manera lógica.

1. Es difícil _____ todos los días.
2. _____ visitar a mis parientes los fines de semana.
3. _____ poner música para bailar.
4. Es importante _____ en la clase de español.
5. En mi opinión, no es posible _____.
6. En mi opinión, es ridículo _____.

C. Consejos. (*Advice.*) You are speaking with your mother on the phone and she is giving you advice. However, the connection is bad and the ends of her sentences are cut off. Complete the sentences in Spanish with advice your mother might give you.

Siempre es mejor... / No es difícil... / El martes es necesario... / Mañana es imposible... / Es ridículo... / Ahora es muy importante... / ¿?

EXPRESSING LARGE QUANTITIES

Numbers above 100

In order to express years, prices, population figures, some addresses, and other large quantities, you will need to use numbers above 100.

NUMBERS ABOVE 100

100	cien, ciento	1.000	mil
101	ciento uno	1.001	mil uno
102	ciento dos	1.002	mil dos
200	doscientos(-as)		
201	doscientos uno		
202	doscientos dos	100.000	cien mil
300	trescientos(-as)		
400	cuatrocientos(-as)		
500	quinientos(-as)		
600	seiscientos(-as)	1.000.000	un millón
700	setecientos(-as)	2.000.000	dos millones
800	ochocientos(-as)	100.000.000	cien millones
900	novecientos(-as)	1.000.000.000	mil millones

a. **Cien** is used instead of **ciento**:

1. before any noun.

cien hombres   **cien mujeres**

2. before **mil** and **millones**.

100.000 **cien mil**   100.000.000 **cien millones**

b. The word **ciento** is used with numbers 101 to 199.

101 **ciento uno**   115 **ciento quince**   186 **ciento ochenta y seis**

Note that the word **y** does not follow the word **ciento(-s)**.

c. The masculine forms of the numbers 200–999 are used in counting and before masculine nouns. The feminine forms are used before feminine nouns: 247 = **doscientos cuarenta y siete**; 891 pesos = **ochocientos noventa y un pesos** (*monetary unit of Mexico*); 360 pesetas = **trescientas sesenta pesetas** (*monetary unit of Spain*).

d. The word **mil** = *one thousand* or *a thousand.*

1.000 dólares	**mil** dólares	*a thousand dollars*
10.000 dólares	**diez mil** dólares	*ten thousand dollars*

Numbers and years are expressed in the same manner in Spanish: 1975 = mil novecientos setenta y cinco.

Note that with numbers Spanish uses the decimal point where English uses a comma.

e. The Spanish equivalent of *one million* is **un millón**. The word **millón** has the plural form **millones**. When followed by a noun the word **de** follows **millón / millones**.

> **un millón de** dólares   *one million dollars*
> **doce millones de** pesetas   *twelve million pesetas*

EN CONTEXTO

—¿Por qué no vienes a la casa de mis amigos? Tienen más de **ciento cincuenta** discos de música latina.

PRÁCTICA Y CONVERSACIÓN

A. ¿Cuántas cosas hay? Lea las frases en español.

1. 100 pesetas	4. 751 semanas	7. 1.000 radios
2. 101 pesos	5. 365 días	8. 2.000 calendarios
3. 500 años	6. 941 meses	9. 1.000.000 de dólares

B. Ciudades hispánicas. You are a student in Cali, Colombia. You must do a report on Hispanic cities and need to know their populations. Go to the local library and ask about the population of the following cities.

> **MODELO**   Barcelona / 4.000.000
> Usted: **¿Cuántas personas hay en Barcelona?**
> Compañero(-a):   **Hay cuatro millones de personas en Barcelona.**

1. Lima / 4.000.000	5. Caracas / 10.000.000
2. Buenos Aires / 9.000.000	6. Ciudad de México / 20.000.000
3. Madrid / 5.000.000	7. San Juan / 1.000.000
4. Bogotá / 9.000.000	8. Santiago / 4.000.000

C. ¿Cuántos coches? You work for a large auto firm and you must tell the board of directors the number of cars the firm needs to sell in various months in order to meet the annual budget.

> **MODELO**   4.337 / enero
> **Tenemos que vender cuatro mil trescientos treinta y siete coches en enero.**

1. 3.986 / febrero	3. 9.854 / junio	5. 8.479 / octubre
2. 6.147 / abril	4. 5.292 / setiembre	6. 10.315 / diciembre

PUENTE CULTURAL

El día del santo

On the Catholic calendar one or more saints are honored each day of the year. For example, June 22 is St. John's Day. On that day, people named **Juan** or **Juana** celebrate their Saint's Day, and friends and family may send cards or give a gift as a remembrance. Hispanic children are sometimes named for the saint of the day on which they were born, and they celebrate their birthday and Saint's Day simultaneously.

ENERO		FEBRERO		MARZO		ABRIL		MAYO		JUNIO	
1	Sta Martina	1	Sta Brígida	1	San Albino	1	Sta Caterina	1	San José	1	San Justino
2	Sto Esteban	2	Sta Caterina	2	Beata Inés	2	Sta María		Obrero	2	San Eugenio
3	Sto Daniel	3	San Blas	3	San Mariano	3	San Ricardo	2	San Atanasio	3	San Carlos
4	Beata Ángela	4	San José	4	San Casimiro	4	San Benito	3	San Felipe	4	San Francisco
5	Sta Amelia	5	Sta Águeda	5	San Adrián	5	Sta Irene	4	San Silvano	5	Sta Marcía
6	San Andrés	6	San Gastón	6	Sta Rosa	6	San Armando	5	San Eulogio	6	San Norberto
7	San Raimundo	7	Sta Coleta	7	Sta Felicidad	7	San Juan	6	Sto Domingo	7	San Roberto
8	San Severino	8	San Jerónimo	8	San Juan		Bautista	7	Sta Flavia	8	San Maximiliano
9	Sto Adriano	9	Sta Apolonia	9	Sta Francisca	8	Beata Julia	8	San Víctor	9	San Efrén
10	San Aldo	10	Sta Escolástica	10	San Dionisio	9	Sta Mónica	9	Sta Catalina	10	San Zacarías
11	San Higinio	11	Lourdes	11	San Ramiro	10	San Miguel	10	San Mamerto	11	San Bernabé
12	Beato Bernardo	12	Sta Eulalia	12	San Maximiliano	11	San Estanislao	11	San Ignacio	12	Sta Antonia
13	San Hilario	13	Sta Beatriz	13	San Rodrigo	12	San Julio	12	San Emilio	13	San Antonio
14	Beato Odorico	14	San Cirilo	14	Sta Matilde	13	San	13	San Pedro	14	San Eliseo
15	San Mauro	15	Sta Jovita	15	San Clemente		Hermenegildo	14	San Matías	15	San Abrahán
16	San Marcelo	16	San Isaías		María	14	San Lamberto	15	Sta Berta	16	San Aureliano
17	San Antonio	17	San Alejo	16	San Heriberto	15	San Marón	16	Sta Margarita	17	Sta Marina
18	Sta Margarita	18	San Claudio	17	San Patricio	16	Sta Bernadette	17	San Pascual	18	San Venancio
19	San Mario	19	San Conrado	18	San Salvador	17	Beata Clara	18	San Félix	19	Sta Juliana
20	San Sebastián	20	Sta Amanda	19	San José	18	San Nebemias	19	San Teófilo	20	Beata Micaela
21	Sta Inés	21	San Jorge	20	San Guillermo	19	Sta Ema	20	San Bernardino	21	San Luis
22	San Vicente	22	San Pedro	21	San Sergio	20	San Cesareo	21	San Timoteo	22	San Juan
23	Sta Brígida	23	San Celso	22	San Basilio	21	San Conrado	22	Sta Rita	23	San José
24	San Francisco	24	San Sergio	23	San Toribio	22	San Teodoro	23	San Miguel	24	San Juan
25	San Pablo	25	San Lucio	24	Beato Diego	23	San Jorge	24	San Gerardo		Bautista
26	San Timoteo	26	San César		José	24	San Fidel	25	San Bede	25	San Guillermo
27	Sta Ángela	27	Sta Honorina	25	Sta Lucía	25	San Marcos	26	San Felipe	26	Beata Teresa
28	Sto Tomás de	28	San Román	26	San Manuel	26	San Isidro	27	San Agustín	27	San Cirilo
	Aquino			27	San Mateo	27	San Pedro	28	Sta María Ana	28	Sta Alicia
29	San Constancio			28	San Juan	28	San Gerardo	29	Beato Ricardo	29	San Pablo
30	Sta Julieta			29	Sta Gladys	29	Sta Catalina	30	Beato Bautista	30	Beato
31	Sta Marcela			30	San Pedro	30	San Pío	31	Sta Ángela		Raimundo
				31	San Benjamin						

COMPRENSIÓN CULTURAL

Conteste en español.

1. ¿Cómo se llama una persona que nació en las siguientes fechas (*dates*)?

   el 12 de mayo / el 20 de febrero / el 25 de enero / el 18 de marzo / el 9 de abril / el 25 de junio

2. ¿Cuándo celebran su día de santo las siguientes personas? Luisa Avellaneda / Daniel Guevara / Caterina Gomila Núñez / Miguel Merín

TERCER ENCUENTRO

PRESENTACIÓN   ¿Cuándo vienes?

Eduardo llama a Jaime por teléfono.

Jaime	Aló.
Eduardo	¿Jaime? Hola, habla Eduardo.
Jaime	Hola, Eduardo.
Eduardo	¿Cuándo vienes?
Jaime	Salgo de Nueva York el viernes 23 de agosto y llego a Buenos Aires el sábado 24 a las diez de la mañana.
Eduardo	**Perfecto**. Te voy a **buscar** a Ezeiza.
Jaime	**No te molestes**. Tomo un taxi.

Perfect / look for

Don't trouble yourself

Eduardo	De ninguna manera.° ¿Sabes que llegas justo a tiempo para mi **cumpleaños** el 5 de setiembre.	No way. birthday
Jaime	¿De verdad?° Entonces voy a tener una **sorpresa** para **ti**.	Really?/ surprise / you
Eduardo	No es necesario. ¿Cuántas semanas vas a estar con nosotros?	
Jaime	Dos. **Desde** el sábado 24 **hasta** el domingo 8 de setiembre.	From / to
Eduardo	Nos vemos el sábado **entonces**.	then
Jaime	Perfecto. **Chau**.	Good-bye
Eduardo	Chau.	

Comentarios lingüísticos y culturales

a. In many countries of Latin America, **Aló** is the standard phrase used for answering the telephone.

b. In Argentina and other Hispanic countries **chau**, meaning *good-bye*, is frequently used.

c. **Ezeiza** is the name of the main airport in Buenos Aires.

d. The date in Spanish is expressed with the following formula:

article + date + **de** + month
  el   once   **de**   **mayo**

—¿Cuál es la fecha de hoy?   *What is today's date?*
—Hoy es **el siete de noviembre**.   *Today is November 7.*

The following pattern is used when the day of the week is expressed with the date.

article + day of week + date + **de** + month
  el   **martes**   **once**   **de**   **mayo**

e. The word **el primero** meaning *the first*, is used to express the first day of the month. The other days are expressed with cardinal numbers.

Hoy es el treinta y uno de agosto y mañana   *Today is August 31 and tomorrow*
  es **el primero** de setiembre.   *is September 1.*

f. When the year is expressed with the date the following pattern is used.

article +   date   + **de** + month + **de** + year
  el   **veinticinco**   **de**   **julio**   **de**   **1992**

PRÁCTICA Y CONVERSACIÓN

A. **¿Comprende Ud.?** Conteste según la información en el diálogo de la **Presentación**.

1. ¿Cuándo sale Jaime de Nueva York?
2. ¿Cuándo llega a Buenos Aires?
3. ¿Cuándo es el cumpleaños de Eduardo?
4. ¿Qué va a tener Jaime para Eduardo?
5. ¿Cuántas semanas va a estar Jaime con su amigo?

B. El calendario. Conteste según la información en el dibujo.

			MAYO			
L	**M**	**M**	**J**	**V**	**S**	**D**
		1	2	3	4	

L	**M**	**M**	**J**	**V**	**S**	**D**
		1	2	3	4	
5	6	7	8	9	10	11
12	13	14	15	16	17	18
19	20	21	22	23	24	25
26	27	28	29	30	31	

1. ¿Qué día de la semana es el 4 de mayo? ¿el 9? ¿el 12? ¿el 31?
2. ¿Cuántos días hay en mayo?
3. ¿Cuántas semanas hay en mayo?
4. ¿En qué estación estamos en mayo?

C. La fecha. Exprese las fechas en español.

1. January 15, 1534
2. October 12, 1492
3. December 9, 1821
4. June 25, 1975
5. April 27, 1656
6. February 5, 1763
7. August 12, 1900
8. September 1, 2003

D. Entrevista. Hágale a un(-a) compañero(-a) de clase preguntas sobre unas fechas y su compañero(-a) debe contestar.

Pregúntele...

1. cuál es la fecha de hoy.
2. cuál es la fecha de mañana.
3. en qué año estamos.
4. en qué año va a recibir el diploma de la universidad.
5. cuándo es su cumpleaños.

*Que el Santo bendito,
por cuyo nombre
te conocemos,
sea tu alegría
e inspiración,
y que te acompañe
por toda
tu vida feliz.*

ASÍ SE HABLA

EXPRESSING POLITE DISMISSAL

Notice in the dialogue on page 132 how Eduardo dismisses Jaime's suggestion of a surprise for his birthday: **No te molestes.** Sometimes you may want to dismiss something in order to be polite or to reassure someone. These are some expressions you can use.

No te hubieras molestado.	*You shouldn't have.*
Gracias. No se (te) moleste(-s).	*Thank you. Don't trouble yourself.*
No es necesario, gracias.	*It is not necessary, thank you.*
No se (te) preocupe(-s) (por eso).	*Don't worry (about that.)*

PRÁCTICA

A. Situaciones. ¿Qué contesta Ud. en estas situaciones?

1. Ud. está enfermo(-a) y un(-a) amigo(-a) le (*you*) trae un regalo.
2. Su compañero(-a) de cuarto está preocupado(-a) por un examen.
3. Su tío de 50 años quiere ayudarlo(la) (*help you*) a comprender la música clásica pero Ud. no está interesado(-a).
4. Es su cumpleaños y su novio(-a) no tiene dinero para comprar un regalo.

ESTRUCTURAS

EXPRESSING DESTINATION AND PURPOSE

Some Prepositions; *por* **versus** *para*

In order to discuss destination, purpose, and location, you will need to learn to use prepositions and to distinguish between the prepositions **por** and **para**.

SOME PREPOSITIONS

a	*to, at*	hasta	*until*
con	*with*	para	*for, in order to*
de	*of, from, about*	por	*for, by, in, through*
desde	*from*	sin	*without*
en	*in, on, at*		

a. Some Spanish prepositions have several English equivalents. The English meaning will usually depend upon context. Study the following uses and meanings of the preposition **de**.

Félix es **de** España.	*Félix is from Spain.*
Hablan **de** Gloria.	*They are talking about Gloria.*
Bogotá es la capital **de** Colombia.	*Bogota is the capital of Colombia.*

b. Some English prepositions have several Spanish equivalents. Study the equivalents of the English preposition *at*.

1. *At + time* = **a**

   Voy a salir **a** las ocho.   *I'm going to leave at 8:00.*

2. *At + location* = **en**

   Los sábados hay muchos estudiantes **en** la biblioteca.   *On Saturdays there are a lot of students at the library.*

c. Both **por** and **para** can mean *for*. These two prepositions are not interchangeable. Begin to learn to distinguish them by studying the following brief explanation.

1. **Para** is used to show purpose and destination.

El regalo de cumpleaños es **para** Teresa.	*The birthday gift is for Teresa.*
El viernes salgo **para** Montevideo.	*On Friday I'm leaving for Montevideo.*

   Para + infinitive = *in order to* + infinitive.

   Pongo la radio **para bailar**.   *I'm turning on the radio in order to dance.*

2. **Por** can be used to indicate passing *through* an area.

<table>
<tr><td>En el otoño caminamos **por** el parque.</td><td>*In the autumn we walk through the park.*</td></tr>
</table>

Por can mean *for, in exchange for.*

<table>
<tr><td>Los sábados reciben mucho dinero **por** su trabajo.</td><td>*On Saturdays they receive a lot of money for their work.*</td></tr>
</table>

Por is used in the following expressions.

<table>
<tr><td>¿**Por qué** estás aquí?</td><td>*Why are you here?*</td></tr>
<tr><td>Trabajo **por la mañana**.</td><td>*I work in the morning.*</td></tr>
<tr><td>Repita, **por favor**.</td><td>*Repeat, please.*</td></tr>
<tr><td>Eduardo habla **por teléfono** con Jaime.</td><td>*Eduardo is talking on the phone with Jaime.*</td></tr>
</table>

EN CONTEXTO

Eduardo   ¿Cúantas semanas vas a estar **con** nosotros?
Jaime   Dos. **Desde** el sábado 24 **hasta** el domingo 8 **de** setiembre.

PRÁCTICA Y CONVERSACIÓN

A. **En diciembre.** Describe what Silvio does in December by completing the sentences with **por** or **para** according to context.

Todo el semestre trabajo mucho _____ ganar (*to earn*) dinero. Pero desde el 10 hasta el 18 de diciembre sólo estudio _____ los exámenes finales. Estudio mucho _____ sacar (*to get*) una A en mis clases. Salgo _____ mi casa después de los exámenes. En casa llamo a mis amigos _____ teléfono y compro regalos _____ mi familia. El día de Navidad recibimos los regalos _____ la mañana. _____ la tarde comemos y bebemos mucho. _____ la noche ponemos música _____ bailar.

B. **Sus actividades.** Complete las oraciones usando preposiciones.

1. El sábado voy _____.
2. No salgo de casa _____.
3. Los fines de semana _____.
4. Me gusta caminar _____.
5. Compro muchos regalos _____.
6. (No) recibo muchas cartas _____.

C. **Entrevista.** Pregúntele a un(-a) compañero(-a) de clase acerca de sus actividades y su compañero(-a) debe contestar.

Pregúntele...

1. dónde le gusta celebrar su cumpleaños.
2. con quién(-es) celebra su cumpleaños.

3. para quién(-es) compra regalos de cumpleaños. ¿y regalos de Navidad?
4. qué hace en una fiesta estudiantil.
5. a qué hora sale de una fiesta generalmente.
6. si es posible tener una fiesta buena sin música / mucho dinero / cerveza / amigos.

INDICATING THE RECIPIENT OF SOMETHING

Prepositional Pronouns

To indicate the recipient of an action or to express with whom you are doing certain activities, you use nouns as objects of the preposition or prepositional pronouns.

a. Prepositional pronouns replace nouns and always follow a preposition such as **para** or those taught in the preceding **Estructura**.

Hijo	¿Hay un regalo **para mí**?	*Is there a gift for me?*
Madre	Sí, hay uno **para ti** y otro **para ella**.	*Yes, there's one for you and another for her.*

¿PARA QUIÉN ES EL REGALO?

Es para **mí**.	*It's for me.*	Es para **nosotros(-as)**.	*It's for us.*
Es para **ti**.	*It's for you.*	Es para **vosotros(-as)**.	*It's for you.*
Es para **él**.	*It for him.*	Es para **ellos**.	*It's for them.*
Es para **ella**.	*It's for her.*	Es para **ellas**.	*It's for them.*
Es para **Ud**.	*It's for you.*	Es para **Uds**.	*It's for you.*

b. Note that except for **mí** and **ti** these prepositional pronouns have the same form as the subject pronouns used with verbs.

c. The first- and second-person singular pronouns (**mí** and **ti**) combine with the preposition **con** to form **conmigo** and **contigo**. The forms **conmigo** and **contigo** are both masculine and feminine.

EN CONTEXTO

Andrea ¿Vas al cine **conmigo**?
Dorotea No voy **contigo**. Voy **con** Tomás.

PRÁCTICA Y CONVERSACIÓN

A. **¿De quién(-es) son los regalos?** Your little brother/sister thinks that he/she knows who gave certain Christmas gifts. Confirm his/her guesses.

MODELO   planta / tía Margarita
Compañero(-a): **La planta es de tía Margarita, ¿verdad?**
Usted: **Sí, es de ella.**

1. flores / nuestros abuelos
2. libro / papá
3. discos / nuestros hermanos
4. reloj / mamá
5. perro / nuestro primo
6. mochila / Eduardo y tú

B. **Unas cartas.** You are the manager of an apartment house and need to know if there is mail for your residents. Ask the mail carrier about the following people.

MODELO   Diego Martínez / 3
Usted: **¿Hay cartas para Diego Martínez hoy?**
Compañero(-a): **Sí, hay tres cartas para él.**

1. Ana García / 2
2. mí / 3
3. los señores Pacheco / 5
4. mi esposo(-a) y mí / 1
5. Claudia y Sofía Robles / 7
6. el doctor Tamayo / 11

C. **Planes para el verano.** A Cuban friend calls and wants to know all about your plans for the summer. The two of you ask and answer questions about what you're going to do using prepositions and prepositional pronouns.

PUENTE CULTURAL

La feria de Pamplona

Each year on July 7th in Pamplona, Spain, the famous festival of **San Fermín** begins. The week-long festival in honor of the city's patron saint includes the running of the bulls through the streets, bullfights, parades, fireworks, and other events. People can often be heard singing one of the traditional festival songs: «**Uno de enero, dos de febrero, tres de marzo, cuatro de abril, cinco de mayo, seis de junio, siete de julio—¡San Fermín!**»

COMPRENSIÓN CULTURAL

Conteste en español.

1. ¿Dónde celebran la Feria de San Fermín?
2. ¿Por cuántos días celebran?
3. ¿Cuándo es la celebración?

4. ¿Quién es el santo patrón de Pamplona?
5. ¿Qué cantan los participantes en la fiesta?
6. Mire la foto. En su opinión, ¿cuáles son los colores de la Feria?

CUARTO ENCUENTRO

PARA LEER BIEN • *Recognizing Holidays*

The customs and beliefs of the Hispanic people are reflected in their festivals. **La Navidad** (*Christmas*) in Mexico starts with **las Posadas**, a reenactment of the search for lodging by Mary and Joseph. In most parts of the Hispanic world Christmas celebrations culminate on **la Nochebuena** (*Christmas Eve*) with **la Misa del Gallo**, a midnight mass in commemoration of the birth of Christ. **El Día de Reyes** is celebrated on January 6. Hispanic children receive their gifts on this day from **los Reyes Magos** (*the Three Wise Men*). Another important religious celebration is **la Pascua** (*Easter*), celebrated in early Spring. Easter is preceded by **la Cuaresma** (*Lent*), forty days of praying and fasting which ends on **la Semana Santa** (*Holy Week*), the week before Easter. Some traditional towns have the procession of the penitents during this week.

In the pre-reading below, these and other festivals are mentioned. Try to guess when they are celebrated.

PRÁCTICA

Días de fiesta. Match the name of the festivals with their definition or date.

1. Las Posadas
2. La Misa del Gallo
3. La Nochebuena
4. La Navidad
5. La Pascua
6. La Noche Vieja
7. El Año Nuevo
8. La Semana Santa
9. El Día de Reyes
10. El Día de la Raza

a. Se celebra el 25 de diciembre.
b. Se celebra el 6 de enero.
c. Se celebra el primero de enero.
d. Se celebra en México antes de la Navidad.
e. Es la misa de medianoche para celebrar el nacimiento de Cristo.
f. Se celebra el 12 de octubre.
g. Se celebra la noche del 24 de diciembre.
h. Se celebra la noche del 31 de diciembre.
i. Se celebra en la primavera.
j. Es la semana antes de la Pascua.

LECTURA   Las fiestas

Las fiestas de fin de año son muy importantes en todos los países del
mundo° pero en Hispanoamérica tienen un carácter muy especial. En   world
México, por ejemplo, comienzan° a celebrar la Navidad nueve días antes,°   begin / before
el 16 de diciembre, con las Posadas.

En el mundo hispano muchas familias celebran la Nochebuena más
que la Navidad. Durante la Nochebuena van a la Misa del Gallo a la
medianoche y luego toda la familia se reúne° para comer la comida na-   gets together
videña. Cuando llega el 31 de diciembre, es tradición en Madrid ir a la
Puerta del Sol para despedir° la Noche Vieja y esperar el Año Nuevo.   to say good-bye

Las fiestas continúan el 6 de enero con la celebración del Día de Reyes.
«Los Reyes Magos les traen regalos a los niños buenos», dicen los padres.
Por eso los niños ponen sus zapatos° afuera° para recibir regalos.   shoes / outside

El espíritu alegre de diciembre es muy diferente del espíritu triste y
penitente de la Semana Santa° en marzo o abril. La Semana Santa es una   Holy Week
fiesta religiosa muy importante. En muchas ciudades se ven procesiones
silenciosas con penitentes encapuchados° y pasos.° Estas fiestas tienen un   hooded / floats
atractivo singular en Andalucía, la región del sur° de España.   south

En todas las festividades religiosas de Hispanoamérica hay una
mezcla° de elementos mundanos y religiosos. Por ejemplo, el Día de los   mixture
Muertos°, el 2 de noviembre, es una fecha donde se mezclan la alegría y   All Soul's Day
la tristeza. Las personas visitan el cementerio y rezan° por sus familiares   pray
difuntos°. Pero al mismo tiempo uno ve a los vendedores° a la entrada°   dead / vendors / entrance / goods
del cementerio, que ofrecen sus mercancías° en un espíritu de fiesta.

Pero no todas las fiestas son religiosas. También hay fiestas patrióticas
como el Día de la Independencia y el Día de la Raza. Este último° se   The latter
celebra el 12 de octubre para conmemorar el descubrimiento° de América.   discovery
Pero para los hispanos es algo más, tiene un significado° especial pues   meaning
representa la unidad de su lenguaje y su tradición.

Los hispanos tienen un talento especial para las fiestas. En ellas mues-
tran° su carácter único. Es su forma de celebrar la vida.   show

PRÁCTICA Y COMPRENSIÓN

A. ¿Comprende Ud.? Conteste las preguntas según la **Lectura.**

1. ¿Cuándo comienzan los mexicanos a celebrar la Navidad?
2. ¿Cómo celebran los hispanos la Nochebuena?
3. ¿Dónde esperan el Año Nuevo los madrileños?
4. ¿Dónde ponen los Reyes los regalos?
5. ¿Adónde van las personas el 2 de noviembre? ¿Qué celebran?
6. ¿Dónde están los vendedores? ¿Están allí todo el año?
7. ¿Qué representa el Día de la Raza para los hispanos?

B. ¿En qué lugar? Llene los espacios con el nombre del país, la ciudad o la región que
corresponda.

1. La Puerta del Sol está en _____ .
2. Las Posadas se celebran en _____ .
3. La Semana Santa de _____ es muy famosa.
4. El 4 de julio es el Día de la Independencia en _____ .
5. En _____ el Día de la Raza es muy importante.
6. En _____ no hay Día de Acción de Gracias (*Thanksgiving*) pero en _____
sí.

ACTIVIDADES

A. Unas fechas importantes. Explain to your classmates some of the important dates and
days in your life and/or in the life of your family. Provide a sentence or two explaining
why the date is important and with whom and how you celebrate it.

B. El (La) astrólogo(-a). You are an astrologer and a classmate consults you for advice. After finding out when your classmate was born, read his/her horoscope. Tell your classmate what his/her personality is like. Using impersonal expresssions, tell your classmate what he/she should and should not do during the next few days. Your classmate should ask questions if certain activities are appropriate as well.

LOS SIGNOS DEL ZODÍACO		
	Aries	21 de marzo—19 de abril
	Tauro	20 de abril—20 de mayo
	Géminis	21 de mayo—21 de junio
	Cáncer	22 de junio—21 de julio
	Leo	22 de julio—21 de agosto
	Virgo	22 de agosto—22 de setiembre
	Libra	23 de setiembre—22 de octubre
	Escorpió	23 de octubre—21 de noviembre
	Sagitario	22 de noviembre—21 de diciembre
	Capricornio	21 de diciembre—20 de enero
	Acuario	21 de enero—19 de febrero
	Piscis	20 de febrero—20 de marzo

 C. ¿Qué día vamos? You invite a classmate to go to the movies with you. After your classmate accepts the invitation, explain to each other what your activities are on various days so you can agree on a convenient day and time for both of you.

D. Las estaciones. Is your life in tune with the seasons? Ask a classmate what he or she does in different seasons and fill in the chart with your classmate's activities. Compare your charts to find out which season is the most fun-filled, active, boring, or interesting for each of you. Explain your results to the class.

LAS ESTACIONES

Primavera	Verano	Otoño	Invierno

PARA ESCRIBIR BIEN • *Extending and Replying to a Written Invitation*

You have learned to extend, accept, and decline an oral invitation. When extending an invitation in written form, you must remember to include all the details since the person is not present to ask questions or to offer an immediate reply. When declining a written invitation, you need to add more information and reasons in order not to sound rude or abrupt. You can use phrases similar to those below or adapt the phrases of **Así se habla** for your written invitations and replies.

To Extend a Written Invitation

Mi amigo(-a) / novio(-a) / familia y yo vamos a tener una fiesta. Te (Lo / La) invitamos (a Ud.) a celebrar con nosotros el sábado catorce de abril a las siete y media en nuestra casa.

To Accept a Written Invitation

Muchas gracias por su invitación para la fiesta / comida. Me (Nos) encantaría ir y acepto (aceptamos) con mucho gusto.

To Decline a Written Invitation

Muchas gracias por su invitación para la fiesta / comida. Lo siento mucho pero no es posible el 14 porque tengo que trabajar.

COMPOSICIONES

A. **Lo siento mucho.** A friend at another university has invited you to spend any weekend this month on his/her campus. However, you are very busy and can't go. Write a brief note to him/her to decline the invitation. Explain what you have to do each weekend and apologize for not accepting the invitation.

B. **Querido(-a) profesor(-a):** The chair of the Spanish department has sent an invitation to all students enrolled in Spanish classes to attend a special Christmas party at the Student Center Wednesday, December 16 at 7:00 p.m. Write to him/her to accept the invitation.

C. **Una invitación.** As a member of your student government, you are in charge of a party for all foreign students. Write a brief note to Julio Salazar inviting him to the party and providing him with all the details.

VOCABULARIO ACTIVO

El calendario	*The calendar*
el día	*day*
la estación	*season*
la fecha	*date*
el fin de semana	*weekend*
el invierno	*winter*
el mes	*month*
el otoño	*autumn*
la primavera	*spring*
el primero	*first*
la semana	*week*
el verano	*summer*

Otros sustantivos

el árbol	*tree*
el cine	*movie theater*
la cita	*date, appointment*
la comida	*meal*
el cumpleaños	*birthday*
el disco	*record*
el dólar	*dollar*
el ejercicio	*exercise*
la flor	*flower*
el informe	*report*
la lástima	*pity*
el museo	*museum*
el parque	*park*
la peseta	*peseta* (monetary unit of Spain)

el peso	*peso* (monetary unit of Mexico and some other Hispanic countries)
la playa	*beach*
la radio	*radio*
la sorpresa	*surprise*
la tarea	*homework*
el tiempo	*time, weather*
el trabajo	*work*
la verdad	*truth*

Verbos

buscar	*to look for*
conducir	*to drive* (Spain)
conocer	*to know, meet, be acquainted with*
decir	*to say, tell*
descansar	*to rest*
esquiar	*to ski*
hacer	*to do, make*
llamar	*to call*
manejar	*to drive* (Americas)
merecer	*to deserve, merit*
nadar	*to swim*
ofrecer	*to offer*
poner	*to put, place, turn on*
preparar	*to prepare*
saber (+ *inf.*)	*to know* (*how* + inf.)

salir (de)	to leave	**Hace fresco.**	*It's cool.*
traducir	*to translate*	**Hace frío.**	*It's cold.*
traer	*to bring, carry*	**Hace sol.**	*It's sunny.*
ver	*to see*	**Hace viento.**	*It's windy.*
		Llueve.	*It's raining.*

Adjetivos

		Nieva.	*It's snowing.*
agradable	*nice*		
difícil	*difficult, unlikely*	**Otras expresiones**	
fácil	*easy, likely*		
favorito	*favorite*	**Chau.**	*Good-bye.*
importante	*important*	**como**	*as, like*
mejor	*better*	**demasiado**	*too much*
necesario	*necessary*	**desde**	*from*
perfecto	*perfect*	**durante**	*during*
posible	*possible*	**entonces**	*then*
ridículo	*ridiculous*	**No te molestes.**	*Don't bother. Don't trouble yourself.*
todo	*all, every*		
urgente	*urgent*	**para**	*for, in order to*

El tiempo

		poner la radio / televisión	*to turn on the radio / television*
¿Qué tiempo hace?	*What's the weather like?*	**por**	*for, by, in, through*
		sin	*without*
Hace buen / mal tiempo.	*The weather's nice / bad.*	**solamente**	*only*
		tener calor / frío	*to be hot / cold*
Hace calor.	*It's hot.*	**un poco**	*little*

 A recordar

Review the following situations and tasks that have been presented and practiced in this chapter.

- Express the date and year of events.
- Discuss important dates and events in your life and the life of your family. Explain what you do to celebrate.
- Discuss the weather.
- Explain what activities you engage in during the various seasons.
- Invite someone to a party or to do something with you. Accept or decline an invitation made by another person.
- Distinguish **saber** and **conocer** so you can explain what you know how to do and discuss people and places you are acquainted with.
- Use numbers above 100 so you can count, express years, and indicate large quantities.
- Distinguish **por** and **para** so you can express destination, purpose, and duration of actions.

CAPÍTULO 5
¡*A comer y a beber!*

Cultural Theme:	Hispanic meals and eating customs
Communicative Goals:	• Discussing food and cooking
	• Expressing likes and dislikes
	• Pointing out people and things
	• Indicating quantity

✳ *A pensar*

- In our culture when are the various meals eaten? Which meal is most important? What foods and drinks are associated with these meals?
- What are some common expressions we use to indicate that we like or dislike something? Do we use the same expressions to discuss foods, things, and people that we like or dislike?
- What kind of adjectives are used to point out people and things? *This hamburger is really great. That soup is awful.*
- Ranging from the smallest to the largest, what are some adjectives we use to indicate quantity? *I eat very few desserts.*

PRIMER ENCUENTRO

PRESENTACIÓN   ¿Qué te gusta comer?

Matilde Vargas (Quito, Ecuador)

No me gusta comer mucho por la mañana. Para **el desayuno** tomo **café con leche** y a veces como un poco de **pan**.

breakfast
coffee with
warmed milk /
bread

Manuel Ortega (San Diego, California)

Muchas veces como aquí en el café estudiantil a la hora del **almuerzo**°. **Prefiero algo ligero** como° **esta hamburguesa** o **un sándwich** de **pollo**. Siempre tomo **un refresco**.

often / at lunch-
time / I prefer
something
light / like /
this hamburger /
✛ / chicken /
soft drink

Octavio Ruiz (Córdoba, España)

En nuestra casa **generalmente empezamos la comida** con **una sopa**. Luego tenemos **la carne**: un **bistec** o **el pescado** con **legumbres**. Bebemos un **vino** español. **Este** vino blanco es magnífico.

generally / we begin / main meal / soup / meat / steak / fish / vegetables / wine / this

Consuelo Dávila (Cali, Colombia)

Pues, no me gusta **cocinar**. Por eso para **la cena** preparo cosas fáciles— un sándwich de **jamón** o **queso**, **fruta** o a veces **huevos**. ¿Y de **postre**? Me **encantan los pasteles** pero **el helado** es más° fácil.

to cook / supper ham / cheese / fruit / eggs / dessert / love / pastries / ice cream / more

Comentarios lingüísticos y culturales

a. The word **la comida** can mean *food*, *meal*, or *dinner* (*the main meal*).

b. In Hispanic countries **el desayuno** is a very light meal consisting of **café con leche** (*strong coffee mixed with warmed milk*) and possibly a roll or some bread. **La comida** is the main meal of the day and is generally eaten in early afternoon. During the hours of **la comida** most businesses, shops and offices close for two to three hours for **la siesta**, a break for the main meal plus a time to rest or stroll in the park or chat with family and friends. **La cena** is a light evening meal. If the main meal is eaten at night, then a light afternoon meal called **el almuerzo** is eaten; **el almuerzo** is comparable to an American lunch.

c. In Hispanic countries dessert is generally fresh fruit or cheese followed by coffee. Coffee is not generally served with a meal. Occasionally dessert will consist of ice cream, pastry, or baked goods.

d. The expression **me encanta** is followed by a singular noun while **me encantan** is followed by a plural noun.

Me encanta el helado.	*I love ice cream.*
Me encantan los pasteles.	*I love pastries.*

PRÁCTICA Y CONVERSACIÓN

A. ¿Comprende Ud.? Conteste según la **Presentación**.

1. ¿Qué toma Matilde Vargas para el desayuno? ¿Qué come a veces?
2. ¿Dónde come Manuel Ortega el almuerzo? ¿Qué come y bebe?
3. Generalmente, ¿qué come y bebe Octavio Ruiz para la comida?
4. ¿Qué prepara Consuelo Dávila para la cena? ¿Por qué? ¿Qué le encanta?

B. ¿Qué te gusta comer? Explain which of the following foods and drinks you like or don't like.

(No) me gusta(-n)...

el jamón / el vino tinto / las legumbres / el pescado / los postres / el queso francés / los helados italianos / el té / ¿?

C. Entrevista. Hágale preguntas a un(-a) compañero(-a) de clase y su compañero(-a) debe contestar.

Pregúntele...

1. lo que bebe cuando tiene mucho calor. ¿y cuando tiene mucho frío?
2. lo que come a la hora del almuerzo.
3. si sabe cocinar. ¿Qué cosas prepara?
4. quién cocina en su casa generalmente.
5. qué bebida toma con el desayuno. ¿con el almuerzo? ¿y con la comida?
6. cuál es su carne favorita.

SONIDOS • *p, t*

At the beginning of a word the English sounds *p* and *t* are pronounced with a puff of air. In contrast, the Spanish **p**, **t** are not pronounced with a puff of air. The English *p* in *spill* and the *t* in *still* sound like the Spanish **p** and **t**. Contrast the *p* in *pill / spill* and the *t* in *till / still*. Try to pronounce the following **p** and **t** sounds without the puff of air; it will be easier if an **s** occurs before the **p** or **t** as in **los pollos**.

PRÁCTICA

Escuche y repita después de su profesor(-a).

p	los **p**ollos los **p**ostres **p**an **p**escado so**p**a **P**ara el desayuno como un **p**oco de **p**an.
t	bis**t**ec **t**e **t**omar fru**t**a Ma**t**ilde Me gustan los **p**ostres, especialmente los **p**asteles.
p and **t**	Generalmente **t**omo una so**p**a o un **p**equeño bis**t**ec. **P**or eso, **p**reparo fru**t**a o helado de **p**ostre.

ESTRUCTURAS

DISCUSSING PREFERENCES, RECOMMENDATIONS, AND WISHES

Stem-Changing Verbs e → ie

In order to discuss such common topics as your preferences, recommendations, and wishes, you need to learn to use a new category of verbs referred to as stem-changing verbs **e → ie**.

STEM-CHANGING VERBS: e → ie

PENSAR *to think*		QUERER *to want, to wish*		PREFERIR *to prefer*	
pienso	pensamos	quiero	queremos	prefiero	preferimos
piensas	pensáis	quieres	queréis	prefieres	preferís
piensa	piensan	quiere	quieren	prefiere	prefieren

a. Certain Spanish verbs change the last vowel of the stem from **e → ie** when that vowel is stressed. These verbs may have infinitives ending in **-ar**, **-er**, or **-ir**. Since there is no way to predict which verbs are stem-changing, these verbs must be learned through practice. In vocabulary lists and dictionaries these stem-changing verbs are frequently indicated in the following manner: **pensar (ie)**; **preferir (ie)**.

b. Here is a list of common **e → ie** stem-changing verbs.

cerrar	*to close*	preferir	*to prefer*
empezar	*to begin*	querer	*to want*
pensar	*to think*	recomendar	*to recommend*

1. When **pensar** is followed by an infinitive it means *to plan* or *to intend*.

   Pienso pedir el pescado.   *I plan to order the fish.*

2. The preposition **a** is used with **empezar** when it is followed by an infinitive.

   Empiezan a comer.   *They are beginning to eat.*

EN CONTEXTO

Madre ¿Qué **quieres** para la comida?
  Hijo **Prefiero** algo ligero—un sandwich de pollo. ¿Está bien?
Madre Sí, como no. **Empiezo** a preparar la comida ahora.

PRÁCTICA Y CONVERSACIÓN

A. **Sus preferencias.** Work with a classmate to explain your family food preferences using the model as a guide.

MODELO   fruta / helado

Compañero(-a):   **¿Prefieren Uds. la fruta o el helado?**

Usted: **Preferimos la fruta.**

1. bistec / pescado
2. café / té
3. jamón / pollo
4. vino / cerveza
5. sopa de pollo / sopa de legumbres
6. leche / agua

B. **¿Qué quieren?** Explain what the following people want to eat.

MODELO   Rafael / pescado

Rafael quiere pescado.

1. Mónica / un sandwich
2. tú / legumbres
3. Roberto / bistec
4. yo / fruta
5. Uds. / jamón
6. Francisco y yo / sopa
7. Marta y Ana / pollo
8. Ud. / helado

C. **Ayudantes.** You and your friend have summer jobs as assistants in a café. Your father wants to know about the business. With a classmate complete the dialogue following the model.

MODELO   Compañero(-a):   ¿Recomiendan Uds. el café?

Usted: **Sí, (No, no) recomendamos el café.**

1. ¿A qué hora empiezan Uds. a trabajar?
2. ¿Prefieren Uds. preparar la carne o los postres?
3. ¿Qué piensan preparar hoy?
4. ¿Qué recomiendan Uds. en el menú?
5. ¿A qué hora cierran Uds. el café?
6. ¿Quieren Uds. trabajar en el café el verano que viene (next)?

D. **Planes y preferencias.** You share an apartment with a friend (played by a classmate) and you must decide what food and drink to buy and prepare. Ask each other what foods and drinks you prefer for dinner. Then explain what you plan to cook tonight and tomorrow night.

POINTING OUT PEOPLE AND THINGS

Demonstrative Adjectives

Demonstrative adjectives are used to point out or indicate people, places, and objects that you are discussing: *this sandwich, those vegetables.*

DEMONSTRATIVE ADJECTIVES

este pastel	**ese** pastel	**aquel** pastel
esta bebida	**esa** bebida	**aquella** bebida
estos pasteles	**esos** pasteles	**aquellos** pasteles
estas bebidas	**esas** bebidas	**aquellas** bebidas

a. In Spanish the demonstrative adjectives must precede the noun they describe, and they must also agree with that noun in number and gender. Spanish has three sets of demonstrative adjectives: **este, ese,** and **aquel**.

1. **este, esta / estos, estas** = *this / these*
   The forms of **este** are used to point out persons or objects near the speaker.

—¿Dónde pones las legumbres?　　*Where are you putting the vegetables?*
—Pongo **estas** legumbres en **esta** mesa.　　*I am putting these vegetables on this table.*

2. **ese, esa / esos, esas** = *that / those*
   The forms of **ese** are used to point out persons or objects near the person spoken to.

Esa fruta es de México y **esas** legumbres son de Guatemala.　　*That fruit is from Mexico and those vegetables are from Guatemala.*

3. **aquel, aquella / aquellos, aquellas** = *that / those* (*over there, in the distance*)

The forms of **aquel** are used to point out persons or objects away from both the speaker and person spoken to.

—¿Quieres comer en **aquel** restaurante?

Do you want to eat in that restaurant?

—No, es mejor comer en **aquella** cafetería.

No, it's better to eat in that cafeteria over there.

EN CONTEXTO

Prefiero comer algo ligero como **esta** hamburguesa o **ese** sandwich de pollo.

PRÁCTICA Y CONVERSACIÓN

A. ¿Qué piensan comprar? Explain what the following people plan to buy at the market by forming new sentences from the items provided.

1. Mario piensa comprar esta comida.

   legumbres / pollo / postres / fruta / queso

2. La Sra. Prado piensa comprar esa comida.

   huevos / sopa / pescado / hamburguesas / vino

3. Fernando y Ricardo piensan comprar aquella comida.

   helado / pasteles / legumbres / leche / pan

B. En el mercado. You and a friend are in a large market buying groceries. Explain your food preferences as your friend points out various items.

MODELO — pescado grande / pequeño
Compañero(-a): **¿Quieres este pescado grande?**
Usted: **No, prefiero ese pescado pequeño.**

1. vino tinto / blanco
2. pasteles franceses / alemanes
3. bananas verdes / amarillas
4. sopa de legumbres / de pollo
5. helado de limón / de chocolate
6. queso italiano / español

C. ¿De quién es? Point out various items to a classmate and ask to whom they belong. Your classmate will explain.

MODELO   este escritorio
                Usted: **¿De quién es este escritorio?**
        Compañero(-a):   **Ese escritorio es del (de la) profesor(-a).**

este pupitre / estos cuadernos / esta mesa / aquel reloj / aquellas sillas / aquellos bolígrafos / ¿?

PUENTE CULTURAL

El pan del mundo hispano

El pan del mundo hispano es similar a lo que se conoce como «French bread». Por fuera° tiene una costra° dura° que sirve de protección y por dentro° tiene una parte blanda° y blanca. El pan es muy importante en la dieta familiar. Está en cada mesa y se come con cada comida. Se lo compra fresco° una o dos veces al día°. Hay un dicho° que se usa para enfatizar que una persona es buena y dice: «Ese hombre es tan bueno como el pan».

outside / crust / hard/ inside / soft

fresh / once or twice a day / saying

COMPRENSIÓN CULTURAL

Conteste en español.

1. ¿Cuándo comen el pan los hispanos?
2. ¿Cuándo compran el pan?
3. ¿Con qué comparan (*compare*) el pan?
4. En nuestra cultura, ¿Con qué cosa comparamos una persona buena?
5. En su opinión, ¿comen los hispanos más o menos pan que nosotros?

SEGUNDO ENCUENTRO

PRESENTACIÓN   A dieta ⁻

on a diet

Paquita	Mm… **tengo mucha hambre.** ¿Hay algo **rico** para comer? **Quisiera** algo **dulce**.	I'm very hungry / good / I'd like / sweet
Madre	Oye°, tú estás a dieta, ¿recuerdas?° No debes comer nada con **azúcar**. Y tienes que **contar** las calorías que comes.	Listen / do you remember? sugar / to count
Paquita	Esta dieta es deprimente°. Ahora quiero comer una hamburguesa con **papas fritas** o un chocolate y no **puedo**.	depressing French fries / I can't
Madre	Allí hay unas legumbres. ¿Por qué no te° **sirves** una **ensalada** de **tomate**, **lechuga** y **cebolla**.	yourself / you serve / salad ✛ / lettuce / onion

Paquita	Pero, ¿qué **uso** de **condimento**? El **aceite** y la **sal** están prohibidos en mi dieta.	✛ / dressing / oil / salt
Madre	Usa **vinagre, pimienta** y un poco de **ajo**. Si comes así, vas a **bajar de peso rápidamente**.	vinegar / pepper / garlic / to lose weight
Paquita	¡Ugh! ¡Qué horrible!	

Comentarios lingüísticos y culturales

a. Frequently, the same food item will have one name in Spain and a different name in the Americas. For example, *potatoes* are known as **las patatas** in Spain but as **las papas** in the Americas. The terms employed in the Americas will be used throughout ***Encuentros***.

b. As a drink **el chocolate** refers to *hot chocolate* which in Hispanic countries is generally thick, foamy, and very rich. **El chocolate** can also refer to candy or the chocolate flavor used in other foods, such as **el helado de chocolate** = *chocolate ice cream*.

c. Certain Spanish expressions use **tener** where English uses *to be*: **tener hambre** = *to be hungry*; **tener sed** = *to be thirsty*.

PRÁCTICA Y CONVERSACIÓN

A. ¿Comprende Ud.? Conteste según la **Presentación**.

1. ¿Qué quiere comer Paquita?
2. ¿Por qué no debe comer nada con azúcar?
3. ¿Con qué va a preparar la ensalada?
4. ¿Qué va a usar de condimento?
5. ¿Qué quiere hacer Paquita? ¿Por qué?

B. Situaciones. ¿Qué come o bebe Ud. en estas situaciones?

1. Es la hora del almuerzo pero Ud. está a dieta.
2. El doctor dice que Ud. es demasiado delgado(-a).
3. Ud. está en una fiesta pero no debe tomar bebidas alcohólicas.
4. Es importante que Ud. coma mucha proteína.
5. Es su cumpleaños.

C. ¿Qué hay en la ensalada? You and your classmates will each answer this question in succession. The first student answers giving the name of one item in a tossed salad. The second student repeats the answer of the first student and adds one new item. The third student then repeats the answer of the second student and adds one new item. The other students continue the pattern.

MODELO		¿Qué hay en la ensalada?
	Estudiante 1:	**En la ensalada hay lechuga.**
	Estudiante 2:	**En la ensalada hay lechuga y tomates.**
	Estudiante 3:	**En la ensalada hay lechuga, tomates y...**

ASÍ SE HABLA

EXPRESSING LIKES AND DISLIKES

These are some of the expressions used in Spanish to express likes or dislikes.

Questions

¿Te gusta(-n)...?	*Do you like . . . ?*
¿Le gusta(-n)...?	*Do you like . . . ?*
¿Les gusta(-n)...?	*Do you like . . . ?*

Responses

Me gusta(-n)...	*I like . . .*
Me gusta(-n) mucho.	*I like it (them) a lot.*
Está bien.	*It's all right.*
No está mal.	*It's not bad.*
Me gusta(-n) muchísimo.	*I like it (them) a lot.*
Me encanta(-n).	*I love it (them).*
No me gusta(-n).	*I don't like it (them).*
No me gusta(-n) nada.	*I don't like it (them) at all.*
Es horrible/feo.	*It's horrible/ugly.*
Es deprimente.	*It's depressing.*

PRÁCTICA Y CONVERSACIÓN

A. No me gusta nada. Ud. está muy negativo(-a) hoy. Nada le gusta. Use las expresiones de esta sección para completar las oraciones.

1. _____ estar a dieta.
2. _____ cocinar para mi familia.
3. _____ la cebolla y el ajo.
4. _____ comer en la cafetería estudiantil.
5. _____ contar las calorías.
6. _____ esperar para comer.

B. Mis gustos. Ask a classmate how he or she feels about the following items. Your classmate should reply using an expression from the list.

MODELO	el helado
Usted:	**¿Te gusta el helado?**
Compañero(-a):	**Sí, me encanta.**

el ajo / las ensaladas / el chocolate / las papas fritas / el vino tinto / el café sin azúcar / los pasteles franceses / la sopa de cebolla / el jugo de tomate / ¿

A ESCUCHAR

Two friends, María and Teresa, are doing a personality test together. Listen to their likes and dislikes as they answer the questions in the test. Then, complete the chart according to Teresa's preferences.

	no le gusta(-n)	le gusta(-n)	le encanta(-n)
El pescado			✓
El bistec	✓		
Los dulces		✓	
El chocolate		✓	
Las ensaladas de legumbres			✓
Las papas fritas	✓		
El café sin azúcar			
El helado		✓	✓
Número de puntos	47		
Conclusión			

SONIDOS • *Linking*

Because of linking, that is, the running together of words, Spanish phrases and sentences often sound like one long word to beginning students. In order to speak like a native, you should learn to link words together under the following conditions.

a. Identical consonants that end one word and begin the next are linked and pronounced as one consonant: **el libro los sandwiches**.

b. The final vowel of one word links with the initial vowel of the next word: **mucha hambre quisiera algo una ensalada**

c. A final consonant usually links with the initial vowel of the following word: **Tú estás a dieta. Preparan un helado**.

PRÁCTICA

Escuche y repita después de su profesor(-a).

el libro   unos sándwiches   las cebollas   una hamburguesa   una ensalada
¿Qué uso?

Si comes así, vas a bajar de peso.
Allí hay unas hamburguesas.
¿Por qué no te sirves una ensalada?

ESTRUCTURAS

TALKING ABOUT HAVING LUNCH, TRYING NEW FOODS, AND OTHER COMMON ACTIVITIES

Stem-Changing Verbs *o → ue*

In order to discuss many common activities such as having lunch, trying new foods, meeting with friends, remembering, returning home, and sleeping, you need to learn to use another category of stem-changing verbs—stem-changing verbs **o → ue**.

STEM-CHANGING VERBS: o → ue

PROBAR *to taste*	VOLVER *to return*	DORMIR *to sleep*
pruebo	vuelvo	duermo
pruebas	vuelves	duermes
prueba	vuelve	duerme
probamos	volvemos	dormimos
probáis	volvéis	dormís
prueban	vuelven	duermen

a. Certain Spanish verbs change the last vowel of the stem from **o → ue** when that vowel is stressed. These verbs may have infinitives ending in **-ar, -er,** or **-ir**. As in the case of the stem-changing verbs **e → ie**, there is no way to predict which verbs will make this change; such verbs must be learned through practice. These stem-changing verbs are frequently indicated in verb lists or dictionaries in the following manner: **contar (ue)**.

b. Here is a list of common **o → ue** stem-changing verbs.

almorzar	*to eat lunch*	poder	*to be able*
contar	*to count*	probar	*to taste, try*
dormir	*to sleep*	volver	*to return, come back*

c. The verb **poder** + *infinitive* means *to be able to* (do something).

No **puedo comer** pasteles o chocolate porque estoy a dieta.

I can't eat pastries or chocolate because I'm on a diet.

EN·CONTEXTO

Ella ¿A qué hora **vuelves** para almorzar?
Él **Vuelvo** a las dos. ¿**Puedes** preparar un bistec hoy?
Ella ¡Sí, cómo no! **Puedo** hacer un buen pastel también. Tengo mucho tiempo porque no trabajo hoy.

PRÁCTICA Y CONVERSACIÓN

A. ¿Qué y cuándo comen? Explain the eating habits of other people using the subjects provided.

1. <u>Mi hermano</u> siempre prueba nuevos platos.
   yo / Fernanda / tú / Héctor y yo / Uds.
2. <u>Diego</u> almuerza a las dos y luego vuelve a la oficina.
   la Srta. Gallego / yo / nosotras / Silvio y Óscar / tú

B. ¿Qué hacen Uds.? Find out what your classmates do by asking a classmate the following questions.

| MODELO | Usted: | **¿Almuerzan Uds. a las dos?** |
| | Compañero(-a): | **Sí, (No, no) almorzamos a las dos.** |

1. ¿Cuentan Uds. las calorías?
2. ¿Vuelven Uds. a casa para almorzar?
3. ¿Duermen Uds. después del almuerzo?
4. ¿Pueden Uds. tomar cerveza en la universidad?
5. ¿Prueban Uds. platos nuevos?

C. La clase de sicología. For a psychology class you are taking, you must obtain some information about student eating habits. Interview at least five classmates to find out the following information. Report your findings to the class.

1. ¿A qué hora almuerzan? ¿Dónde almuerzan? ¿Qué comen?
2. ¿Cuentan las calorías en la comida?
3. ¿Duermen después del almuerzo? ¿después de la cena?
4. En un restaurante, ¿prueban platos nuevos o siempre comen hamburguesas?
5. ¿Vuelven mucho a su restaurante favorito?
6. ¿?

DISCUSSING ORDERING AND SERVING FOODS

Stem-changing Verbs e → i

The third category of stem-changing verbs **e → i** can be used when ordering food or discussing the serving of food.

STEM-CHANGING VERBS: e → i

PEDIR *to request,* *ask for, order*	
pido	pedimos
pides	pedís
pide	piden

a. Certain Spanish verbs ending in **-ir** change the last vowel of the stem from **e → i** when that vowel is stressed. These stem-changing verbs are frequently indicated in the following manner: **pedir (i).** As in the case of the other stem-changing verbs, there is no way to predict which verbs will make this change; they must be learned through practice.

b. The following are some common **e → i** stem-changing verbs: **pedir** = *to ask for, request, order*; **repetir** = *to repeat, to ask for a second helping* (*of food*); **servir** = *to serve*.

EN CONTEXTO

Carlos ¿Qué piensas servir para el cumpleaños de mi papá?
Mariana Siempre **sirvo** un bistec y el helado de chocolate porque tu padre lo **pide.**
Carlos Bueno, el menú está listo. **Servimos** el bistec como siempre.

PRÁCTICA Y CONVERSACIÓN

A. Un(-a) camarero(-a). You are a waiter/waitress in a café near the university. Explain to the cook who does and who does not order a hamburger.

> **MODELO** Carlos (sí)
> **Carlos pide una hamburguesa.**

1. Ricardo y Paquita (sí)
2. tú (no)
3. Manuela (sí)
4. tú y yo (no)
5. el señor Cuéllar (sí)
6. yo (no)

B. Entrevista. Hágale preguntas a un(-a) compañero(-a) de clase y su compañero(-a) debe contestar.

Pregúntele...

1. quién sirve la comida en su casa.
2. quién sirve el vino. ¿y el pan? ¿y el postre?
3. lo que pide de bebida generalmente.
4. cuántas veces repite su plato favorito en una semana. ¿en un mes?
5. lo que pide para la comida de su cumpleaños.

C. Un almuerzo. You and two classmates are planning a lunch for your instructor. Ask and answer each other's questions in order to decide when to have lunch, what to serve, who is able to cook and when to begin to cook. Explain your plans to the class.

ASKING AND REQUESTING

Pedir versus preguntar

In order to ask questions, ask for food and favors, or ask about people, you need to be able to distinguish between the verbs **pedir** and **preguntar.**

a. The verb **pedir** means *to ask for, request*. It is used to request something from someone.

> Siempre le **pido** dulces a mi abuela.   *I always ask my grandmother for candy.*

b. **Pedir** is also used to order food and drink.

En el Bar Taxco siempre **pedimos** vino blanco.	*In the Taxco Bar we always order white wine.*

c. The verb **preguntar** means *to ask a question.* It is used to inquire about something.

Pregúntele a Pablo cuándo piensa comer.	*Ask Pablo when he plans to eat.*

d. **Preguntar por** is used to inquire about someone.

Cecilia, ¿sabes que tu madre **pregunta por** ti?	*Cecilia, do you know that your mother is asking for (inquiring about) you?*

EN CONTEXTO

*Un reportero les **pregunta** a unos estudiantes acerca de la comida universitaria.*

Reportero Señorita, ¿qué **pide** Ud. aquí en la cafetería?
Señorita Siempre **pido** la ensalada porque estoy a dieta. Bueno, tengo que salir. Mi compañera de cuarto **pregunta por** mí.

PRÁCTICA Y CONVERSACIÓN

A. **¿Pedir o preguntar?** Complete the sentences with the proper form of **pedir, preguntar,** or **preguntar por** in order to find out what Miguel asks his babysitter.

1. _____ mucho helado.
2. _____ su mamá.
3. _____ dónde está su papá.
4. _____ si van al parque.
5. _____ un refresco.
6. _____ sus abuelos.
7. _____ si puede mirar la televisión.
8. _____ fruta.

B. **¿Qué debe hacer Ud. en estas situaciones?** Using a form of **pedir** or **preguntar (por),** explain to a classmate what you do in these situations.

1. Ud. está a dieta y tiene mucha sed.
2. Ud. no tiene mucho dinero pero sí tiene hambre.
3. Ud. quiere saber la fecha.
4. Ud. viaja en España; quiere volver al hotel pero no recuerda dónde está.
5. Ud. está en la residencia estudiantil y no sabe dónde está su compañero(-a) de cuarto.

TERCER ENCUENTRO

PRESENTACIÓN Vamos a poner la mesa°.

Let's set the table.

Jung Joo es de Corea y no conoce las costumbres españolas para poner la mesa pues acaba de llegar° a Madrid.

she has just arrived

Paz Oye, chica, la comida está **lista**. ¿Quieres poner la mesa? **Pronto** van a llegar las **otras** y comemos **todas** juntas°.

ready / Soon the others / all / together

Jung Joo	Encantada. Pero tienes que ayudarme° pues no sé muy bien dónde va **cada cosa**.	help me each thing
Paz	Mira, es muy simple. Un plato para cada persona con las cucharas y los cuchillos para cortar° la carne **a la derecha** y los tenedores **a la izquierda**.	to cut / on the right / on the left
Jung Joo	¿Es todo?	
Paz	Pues todavía no°. Necesitamos los vasos delante de los platos. Debes **tener cuidado** con ellos. Son de Catalina. Regalo° de su novio. Tú sabes…	not yet to be careful / Gift
Jung Joo	¿Ya está lista?	
Paz	Ahora sí. ¡Ah! Un momento. Las servilletas en el plato.	
Jung Joo	Gracias. Es mi primera lección en este país.	

Comentarios lingüísticos y culturales

a. In Hispanic families it is customary for the entire family to be present for the main meal of the day. It is a time to eat as well as to discuss family news and problems.

b. Since food is eaten in several courses and since the main meal is considered to be an important family occasion, the table setting tends to be on the formal side.

PRÁCTICA Y CONVERSACIÓN

A. ¿Comprende Ud.? Now you help Jung Joo set the table by completing the following instructions. **Use la información de la *Presentación*.**

Para poner la mesa es necesario poner un _____ para cada persona. Ponemos las _____ y los _____ a la _____ del plato y los _____ a la _____.
Los _____ van delante del _____ y las _____ en el plato.

B. El cocinero. (*The cook.*) You are cooking for a group of friends and one of them is helping you in the kitchen. Ask your friend to hand you the utensils you need. Don't forget to thank him or her.

> MODELO
>
> las tazas / para el café con leche
>
> Usted: **Dame** (*give me*) **las tazas para el café con leche, por favor.**
> Compañero(-a): **Aquí tienes** las tazas.
> Usted: **Gracias.**

1. un vaso / para el agua
2. otra cuchara / para el postre
3. unas servilletas / para limpiar (*to clean*)
4. los platillos / para la ensalada
5. las cucharitas / para el té
6. los platos / para la comida

C. Mis utensilios. Did you take any of your family's utensils when you moved out? Tell your friend what kitchen utensils you took with you.

> MODELO   **Llevé** (*I took*) **tres cucharas y dos tenedores...**

ASÍ SE HABLA

EXPRESSING READINESS

The following expressions can be used to state that items or people are ready or are in place.

Ya está.	*All set.*
Listo(-a).	*Ready.*
Ya está todo listo.	*Everything is ready now.*
Aquí está.	*Here it is.*
Aquí están.	*Here they are.*

PRÁCTICA Y CONVERSACIÓN

Una cena importante. You are helping your roommate prepare for an important dinner party. As your roommate reads the menu, tell him or her if the dish is ready for the guests.

MODELO   Compañero(-a):   ¿Los tomates?
                    Usted: **Están listos.**

la sopa de cebolla / el vino tinto / el bistec / las papas / las legumbres / la ensalada / el pan / los pasteles / el café

ESTRUCTURAS

INDICATING QUANTITY

Adjectives of Quantity

In order to describe the number or size of people, places, and things, you will need to use adjectives of quantity.

ADJECTIVES OF QUANTITY

alguno	*some*	otro	*other, another*
bastante	*enough*	poco	*little, few*
cada	*each, every*	todo	*all, every*
mucho	*much, many, a lot of*		

a. Adjectives of quantity limit the nouns they modify in some manner. These adjectives are placed before the noun they modify and must agree in gender and number with that noun.

No es bueno comer **muchos** pasteles.   *It's not good to eat a lot of pastries.*

b. Some of the adjectives of quantity have special forms and/or usage.

1. The words **un** and **una** are not used with **otro**.

   Necesito **otro** tenedor.   *I need another fork.*

2. **Alguno** is shortened to **algún** before a masculine singular noun: **algún vaso**.
3. Forms of **todo** are followed by the corresponding definite article + noun.

   toda la ensalada = *all (of) the salad, the whole salad*
   todos los platos = *all (of) the plates, every plate*

4. **Cada** is invariable; it occurs with singular nouns only: **cada taza y cada platillo**.

EN CONTEXTO

Tienes que poner **todos** los platos en la mesa y **cada** persona necesita **otro** platillo.

PRÁCTICA Y CONVERSACIÓN

A. ¿Qué necesitan? It is your job to tell the restaurant manager what the various clients need in order to make the table setting complete.

> MODELO   la Sra. Cárdenas / plato
> **La Sra. Cárdenas necesita otro plato.**

1. Felipe / servilleta
2. los Sres. Lado / platillos
3. los alumnos / vasos
4. la Srta. García / cucharitas
5. el Dr. Álvarez / cuchillo
6. la Sra. Guzmán / cuchara

B. Necesidades y deseos. Complete las oraciones de una manera lógica.

1. Necesito poco(-s) _____.
2. Quiero mucho(-s) _____.
3. Algunos _____ no son buenos.
4. Todos mis amigos _____.
5. No tengo bastante _____.
6. Busco otro(-s) _____.

C. Entrevista. Hágale preguntas a un(-a) compañero(-a) de clase y su compañero(-a) debe contestar.

Pregúntele...

1. si toma el desayuno cada mañana. ¿Por qué (no)?
2. si siempre come toda la carne. ¿y todo el postre? ¿y todas las legumbres?
3. si recibe bastante comida en la universidad.
4. si prefiere comer muchas o pocas legumbres. ¿Por qué?
5. si debe comer otra comida. ¿Cuál?
6. si toma alguna bebida con el almuerzo. ¿Cuál?

DISCUSSING EVERYDAY ACTIVITIES AND OCCURRENCES

Oír; Verbs Ending in *-uir*

You have learned many irregular verbs that you use to discuss daily activities and occurrences. Here you will learn another class of irregular verbs—those whose infinitives end in **-uir**.

OÍR *to hear*		CONSTRUIR *to construct*	
oigo	oímos	construyo	construimos
oyes	oís	construyes	construís
oye	oyen	construye	construyen

a. In the present indicative tense, verbs ending in **-uir** insert **y** before any vowel in the ending except **i**.

Verbs of this type are:

construir *to construct*   destruir *to destroy*
contribuir *to contribute*

b. In the present indicative tense, **oír**, meaning *to hear*; *listen to*, has an irregular first-person singular form: **oigo**. Otherwise, it is conjugated like **construir**.

EN CONTEXTO

Hija   **Oye**, ¿qué uso de condimento, mamá?
Madre   Usa vinagre y un poco de ajo. El vinagre **contribuye** a bajar de peso rápidamente.

PRÁCTICA Y CONVERSACIÓN

A. Un desastre. A TV news program is broadcasting information about a recent earthquake in Central America. **Haga oraciones con los nuevos sujetos dados para saber lo que pasa.**

1. ¿Quiénes oyen el programa? <u>Miguel</u> oye el programa.

   tú / los alumnos / Cecilia y yo / Margarita / yo

2. ¿Quiénes contribuyen dinero? <u>Raúl</u> contribuye dinero.

   nosotras / Diego / yo / todos los estudiantes / tú

 B. Contribuciones. Take a survey of at least five classmates to find out the following information. Then report your results to the class.

¿Cuántos alumnos contribuyen a la universidad? ¿a su educación? ¿a la Cruz (*Cross*) Roja? ¿a su familia?
¿Qué contribuyen? ¿dinero? ¿regalos? ¿comida? ¿tiempo?

PUENTE CULTURAL

El jerez°

En Latinoamerica y en España hay excelentes viñedos° donde se cultivan las uvas para el vino blanco y tinto, el champán y otras bebidas alcohólicas que se pueden encontrar en todo el mundo. El jerez, un vino fuerte° de color ámbar°, ha sido° uno de los productos de exportación más importantes de España durante siglos°. Esta bebida es originaria de la ciudad de Jerez de la Frontera en la región de Andalucía, al sur de España. Muchas de las tradiciones en la producción del jerez han sido cuidadosamente° conservadas durante años.

sherry

vineyards

strong / *amarillo* /
  has been

for centuries

carefully

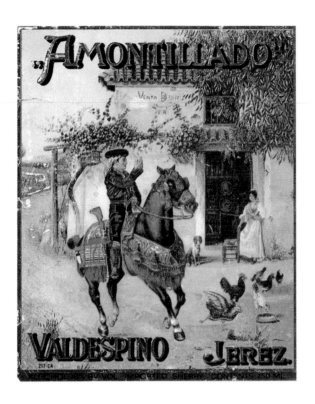

COMPRENSIÓN CULTURAL

Decida si las siguientes oraciones son **ciertas** o **falsas**. Corrija las oraciones falsas.

1. Latinoamérica produce vino tinto y vino blanco.
2. Solamente Francia produce champán.
3. España exporta mucho jerez.
4. Algunos tipos de jerez son verdes.
5. Jerez de la Frontera está en la Argentina.
6. La producción del jerez es una tradición vieja en España.

CUARTO ENCUENTRO

PARA LEER BIEN • *Word Order*

Word order in Spanish is not fixed as it is in English. A sentence can begin with the subject, the verb, or even the complement. The following are all correct Spanish sentences. Notice how they begin.

El almuerzo es una comida muy importante.
Conocemos muchos lugares interesantes.
Al mediodía todos regresan a su casa.

Sometimes the author will introduce the person performing the action after the verb towards the end of a sentence, a paragraph or even after several pages. An example of this is found in the first paragraph of the reading. The reader must continue reading in order to discover who or what the characters are.

PRÁCTICA

A. **Los personajes.** In the following **Lectura** find where the two people, excluding the mother, are mentioned for the first time.

B. **¿Quién o qué?** Locate the subjects in the following sentences of this paragraph taken from the reading.

Otro problema es el desayuno. Los españoles sólo toman café con leche y comen un poco de pan para el desayuno. ¿Dónde está la proteína? Pues no hay nada de proteína a esa hora. Por eso existen las meriendas. Por la mañana a eso de las once y por la tarde alrededor de las cinco comen algo. Para la merienda los niños llevan un sandwich de jamón o queso a la escuela y los mayores comen algo rápido, como unos bocadillos y un vaso de vino o un refresco.

LECTURA   El horario de las comidas

Querida mamá:

¿Cómo estás? Yo estoy muy bien. ¡España me encanta! Mi compañero de cuarto se llama Julián. Es de San José, California. Juntos vimos° muchos lugares interesantes. Yo estoy muy contento con mis clases de español y ya comprendo la lengua muy bien. Nuestro problema más grande es acostumbrarnos° al horario español.

A las dos de la tarde cierran las oficinas y las tiendas y todos vuelven a su casa para la comida y descansan un par° de horas antes de volver a su trabajo. Esta comida es muy importante y muy grande para los españoles. Primero° comen la sopa, luego la carne con legumbres o ensalada y luego el postre. Casi siempre hay vino en la mesa para la comida y la cena.

Otro problema es el desayuno. Hay pocos lugares que sirven un buen desayuno. Los españoles sólo toman café con leche y comen un poco de pan para el desayuno. ¿Dónde está la proteína? Pues no hay nada de° proteína a esa hora. Por eso existen las meriendas. Por la mañana a eso de las once y por la tarde alrededor de° las cinco comen algo. Para la merienda los niños llevan un sandwich de jamón o queso a la escuela y los mayores comen algo rápido, como unos bocadillos° y un vaso de vino o un refresco.

we saw

to become accus-
tomed

pair

First

there is no

around

sandwiches

La cena es otro problema. Julián y yo estamos listos para cenar entre las seis y las siete. Pero, ¿qué pasa?° ¡Aquí comen a las diez o las once de la noche! A veces es imposible esperar hasta esa hora y comemos antes en nuestro cuarto. La cena de ellos es más ligera que la nuestra. Pero no te preocupes por nosotros. Estos problemas son fáciles de solucionar.

    Como siempre, te quiere mucho.

what happens?

Fernando

PRÁCTICA Y COMPRENSIÓN

A. ¿Comprende Ud.? Conteste en español según la **Lectura**.

1. ¿Dónde está Fernando?
2. ¿Quién es Julián?
3. ¿Qué problema tienen los chicos?
4. ¿Es fácil encontrar un desayuno norteamericano?
5. ¿Cuándo toman las meriendas los españoles?
6. ¿Comen mucho o poco al almuerzo?
7. ¿Qué beben con el almuerzo y la cena?
8. ¿Cómo es la cena española?

B. El horario español. Complete las oraciones con la información de la **Lectura**.

1. Los españoles vuelven a su casa para la comida a las _____.
2. Regresan a su trabajo a las _____.
3. Toman dos meriendas al día, una es a las _____ y la otra a las _____.
4. Toman la cena a las _____.
5. Las oficinas y negocios cierran a las _____.

ACTIVIDADES

A. El restaurante. You are planning to open up a restaurant and in order to be successful you need to know which foods are the most popular. Take a survey of at least five classmates to find out which types of soups, meat, vegetables, desserts, and drinks they want to see on a menu. Based on the results of your survey, create a menu for your restaurant. Explain your menu to the class.

B. Un(-a) estudiante peruano(-a). An exchange student from Peru is living with your family for the year. Since you are the only member of your family that speaks Spanish, it is your job to explain to the newly arrived student about life in the U.S. A classmate will play the role of the exchange student and will ask you questions about American meals, such as, when and where we eat, and what a typical meal consists of. You will answer the questions and help the student adjust by comparing the meal systems of both cultures.

C. **La dieta.** You are on a diet. Using the following chart, plan your menu for the week without exceeding 1,000 calories per day. **¿Qué va a comer el lunes? ¿el martes? ¿el miércoles? ¿los otros días?**

GUÍA PARA LAS CALORÍAS

Agua	1 vaso	0 c.	Helado	1 med.	150 c.
Arroz	1 taza	125 c.	Huevo frito	1	100 c.
Banana	1	100 c.	Huevo revuelto	1	100 c.
Bistec	1 med.	200 c.	Manzana	1	100 c.
Café o té	1 taza	5 c.	Naranja	1	100 c.
Cereal	1 med.	50 c.	Pan blanco	1 tajada	75 c.
Cola	1 botella pequeña	80 c.	Pollo asado	100 g	125 c.
			Queso crema	1 cucharada	50 c.
Chocolate	1 taza	150 c.	Sardinas	35 g	70 c.
Ensalada	1 med.	75 c.	Yogurt	1 cucharada	10 c.

D. **¿Qué vamos a servir?** You and two other classmates are going to have a dinner party this Saturday evening. The three of you should suggest the menu items and activities for the evening. You should also express your preferences. After settling the plans for your dinner party, explain them to the entire class.

PARA ESCRIBIR BIEN • *Improving Accuracy*

Written language is expected to be more error-free than spoken language since the writer has more time to think about the message. The following suggestions should help you improve your accuracy and make your written work more comprehensible to native speakers.

A. Plan your written compositions by making an outline of what you want to say.

B. As you write the first draft . . .

1. check the spelling and meaning of vocabulary of which you are unsure.
2. check agreement of nouns and articles or adjectives.
3. check agreement of each subject and verb.
4. check the form of each verb.

C. Re-read the composition.

1. After writing the first draft, put it aside for a time.
2. Then re-read the composition using the "checks" in item *B* above.
3. Re-write or copy the composition.

COMPOSICIONES

A. La dieta. You are a doctor for a weight-loss clinic. Prepare a pamphlet for your patients listing several general guidelines for losing weight and maintaining good health. Also list a sample menu for breakfast, lunch, and dinner based on the calorie chart on page 175. The daily menu should not exceed 1,000 calories.

B. La comida universitaria. For several years you have been writing to a pen pal whose name is Antonio(-a) Guzmán. Write to him/her explaining your changes in eating habits now that you're in the university. If your eating habits have not changed, explain why. Discuss meal times, types of food, and compare university food with what you normally eat at home.

VOCABULARIO ACTIVO

Las bebidas	*Drinks*
el agua (f.)	*water*
el café con leche	*coffee mixed with warmed milk*
el chocolate	*hot chocolate, chocolate (candy)*
el jugo	*juice*
la leche	*milk*
el refresco	*soda, pop, soft drink*
el vino blanco / tinto	*white / red wine*

La carne	*Meat*
el bistec	*steak*
la hamburguesa	*hamburger*
el jamón	*ham*
el pescado	*fish*
el pollo	*chicken*

Las comidas	*Meals*
el almuerzo	*lunch, light afternoon meal*
la cena	*supper, light evening meal*

la comida	*dinner, main meal*
el desayuno	*breakfast*

El cubierto	*Place Setting*
la cuchara	*soup spoon*
la cucharita	*teaspoon*
el cuchillo	*knife*
el platillo	*saucer, small plate*
el plato	*dish, plate*
la servilleta	*napkin*
la taza	*cup*
el tenedor	*fork*
el vaso	*(drinking) glass*

Otras comidas	*Other foods*
el aceite	*oil*
el ajo	*garlic*
el azúcar	*sugar*
la cebolla	*onion*
el condimento	*dressing, condiment*
la ensalada	*salad*
la fruta	*fruit*
el helado	*ice cream*
el huevo	*egg*

la lechuga	*lettuce*	servir (i)	*to serve*
la legumbre	*vegetable*	usar	*to use*
el pan	*bread*	volver (ue)	*to return*
la papa	*potato* (Americas)		
las papas fritas	*French fries*	**Adjetivos**	
el pastel	*pastry*		
la pimienta	*pepper* (spice)	alguno	*some*
el postre	*dessert*	aquel(la)	*that*
el queso	*cheese*	aquellos(-as)	*those*
la sal	*salt*	bastante	*enough*
el sandwich	*sandwich*	cada	*each, every*
la sopa	*soup*	dulce	*sweet*
el tomate	*tomato*	ese(-a)	*that*
el vinagre	*vinegar*	esos(-as)	*those*
		este(-a)	*this*
		estos(-as)	*these*
Verbos		ligero	*light*
		listo	*ready*
almorzar (ue)	*to eat lunch, to have lunch*	mucho	*much, many, a lot*
		otro	*other, another*
cerrar (ie)	*to close*	poco	*little, few*
cocinar	*to cook*	rico	*good, delicious*
construir	*to construct*	todo	*all, every*
contribuir	*to contribute*		
destruir	*to destroy*	**Otras expresiones**	
dormir (ue)	*to sleep*		
empezar (ie)	*to begin*	a la derecha	*on the right*
oír	*to hear, listen to*	a la izquierda	*on the left*
pedir (i)	*to request, ask for, order*	algo	*something*
		bajar de peso	*to lose weight*
pensar (ie)	*to think*	contar (ue) calorías	*to count calories*
pensar + *inf.*	*to plan, intend to (do something)*	estar a dieta	*to be on a diet*
		generalmente	*generally*
poder (ue)	*to be able to (do something)*	me encanta(-n)	*I love, adore* (+food or objects)
preferir (ie)	*to prefer*	muchas veces	*often*
preguntar (por)	*to ask a question (ask for / inquire about someone)*	poner la mesa	*to set the table*
		pronto	*immediately, soon*
		quisiera	*I would like*
probar (ue)	*to taste, try*	rápidamente	*rapidly*
querer (ie)	*to want, wish*	tener cuidado	*to be careful*
recomendar (ie)	*to recommend*	tener hambre	*to be hungry*
repetir (i)	*to repeat, have a second helping*	tener sed	*to be thirsty*
		ya	*already, yet, now*

✳ *A recordar*

Review the following situations and tasks that have been presented and practiced in this chapter.

- Explain when and what you eat for the various meals in Hispanic and North American culture.
- Explain your food and drink likes and dislikes.
- Point out people, objects, and items.
- Distinguish **pedir** from **preguntar (por)** so you can order and request food and drink, ask for information, and inquire about people.
- Discuss preferences, recommendations, and wishes; talk about having lunch and trying new foods.
- Indicate the quantity of various items.

CAPÍTULO 6
Vamos de compras

Cultural Theme:	Shopping in the Hispanic world
Communicative Goals:	• Making routine purchases
	• Talking about past activities
	• Making comparisons
	• Giving information

✳ A pensar

- In our culture, in what kinds of stores / shops / places do we purchase food / clothing / household and other items?
- In our culture, for whom is shopping a social activity? When and where do people go shopping?
- What are some standard phrases used in shopping situations?
- What verb form do you use to list activities that you did in the past? *Last Saturday I drove to the mall, ate lunch with my friends, and bought a new pair of shoes.*
- What words or expressions are used to compare a quality of one person or thing to another person or thing?

PRIMER ENCUENTRO

PRESENTACIÓN   Vendedores° y clientes

salespeople

Irene Díaz   Me gusta **ir de compras** al **centro comercial**. Allí hay una **tienda** de **ropa** muy buena donde **compré el vestido** para **la boda** de mi hermana. No compro allí muy **a menudo** porque **los precios** de todos los **artículos** son muy altos.

to go shopping / shopping mall / store / clothing / I bought / dress / wedding / often / prices / ✛

Ana Guevara Hay **un supermercado** cerca de mi casa pero no me gusta ✛
mucho. Prefiero **hacer las compras** en **el mercado**. Allí se to shop / market
puede **escoger** frutas y legumbres muy **frescas**; no es ne- to choose / fresh
cesario **hacer cola** para **pagar** y ¡no hay **precios fijos**! Cada to stand in line /
semana la comida está más **cara**. **Ayer pagué** mil pesos por to pay / fixed prices
la carne ¡y solamente porque **regateé** bastante! expensive / Yes-
terday / I paid /
I bargained

Antonio Cordero Durante mucho tiempo **trabajé** como **dependiente** en I worked / clerk
una boutique de ropa muy **elegante** para hombres, en ✛ / ✛
el centro de **la ciudad**. Ahora trabajo en **la caja** como downtown / city /
cajero y **gano** más dinero porque tengo mucha respon- cashier's desk /
sibilidad. **¡La semana pasada gané** cien mil pesos! cashier / I earn /
Last week / I
earned

Comentarios lingüísticos y culturales

a. In Hispanic countries there are many types of places where people can shop for food and household items. In rural areas and small towns most food is purchased in **el mercado** or **el mercado al aire libre** (*outdoor market*) where merchants display the products that they are offering for sale. In the market, prices are generally not fixed and clients and merchants can bargain until they agree on a suitable price. **El supermercado** has fixed prices and is similar to a supermarket in the U.S., it carries fresh produce, meats, seafood, baked goods, and canned and frozen items, as well as household products. Some people prefer the convenience of **el supermercado** while other people prefer **el mercado** for the freshness of the products and the congenial atmosphere.

b. Clothing can also be purchased in several types of places. Again, in small towns and rural areas people buy clothing or the fabric to make it in the market. In large towns and cities, people buy their clothing in **la boutique** (*small speciality shop*) or in **los almacenes** (*department store*). In large cities in Mexico, Spain, and other countries, there are **los centros comerciales** where all types of goods can be purchased.

c. **Ir de compras** = *to go shopping*

> Los sábados **voy de compras** con mis amigos.　　*On Saturdays I go shopping with my friends.*

Hacer compras = *to shop / buy / make purchases*

> Siempre **hago** muchas **compras** en el centro comercial.　　*I always buy a lot at the shopping mall.*

PRÁCTICA Y CONVERSACIÓN

A. ¿Comprende Ud.? Conteste según la información en la **Presentación**.

1. ¿Adónde va de compras Irene?
2. ¿Compra en esa tienda a menudo? ¿Por qué no?
3. ¿Dónde hace las compras Ana Guevara?
4. ¿Cuánto pagó por la carne ayer?
5. ¿Es necesario hacer cola en el mercado?
6. ¿Se puede regatear? ¿Por qué?
7. ¿Dónde trabaja Antonio ahora?
8. ¿Por qué tiene mucha responsabilidad ahora?

B. Situaciones. ¿Adónde va de compras Ud. en estas situaciones?

1. Ud. vive en una región rural en Guatemala y necesita tomates y frijoles.
2. Ud. vive en la Ciudad de México y necesita ropa nueva.
3. Ud. vive en Barcelona y necesita un regalo para la boda de un amigo.
4. Ud. vive en Caracas y necesita comida.
5. Ud. vive en una ciudad pequeña en el Perú y necesita papas.

C. Preguntas personales. Conteste estas preguntas.

1. En su familia, ¿quién compra la comida?
2. ¿Adónde va Ud. para comprar ropa?
3. ¿Sabe Ud. regatear? ¿En qué situaciones regateamos en los EE.UU.?
4. ¿Cuándo va Ud. de compras generalmente?
5. ¿Prefiere Ud. ir de compras al centro o a un centro comercial? ¿Por qué?

D. ¿Prefiere Ud. el mercado o el supermercado? Escoja **A** o **B** dentro de cada número.

1. A. Prefiero regatear.
   B. Prefiero los precios fijos.
2. A. Prefiero hablar con los dependientes.
   B. No es importante hablar con los dependientes.
3. A. Quiero escoger las frutas y legumbres.
   B. Un(-a) dependiente debe escoger las frutas y legumbres.
4. A. Prefiero ir a muchos lugares (*places*) para comprar comida.
   B. Prefiero ir a un lugar para comprarla.
5. A. No quiero hacer cola para pagar.
   B. Prefiero pagar en la caja.

¿Cuántas respuestas de **A** tiene Ud.?

4–5	Ud. prefiere los mercados.
3	Ud. puede comprar comida en un mercado o en un supermercado.
1–2	Ud. prefiere los supermercados.

ASÍ SE HABLA

INDICATING PAST TIME

The following expressions are used to indicate past time.

ayer	*yesterday*	la semana pasada	*last week*
ayer por la mañana	*yesterday morning*	el viernes pasado	*last Friday*
anteayer	*day before yesterday*	el mes pasado	*last month*
anoche	*last night*	el año pasado	*last year*
el fin de semana pasado	*last weekend*	la Navidad pasada	*last Christmas*

EN CONTEXTO

Ana Guevara   La **semana pasada** pagué 900 pesos por la carne y **ayer** pagué mil pesos.

PRÁCTICA Y CONVERSACIÓN

A. ¿Cuándo hizo Ud. (*did you do*) **estas acciones?** Use las palabras que expresan tiempo pasado.

> **MODELO**   **El mes pasado** compré libros para mis clases.

1. _____ manejé al supermercado.
2. _____ pagué mucho por la ropa.
3. _____ gané mucho dinero.
4. _____ compré un regalo para mi hermano(-a).
5. _____ hablé con la dependiente en una tienda.
6. _____ caminé por el centro comercial.

 B. ¿Qué hizo Ud. ayer? Work in pairs and tell each other if you did or did not do these things yesterday.

> **MODELO**   escuchar la radio
> **Yo (no) escuché la radio ayer.**

hablar con mis amigos / descansar / comprar comida / mirar la televisión / visitar a mis padres / preparar la tarea / ¿?

SONIDOS • *m, n, ñ*

The Spanish **m** and **n** are pronounced as in English. However, an **n** before the letters **p**, **b**, **v**, and **m** is pronounced like an **m**: **un poco** = [umpoko]. The **ñ** is similar to the English sound *ny* in *canyon*: **año**.

PRÁCTICA

Escuche y repita después de su profesor(-a).

m   **m**es **m**ercado co**m**ida a **m**enudo
A **m**enudo hago las compras en el **m**ercado.

un poco un bistec un vestido un mercado
En México pagué cien pesos por un bistec.

n   **n**o ce**n**tro ga**n**o depe**n**diente
Trabajé como dependiente en una tienda de ropa elegante.

ñ   a**ñ**o ma**ñ**ana ni**ñ**a pi**ñ**ata
El señor Núñez compró una piñata para el cumpleaños de su niña.

ESTRUCTURAS

TALKING ABOUT PAST ACTIVITIES

Preterite of Regular-*ar* Verbs

Spanish, like English, has several past tenses which are used to talk about past activities. You will first learn the preterite, the Spanish past tense that corresponds to the simple past tense in English.

PRETERITE: REGULAR -ar *VERBS*

COMPRAR *to buy*			
compr**é**	*I bought*	compr**amos**	*we bought*
compr**aste**	*you bought*	compr**asteis**	*you bought*
compr**ó**	*he bought* *she bought* *you bought*	compr**aron**	*they bought* *you bought*

a. To form the preterite of regular **-ar** verbs obtain the stem by dropping the **-ar** ending from the infinitive: **comprar** > **compr-**. Add the endings that correspond to the subject: **-é, -aste, -ó, -amos, -asteis, -aron**.

b. Note that the first- and third-person singular endings have written accent marks.

c. Note also that the endings for the first-person plural of the present indicative and preterite are the same. Context will determine the verb tense and meaning.

> Siempre **compramos** carne en el mercado cerca de casa pero ayer la **compramos** en el centro.
>
> *We always buy meat in the market near home, but yesterday we bought it downtown.*

d. The preterite has several possible English translations: **compré** = *I bought, I did buy.*

e. Most **-ar** verbs that stem-change in the present tense follow a regular pattern in the preterite.

> Siempre **cierran** el almacén a las 5 pero el sábado pasado lo **cerraron** a las 9.
>
> *They always close the department store at 5:00, but last Saturday they closed it at 9:00.*

EN CONTEXTO

Ayer Ana Guevara y su hija **caminaron** al mercado y **compraron** carne.
Después **regresaron** a casa y **prepararon** la comida.

PRÁCTICA Y CONVERSACIÓN

A. ¿Qué compraron estas personas ayer? Conteste según el modelo.

> MODELO   Ana Guevara / carne
> **Ana Guevara compró carne ayer.**

1. Adolfo y Rosa / una casa
2. Felipe / un coche nuevo
3. yo / una radio
4. mi amigo y yo / discos
5. Uds. / mucha ropa
6. Juanita / un vestido
7. tú / un regalo de cumpleaños
8. las amas de casa / comida

B. En el centro comercial. The following people go to the shopping mall and do the same thing every day. Using the preterite, explain what they did yesterday.

> MODELO   Carlos compra ropa hoy.
> **Ayer compró ropa también.**

1. Trabajo en la boutique.
2. Miramos a la gente.
3. Los viejos descansan.
4. Tomás llama por teléfono.
5. El Sr. Rojo espera a su esposa.
6. Uds. toman un refresco.

C. Entrevista. Hágale preguntas a un(-a) compañero(-a) de clase y su compañero(-a) debe contestar.

Pregúntele...

1. si miró la televisión anoche. ¿Qué programas?
2. si manejó a un supermercado anteayer. ¿A qué hora?
3. si trabajó en una tienda el verano pasado. ¿Cuál?
4. cuándo caminó por un centro comercial.
5. qué compró en una boutique el mes pasado.
6. si celebró una fiesta el fin de semana pasado. ¿Dónde?

D. Los centros comerciales. You are writing an article for a newspaper in Lima, Peru about American shopping malls. Interview at least five classmates to find out what types of activities they did in the mall the last time they went. Explain your findings to the class. You can see some of the following suggestions in your interview and then add other activities of your own: **tomar refrescos / comprar ropa, comida, libros / hablar con amigos / mirar a la gente / descansar /¿ ?**

DISCUSSING LOOKING FOR AND PURCHASING ITEMS

Preterite of *-ar* Verbs with Spelling Changes

Certain Spanish **-ar** verbs have spelling changes in the first-person singular of the preterite.

PRETERITE: -ar VERBS WITH SPELLING CHANGES

Verbs ending in -CAR **BUSCAR** = *to look for*	*Verbs ending in* -GAR **PAGAR** = *to pay for*	*Verbs ending in* -ZAR **EMPEZAR** = *to begin*
busqué	**pagué**	**empecé**
buscaste	pagaste	empezaste
buscó	pagó	empezó
buscamos	pagamos	empezamos
buscasteis	pagasteis	empezasteis
buscaron	pagaron	empezaron

a. Verbs whose infinitives end in **-car** change the **c** to **qu** in the first-person singular: **buscar** > **busqué**. Some verbs of this type are **buscar, practicar, tocar**.

b. Verbs whose infinitives end in **-gar** change the **g** to **gu** in the first-person singular: **pagar** > **pagué**. Some verbs of this type are **llegar** and **pagar**.

c. Verbs whose infinitives end in **-zar** change the **z** to **c** in the first-person singular: **almorzar** > **almorcé**. Some verbs of this type are **almorzar, comenzar** (*to begin*), and **empezar**.

EN CONTEXTO

Madre ¿Qué compraste?
  Hija Pues, **busqué** un nuevo vestido y compré uno muy bonito.
Madre ¿Pagaste mucho?
  Hija Bastante—**pagué** cien dólares.

PRÁCTICA Y CONVERSACIÓN

A. ¿Qué buscaron estas personas en los almacenes ayer? Conteste según el modelo.

MODELO Roberto / cámara
     Roberto buscó una cámara.

1. Mónica / un vestido
2. Uds. / un regalo de Navidad
3. yo / ropa
4. Alberto / un nuevo reloj
5. tú / un escritorio
6. Paula y yo / discos de música rock
7. Ud. / perfume
8. los Sánchez / platos

B. Un robo. A detective is interviewing suspects for a robbery that took place yesterday at 5:00 in the department store where you work. Explain when you did various activities so that you can establish an alibi.

MODELO   llegar al almacén / 9:30
            Compañero(-a):   **¿Cuándo llegó Ud. al almacén?**
                   Usted: **Llegué al almacén a las nueve y media.**

1. llegar a la caja / 9:45   4. buscar comida / 5:00
2. empezar a trabajar / 10:00   5. pagar la comida / 5:30
3. almorzar / 1:00   6. tocar el piano / 8:30

SEGUNDO ENCUENTRO

PRESENTACIÓN   ¡Gran oferta!°   sale

Nieves	¿**Viste el anuncio** de los Almacenes Rodríguez? ¡Están **de oferta**!	Did you see / the advertisement / on sale
Inmaculada	No, no lo **vi**. No **salí** de casa en todo el día.	I didn't see it / I didn't leave
Nieves	Pues, yo **acabo de venir** de allí. Es una locura.° Tienen precios más bajos que en «Casa Tía». Mira este **suéter** rojo. Es más **barato** que el suéter negro que compré el año pasado.	I have just come / It's crazy. / ✛ cheap

Inmaculada	¡Es muy **lindo**! ¿Cuánto te **costó**?	pretty / **costar** = to cost
Nieves	Mil quinientas pesetas.	
Inmaculada	¡Qué bien! Yo necesito una **falda**, unas **blusas** y también **jeans**, ¿tienen?	skirt / blouses +
Nieves	Sí, vi blusas de muchos colores.	
Inmaculada	¿Qué más compraste?	
Nieves	Mira cstos **pantaloncs** para mi padre. El único° problema es que no se pueden **devolver** ni **cambiar**. Pero con esta **corbata** y una **camisa** para mi hermano, **sólo gasté** 4.500 pesetas en total.	pants, slacks / only to return / to exchange / tie / shirt / only / **gastar** = to spend
Inmaculada	¡Es una **ganga**! Mi novio nunca **lleva traje** pero ahora con su nuevo trabajo necesita uno. Espero que quiera° ir para probarse° uno.	bargain / **llevar** = to wear / suit / I hope he wants / to try on
Nieves	**¡Buena suerte!**	Good luck!

Comentarios lingüísticos y culturales

a. **Acabar de** + *infinitive* means *to have just (done something)*. Note that the present tense Spanish verb translates as an equivalent of a past tense in English.

Acabo de venir del mercado.   *I have just come from the market.*

b. **Costar** = *to cost* is a stem-changing verb **o → ue** in the present tense.

—¿Cuánto **cuesta** este suéter?   *How much does this sweater cost?*
—Dos mil pesetas. Y esos pantalones   *Two thousand pesetas. And those pants*
sólo **cuestan** 3.500 pesetas.   *cost only 3.500 pesetas.*

PRÁCTICA Y CONVERSACIÓN

A. ¿Comprende Ud.? Conteste las preguntas según la **Presentación**.

1. ¿Qué almacenes tienen ofertas?
2. ¿Tienen precios altos o bajos?
3. ¿Cuánto le costó el suéter a Nieves?
4. ¿Qué necesita Inmaculada?
5. ¿Qué compró Nieves para su padre? ¿Y para su hermano?
6. ¿Cuánto gastó Nieves en total?
7. ¿Por qué necesita un traje el novio de Inmaculada?

B. ¿Caro o barato? A friend just purchased the following items. Tell your friend if you think that the item is expensive, inexpensive, or a bargain.

MODELO   un suéter / $20

Compañero(-a):   **Acabo de pagar $20 por este suéter.**

Usted: **¡Es una ganga! (¡Qué caro! ¡Qué barato!)**

1. un par de botas / $200
2. una falda / $30
3. un traje / $50
4. 3 pares de medias / $5
5. una camisa / $14
6. una corbata / $25
7. dos jeans / $15
8. un par de zapatos / $120

C. «La Zapatería Luis». You and your friend are window shopping and see the display of «**Zapatería Luis**». Work in pairs making comments on the items that you see in the window. The other person may agree or disagree with you.

MODELO   Usted: **Los zapatos de tacón bajo son lindos.**

Compañero(-a):   **Sí, parecen** (*they seem*) **cómodos**.

ASÍ SE HABLA

COMPLAINING

Whenever you are dissatisfied with a service or a product, you can complain, expecting that the situation will be corrected. Notice how to do it. First, you can state in a simple sentence what is wrong. Then, you can explain to the agency or persons involved what you would like them to do.

Cliente

Esta blusa está sucia.	*This blouse is dirty.*
Quisiera cambiarla por otra.	*I'd like to exchange it for another.*
Estos pantalones son cortos.	*These pants are short.*
Quisiera devolverlos.	*I'd like to return them.*
Este suéter está roto.	*This sweater is torn.*
Quisiera otro, por favor.	*I'd like another one, please.*
Esta camisa es muy pequeña.	*This shirt is very small.*
Quisiera devolverla y que me devuelvan el dinero.	*I'd like to return it and get my money back.*

Be sure to talk to the person who has the authority to do what you expect. If this person is not able to help you, these are some of the answers you may hear.

Vendedor(-a)

Lo siento pero no puedo hacer nada.	*I'm sorry but I can't do anything.*
Lo siento pero no puede ser.	*I'm sorry but it can't be.*
Perdone, pero no es posible.	*I'm sorry, but it's not possible.*
No podemos devolverle el dinero sin recibo.	*We can't give you a refund without a receipt.*

If the person can't help you, ask to speak to the manager.

Cliente

Quisiera hablar con el encargado (el dueño).	*I'd like to talk to the person in charge (the owner).*
¿Podría hablar con el gerente?	*Could I speak to the manager?*

PRÁCTICA Y CONVERSACIÓN

El (la) dependiente y un(-a) cliente. Working in pairs develop short dialogues between a salesperson or store manager and a customer. 1. State the problem. 2. Tell what you expect to be done. 3. Be polite. 4. Talk to the right person. USEFUL VOCABULARY: **sucio** / **roto** / **descosido** (*unsewn*) / **corto** / **largo** / **grande** / **pequeño**.

SONIDOS • *More on Accentuation and Accent Marks*

You have learned that in Spanish accent marks and stress can distinguish one word from another: **está** = *is*; **esta** = *this*. These accent marks and stress distinctions are especially important in verbs, for they often determine tense and person. For example: **compro** = *I buy* (present indicative) / **compró** = *he bought* (preterite); **gaste** = *spend* (**Ud.** command) / **gasté** = *I spent* (preterite).

PRÁCTICA

Escuche y repita después de su profesor(-a).

First-person singular present indicative / third-person singular preterite

compro / compró	trabajo / trabajó	llevo / llevó
gasto / gastó	miro / miró	pago / pagó

> Siempre **compro** la ropa en los Almacenes Rodríguez.
> Ayer mi madre **compró** mucha ropa allá.

Ud. command / first-person singular preterite

hable / hablé	pague / pagué	compre / compré
llegue / llegué	descanse / descansé	espere / esperé

> El dependiente dijo (*said*) «**Espere** un momento». Y **esperé** una hora.

ESTRUCTURAS

DISCUSSING EVERYDAY PAST ACTIVITIES

Preterite of Regular *-er* and *-ir* Verbs

By learning the formation of regular **-er** and **-ir** verbs in the preterite, you will be able to discuss many common everyday events and activities.

PRETERITE OF REGULAR -er *AND* -ir *VERBS*

	Verbs ending in **-er** *like* **VENDER**	*Verbs ending in* **-ir** *like* **ABRIR**
	vend**í**	abr**í**
	vend**iste**	abr**iste**
	vend**ió**	abr**ió**
	vend**imos**	abr**imos**
	vend**isteis**	abr**isteis**
	vend**ieron**	abr**ieron**

a. To form the preterite of regular **-er** and **-ir** verbs, obtain the stem by dropping the **-er** or **-ir** ending from the infinitive: **vender** > **vend-**; **abrir** > **abr-**. To the stem add the endings that correspond to the subject: **-í, -iste, -ió, -imos, -isteis, -ieron**.
b. The first- and third-person singular forms have a written accent mark.
c. The first-person plural endings for **-ir** verbs are the same in the present and preterite. Context will determine meaning. However, **-er** verbs have different forms for the first-person plural in the present and preterite.

d. The **-er** verbs which are stem-changing in the present conjugate in a regular manner in the preterite. Compare the following examples:

Vuelve al mercado cada día.   *He returns to the market every day.*
Volvió al mercado ayer.   *He returned to the market yesterday.*

EN CONTEXTO

Nieves   ¿**Viste** el anuncio de los Almacenes Rodríguez? ¡Están de oferta!
Inmaculada   No, no lo **vi**. No **salí** de casa en todo el día.

PRÁCTICA Y CONVERSACIÓN

A. **¿Qué devolvieron?** The following people bought many items during the sale at Almacenes Rodríguez but later returned them. Explain what the following people took back to the store.

MODELO   Carmen / un vestido rojo
Carmen devolvió un vestido rojo.

1. Uds. / una corbata gris
2. yo / una bolsa negra
3. Carlos y Julio / unos jeans
4. Felipe y yo / unos calcetines
5. Marianela / unos pantalones azules
6. tú / un par de botas

B. **La boutique de Yolanda Ortega.** Yolanda Ortega is the owner of a small boutique. Explain what she does every day and what she did yesterday to keep the boutique running smoothly.

MODELO   salir de casa temprano
Todos los días sale de casa temprano.
Ayer salió temprano también.

1. cscribir anuncios
2. escoger nueva ropa
3. vender muchos regalos
4. aprender los nuevos precios
5. ver a muchos clientes
6. volver tarde a casa

 C. **¿Qué hizo Ud. ayer?** Pretend that you are Yolanda Ortega. Using the phrases from **Práctica B**, answer your classmate's questions.

MODELO   salir de casa temprano
Compañero(-a):   **¿Saliste de casa temprano ayer?**
Usted: **Sí, salí temprano.**

D. Entrevista. Hágale preguntas a un(-a) compañero(-a) de clase y su compañero(-a) debe contestar.

Pregúntele...

1. a qué hora volvió a casa anoche.
2. a qué hora salió de casa esta mañana.
3. lo que comió y bebió anoche.
4. si vio a su familia ayer por la noche.
5. lo que escribió anoche para la clase de español.
6. si perdió algo la semana pasada.
7. ¿?

MAKING COMPARISONS
Comparisons of Inequality

In normal conversation we frequently make comparisons of people or things that are not equal in certain qualities such as size, age, or appearance.

a. When comparing the qualities of two unequal persons or things, the following structure is used:

---

más **menos**	+	adjective adverb noun	+	**que**

Adjective:

La boutique en el centro comercial es **más elegante que** la boutique cerca de nuestra casa.

The boutique in the mall is more elegant than the boutique near our house.

Adverb:

Ana hace las compras **más rápidamente que** Gloria.

Ana does the shopping more rapidly than Gloria.

Noun:

Generalmente una ciudad tiene **más tiendas que** un pueblo.

Generally a city has more stores than a town.

b. There are a few adjectives with irregular comparative forms.

IRREGULAR COMPARATIVE FORMS

Adjective		Comparative Form	
bueno	*good*	mejor(-es)	*better*
malo	*bad*	peor(-es)	*worse*
joven	*young*	menor(-es)	*younger*
viejo	*old*	mayor(-es)	*older*

Mis hermanos son **mayores que** yo.

La Zapatería Moda es **mejor que** la
Zapatería Novedades.

My brothers are older than I.

*Moda Shoe Store is better than Novedades
Shoe Store.*

c. A few adverbs also have irregular comparative forms.

IRREGULAR COMPARATIVE FORMS

Adverb		Comparative Form	
bien	*well*	mejor	*better*
mal	*bad, sick*	peor	*worse*
mucho	*a lot*	más	*more*
poco	*a little*	menos	*less*

EN CONTEXTO

Nieves Acabo de venir de los Almacenes Rodríguez. Tienen precios **más bajos que** en Casa Tía. Mira este suéter rojo. Es **más barato que** el suéter negro que compré el año pasado.

PRÁCTICA Y CONVERSACIÓN

A. En su opinión, ¿cuál es mejor? Conteste con una oración completa.

> **MODELO** un mercado / un supermercado
> **En mi opinión, un mercado es mejor que un supermercado.**

1. los almacenes / una boutique
2. los pantalones / los jeans
3. los zapatos de tacón bajo / los zapatos de tacón alto
4. un pueblo / una ciudad
5. la música clásica / la música rock
6. un coche pequeño / un coche grande

B. Entrevista. Hágale preguntas a un(-a) compañero(-a) de clase y su compañero(-a) debe contestar.

Pregúntele...

1. si tiene más ropa que su mejor amigo(-a).
2. si es más alto(-a) que su padre. ¿y su madre?
3. si la comida en su casa es mejor que la comida de la universidad.
4. si trabaja más que sus amigos.
5. si habla español más rápidamente que su profesor(-a).
6. si come y bebe más que sus compañeros.

C. Comparaciones. Compare yourself to a brother, sister, friend, or roommate on at least six different points.

PUENTE CULTURAL

La casa de artículos regionales

La casa de artículos regionales es una tienda donde los turistas pueden comprar artículos típicos que representan las costumbres° del país. Según° la región se puede encontrar° objetos tales como mates y bombillas° de plata°, artículos de cuero° hechos a mano°, ponchos, sarapes, y colchas° de colores vivos°, o cerámica pintada° a mano. También venden caramelos°, dulces, conservas°, y licores hechos en la localidad. Esta industria doméstica es una fuente de ingreso° importante para las personas que viven en lugares remotos donde florecen las artes manuales° tradicionales. Estas artes son el orgullo° y la identidad de una región. Todos los sectores de la sociedad aprecian esta expresión popular de tradición y cultura.

customs /Depending on / to find utensils for drinking **mate**, a tea used in Argentina, Paraguay, and Uruguay / silver / leather / handmade / blankets / bright / painted / sweets / preserves / source of income / handicrafts / pride

COMPRENSIÓN CULTURAL

A. Complete las siguientes oraciones con la frase apropiada.

1. La casa de artículos regionales es para los

   a. indios
   b. profesores
   c. turistas

2. Allí venden bombillas de

   a. oro
   b. plata
   c. cuero

3. Allí no venden

   a. coches
   b. ponchos
   c. dulces

4. Las conservas y los licores están hechos en

   a. el Japón
   b. la región
   c. la universidad

5. Los artículos que venden son

   a. tradicionales
   b. baratos
   c. feos

6. Esta industria es importante para

   a. los dependientes
   b. los animales
   c. las personas rurales

B. Discusión. ¿Existen tiendas similares en los EE.UU.? ¿Dónde? ¿Qué venden?

TERCER ENCUENTRO

PRESENTACIÓN   En la tienda de regalos ⁻   gift shop

Dependiente	**¿En qué puedo servirles,** señores?	May I help you?
Alberto	Buscamos un regalo para una **muchacha** de 16 años.	girl
Dependiente	Puede ser ropa, **joyas**, flores de **seda**… ¿**Desean** algo en particular?	jewelry / silk / Do you want

Rosalía	No sé. El año pasado le **dimos** un suéter de **lana** y **fue** un regalo **hermoso**.	gave / wool / it was / beautiful
Dependiente	Bueno, **las camisetas** siempre **están de moda** y acabamos de recibir unas de **algodón**. ¿Qué **talla** necesitan?	tee-shirts / in style / cotton / size
Alberto	Creo que ella usa talla 38.	
Dependiente	Lo siento, pero no nos queda° en ese número.	we don't have any left
Alberto	¿Podemos ver **el cinturón** de **cuero** que está en **el escaparate**?	belt / leather / display window
Dependiente	Sí, cómo no.	
Rosalía	¡Qué **lindo**! ¿Cuánto cuesta?	nice
Dependiente	Mil ochocientas pesetas.	
Alberto	Es un poco caro, pero creo que le va a gustar.	
Rosalía	Lo compramos. ¿Puede **envolver**lo para regalo?	to wrap
Dependiente	Sí.	
Alberto	¿A qué hora **se cierra** la tienda?	close
Dependiente	En una hora.	
Rosalía	Lo pagamos ahora y venimos a buscarlo luego.	
Dependiente	Muy bien. Hasta luego.	

Comentarios lingüísticos y culturales

a. Clothing and shoe sizes in Europe and Latin America are based on a different system than those in the U.S. Most stores that cater to tourists have conversion charts available to assist U.S. customers in purchasing the correct sizes.

b. The word **lindo** can mean *pretty*, *nice*, or *first-rate*; the context will determine the meaning. **¡Qué lindo coche!** = *What a nice car!*

c. To explain what items are made of, the phrase **de** + *noun indicating material* is used.

Tenemos unas camisetas **de algodón**   *We have some cotton tee-shirts and those*
y esos suéteres **de lana**.   *wool sweaters.*

PRÁCTICA Y CONVERSACIÓN

A. ¿Comprende Ud.? Conteste según la **Presentación**.

1. ¿Qué buscan Alberto y Rosalía en esta tienda?
2. ¿Qué recibió de regalo esa chica el año pasado?
3. ¿Tienen la talla 38 en una camiseta?
4. ¿Qué quiere ver Alberto?
5. ¿Dónde está el cinturón?
6. ¿Cuánto cuesta el cinturón? ¿Lo compran?
7. ¿Cuándo se cierra la tienda?

B. Use su imaginación. ¿Qué recibieron estas personas como regalos de cumpleaños?

Madonna / el presidente de los EE.UU. / Bill Cosby / su profesor(-a) de español / la Princesa Diana / Mickey Mouse / Julio Iglesias / Bart Simpson

C. De compras. During the Spring Fair at the university there are stalls where you can buy many things. Work in pairs and decide what you will buy. You can only spend $30, but your friend can spend $100. What do you buy?

1. flores de seda / entre $5 y $10
2. joyas de oro (*gold*) / entre $30 y $50
3. vestidos de algodón / entre $15 y $50
4. cinturones de cuero / entre $10 y $50
5. aretes (*earrings*) de plástico / entre $3 y $12
6. suéteres de lana / entre $60 y $120
7. camisetas de algodón / entre $15 y $70

D. Los regalos. You have to buy presents for several people. What will you buy them? Why?

MODELO   su primo
Voy a comprar una camisa azul para mi primo porque le gusta el color azul.

1. su mejor amigo(-a)
2. una niña de 12 años a quien le gusta el color verde
3. su profesor(-a) de español
4. una mujer de 60 años que es muy activa
5. su sobrino de 4 años que siempre tiene la ropa sucia
6. su novio(-a)
7. un tío soltero a quien le gusta llevar ropa moderna
8. una muchacha que tiene de todo

ASÍ SE HABLA

SHOPPING

Here are some phrases that you will hear or use when you shop.

Dependiente

¿En qué puedo servirle(-s)?	*May I help you?*
¿Qué busca?	*What are you looking for?*
¿Qué necesita?	*What do you need?*
¿Qué talla / número necesita?	*What size do you need?*
No nos queda(-n) más.	*We don't have any left.*
Aquí lo (la, las, los) tiene Ud.	*Here you are.*

Cliente

Busco _____.	*I'm looking for _____.*
Quisiera ver _____.	*I'd like to see _____.*
¿Cuánto cuesta(-n)?	*How much does it (do they) cost?*
¿Cuánto vale(-n)?	*How much does it (do they) cost?*
Quisiera algo más barato.	*I'd like something cheaper.*
¿Podría probármelo?	*Could I try it on?*
Me lo (la) llevo.	*I'll take it.*
Lo compro.	*I'll buy it.*
¿Puede Ud. envolvérmelo, por favor?	*Can you wrap it for me, please?*

PRÁCTICA Y CONVERSACIÓN

A. Situaciones. ¿Qué dice o pregunta en estas situaciones?

1. Ud. es el (la) dependiente y un señor acaba de entrar en su tienda.
2. Ud. es el (la) dependiente y necesita saber la talla del (de la) cliente.
3. Ud. es el (la) cliente y desea saber el precio de algo.
4. Ud. es el (la) cliente y quiere comprar algo que cueste menos.
5. Ud. es el (la) dependiente y le da el artículo al (a la) cliente.
6. Ud. es el (la) cliente y quiere que le muestren algo en el escaparate.
7. Ud. es el (la) cliente y decide comprar un traje.
8. Ud. es el (la) dependiente y no tiene la camisa que el (la) cliente le pide porque ya las vendió todas.

B. En la tienda. In groups of three play the roles of a shop assistant and two shoppers. Tell the shop assistant that you are looking for a gift, but you are not sure what you want. The shop assistant should suggest possibilities. Consult with your friend. Your friend gives his/her opinion. Choose something. Pay for it. Leave the store.

A ESCUCHAR

Estela is shopping. Listen to the dialogue she has with the clerk. Then read and correct the following statements according to the dialogue.

1. Estela busca una falda negra.
2. Estela necesita un vestido para la boda de su prima.
3. La dependiente tiene un vestido de algodón negro para vender.
4. A Estela le gustan los vestidos de lana.
5. Estela se prueba un vestido de lana francés.
6. El vestido de seda es verde.
7. El vestido negro es talla 38.
8. El vestido es barato.

ESTRUCTURAS

GIVING INFORMATION

Se in Impersonal and Passive Constructions

In English when we want to stress an action and not the person doing the action, we use an impersonal subject such as *one*, *they*, *you*, or *people*. These subjects refer to people in general instead of to a specific person.

People say it's the best store in town.
You can find nice clothes in that store.

However, Spanish uses a completely different construction to express these ideas.

a. In Spanish, **se** + *a third-person singular verb* is used as the equivalent of these impersonal subjects + *verb*.

Se dice que es una tienda muy elegante.	*They (people) say it's a very elegant store.*
Se paga en la caja.	*You (one) pay(s) at the counter.*

b. This impersonal **se** can also be used to express an action in the passive voice when no agent is expressed. In such cases the following format is used:

> **Se** + 3rd-person singular + singular subject
> **Se** + 3rd-person plural + plural subject

Se abre el supermercado a las ocho.	*The supermarket is opened (opens) at 8:00.*
Se abren las tiendas a las diez.	*The stores are opened (open) at 10:00.*

c. The **se** passive is a very common construction and is often seen in shop windows or signs giving information or warning. The **se** passive can be translated in a variety of ways.

Se arreglan relojes.	*Watches repaired.*
Se habla español.	*Spanish (is) spoken.*
Se necesita dependiente.	*Salesperson needed.*
Se ruega no tocar.	*Please don't touch.*
Se prohíbe fumar.	*No smoking.*
Se alquila(-n).	*For rent.*
Se vende(-n).	*For sale.*

EN CONTEXTO

Alberto ¿Cuándo **se cierra** la tienda?
Dependiente En una hora.
Alberto ¿Y a qué hora **se abre** mañana?
Dependiente A las diez.

PRÁCTICA Y CONVERSACIÓN

A. Unos letreros (*signs*). De la columna B escoja el lugar (*place*) donde se encuentran los letreros de la columna A.

A	B
1. SE NECESITAN SECRETARIAS	a. en un hospital
2. SE ALQUILAN	b. en una tienda de cerámicas
3. SE PROHIBE FUMAR	c. en un coche
4. SE HABLA ESPAÑOL	d. en un edificio de apartamentos
5. SE RUEGA NO TOCAR	e. en un restaurante en Miami, Florida
6. SE VENDE	f. en una oficina

B. ¿Dónde se venden libros? You are new to the university and ask your roommate where to buy things in the area.

MODELO   comida
        Usted: **¿Dónde se vende comida cerca de la universidad?**
Compañero(-a): **Se vende comida en el Supermercado Apex.**

ropa / zapatos de tenis / jeans / discos / hamburguesas / cerveza / tarjetas / regalos / gasolina / ¿?

C. Entrevista. Hágale preguntas sobre las cosas siguientes a un(-a) compañero(-a) de clase y su compañero(-a) debe contestar.

Pregúntele…

1. a qué hora se abre la biblioteca.
2. a qué hora se cierran las oficinas de la universidad.
3. si se come bien en su casa. ¿y en la universidad?
4. dónde se puede escuchar música y bailar en su pueblo/ciudad.
5. dónde se vive muy bien.

D. La Oficina de Servicios Estudiantiles. You work in the Student Services Office of your university and it is your job to help new students adjust to campus life. Explain to the Hispanic students where they can obtain at least eight items or services. Use the following suggestions as a guide and add others of your own. Using the **se** construction, tell them where they can eat well near the university / where books are sold / where students meet / ¿?

TALKING ABOUT WHERE YOU WENT AND WHAT YOU DID

Preterite of *dar*, *ir*, *ser*, and *hacer*

The verbs **dar**, **ir**, **ser**, and **hacer** are among the common irregular verbs in the preterite tense whose forms you will need to learn individually.

PRETERITE: SOME IRREGULAR VERBS

	DAR	IR	SER	HACER
	di	fui	fui	hice
	diste	fuiste	fuiste	hiciste
	dio	fue	fue	hizo
	dimos	fuimos	fuimos	hicimos
	disteis	fuisteis	fuisteis	hicisteis
	dieron	fueron	fueron	hicieron

a. Note that no written accent marks are used on the first- and third-person singular forms.
b. **Dar** is conjugated as if it were a regular **-er** verb.
c. Since the forms of **ir** and **ser** are alike in the preterite, the context will determine meaning.

IR:

Fue a la tienda de regalos.   *He went to the gift shop.*

SER:

Fue muy lindo.   *It was very nice.*

d. Note that the third-person singular form of **hacer** is spelled **hizo**.

EN CONTEXTO

—¿Qué van a comprar para el cumpleaños de Elena?
—No sé todavía.
—¿Qué **hicieron** el año pasado?
—Pues, le **dimos** un suéter de lana y **fue** un regalo muy hermoso.

PRÁCTICA Y CONVERSACIÓN

A. ¿Adónde fueron estas personas para hacer compras? Conteste según el modelo.

> MODELO   la Sra. Mendoza / mercado.
> **La Sra. Mendoza fue al mercado.**

1. tú / tienda de regalos
2. Patricia / mercado
3. nosotras / zapatería
4. Ud. / tienda

5. yo / supermercado
6. los Ortega / centro comercial
7. el doctor Vargas / librería
8. Uds. / boutique

B. Entrevista. Hágale preguntas a un(-a) compañero(-a) de clase y su compañero(-a) debe contestar.

Pregúntele...

1. si fue de compras ayer. ¿anteayer?
2. lo que hizo ayer. ¿y anoche?
3. cuándo fue al cine. ¿Qué vio? ¿Cómo fue la película?
4. a quiénes les dio regalos de Navidad. ¿Qué les dio?
5. adónde fue el fin de semana pasado. ¿Qué hizo?
6. lo que hizo ayer en sus clases.

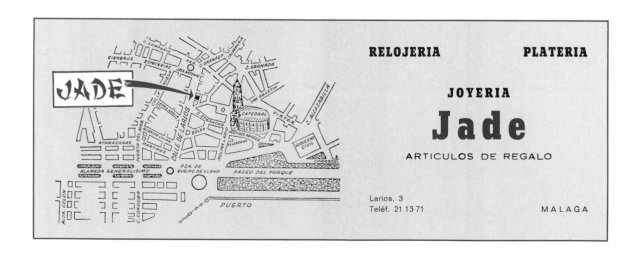

RELOJERIA   PLATERIA

JOYERIA

Jade

ARTICULOS DE REGALO

Larios, 3
Teléf. 21 13 71   MALAGA

PUENTE CULTURAL

Los vendedores ambulantes

Casi° a cualquier° hora del día y en casi todas las ciudades de
España e Hispanoamérica es posible comprar una gran varie-
dad de cosas sin entrar en una tienda o mercado. ¿Cómo? Es
muy simple—se puede comprar de los vendedores ambu-
lantes°. Algunos de ellos venden la comida o bebida típica de
la región, otros venden ropa o accesorios y hay también los
que venden recuerdos° para turistas o artículos de limpieza°
para la casa. Esta forma tan conveniente de comprar lo que se
necesita es tradicional en la vida hispana.

almost / any

street vendors

souvenirs /
cleaning

COMPRENSIÓN CULTURAL

Conteste en español.

1. Además de (*besides*) las tiendas, ¿de quiénes compran los hispanos muchos artículos?
2. ¿Qué venden los vendedores ambulantes?
3. ¿Por qué son populares los vendedores ambulantes?
4. ¿Qué vende el vendedor ambulante en la foto?
5. ¿Hay vendedores ambulantes en nuestra cultura? ¿Dónde? ¿Qué venden?

CUARTO ENCUENTRO

PARA LEER BIEN • *The Suffix* -ería = *Shop, Store*

In many countries in the world the small store is more common than the big department store or supermarket. These small shops have a name that is related to the products they sell. In Spanish the ending **-ería** meaning *shop* or *store* is added to the original word denoting the product: **verdura** = *vegetables, greens*; **verdulería** = *vegetable store, green grocer*.

PRÁCTICA

Adivinanza. (*Riddle.*) What is sold in these stores?

panadería / carnicería / lechería / relojería / florería / heladería / joyería / perfumería / pastelería

LECTURA   La compra como actividad social

El año pasado viajé por el Perú y Bolivia. De las cosas que más me sorprendieron°, una fue el ritual de la compra en estos países. Cada mañana muchas amas de casa salen con su canasta° para comprar la comida necesaria para ese día. Todos los días van a la panadería, a la carnicería, a la verdulería y a la lechería para comprar pan, carne, verduras y leche.

    Encontré que a muchas mujeres les encanta ir de compras, pues para ellas es una actividad social. La compra de todos los días es el medio° que tienen las amas de casa de encontrarse con otras personas. Mientras° hacen cola, se interesan por las noticias° de sus vecinas y conversan sobre algún tema de actualidad° o se quejan° de los precios altos.

    En los pueblos rurales el ritual es mayor, pues los dependientes conocen a sus clientes personalmente. Por lo tanto la compra es como una visita a un conocido°. En los pueblos muchas tiendas no tienen carteles° ni tampoco muestran la mercadería° en los escaparates, pero todos en el pueblo saben dónde pueden comprar lo que necesitan.

surprised

basket

means
while
news
current topic /
   complain

acquaintance / signs
goods

Uno de los mejores descubrimientos° de mi viaje fueron los mercados   discoveries
al aire libre. Una vez a la semana, los vendedores llevan sus productos a
un lugar central. En algunos mercados sólo se puede comprar comida,
mientras que en otros se vende de todo, desde ropa hasta artículos muy
baratos para la casa, obras de arte o televisores. Los artículos en estos
mercados son muy baratos pues no hay precios fijos y se puede regatear.

Muchas de estas costumbres están cambiando°, sobre todo en las   changing
ciudades grandes donde hay almacenes y supermercados donde compran
las personas de las clases media y alta. Además la mujer que trabaja fuera
de su casa no tiene mucho tiempo para dedicarle° a la compra. Ella por   to devote
lo general es más práctica.

Fue una gran suerte para mí poder visitar estos países.

PRÁCTICA Y COMPRENSIÓN

A. ¿Comprende Ud.? Correct these sentences according to the information in the reading.

1. Las amas de casa hacen su compra cada quince días.
2. A muchas mujeres no les gusta ir de compras.
3. Nunca se quejan de los precios.
4. En los pueblos rurales el dependiente no conoce a los clientes.
5. Todos los días hay un mercado al aire libre.
6. En los mercados no se puede regatear.
7. No hay supermercados en las grandes ciudades.

B. De compras. Choose the words that best complete the sentence.

1. En la verdulería compramos   tomates / lechuga / ajo / aceite.
2. En la lechería compramos   queso / carne / crema / leche.
3. En la librería se venden   flores / lápices / libros / cuadernos.
4. En la relojería arreglan   joyas / relojes / anillos / sombreros.
5. En los mercados al aire libre se venden   televisores / ropa / niños / comida.
6. En la frutería venden   bananas / fruta / camisas / melones.

ACTIVIDADES

A. Regalos Guadalajara. A classmate is the owner of a gift store in Guadalajara, Mexico. You are a tourist and go into the store to purchase three gifts for friends and family. You ask to see various items and inquire about their price. Since there are no fixed prices in the store, bargain to get the best price possible. After making your purchases, explain to your classmates what you bought, for whom you bought it, and the price you paid. Make an additional comment about the quality of each purchase.

B. Una blusa nueva. You sell clothing in a department store. A classmate comes in and wants to buy a blouse as a gift for his or her mother. Your classmate is very indecisive and asks to see many styles of blouses before making a decision. Help your classmate make the purchase by asking questions and offering advice.

C. Los Almacenes Florida. You work in a large department store in Miami, Florida. It is your job to inform the Hispanic customers about sales, bargains, and newly arrived merchandise by making announcements on the public address system. Inform the Hispanic customers (played by your classmates) that new clothing for men and women has just arrived. Using the **se** construction, explain what articles are being sold, where they are found, when the store closes, and so on. Compare the quality and characteristics of the various items of clothing with those found in other stores.

D. ¿Qué compró Ud.? You work as a host/hostess for a local talk show. Yesterday your show gave $10,000 to a person to spend in a shopping mall. Today the person returns to the show to talk about how he/she spent the money. You have five minutes to interview him/her and find out what he/she bought, what he/she paid for the items, where he/she ate, and what he/she did all day in the mall.

PARA ESCRIBIR BIEN • *Letters of Complaint*

If you are dissatisfied with a product you purchased, it is often necessary to write a letter of complaint in order to resolve the problem. To complain effectively, first present a brief history of the problem, then state the problem, and finally explain what you would like the person or company to do. Many of the phrases you learned in **Así se habla** on p. 191 can also be used in a letter of complaint.

NOTE: Business letters have a different salutation and closing than personal letters.

Muy señor(-es) mío(-s):   *Dear Sir(-s):*
Atentamente,   *Sincerely yours,*

Historia del problema

El 16 de enero / El mes pasado / Ayer compré un traje en su tienda. En casa / Más tarde descubrí un problema.	*On January 16 / Last month / Yesterday I bought a suit in your store. At home / Later I discovered a problem.*

El problema

El traje me queda demasiado pequeño / grande / corto / largo.	*The suit is too small / big / short / long for me.*
Los pantalones están rotos / sucios / descosidos.	*The pants are torn / dirty / unsewn.*

El remedio

Quisiera cambiar el traje por otro.	*I would like to exchange the suit for another.*
Quisiera devolver el traje y que me devuelvan el dinero.	*I would like to return the suit and get my money back.*

COMPOSICIONES

A. La Boutique Última. Last week you bought a pair of jeans and a shirt at La Boutique Última. When you got home you discovered that the jeans are too short and the shirt is ripped. Write the company asking to get your money back.

B. La Compañía Express. Last week you ordered a blue suit in size 38 from Compañía Express, a mail-order firm. Yesterday you received a black suit, size 44 in the mail. Write the company asking them to exchange the suit for the one you ordered.

C. Una oferta. You work for a large department store in Los Angeles. Write a one-page advertising flier announcing a big sale on a variety of items. Describe which items are on sale, explain what the items cost, and tell how long the sale will last.

VOCABULARIO ACTIVO

La ropa — *Clothing, clothes*

la blusa	*blouse*
la bolsa	*purse*
la bota	*boot*
los calcetines	*socks*
la camisa	*shirt*
la camiseta	*tee-shirt*
el cinturón	*belt*
la corbata	*tie, necktie*
la falda	*skirt*
los jeans	*jeans*
las joyas	*jewelry*
las medias	*stockings, hose*
los pantalones	*pants, slacks*
el suéter	*sweater*
el traje	*suit*
el vestido	*dress*
el zapato	*shoe*

Las tiendas — *Stores*

los almacenes	*department store*
la boutique	*boutique, specialty shop*
el centro comercial	*shopping mall, shopping center*
el mercado	*market*
el supermercado	*supermarket*
la tienda de regalos	*gift store, shop*
la zapatería	*shoe store*

Otros sustantivos

el algodón	*cotton*
el anuncio	*advertisement*
el artículo	*article*
la boda	*wedding*
la caja	*cash register, cashier's desk*
el (la) cajero(-a)	*cashier*
el centro	*downtown, center*
la ciudad	*city*
la comida	*food*
el cuero	*leather*
el (la) dependiente	*salesperson, clerk*
el escaparate	*display window*
la ganga	*bargain*
la lana	*wool*
la moda	*fashion, style*
el (la) muchacho(-a)	*boy (girl)*
el número	*size (of shoes and gloves)*
la oferta	*sale*
el par	*pair*
el precio	*price*
el precio fijo	*fixed price*
el pueblo	*town*
el reloj	*watch*
la seda	*silk*
el tacón	*heel*
la talla	*size*
el (la) vendedor(-a)	*salesperson*

Verbos

abrir	*to open*
arreglar	*to fix, repair*
cambiar	*to change, exchange*
comenzar (ie)	*to begin*

costar (ue)	*to cost*	**peor**	*worse*
desear	*to want, desire, wish*	**roto**	*broken, torn*
devolver (ue)	*to return* (an object)	**sucio**	*dirty*
envolver (ue)	*to wrap*		
escoger	*to choose*	**Otras expresiones**	
fumar	*to smoke*	**acabar de + *inf.***	*to have just* (done
ganar	*to earn*		something)
gastar	*to spend*	**anoche**	*last night*
llevar	*to wear*	**anteayer**	*day before yesterday*
pagar	*to pay*	**ayer**	*yesterday*
regatear	*to bargain*	**¡Buena suerte!**	*Good luck!*
		de oferta	*on sale*
Adjetivos		**estar de moda**	*to be in style*
barato	*cheap, inexpensive*	**hacer cola**	*to stand in line*
caro	*expensive*	**hacer compras**	*to purchase, shop*
elegante	*elegant*	**ir de compras**	*to go shopping*
fresco	*fresh*	**se prohíbe + *inf.***	*it is prohibited*
hermoso	*beautiful*		*(+ inf.)*
lindo	*pretty, nice, first-rate*	**se ruega**	*please*
pasado	*last*	**sólo**	*only*

✳ *A recordar*

Review the following situations and tasks that have been presented and practiced in this chapter.

- List activities you did in the past.
- Compare people and things that are different.
- Make a routine purchase.
- Give information such as explaining where items are sold or when stores open and close.
- Complain effectively about a faulty product you purchased.
- Explain where you purchased various items in the Hispanic world.

CAPÍTULO 7
¿A qué restaurante vamos?

Cultural Theme:	Eating in Hispanic cafés and restaurants
Communicative Goals:	• Reading a menu
	• Ordering a meal
	• Expressing preferences about food
	• Discussing past activities

A pensar

- In our culture, do menu items vary according to region? How and why?
- What are some common expressions used to order food and drink?
- What are some common expressions used to comment about food?
- What type of words do we use when we do not want to repeat a direct object noun frequently during a conversation? *Are you going to order onion soup? No, I don't like it but Bill is going to have it.*
- To enumerate past activities, what verb forms are used in English? In Spanish?

PRIMER ENCUENTRO

PRESENTACIÓN   El Restaurante Valencia

Querida Ana:

Espero que estés mejor°. Ayer mis padres vinieron° a visitarme y fuimos al Restaurante Valencia. Es un lugar° muy lindo con auténtica comida y música española. La comida es muy buena y los músicos estuvieron° fantásticos. Tuvimos° que esperar un poco **antes de conseguir** una mesa pero ¡valió la pena!° Aquí te **mando el menú** y una **fotografía** así° tienes una mejor idea del lugar.

Hasta la próxima.   Abrazos,

I hope you are better / came / place

were / We had / before getting / It was worth it! / I am sending / + / so

Luisa

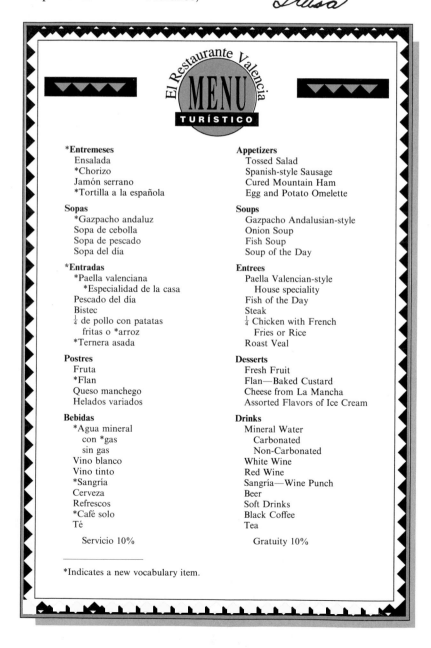

El Restaurante Valencia
MENU
TURÍSTICO

*Entremeses	Appetizers
Ensalada	Tossed Salad
*Chorizo	Spanish-style Sausage
Jamón serrano	Cured Mountain Ham
*Tortilla a la española	Egg and Potato Omelette

Sopas	Soups
*Gazpacho andaluz	Gazpacho Andalusian-style
Sopa de cebolla	Onion Soup
Sopa de pescado	Fish Soup
Sopa del día	Soup of the Day

*Entradas	Entrees
*Paella valenciana	Paella Valencian-style
*Especialidad de la casa	House speciality
Pescado del día	Fish of the Day
Bistec	Steak
$\frac{1}{4}$ de pollo con patatas fritas o *arroz	$\frac{1}{4}$ Chicken with French Fries or Rice
*Ternera asada	Roast Veal

Postres	Desserts
Fruta	Fresh Fruit
*Flan	Flan—Baked Custard
Queso manchego	Cheese from La Mancha
Helados variados	Assorted Flavors of Ice Cream

Bebidas	Drinks
*Agua mineral	Mineral Water
con *gas	Carbonated
sin gas	Non-Carbonated
Vino blanco	White Wine
Vino tinto	Red Wine
*Sangría	Sangría—Wine Punch
Cerveza	Beer
Refrescos	Soft Drinks
*Café solo	Black Coffee
Té	Tea
Servicio 10%	Gratuity 10%

*Indicates a new vocabulary item.

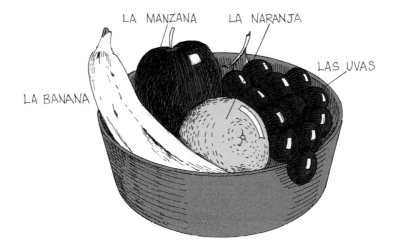

Comentarios lingüísticos y culturales

a. **La tortilla española** is an omelette made from eggs, potatoes, and generally onions. It is a staple in the Spanish diet and is often eaten as the main dish in a light meal or as a first course in a complete dinner.

b. **El chorizo** is the most common variety of Spanish sausage. It can be eaten alone or used in sandwiches, soups, and casseroles.

c. **El gazpacho andaluz** is a chilled soup composed primarily of tomatoes, cucumbers, green peppers, and onions. The ingredients are then blended until a thick liquid results. The soup is served chilled and makes a fine beginning to a meal on a hot day. The soup originated in Andalucía, the southern region of Spain where temperatures are frequently high: the word **andaluz** refers to the region.

d. **La paella** originated in Valencia, an eastern seaport of Spain. **La paella** is made of rice seasoned with saffron, with vegetables such as green beans and red pimentos, and a variety of fish, seafood, and/or a meat—chicken, pork, or even rabbit mixed in it.

e. Fresh fruit is a common dessert in all Hispanic countries as is **el flan**, a baked custard topped with caramel sauce.

f. **La sangría** is a wine punch made with a red wine to which fruit such as oranges and lemons have been added. It is served chilled.

PRÁCTICA Y CONVERSACIÓN

A. ¿Comprende Ud.? Conteste según la información en la **Presentación.**
1. ¿Quiénes vinieron a visitar a Luisa?
2. ¿Adónde fueron a comer?
3. ¿Qué comida sirven en el Restaurante Valencia?
4. ¿Cómo está Ana?
5. ¿Por qué tuvieron que esperar?
6. ¿Le gustó a Luisa el restaurante?

B. Los platos típicos. Ud. está en España y desea probar unos platos típicos.

¿Qué va a pedir Ud...

de entremés / de sopa / de entrada / de postre / de bebida?

C. El ayudante y el cocinero. You are the chef in a Spanish restaurant. Tell your assistant what ingredients to assemble so that you can prepare the following dishes or drinks.

una tortilla española / la sangría / una paella / una ensalada / el flan

 D. El Restaurante Valencia. Un(-a) compañero(-a) de clase y Ud. están en el Restaurante Valencia. Hágale preguntas sobre la comida y él o ella debe contestar.

Pregúntele...

1. qué va a pedir para beber con la entrada. ¿y después de la comida?
2. si va a probar la especialidad del restaurante.
3. qué va a pedir de entremés. ¿y de entrada?
4. si desea el agua mineral con o sin gas.
5. si desea tomar una sopa. ¿Cuál?
6. qué va a pedir de postre.

SONIDOS • *c, qu*

The letter **c** before a consonant (except **h**) or the vowels **a**, **o**, **u** and **qu** before **e** or **i** are represented by the sound [k]. The [k] sound is similar to the English [k] but without the puff of air that accompanies the [k] sound in *cat*.

PRÁCTICA

Escuche y repita después de su profesor(-a).

cliente   pes**c**ado   **c**omer   **c**uchara   **qu**eso   **qu**iero

Camarero   ¿Y **qu**é **qu**iere Ud., señora?
Cliente   El pes**c**ado **c**on papas fritas y después un **c**afé solo.

ESTRUCTURAS

AVOIDING REPETITION OF SOMETHING ALREADY MENTIONED

Direct Object Pronouns Referring to Things

In order to avoid the repetition of a direct object noun, you frequently replace the noun with a pronoun, as in the following exchange.

Noun:

"Do you know how to prepare *pastries*?"

Pronoun:

"Of course I know how to prepare *them*."

Spanish also uses direct object pronouns to avoid repeating the direct object noun.

En el restaurante		*In the restaurant*
¿Pescado?	Sí, **lo** preparamos aquí.	*Fish? Yes, we prepare it here.*
¿Sopa?	Sí, **la** preparamos aquí.	*Soup? Yes, we prepare it here.*
¿Pasteles?	Sí, **los** preparamos aquí.	*Pastries? Yes, we prepare them here.*
¿Legumbres?	Sí, **las** preparamos aquí.	*Vegetables? Yes, we prepare them here.*

a. In both affirmative and negative sentences the direct object pronoun is placed directly before a conjugated verb.

—¿Tienen Uds. pasteles franceses?	*Do you have French pastries?*
—Sí, **los** tenemos hoy.	*Yes, we have them today.*
—¿Y pan italiano?	*And Italian bread?*
—No, no **lo** tenemos.	*No, we don't have it.*

b. Direct object pronouns must agree in person, gender, and number with the nouns they replace.

¿Prepara Juana las legumbres?   *Is Juana preparing the vegetables?*

↓

fem. pl.

Sí, Juana **las** prepara.   *Yes, Juana is preparing them.*

c. Direct object pronouns may be attached to the end of infinitives.

Van a cocinar**la** mañana.
La van a cocinar mañana.   *They are going to cook it tomorrow.*

EN CONTEXTO

Madre Anita, ¿compraste el pollo para la cena?
Anita Sí, mamá. **Lo** compré esta mañana. Está en el refrigerador.
Madre ¡Qué bien! ¿Y preparaste las legumbres para la ensalada?
Anita Sí, por supuesto. Aquí **las** tienes.

PRÁCTICA Y CONVERSACIÓN

A. ¿Qué comes y bebes? Help your roommate prepare the weekly grocery list by telling him or her what you do or do not eat.

MODELO		bistec / café
	Compañero(-a):	**¿Comes (Bebes) bistec (café)?**
	Usted:	**Sí, (No, no) lo como (bebo).**

1. pasteles / arroz / uvas / ternera / huevos / pescado / legumbres
2. té / sangría / refrescos / agua mineral / café solo / cerveza

B. **Planes para una fiesta.** You and a friend are making plans for a party. Decide who is going to take care of the various preparations.

MODELO   comprar el helado
                    Usted: **¿Quien va a comprar el helado?**
          Compañero(-a):   **Yo voy a comprarlo. (Tú vas a comprarlo.)**

1. planear el menú   4. cocinar las hamburguesas
2. comprar las bebidas   5. traer discos
3. preparar el pastel   6. poner la mesa

C. **Entrevista.** Hágale preguntas a un(-a) compañero(-a) de clase y su compañero(-a) debe contestar usando un pronombre de complemento directo (*direct object pronoun*).

Pregúntele...

1. si siempre toma el desayuno. ¿y la cena?
2. si sabe preparar las hamburguesas. ¿y la paella?
3. quién compra la comida en su casa.
4. quién prepara la comida en su casa.
5. si desea probar el jamón serrano. ¿y la tortilla a la española?
6. si va a cocinar el jamón para el desayuno mañana.

D. **¿Qué come su compañero(-a)?** Your instructor will divide the class into pairs. Try to guess what your partner generally has for breakfast, lunch, and/or dinner.

MODELO   Usted: **¿Comes jamón para el desayuno?**
          Compañero(-a):   **Sí, (No, no) lo como.**

DISCUSSING SOME PAST ACTIVITIES

Irregular Preterites with -*i*- and -*u*- Stems

You have already learned to form regular and a few irregular verbs in the preterite. Here you will learn how to form other irregular preterite verbs so that you can discuss many more activities in the past.

IRREGULAR PRETERITES

u *Stem*		i *Stem*		*Endings*
estar	**estuv-**	querer	**quis-**	-e
poder	**pud-**	venir	**vin-**	-iste
poner	**pus-**			-o
saber	**sup-**			-imos
tener	**tuv-**			-isteis
				-ieron

a. Some irregular preterites can be grouped according to the formation of the stem. The above verbs are divided into those with the vowel **u** in the stem and those with the vowel **i** in the stem. The stem remains the same in all forms of the preterite.

b. The **u** and **i** stem preterites use a special set of endings. Note that the first- and third-person singular endings do not have written accent marks.

c. The irregular preterite of **hay (haber)** is **hubo**.

Hubo un accidente cerca del restaurante Valencia ayer pero no **hubo** heridos.	*There was an accident near Valencia Restaurant yesterday but there weren't any injuries.*

d. In the preterite, **saber** = *to find out*.

Supe que Carlos trabaja en el Restaurante Valencia.	*I found out that Carlos is working at the Valencia Restaurant.*

EN CONTEXTO

Luisa   Ayer mis padres **vinieron** a visitarme y fuimos al Restaurante Valencia.

PRÁCTICA Y CONVERSACIÓN

A. Una fiesta en el Restaurante Valencia. Conteste las preguntas usando los sujetos dados.

1. ¿Quiénes tuvieron una invitación para ir?
   Mi padre tuvo una.

   yo / Felipe y Antonio / mi novio / tú / nosotros

2. ¿Quiénes no pudieron ir?
   Rafael no pudo ir.

   Uds. / Vicente y yo / tú / Claudia / yo

3. ¿Quiénes quisieron salir temprano?
   Mi hermano quiso salir temprano.

   tú / Federico / nosotras / yo / todos mis amigos

B. Sus actividades. Complete las oraciones de una manera lógica.

1. Desde niño(-a) (*Since I was small*) quise _____.
2. Una vez tuve la oportunidad de _____.
3. Vine a la universidad _____.
4. No estuve en clase _____.
5. La semana pasada supe que _____.
6. Puse la televisión _____.

C. Una fiesta informal. Hágale preguntas a un(-a) compañero(-a) de clase acerca de (*about*) una fiesta informal. Su compañero(-a) debe contestar.

Pregúntele…

1. cuándo y dónde fue la fiesta.
2. cuándo supo algo de los planes.
3. si tuvo que preparar algo para la fiesta. ¿Qué?
4. por cuánto tiempo estuvo en la fiesta.
5. quiénes vinieron.
6. si pusieron la radio para bailar.
7. si pudo dormir después de la fiesta.

SEGUNDO ENCUENTRO

PRESENTACIÓN   En el Restaurante Xochimilco

Pablo y Mónica almuerzan en al Restaurante Xochimilco.

Mesero	Buenos días, señores. **¿Qué se van a servir?**	What would you like?
Pablo	No sabemos **todavía**. ¿Qué son las **enchiladas**?	yet / + /
Mesero	Son **tortillas** con queso y carne y **salsa** de tomate y **chile**.	+ / sauce / hot pepper
Mónica	Bueno, yo quisiera enchiladas de carne con **guacamole**, por favor.	avocado dip
Pablo	Y para mí, **tacos** de pollo con salsa **picante** y **frijoles**, por favor.	+ / hot, spicy / beans
Mesero	Muy bien. Gracias.	
Mesero	Aquí tienen Uds. la comida. **Buen provecho**.	Enjoy your meal.
Mónica	¿Dónde está el mesero? Necesito llamarlo.	
Pablo	Pero, ¿por qué?	
Mónica	Porque a mí me trajo° los tacos y a ti las enchiladas.	brought
Pablo	No hay problema. Cambiemos.°	Let's change.

(*Más tarde…*)

Pablo	Mesero.	
Mesero	Sí, señor.	
Pablo	¿Qué hay de postre?	
Mesero	Aquí está el menú.	
Pablo	Mm…., helado, flan, fruta y pasteles.	
Mesero	Ud., señora, ¿qué desea de postre?	
Mónica	Para mí, **nada**, gracias.	nothing
Mesero	¿Y Ud., señor?	
Pablo	Helado de **fresa** y café.	strawberry
Mesero	Lo siento, pero no hay más helado.	
Pablo	Entonces, tráigame **la cuenta**, por favor.	bill, check

Comentarios lingüísticos y culturales

a. The basis for Mexican cooking is **la tortilla**. A **tortilla** is made of corn meal and shaped like a pancake. There are many different dishes using a filled **tortilla** as the main ingredient; **tacos** and **enchiladas** are two such dishes. The **tortilla** can also be cut into pieces, fried until crisp and eaten with a variety of sauces or foods as an appetizer. In addition, the plain **tortilla** can be eaten as we eat bread, an accompaniment to a meal.

b. **Los frijoles** are pinto beans which have been cooked in water until tender; they are then cooked in a skillet and mashed. They are often called *refried beans* in English and are a traditional accompaniment to **tortilla** dishes.

c. Mexican dishes are flavored with a variety of spices; some dishes are subtly and mildly seasoned while others use very hot peppers. In general, however, **la salsa picante** is used sparingly and in most restaurants the hot sauce is served in a small bowl so that clients may eat as much or as little of this hot sauce as they desire.

d. Like Spanish cooking, Mexican cooking varies considerably from region to region and from household to household. Many Mexican families rarely eat what is considered "typical Mexican food."

PRÁCTICA Y CONVERSACIÓN

A. ¿Comprende Ud.? Conteste según la información en el diálogo.

1. ¿Qué va a comer Mónica?
2. ¿Qué son las enchiladas?
3. ¿Qué pide Pablo?
4. ¿Qué hay de postre en el menú?
5. ¿Qué pide Mónica de postre?
6. ¿Come postre Pablo? ¿Por qué?

B. ¿En México? ¿En España? ¿En los dos países? ¿En qué país va a pedir Ud. esta comida o bebida?

> MODELO   jamón serrano
> **Voy a pedir jamón serrano en España.**

la sangría	una enchilada	una paella
el guacamole	un taco	una ensalada
el flan	el gazpacho	el queso manchego

C. En México. Ud. está en México y quiere probar unos platos típicos. ¿Qué va a pedir hoy? ¿y mañana?

 D. Entrevista. Hágale preguntas a un(-a) compañero(-a) de clase y su compañero(-a) debe contestar.

Pregúntele…

1. si hay un restaurante mexicano cerca de su casa. ¿Cómo se llama?
2. si come mucho en restaurantes mexicanos.
3. si sabe preparar platos mexicanos. ¿Cuáles?
4. si prefiere la comida mexicana o la comida española.
5. si prefiere probar enchiladas de queso o de carne.
6. lo que pide en un restaurante mexicano.

ASÍ SE HABLA

ORDERING A MEAL

These are some expressions you need to know to order a meal in a restaurant:

Camarero / Mesero	_Waiter (Spain / Mexico)_
¿Una mesa para cuántos?	
¿Cuántos son?	_How many are in your party?_
¿Cuántas personas son?	

(Pasen) Por aquí, por favor.	*(Come) This way, please.*
¿Quieren ver el menú?	*Do you want to see the menu?*
¿Qué se va(-n) a servir?	*What will you have?*
¿Qué va(-n) a beber?	*What will you drink?*
¿Qué desea(-n) como primer plato / segundo plato / de postre?	*What would you like as a first course / second course / dessert?*
¿Desea repetir?	*Would you like a second helping?*
¿Algo más?	*Anything else?*
Lo siento pero no hay más.	*I'm sorry, but we've run out.*
Lo siento pero no queda más.	*I'm sorry, but we've run out.*
¡Buen provecho!	*Enjoy your meal!*

Cliente

Señor / Señorita. ⎫ Camarero(-a) / Mesero(-a). ⎭	*(Used to call the attention of the waiter / waitress.)*
¿Podría ver el menú, por favor?	*Could I see the menu, please?*
¿Tienen _____?	*Do you have _____?*
Yo quisiera _____.	*I would like _____.*
Yo quiero _____.	*I want _____.*
¿Todavía tienen carne asada?	*Do you still have grilled meat?*
No quiero nada más, gracias.	*I don't want anything else, thank you.*
Tráigame la cuenta, por favor.	*Bring me the bill, please.*
Me muero de hambre.	*I'm starving.*

PRÁCTICA Y CONVERSACIÓN

A. El cliente y el mesero. ¿Qué necesita decirle al mesero en estas situaciones?

1. Ud. no tiene tenedor.
2. Ud. quiere saber cuál es el postre.
3. Ud. necesita el menú.
4. Ud. necesita pagar.
5. El mesero le pregunta «¿Qué desea de postre?» y Ud. no desea postre.
6. Ud. quiere más pan.

B. En el Restaurante Xochimilco. You enter a restaurant in Mexico. Complete the following dialogue based on the menu for Restaurante Xochimilco on page 238.

Mesero	¿Una mesa para cuántos?
Usted	_____.
Mesero	Por aquí, por favor.
Usted	¿_____ el menú _____?
Mesero	Aquí tiene el menú. ¿_____?
Usted	Yo quisiera _____.
Mesero	Lo siento pero _____.

Usted	Entonces, _____.
Mesero	Muy bien. ¿Qué va a beber?
Usted	_____.
Mesero	Gracias.

C. En un café. You are in an outdoor café having a snack. With a classmate, play the roles of waiter/waitress and customer.

A ESCUCHAR

Jorge y Lucía van a comer en un restaurante. Escoja la respuesta que mejor complete la oración.

1. Jorge y Lucía van a comer _____.

   a. con un amigo
   b. solos
   c. con su familia

2. La especialidad de la casa es _____.

   a. enchiladas con salsa
   b. carne asada
   c. tacos

3. A Lucía no le gusta(-n) _____.

   a. las enchiladas
   b. el pollo
   c. la salsa picante

4. Sirven la carne asada con _____.

   a. flan
   b. arroz y frijoles
   c. vino tinto

5. Lucía y Jorge van a comer _____.

   a. tacos
   b. carne asada
   c. ensalada

6. Lucía va a comer flan porque _____.

   a. necesita energía
   b. es su plato favorito
   c. siempre come postre

7. Lucía y Jorge son _____.

   a. estudiantes
   b. turistas
   c. meseros

SONIDOS • l, ll, y

The single **l** sound in Spanish resembles the **l** sound in English. The **ll** is pronounced like the consonant **y** in most parts of the Spanish-speaking world. The **ll/y** sound is like the *y* in the English words *yes* or *yellow*.

PRÁCTICA

Escuche y repita después de su profesor(-a).

l   salsa   chile   enchilada   guacamole   frijoles
—Tráigame enchiladas de carne con guacamole y frijoles.
—¿Y de postre?
—El helado de chocolate, por favor.

ll / y   tortilla   pollo   paella   Guillermo   Yolanda
Guillermo va a pedir el pollo en mole con tortillas.
Yolanda y yo queremos la paella.

ESTRUCTURAS

DISCUSSING MORE PAST ACTIVITIES

Irregular Preterites with *j* and *y* stems

The last major group of irregular verbs in the preterite tense are those having **j** and **y** stems. After learning these verb forms, you can discuss a wide variety of activities in the past.

Irregular Preterites *j Stem*			*Irregular Preterites* *y Stem*		
			LEER	**CONSTRUIR**	**OÍR**
decir traer traducir	**dij-** **traj-** **traduj-**	-e -iste -o -imos -isteis -eron	leí leíste leyó leímos leísteis le**yeron**	construí construiste constru**yó** construimos construisteis constru**yeron**	oí oíste o**yó** oímos oísteis o**yeron**

a. Certain irregular preterites have a stem which ends in **j.** These include the irregular verbs **decir** and **traer** as well as verbs whose infinitives end in **-cir** such as **traducir** or **conducir.** The preterite stems of verbs ending in **-cir** are formed by dropping the **-ir** infinitive ending and changing the **c > j: traducir = traduj-**.
b. The **j** stem preterites use a special set of endings. Note that there are no written accent marks on the first- and third-person singular endings.

c. The **y** stem preterites change the **i** to **y** in the third-person singular and plural. Verbs of this type include **leer, creer, oír, and verbs ending in -uir** such as **construir, destruir, contribuir**. Note the use of the written accent marks on all forms of **leer** and **oír** except in the third-person plural.

EN CONTEXTO

Raúl   ¿Quién te **dijo** que finalmente abrieron el Restaurante Juárez?
Pepe   Un amigo lo **leyó** en el periódico° y me **trajo** el artículo.   newspaper
Raúl   ¡Qué bien! ¿Por qué no almorzamos allá hoy?

PRÁCTICA Y CONVERSACIÓN

A. El Restaurante Salazar. Joaquín Salazar, founder of the family restaurant, celebrated his retirement last weekend. You need to know what various people did to help with the party so you can send them a thank-you note.

1. ¿Quiénes trajeron un regalo?
   <u>Mario</u> trajo uno.

   el Sr. Cuesta / yo / Lupe y yo / tú / Alfonso y Bernardo

2. ¿Quiénes contribuyeron dinero?
   <u>La Sra. Cela</u> contribuyó dinero.

   Uds. / nosotras / la familia Duarte / yo / tú

3. ¿Quiénes condujeron al mercado para comprar la comida?
   <u>Laura</u> condujo allá.

   yo / sus hijos / Julio y yo / tú / Esteban

B. Los planes para hoy. As the new waiter / waitress in the Restaurante Xochimilco, you must explain if you have completed all your tasks for the day.

MODELO   traer las legumbres del mercado
         Compañero(-a):   **¿Trajiste las legumbres del mercado?**
               Usted: **Sí, las traje esta mañana.**

oír las nuevas ideas del cocinero (*chef*) / traer la comida al restaurante / traducir el nuevo menú al inglés / destruir los viejos menus / leer las instrucciones / contribuir dinero para el cumpleaños del cocinero

C. Entrevista. Hágale preguntas a un(-a) compañero(-a) de clase sobre lo que hizo recientemente (*recently*) y su compañero(-a) debe contestar.

Pregúntele...

1. si condujo a un restaurante la semana pasada.
2. si trajo comida a la universidad hoy. ¿Qué trajo?
3. si tradujo un menú al inglés para un(-a) amigo(-a) el año pasado.
4. lo que dijo después de comer comida mexicana la primera vez.
5. si oyó información acerca de (*about*) un nuevo restaurante recientemente.
6. cuántas veces leyó un artículo acerca de la comida este mes.

AVOIDING REPETITION OF SOMEONE ALREADY MENTIONED

Direct Object Pronouns Referring to People

In Spanish as in English the direct object noun that refers to a person can be replaced with a pronoun as in the following example: *"Do you know Ana's sisters?" "Yes, I know them."*

Paco	**me**	visita.	*Paco visits me.*
Paco	**te**	visita.	*Paco visits you.* (informal sing.)
Paco	**lo**	visita.	*Paco visits him.* / *Paco visits you.* (formal sing.)
Paco	**la**	visita.	*Paco visits her.* / *Paco visits you.* (formal sing.)
Paco	**nos**	visita.	*Paco visits us.*
Paco	**os**	visita.	*Paco visits you.* (informal pl.)
Paco	**los**	visita.	*Paco visits them.* (masculine pl.) / *Paco visits you.* (formal pl.)
Paco	**las**	visita.	*Paco visits them.* (feminine pl.) / *Paco visits you.* (formal pl.)

a. Direct object pronouns referring to people follow the same rules for placement and agreement as the direct object pronouns that refer to things.

—¿Conoces a Susana Flores?	*Do you know Susana Flores?*
—Sí, **la** conozco bien.	*Yes, I know her well.*
—¿Vas a invitar**la** a la fiesta mañana?	*Are you going to invite her to the party tomorrow?*
—No, no **la** voy a invitar.	*No, I'm not going to invite her.*

b. The pronouns **me**, **te**, **nos**, **os** refer only to people. The pronouns **lo**, **la**, **los**, **las** may refer to people or things and have a variety of meanings.

—¿Vas a visitar a tus padres hoy?	*Are you going to visit your parents today?*
—No, voy a visitar**los** este fin de semana.	*No, I'm going to visit them this weekend.*

EN CONTEXTO

Inés ¿Vas a invitar a Bárbara a comer con nosotros?
Ana Por supuesto, voy a llamar**la**.
Inés ¿Vas a poner la mesa después?
Ana No, voy a poner**la** ahora.

PRÁCTICA Y CONVERSACIÓN

A. ¿A quiénes conoce Ud.? Conteste usando un pronombre de complemento directo.

> MODELO   Julio Iglesias
> Compañero(-a): **¿Conoces a Julio Iglesias?**
>   Usted: **Sí, (No, no) lo conozco.**

todas las estudiantes de la clase / el presidente de los EE.UU. / sus vecinos / la mejor amiga de su madre / el jefe (*boss*) de su padre / todos sus primos

B. Un(-a) vecino(-a) de seis años. Your six-year-old neighbor is moving away and wants to know if you will continue to be his or her friend. Reassure him or her by answering the questions affirmatively.

> MODELO   Compañero(-a): ¿Me visitas en abril?
>   Usted: **Por supuesto, te visito en abril.**

1. ¿Me llamas por teléfono?
2. ¿Me buscas en mi casa nueva?
3. ¿Me escuchas si tengo problemas?
4. ¿Me invitas a tu casa en el verano?
5. ¿Me visitas en julio?

C. Una llamada de su primo(-a). While you are talking with your cousin on the phone, your mother constantly interrupts. Answer her questions.

1. ¿Quién te llama?
   Explain that your cousin Álvaro is calling you.
2. ¿Te invita a comer con él mañana?
   Explain that he is inviting both of you to eat dinner with him tomorrow.
3. ¿Prepara su plato especial—pollo con vino blanco?
   Say yes, he plans to prepare it.
4. ¿Va a comprar esos pasteles especiales?
   Say yes, he is going to buy them.
5. Bueno, quiero comer con él mañana. ¿y tú?
   Say yes that you want to eat with him also.
6. ¿?

PUENTE CULTURAL

La comida de origen hispanoamericano

¿Sabían Uds.° que la salsa de tomate italiana, el chocolate suizo°, las papas irlandesas°, y la piña hawaiana° son originarias de las Américas? Muchas frutas y legumbres que ahora son comunes en todo el mundo°, fueron cultivadas primero por los indios de las Américas y luego fueron llevadas° a Europa por los conquistadores españoles. Algunos de estos alimentos son el maíz°, la papa, la calabaza° la banana, la papaya, el aguacate°, el tomate, la piña y el cacao°. Éstos enriquecieron° la dieta europea y la de todo el mundo.

Did you know
Swiss / Irish / Hawaiian pineapple
world
taken

corn / pumpkin
avocado / cocoa
enriched

COMPRENSIÓN CULTURAL

Empareje (*Match*) los platos con los ingredientes principales de origen hispánico.

1. corn on the cob
2. spaghetti sauce
3. banana split
4. pumpkin pie
5. baked potato
6. pineapple upside down cake
7. chocolate pudding

a. la banana
b. el cacao
c. la piña
d. el maíz
e. la papa
f. la calabaza
g. el tomate

TERCER ENCUENTRO

PRESENTACIÓN   ¿Qué salsa prefiere Ud.?

Un reportero del Canal 5 le hace preguntas al público en un concurso° de   contest
salsas mexicanas.

Reportero	¿Qué salsa prefiere Ud.?	
Señor	Ésta está **riquísima** pero es demasiado picante para mí.	very delicious
Reportero	¿Qué piensa de aquella otra?	
Señor	Muy buena porque todavía está **caliente**.	hot
Reportero	¿Cuál prefiere Ud., señora?	
Señora	Mm, esta salsa fría aquí **sabe** bien pero las que probé **hace una hora** me gustaron más.	tastes / an hour ago
Reportero	Muchas gracias, señora. Y ahora vamos a escuchar la decisión de los **cocineros**. ¿Cuál es la mejor salsa?	cooks, chefs

Comentarios lingüísticos y culturales

a. Sauces are an important part of Mexican cooking and a great variety of them are used. Two of the more common include «**pico de gallo**» (*rooster's beak*), the popular sauce made of fresh tomatoes, onions, and peppers and often served with tortilla-based dishes and «**mole**», a dark, cooked sauce made of chicken broth, peppers, spices, and a bit of cocoa; it is typically served with chicken or turkey.

b. **Saber** = *to taste* when following by an adverb that describes food or drink.

> Esta salsa fría **sabe bien**.   *This cold sauce tastes good.*

c. Note that **gustar** can be used in the preterite. As in the present tense, **gustar** will be singular or plural depending on the subject.

> —¿Te **gustó** la salsa que probaste esta mañana?
> *Did you like the sauce that you tried this morning?*
>
> —Sí, pero me **gustaron** más las que probé ayer.
> *Yes, but I liked the ones I tried yesterday better.*

PRÁCTICA Y CONVERSACIÓN

A. ¿Comprende Ud.? Conteste según la **Presentación**.

1. ¿Le gusta al señor la salsa picante?
2. ¿Qué piensa el señor de la salsa caliente?
3. ¿Qué salsa prefiere la señora?
4. ¿Cómo sabe la salsa fría?
5. ¿Sabemos la decisión de los cocineros?

B. Opiniones. Use at least one adjective to give your opinion about the following foods.

el helado de chocolate / la sopa de cebolla / los tacos / el té / el guacamole / la sangría / el agua mineral / los frijoles

C. Preguntas personales. Conteste las preguntas siguientes.

1. ¿Le gustan las comidas picantes?
2. ¿Prefiere Ud. la sopa fría o muy caliente?
3. Para Ud., ¿es muy picante la comida mexicana? ¿y la francesa? ¿y la italiana?
4. En esta ciudad, ¿dónde venden comida riquísima? ¿y comida picante?
5. ¿Cocina Ud. comida picante?
6. ¿Es Ud. un(-a) buen(-a) cocincro(-a)? ¿Qué sabe preparar?

ASÍ SE HABLA

EXPRESSING FOOD PREFERENCES

Here are some ways of expressing preference:

Preferences

Prefiero _____.	*I prefer _____.*
Está riquísimo / delicioso / muy sabroso / bueno.	*It's really delicious / delicious / very tasty / good.*
Sabe bien / mejor.	*It tastes good / better.*

Comparaciones

Me gusta más éste(-a) que aquél(-la).	*I like this one more than that one.*
Éste(-a) es mejor / peor que aquél(-la).	*This is better / worse than that one.*

Comentarios generales

Es demasiado picante / dulce / pesado / seco.	*It's too hot / sweet / heavy / dry.*
Sabe mal.	*It tastes bad.*
Es horrible / malísimo.	*It's horrible / very bad.*

PRÁCTICA Y CONVERSACIÓN

A. ¿Qué te gusta más? Ask a classmate about his or her preferences.

MODELO   el café / el té
          Usted: **¿No te gusta el café?**
   Compañero(-a):   **Sí, pero me gusta más el té.**

1. el Taco Bell / el Restaurante Valencia
2. el flan / el queso
3. el guacamole / los nachos
4. los pasteles / la fruta
5. la paella / el pollo asado
6. la comida picante / los dulces

B. Mi opinión. Complete las oraciones de acuerdo con sus preferencias.

1. _____ delicioso.
2. _____ riquísimo.
3. _____ muy sabroso.
4. _____ es mejor que _____.
5. _____ demasiado picante para mí.
6. _____ horrible.
7. _____ pesado.
8. _____ sabe muy mal.

ESTRUCTURAS

EXPRESSING HOW LONG AGO ACTIONS WERE DONE

Hace + Preterite Tense

Spanish uses an expression with **hace** to talk about how long ago an action was completed.

a. When used with a verb in the preterite tense, the word **hace** + *a unit of time* = unit of time + ago. Note that the word order within the phrase is different in the two languages.

Almorzaron en el Restaurante Xochimilco **hace dos meses.**	*They had lunch at Xochimilco Restaurant two months ago.*

b. The expression **hace** + *unit of time* can be placed at the beginning or end of a sentence.

> Fueron a Mexico **hace un año.** ⎫
> **Hace un año** fueron a México. ⎭   *They went to Mexico a year ago.*

EN CONTEXTO

Reportero ¿Qué salsa prefierc Ud., señora?

Señora Mm, esta salsa fría sabe bien, pero las salsas que probé **hace una hora** me gustaron más.

PRÁCTICA Y CONVERSACIÓN

A. Un cocinero famoso. As the host/hostess of a TV talk show, you must interview today's main guest, a famous chef (played by a classmate).

> MODELO   empezar a cocinar / 1960
> Usted: **¿Cuándo empezó Ud. a cocinar?**
> Compañero(-a): **Empecé a cocinar hace treinta y cuatro años.**

1. estudiar en París / 1975
2. abrir su restaurante / 1980
3. escribir su primer libro / 1982
4. preparar una comida para el Presidente / 1988
5. inventar su postre famoso / 1985
6. recibir el premio (*prize*) de Cocinero del Año / 1990
7. enseñar en la universidad / 1987

B. ¿Cuándo fue la última vez? Pregúntele a un(-a) companero(-a) de clase cuándo fue la última vez (*the last time*) que hizo las siguientes cosas. Su compañero(-a) debe contestar usando una expresión con **hace.**

> MODELO   comer tacos
> Usted: **¿Cuándo fue la última vez que comiste tacos?**
> Compañero(-a): **Comí tacos hace una semana.**

1. ir a un café   4. almorzar en casa
2. preparar una comida   5. comer comida mexicana
3. probar una salsa nueva   6. celebrar en un restaurante

C. ¿Dónde estuvieron sus compañeros de clase? Survey at least five members of your Spanish class to find out the following information. Use **hace** + *unit of time* as much as possible in your questions and answers. Report your findings to your class.

1. ¿Dónde estuvieron sus compañeros hace un año? ¿hace 5 años? ¿hace 10 años?
2. ¿Cuándo fueron a un restaurante mexicano / italiano / chino / francés?
3. ¿Cuándo comieron tacos / un bistec / pescado / ternera?
4. ¿Cuándo bebieron agua mineral / café solo / sangría / cerveza mexicana?

TALKING ABOUT A SERIES OF COMPLETED ACTIONS IN THE PAST

Uses of the Preterite

There are two tenses in Spanish that are used to narrate in the past. Each of these tenses has its specific uses; they are not interchangeable. You have been using the preterite primarily to talk about completed past actions or states of being. Some of the uses of the preterite are listed below.

a. The preterite expresses an action or state of being which took place in a definite, limited time period. The beginning and/or end of the action is stated or implied.

Anoche **fuimos** a un restaurante mexicano.	*Last night we went to a Mexican restaurant.*

Certain words and phrases are often associated with the preterite since they indicate a limited time period. These phrases tell when the action started and/or stopped.

1. a specific time: **a** + **la(-s)** + hour
2. a general time: **por la mañana** / **tarde** / **noche**
3. a date: **el martes** / **el 25 de junio de 1817** / **en 1965**
4. last + period of time (*last week*): **el (la)** + **mes** / **año** / **verano** / **otoño** / **invierno** / **fin de semana** / **primavera** / **semana** + **pasado(-a)**
5. certain adverbs of time: **tarde** / **temprano** / **pronto** / **después** / **luego** / **ayer** / **anteayer** / **anoche**
6. a certain amount of time: **por dos años** / **por una hora** / **por cinco meses**

Since these expressions all indicate a limited time period and determine the use of the preterite, any one of them could be substituted in the sentence **Fuimos a un restaurante mexicano anoche.**

b. The preterite is used to express a series of completed actions or events.

El cocinero **condujo** al mercado, **compró** muchas legumbres, las **trajo** al restaurante, y **preparó** un gazpacho muy rico.	*The chef drove to the market, bought a lot of vegetables, brought them to the restaurant, and prepared a delicious gazpacho.*

c. The preterite is used to express a fact about an event which has been completed or took place during a specific time period.

Roberto Montoya **fue** el cocinero en el Restaurante Xochimilco en 1945.	*Roberto Montoya was the chef at the Restaurante Xochimilco in 1945.*

d. The preterite is used for verbs of speaking (**hablar**, **decir**, **contestar**, **preguntar**, **llamar**, and so on) when they introduce a direct or indirect quote.

El reportero **preguntó** «¿Qué salsa prefiere Ud.?»	*The reporter asked, "Which sauce do you prefer?"*
La señora **contestó** que le gustó la salsa que probó anoche.	*The lady answered that she liked the sauce she tried last night.*

EN CONTEXTO

Reportero   ¿Qué salsa **probó** Ud., señora?
Señora   **Probé** esta salsa fría pero no me **gustó** mucho.

PRÁCTICA Y CONVERSACIÓN

A. Los usos del pretérito. Explique el uso del pretérito en estas oraciones.

1. Ayer mi hermana y yo preparamos tacos.
2. El mesero dijo que el cocinero no preparó bastante sopa esta tarde.
3. Los conquistadores españoles trajeron la banana y el tomate de las Américas a Europa.
4. Jorge llegó al restaurante a las tres y media.
5. Anita y sus amigos entraron en un restaurante, leyeron el menú, pidieron enchiladas de queso y las comieron.
6. Comenzaron a comer.

B. Entrevista. Hágale preguntas a un(-a) compañero(-a) de clase sobre lo que hizo y su compañero(-a) debe contestar.

Pregúntele...

1. si preparó una comida esta semana. ¿Cuándo? ¿Qué preparó?
2. si fue a un restaurante la semana pasada. ¿Cuándo?
3. si aprendió a cocinar. ¿Cuándo? ¿Qué?
4. si probó un plato nuevo el mes pasado. ¿Cuál?
5. si comió con su familia en un restaurante el verano pasado. ¿Por qué?
6. si fue al supermercado la semana pasada. ¿Qué compró?

C. ¿Qué dijo su compañero(-a)? Your instructor will divide the class into groups of three. Ask one of the three in your group what he/she did at a certain time in the past. Then tell the third member of your group what the other person said.

MODELO	anteayer
Usted:	**¿Qué hiciste anteayer?**
Compañero(-a):	**Fui a un restaurante.**
Usted:	**Dijo que fue a un restaurante.**

1. el fin de semana pasado
2. ayer
3. el verano pasado
4. en 1990
5. el año pasado
6. esta mañana
7. la semana pasada
8. anoche

D. El fin de semana pasado. Explique ocho cosas que Ud. hizo el fin de semana pasado.

CUARTO ENCUENTRO

PARA LEER BIEN • *Understanding Meaning Through Context*

In order to better understand what you are reading, it is important to be aware of words that have more than one meaning. If you encounter the word **tomar,** you are presented with several meanings; **tomar** can mean *to take, to have,* or *to drink.* When **tomar** is followed by the name of a liquid, you can assume it means *to drink.* To discover the real meaning of a word, continue reading and the full context will often provide the meaning for you.

PRÁCTICA

Varios sentidos. ¿Cómo se traduce al inglés las formas de **tomar** en estas oraciones?

1. Claudia siempre toma té para el desayuno.
2. Voy a tomar un examen en mi clase de biología.
3. ¿Qué deseas tomar con tu sándwich?
4. Julio tomó el autobús a California.
5. Vamos a tomar algo en ese café.

LECTURA   Vamos a tomar algo

«Vamos a tomar algo.» Esta invitación es muy común entre viejos y jóvenes en todo el mundo° hispano. Los amigos íntimos, los compañeros de trabajo, los estudiantes y las familias se encuentran en bares, cafés, confiterías° o restaurantes para conversar y pasar el rato° mientras toman algo. [world / sweet shops / while away the time]

En España los bares de tapas son populares. Las tapas son pedacitos° de tortilla de patatas fría o caliente, pedacitos de jamón serrano, aceitunas° o diferentes tipos de pescados que se sirven en platillos individuales. Las tapas varían de una región a otra y muchos bares tienen su propia especialidad. [small pieces / olives]

En los bares de tapas y en los cafés las personas forman tertulias°. En estos grupos las personas mayores hablan de temas de interés actual°, los jóvenes planean cambios° sociales y los viejos cuentan sus historias de otros tiempos o escuchan la música de una guitarra. [social gatherings for conversation or entertainment / current / changes]

Si una persona quiere comer pasteles exquisitos, helados deliciosos, postres y refrescos en un ambiente° tranquilo, debe visitar las confiterías de la Argentina o Uruguay. Estos son lugares elegantes donde es posible tener una conversación íntima. [atmosphere]

Para los hispanos, reunirse alrededor de° la mesa para comer tiene   gather around
un significado especial. Allí es donde la familia y los amigos resuelven°   solve
los problemas del mundo y los de cada miembro de la familia.

Si un amigo te dice: «Vamos a tomar algo juntos pronto», entonces
ya sabes que te acepta dentro de° su cultura.   within

PRÁCTICA Y COMPRENSIÓN

A. ¿Comprende Ud.? Conteste las preguntas siguientes.
1. ¿Adónde pueden ir las personas para tomar algo?
2. ¿Qué sirven en los bares?
3. ¿Quiénes van a los bares y cafés?
4. ¿De qué hablan los jóvenes en las tertulias? ¿Y los viejos?
5. ¿Dónde hay música de guitarra?
6. ¿Qué es una confitería?

B. Comidas y lugares. ¿En qué lugar puede Ud. pedir...?

tapas / hamburguesas / postres / patatas con salsa picante / pasteles riquísimos /
sopa / café / helados

ACTIVIDADES

A. **El Restaurante Xochimilco.** Two of your classmates are American tourists in the Mexican restaurant where you work as a waiter/waitress. They will ask you questions about the dishes on the menu. You should explain what these dishes are and help them order a complete meal.

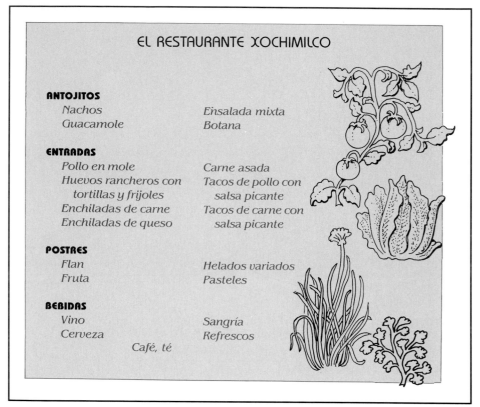

EL RESTAURANTE XOCHIMILCO

ANTOJITOS
Nachos
Guacamole
Ensalada mixta
Botana

ENTRADAS
Pollo en mole
Huevos rancheros con
  tortillas y frijoles
Enchiladas de carne
Enchiladas de queso
Carne asada
Tacos de pollo con
  salsa picante
Tacos de carne con
  salsa picante

POSTRES
Flan
Fruta
Helados variados
Pasteles

BEBIDAS
Vino
Cerveza
      Café, té
Sangría
Refrescos

B. **El Restaurante Valencia.** You have just spent a term studying in Valencia, Spain and a local high school teacher asks you to come to the class to discuss Spanish food and restaurants. Using the menu from El Restaurante Valencia as a guide, explain what is eaten in Spain, what the ingredients are in some typical Spanish dishes, and what you ate and drank while there.

C. **Una comida especial.** Describe a meal you ate in a place other than a private home. Explain how long ago the meal occurred, where it took place, what the special occasion was, what you ate and drank, who the guests were, and what else you did while there.

D. **Mi restaurante favorito.** You are the food critic for a local television station. One of your weekly features is an interview with local citizens about their favorite restaurants. Interview a classmate and find out the following about his/her favorite restaurant: where it is what it looks like, what the waiters or waitresses are like, what kinds of foods and drinks are served, the restaurant's specialities, and what your classmate ordered the last time he or she ate there.

P A R A E S C R I B I R B I E N • *Using the Dictionary*

There may be times when the vocabulary in your textbook may not be sufficient to express what you want to say in a composition. In those instances, it is appropriate to consult a bilingual English-Spanish dictionary. There are certain techniques that can make dictionary use more effective.

1. Use a dictionary sparingly. Try to express as much as you can using vocabulary you know and by re-wording something in a different way.
2. Look up only those words that are essential for writing your composition. Those words would include key words in the title and frequently repeated words.

The most difficult task facing you when using the dictionary is to select the best Spanish equivalent from the many possible entries. This task is made easier if you know the part of speech and form of the word in question. Examine the following two examples.

*I **left** Restaurante Valencia at 11:00.*
*Restaurante Valencia is on the **left**.*

In the first example, *left* is a verb in the past tense; the Spanish equivalent will be located under the English infinitive *to leave*. In the second example, *left* is a noun; the Spanish meaning will be located under the English noun *left*. Cross-checking can also help you determine the best Spanish equivalent when an entry provides multiple translations. After selecting the Spanish equivalent from the several provided, look up the Spanish word in the Spanish-English section of the dictionary. Use that entry to help you accept or reject your vocabulary choice.

COMPOSICIONES

A. Una tarjeta postal. You are traveling in Mexico/Spain. Write a postcard to a friend or family member and discuss Mexican/Spanish food. Talk about the restaurants where you have eaten and explain what you ordered.

B. Mi restaurante favorito. Write a brief composition describing your favorite restaurant. Explain where it is located, what they serve, and what you ordered the last time you were there.

C. Una agencia de viajes. You own a travel agency in Caracas, Venezuela. Since your clients have frequent questions about American food, prepare a set of guidelines about American food for them. Make suggestions about what they can order for breakfast, lunch, and dinner and describe typical dishes.

VOCABULARIO ACTIVO

El menú — *The menu*

el agua mineral — *bottled water, mineral water*
el arroz — *rice*
el café solo — *black coffee*
la carne asada — *barbecued beef*
el chile — *hot pepper*
el chorizo — *sausage*
los dulces — *sweets, candy*
la entrada — *main dish, entree*
el entremés — *appetizer*
la especialidad — *specialty*
el flan — *baked custard with caramel sauce*
el frijol — *bean*
el gas — *gas, carbonation*
la salsa — *sauce*
la sangría — *wine punch*
la ternera — *veal*

Las frutas — *Fruit*

la banana — *banana*
la fresa — *strawberry*
la manzana — *apple*
la naranja — *orange*
la uva — *grape*

La comida mexicana

la enchilada — *cheese- or meat-filled tortilla*
el guacamole — *avocado sauce or dip*
el taco — *tortilla filled with meat, lettuce, tomatoes, cheese*
la tortilla — *flat, pancake-shaped bread usually made with corn meal*

La comida española

el gazpacho — *cold vegetable soup*

la paella — *seafood, meat, and saffron rice casserole*
la tortilla — *omelette with potatoes*

Otros sustantivos

el (la) camarero(-a) — *waiter (waitress) (Spain and other countries)*
el (la) cliente — *client, customer*
el (la) cocinero(-a) — *cook, chef*
la cuenta — *bill, check*
la fotografía — *photograph*
el lugar — *place*
el (la) mesero(-a) — *waiter (waitress) (Mexico)*
el plato — *plate, dish, course*
el primer plato — *first course*
el segundo plato — *second course*

Verbos

conseguir — *to obtain, get*
haber — *(there) to be*
mandar — *to send*
saber — *to taste*

Adjetivos

caliente — *hot (temperature)*
delicioso — *delicious*
horrible — *horrible*
pesado — *heavy*
picante — *hot, spicy*
riquísimo — *very good, very delicious*
terrible — *terrible*

Otras expresiones

antes de — *before*
Buen provecho. — *Enjoy your meal.*
nada — *nothing*
saber bien / mal — *to taste good / bad*
todavía — *yet*

A recordar

Review the following situations and tasks that have been presented and practiced in this chapter.

- Read a Spanish and Mexican menu.
- Order in a restaurant.
- Discuss how food tastes.
- Explain how long ago you did something.
- Talk about a variety of past activities.
- Avoid the repetition of someone or something already mentioned.

CAPÍTULO 8
La vida diaria

Cultural Theme:	Daily life in the Hispanic world
Communicative Goals:	• Discussing and describing daily routine
	• Expressing frequency and sequence of actions
	• Giving commands
	• Denying and contradicting
	• Discussing clothing

❋ *A pensar*

- What activities are part of your daily routine in the morning / afternoon / evening?
- What are some common English expressions used to explain events in a sequence? *First, I wake up, then I get up and take a shower.*
- What are some common English expressions used to explain the frequency of actions? *I wash my hair every day.*
- What kinds of words are used to deny and contradict? *Do you shower in the morning? No, I never shower in the morning or evening. I always take a bath.*
- What verb forms are used in English to tell someone to do something? Do these verb forms change according to the person you are talking to? *Timmy and Suzy, get up and put on you school clothes.*
- What are some common expressions used to comment about the way that clothing looks or fits on a person?

PRIMER ENCUENTRO ═══════════════════

PRESENTACIÓN La rutina diaria

Pablo Todas las mañanas **me despierto** a las siete cuando **suena el despertador**. ¡Ah, poder dormir hasta tarde como en los días de estudiante! Pero ahora no puedo. Tengo que **arreglarme** rápidamente para ir a trabajar.

I wake up / **sonar** = to ring / alarm clock / to get ready

lazy / I don't
get up
immediately /
generally
to eat breakfast
I'm in a big hurry

Como soy **perezoso no me levanto inmediatamente**. **Generalmente** estoy en la cama hasta las siete y media. A veces no tengo tiempo para **desayunar** porque **tengo mucha prisa**.

ducharse = to
shower / I
shave first
Then / teeth
I dry / face /
hands / head /
finally / I comb
(my hair)

Después de **ducharme**, **me afeito primero**. **Luego** me lavo **los dientes**, después **me seco la cara**, **las manos** y **la cabeza** y **por último me peino**.

the shower / to
wake up /
completely /
I take a bath
I wash my hair

Yolanda   **La ducha** me ayuda a **despertarme completamente**. Cuando **me baño** también **me lavo el pelo**.

Todas las mañanas **me cepillo** el pelo **antes de maquillarme**.

I brush (my hair) /
before putting
on make-up

Comentarios lingüísticos y culturales

a. The verb **me levanto** and many other verbs used in this **Presentación** are reflexive verbs. In the first-person singular verb form, the reflexive pronoun **me** is placed before the conjugated verb. Although the reflexive pronoun **me** means *myself*, it is often not translated as such into English.

b. When parts of the body or articles of clothing follow a reflexive verb, definite articles and not possessive adjectives are used.

> Me seco **la** cara y **las** manos.   *I dry my face and my hands.*

PRÁCTICA Y CONVERSACIÓN

A. ¿Qué hace Pablo todas las mañanas? Arrange the following activities in chronological order according to the **Presentación**.

1. Me peino.
2. Me seco la cara y las manos.
3. Me lavo los dientes.
4. Me levanto a las 7:30.
5. Me despierto.
6. Suena el despertador a las 7:00.
7. Me afeito.
8. Me ducho y me lavo el pelo.

B. Y tú, ¿qué haces por la mañana? Explain to your classmates your typical morning routine.

ASÍ SE HABLA

EXPRESSING FREQUENCY AND SEQUENCE OF ACTIONS

The following phrases can be used to express frequency of actions. They answer the questions: **¿Cuántas veces?** = *How many times?, How often?* or **¿Cuándo?** = *When?*

a veces	*sometimes*	de vez en cuando	*from time to time*
a menudo	*often*	frecuentemente	*frequently*
siempre	*always*	una vez	*once*
nunca	*never*	dos veces al día	*twice a day*
todos los días	*every day*	tres veces a la semana	*three times a week*
todas las mañanas	*every morning*		

Some common phrases used to express when actions take place in relationship to other actions are:

primero	*first*	más tarde	*later*
luego	*then*	finalmente	*finally*
después	*later, then, afterwards*	por último	*lastly, finally*

Antes de + infinitive = *before* + *-ing* form of the verbs: **antes de ducharme** = *before taking a shower*. **Después de** + infinitive = *after* + *-ing* form of the verb: **después de ducharme** = *after taking a shower*.

PRÁCTICA

¿Cuántas veces a la semana? Tell how many times you do the following actions in a week.

1. Me levanto a las seis de la mañana.
2. Me baño.
3. Me lavo el pelo.
4. Preparo el desayuno.
5. Voy a la clase de español.
6. Me peino.

SONIDOS • x

The Spanish **x** is generally pronounced /ks/ as represented by the English letters *xc* in *exceed* or *excellent*. The **x** in many proper names is pronounced like the Spanish **j**: México.

PRÁCTICA

Escuche y repita después de su profesor(-a).

x = ks   examen excelente exactamente explicar
Pablo me explicó exactamente lo que hace cada mañana.

x = h   México Oaxaca Xavier Don Quixote
Xavier vive en México en el estado de Oaxaca.

ESTRUCTURAS

DISCUSSING DAILY ROUTINE

Present Tense of Reflexive Verbs

Many Spanish verbs used to discuss daily routine such as *to get up*, *to get dressed*, or *to go to bed* are reflexive verbs, that is, verbs that use a special reflexive pronoun throughout the conjugation. These reflexive pronouns indicate that the subject does the action to or for himself or herself. In Spanish these verbs can be identified by the infinitive form which has the reflexive pronoun **se** attached to it: **levantarse** = *to get up*.

a. The reflexive pronouns refer to the subject of the verb. The English meaning of the Spanish reflexive is often a pronoun that ends in *self/selves*.

REFLEXIVE PRONOUNS

me	*myself*	**nos**	*ourselves*
te	*yourself*	**os**	*yourselves*
se	*himself* *herself* *yourself*	**se**	*themselves* *yourselves*

b. The reflexive pronoun always precedes a conjugated verb and agrees in person and number with the subject.

PRESENT INDICATIVE: REFLEXIVE VERBS
LEVANTARSE *to get up*

yo	me	levanto	*I get up*
tú	te	levantas	*you get up*
él ella Ud.	se	levanta	*he gets up,* *she gets up,* *you get up*
nosotros(-as)	nos	levantamos	*we get up*
vosotros(-as)	os	levantáis	*you get up*
ellos ellas Uds.	se	levantan	*they get up,* *you get up*

c. The reflexive pronoun will not always appear in the English translation. Compare the following examples.

Luisa **se levanta** a las ocho.   *Luisa gets up at 8:00.*
Luego **se lava**.   *Then she washes up.*

d. Reflexive pronouns follow the same rules for position as other object pronouns.

1. Reflexive pronouns precede an affirmative or negative conjugated verb.

Me despierto a las seis. *I wake up at 6:00.*
Pero **no me levanto** hasta las siete. *But I don't get up until 7:00.*

2. Reflexive pronouns attach to the end of an infinitive. When both a conjugated verb and an infinitive are used, the reflexive *tú* pronoun may precede the conjugated verb or attach to the end of the infinitive.

¿Vas a **levantarte** a las nueve?
¿**Te vas a levantar** a las nueve? *Are you going to get up at 9:00?*

e. The following list contains some common reflexive verbs that refer to daily routine.

afeitarse	*to shave*	lavarse	*to wash (oneself)*
arreglarse	*to get ready*	levantarse	*to get up*
bañarse	*to take a bath, to bathe*	llamarse	*to be called, to be named*
		maquillarse	*to put on make-up*
cepillarse	*to brush*	peinarse	*to comb one's hair*
despertarse (ie)	*to wake up*	secarse	*to dry off*
ducharse	*to take shower, to shower*	sentirse (ie) bien/mal	*to feel good/bad*

EN CONTEXTO

—¿Qué haces para **arreglarte**, Pablo?
—Después de **ducharme, me afeito,** luego **me lavo** los dientes, después **me seco** la cara y las manos y por último **me peino**.

PRÁCTICA Y CONVERSACIÓN

A. Por la mañana. Explain in order six activities that are a part of your normal morning routine.

B. En la residencia estudiantil. Explique lo que hacen unos estudiantes por la mañana.

MODELO   Ricardo / despertarse a las siete
Ricardo se despierta a las siete.

1. Tomás / ducharse primero
2. Uds. levantarse temprano
3. yo / lavarse los dientes
4. Olivia / maquillarse
5. nosotros / arreglarse rápidamente
6. tú / peinarse después de ducharse
7. Pepe y Silvio / afeitarse
8. Ud. / secarse el pelo por último

C. Entrevista. Hágale preguntas a un(-a) compañero(-a) de clase.

Pregúntele…

1. cómo se siente hoy.
2. si prefiere bañarse o ducharse. ¿Cuándo?
3. cuántas veces a la semana se lava el pelo.
4. cuántas veces al día se lava los dientes.
5. a qué hora se despierta durante la semana.
6. cuándo se levanta los sábados. ¿y los domingos?

D. Para arreglarse. Explique lo que Ud. hace para arreglarse antes de ir a clase / salir con una persona especial / ir a trabajar. Compare lo que Ud. hace con lo que hacen los otros estudiantes. Prepare una lista de actividades típicas para las tres situaciones.

DESCRIBING DAILY ROUTINE

Adverb Formation

Adverbs are words that modify or describe a verb, an adjective, or another adverb. You have already learned many adverbs that exist as independent words. Some of these adverbs are **aquí**, **bien**, **mucho**, **muy**, **siempre**. There are also ways to form descriptive adverbs from adjectives.

a. Some descriptive adverbs are formed by adding **-mente** to the adjective. The **-mente** corresponds to the English adverb ending *-ly*: **generalmente** = *generally*. The suffix **-mente** is attached to the end of adjectives having only one singular form:

> final → **finalmente**   *final → finally*

b. The suffix **-mente** is attached to the feminine form of adjectives that have both a masculine and feminine singular form:

> rápido → rápida → **rápidamente**   *rapid → rapidly*

c. Adjectives that have a written accent mark will retain it in the adverb form: fácil → **fácilmente**.

EN CONTEXTO

—Pablo, ¿te levantas **rápidamente**?
—Como soy perezoso no me levanto **inmediatamente**. **Generalmente** estoy en la cama hasta las 7:30.

PRÁCTICA Y CONVERSACIÓN

A. La rutina de Sara. Explique cómo Sara se arregla por la mañana.

> MODELO   lavarse / rápido
> **Sara se lava rápidamente.**

1. despertarse a las 6:30 / general
2. no levantarse / puntual
3. ducharse / inmediato
4. lavarse el pelo / rápido
5. peinarse / perfecto
6. maquillarse / final

B. ¿Cómo hace Ud. unas actividades? Complete las oraciones de una manera lógica.

1. No puedo _____ fácilmente.
2. Siempre manejo _____.
3. Hablo _____.
4. Generalmente yo _____ los sábados.
5. Yo no _____ pacientemente.

SEGUNDO ENCUENTRO

PRESENTACIÓN   El detective Jaime Aguilar

Una mujer muy rica fue asesinada°. El detective Jaime Aguilar debe entrevistar° a un sospechoso° para **descubrir** *quién cometió° el crimen.*

murdered

to interview / suspect / to discover / committed

Jaime Aguilar	¿A qué hora **se acostó** Ud. anoche?
Sospechoso	A las tres de la mañana.
Jaime Aguilar	¿Por qué se acostó tan tarde?
Sospechoso	Porque fui a una fiesta latina donde **me divertí** mucho.

acostarse = to go to bed

divertirse = to have a good time

Jaime Aguilar	¿Qué **se puso** para ir a la fiesta?
Sospechoso	¡Oh!... **Me vestí** con algo informal: unos pantalones, un suéter, y un **abrigo**.

ponerse = to put on

vestirse = to dress / coat

Jaime Aguilar	¿A qué hora **se fue** de la fiesta?
Sospechoso	A las 2:30 de la mañana.
Jaime Aguilar	Después de acostarse, ¿**se durmió** Ud. inmediatamente?
Sospechoso	No. Me gusta leer antes de dormirme. Siempre lo hago.
Jaime Aguilar	¿A qué **se dedica** Ud.?

irse = to leave

dormirse = to go to sleep

dedicarse = to devote oneself to (profession)

Sospechoso	Soy joyero°. Tengo una joyería en el centro.	jeweler
Jaime Aguilar	¿Cuándo vio Ud. a la difunta° **por última vez**?	the deceased / the last time
Sospechoso	Ayer a las 2 de la tarde. Ella vino a mi tienda a **quejarse** de **un anillo** que me compró hace dos meses° y ahora le iba° chico. Ella tenía° **una deuda** muy grande conmigo pero no **se preocupaba** mucho por el dinero.	to complain / ring / two months ago / was / had / debt / **preocuparse** = to worry
Jaime Aguilar	Muchas gracias, señor. **Es todo por ahora.**	That's all for now.
Sospechoso	**A sus órdenes**.	At your service.

PRÁCTICA Y CONVERSACIÓN

A. ¿Comprende Ud.? Complete las oraciones según la **Presentación**.

1. El sospechoso se acostó tarde porque _____.
2. Se fue de la fiesta a _____.
3. Le gusta leer antes de _____.
4. El sospechoso es _____. Trabaja en _____.
5. Vio a la mujer por última vez _____.
6. La mujer fue a la tienda para _____.
7. La deuda de la mujer es _____.

B. ¿Cuáles son sus hábitos? Complete las oraciones con las palabras **siempre, nunca** o **a veces.**

1. _____ me acuesto a las tres de la mañana.
2. _____ me duermo inmediatamente después de acostarme.
3. _____ me voy de una fiesta temprano.
4. _____ me divierto en la discoteca.
5. _____ me preocupo por el dinero.
6. _____ me quejo de los profesores.
7. _____ me visto rápidamente.

C. Preocupaciones y quejas. Interview other students in the class to find out what their worries and complaints are.

SONIDOS • *Intonation*

Native Spanish speakers vary the intonation, that is, the rise and fall of a speaker's voice, according to the type of sentence spoken. Note the differences in the intonation for the following three sentence patterns.

a. Normal statement

Tengo una joyería en el centro.

b. Yes-no question

¿Se durmió Ud. inmediatamente?

c. Information question

¿Qué se puso para ir a la fiesta?

PRÁCTICA

Escuche y repita después de su profesor(-a).

Normal statements

Es todo por ahora.
Una mujer muy rica fue asesinada.
Me gusta leer antes de dormirme.

Yes-no questions

¿Es joyero el sospechoso?
¿Se acostó a las tres anoche?
¿Tiene una joyería en el centro?

Information questions

¿A qué hora se acostó Ud. anoche?
¿Por qué se acostó tan tarde?
¿Cuándo vio Ud. a la difunta por última vez?

ESTRUCTURAS

DISCUSSING DAILY ROUTINE IN THE PAST

Preterite of Stem-changing Verbs

Many verbs that are needed to talk about daily routine are also stem-changing verbs. You have already learned that -**ar** and -**er** verbs that stem-change in the present tense follow a normal pattern in the preterite. However, -**ir** verbs that stem-change in the present tense also stem-change in the preterite.

Preterite of Stem-Changing Verbs: e → i		*Preterite of Stem-Changing Verbs:* o → u	
PEDIR	**DIVERTIRSE**	**DORMIR**	**DORMIRSE**
pedí	me divertí	dormí	me dormí
pediste	te divertiste	dormiste	te dormiste
pidió	se divirtió	durmió	se durmió
pedimos	nos divertimos	dormimos	nos dormimos
pedisteis	os divertisteis	dormisteis	os dormisteis
pidieron	se divirtieron	durmieron	se durmieron

a. In the preterite there are two types of stem-changes: **e → i** and **o → u**. These stem changes occur only in the third-person singular and plural forms of both reflexive and non-reflexive verbs. These stem changes are often indicated in parentheses next to the infinitive: **pedir (i, i); divertirse (ie, i); dormir (ue, u).** The first set of vowels refers to stem changes in the present tense; the second set of vowels refers to stem changes in the preterite.

b. Only -**ir** verbs that are stem-changing verbs in the present tense are also stem-changing verbs in the preterite. Verbs of this type include:

ie, i *Verbs*
divertirse   *to have a good time*
preferir   *to prefer*
sentirse   *to feel*

i, i *Verbs*
despedirse   *to say good-bye*
pedir   *to request, ask, order*
repetir   *to repeat*
servir   *to serve*
vestirse   *to get dressed*

ue, u *Verbs*
dormir   *to sleep*
dormirse   *to go to sleep*
morir   *to die*

EN CONTEXTO

Jaime Aguilar   ¿Por qué se acostó tan tarde?
    Sospechoso   Porque fui a una fiesta latina donde **me divertí** mucho.
Jaime Aguilar   Después de acostarse, ¿**se durmió** Ud. inmediatamente?
    Sospechoso   No, **me dormí** despúes de leer.

PRÁCTICA Y CONVERSACIÓN

A. **Doña Margarita Zardoya Pereda dio una fiesta anoche.** Conteste las preguntas acerca de la fiesta usando los nuevos sujetos.

1. ¿Quiénes se divirtieron en la fiesta?
   <u>Antonio y yo</u> nos divertimos.

   su hija / yo / los jóvenes / tú / nosotros

2. ¿Quiénes se durmieron tarde después de la fiesta?
   <u>Fernanda</u> se durmió tarde.

   Héctor / yo / nosotras / tú / todos

B. **Entrevista.** Hágale preguntas a un(-a) compañero(-a) de clase.

Pregúntele si generalmente...

1. se duerme pronto. ¿y anoche?
2. se divierte en la clase de español. ¿y ayer?
3. se despide de su compañero(-a) de cuarto. ¿y esta mañana?
4. se siente bien. ¿y anteayer?
5. se viste rápidamente por la mañana. ¿y esta mañana?
6. pide leche con la comida. ¿y anoche?
7. repite el diálogo en el laboratorio. ¿y la semana pasada?

C. **La rutina del sábado pasado.** Explain to your classmates what you did last Saturday— when you got up, got dressed, where you went, if you had a good time, and so on. Describe at least eight different activities.

D. **La rutina estudiantil.** After listening to your classmates' routines, describe a typical student routine for last Saturday. Explain the day in sequence.

TALKING ABOUT OTHER PEOPLE

Uses of the Indefinite Article

In Spanish as in English the indefinite article points out one or several nouns that are not specific.

Una mujer rica fue asesinada.	*A rich lady was murdered.*
El detective habla con **unos** sospechosos.	*The detective talks with some suspects.*

a. Sometimes the indefinite article is not used in Spanish as it is in English.

   1. After forms of **ser** or **hacerse** meaning *to become*, the indefinite article is omitted before an unmodified noun denoting profession, nationality, religion, or political beliefs.

El Sr. Pérez **se hizo abogado**.	*Mr. Pérez became a lawyer.*
Enrique **es español**.	*Enrique is a Spaniard.*
Fue protestante, pero ahora **es** **católica**.	*She was a Protestant, but now she's a Catholic.*
El nuevo presidente **es republicano**.	*The new president is a Republican.*

   2. However, when such nouns are modified, the indefinite article is used.

El Sr. Pérez **se hizo un abogado** **famoso**.	*Mr. Pérez became a famous lawyer.*
Enrique es **un español que estudia** **en nuestra universidad**.	*Enrique is a Spaniard who studies in our university.*

b. The indefinite article is never used with forms of **otro** = *another*.

Voy a ponerme **otro** suéter.	*I'm going to put on another sweater.*

EN CONTEXTO

Jaime Aguilar   ¿A qué se dedica Ud.?
  Sospechoso   **Soy joyero**. Tengo **una** joyería en el centro.

PRÁCTICA Y CONVERSACIÓN

A. ¿Cómo son estas personas? Añada los adjetivos dados y haga nuevas oraciones.

> **MODELO**   Federico es profesor. (excelente)
> **Federico es un profesor excelente.**

   1. Jaime Aguilar es detective. (mexicano)
   2. El sospechoso es joyero. (rico)
   3. Carmen es puertorriqueña. (que vive en Nueva York)
   4. El presidente es republicano. (importante)
   5. Meryl Streep es actriz. (famosa)
   6. Mi hija se hizo arquitecta. (de centros comerciales)

B. Entrevista. Hágale preguntas a un(-a) compañero(-a) de clase.

Pregúntele...

   1. quién en su familia es republicano y demócrata.
   2. si su madre es una abogada famosa.

3. a qué se dedica su padre.

4. de qué nacionalidad son sus abuelos.

5. si necesita otro abrigo para el invierno. ¿Qué otra ropa?

 C. ¿Quién soy yo? Pretend that you are a famous person. Give one general clue at the beginning of the activity as to your profession. Your classmates must then guess who you are by asking appropriate yes-no questions.

MODELO   Usted: **Soy actriz y cantante. ¿Quién soy yo?**

Compañero(-a):   **¿Es Ud. una actriz y cantante famosa?**

¿Es Ud. morena / alta / hermosa?

¿Es Ud. Cher?

TERCER ENCUENTRO

PRESENTACIÓN   Mami, ¿qué **me pongo**?

ponerse = *to put on*

Julito y Laura	Mami, ¿qué nos ponemos?
Madre	**Pónganse** las camisetas verdes con los jeans y un suéter.
Laura	Hoy yo voy a salir a jugar en la **nieve**.
Julito	Y yo también.
Madre	Si van **afuera**, tienen que ponerse el **abrigo**, la **bufanda**, los **guantes** y el **sombrero**.

snow

outside / coat / scarf / gloves / hat

Laura	¡Pero mamá! **Nadie** lleva **tanta** ropa cuando sale a jugar.	No one / so much
Madre	Si no se la ponen, no salen, ¿entendido?°	understood?
Laura	¡Oh, bueno! Está bien.	
Madre	Bueno, ¡no **se sienten** allí sin hacer nada! ¡**Quítense** la **bata**, el **pijama** y las **pantuflas** y vístanse para ir a jugar!	**sentarse** = to sit **quitarse** = to take off / robe / pajamas / slippers
Laura	Sí, pero ¿qué hago yo? No tengo nada que **me quede** bien. Todo **me va chico** o no me gusta.	fits me is too small for me

PRÁCTICA Y CONVERSACIÓN

A. ¿Comprende Ud.? Conteste según la **Presentación**.

1. ¿Qué se van a poner Julito y Laura hoy?
2. ¿Qué quieren hacer los chicos hoy?
3. ¿Qué deben ponerse para jugar en la nieve?
4. ¿Qué llevan ellos ahora?
5. ¿Se viste Laura rápidamente? ¿Por qué no?

B. La fiesta de disfraces. (*Costume party*.) Estos amigos van a una fiesta de disfraces. ¿Qué lleva cada uno de ellos?

C. Mi ropa favorita. Descríbale a su compañero(-a) la ropa que le gusta llevar.

ASÍ SE HABLA

DISCUSSING CLOTHING

The following are some expressions used to describe how well or how badly an article of clothing fits you.

¿Cómo me queda?	*How does it look on me?*
La chaqueta te queda bien.	*The jacket suits you.*
Los guantes me quedan grandes/ largos.	*The gloves are big/long for me.*
¿Cómo te va el sombrero?	*How does the hat fit you?*
El sombrero me va bien.	*The hat fits me well.*
Los pantalones me van chicos.	*The pants are small for me.*

To ask how something looks on someone, you use the constructions:

subject + indirect object pronoun + **quedar**
subject + indirect object pronoun + **ir**

Another way of describing how something fits you or another person is with the verb **ser**:

La falda es angosta.	*The skirt is tight.*
Estos zapatos son anchos para mí.	*These shoes are wide for me.*

PRÁCTICA Y CONVERSACIÓN

A. En la tienda de ropa. Diferentes personas están en una tienda y se prueban ropa. ¿Cómo les queda? Siga el modelo. Haga todos los cambios necesarios.

> MODELO   la bufanda / quedar / corto / a ella
> **La bufanda le queda corta.**

1. la bata / quedar / chico / a él
2. el pijama / ir / bien / a él
3. las pantuflas / quedar / grande / a ti
4. la chaqueta / ir / corto / a mí
5. el abrigo / ser / ancho / para él
6. la camiseta / ir / largo / a ti
7. los zapatos / ser / angosto / para mí
8. el sombrero / quedar / mal / a mí

B. Diálogo guiado. Your friend has some winter clothes that he/she wants to give away. You are trying some on to see if you can wear them. Together with another classmate complete the following dialogue. One of you should play the role of A and the other of B.

ESTUDIANTE **A**	ESTUDIANTE **B**
1. Ask what he/she has in the box (*caja*).	1. Answer that you have some winter clothes to give away.
2. Ask if you may see them.	2. Consent. Show him/her a tee-shirt, a pair of gloves, a hat, and a gray coat.
3. Ask if you may try the gray coat on.	3. Agree. Tell him/her that you think that you wear the same size.
4. Tell B that it fits you well.	4. Tell A that it suits him/her. Ask A if he/she likes it.
5. Tell B that you like it very much.	5. Tell A that he/she can have it.
6. Thank him/her. Express excitement.	6. Respond.

A ESCUCHAR

Pilar and Aurora are discussing clothing. Listen to their conversation and then correct the following false statements according to the dialogue.

1. Pilar va a ir a una fiesta de cumpleaños.
2. Pilar necesita un vestido elegante; por eso va a ir de compras a los Almacenes «Roque».
3. Aurora le va a prestar un abrigo.
4. El vestido azul le queda muy bien porque es su color favorito.
5. El vestido rojo le va grande.
6. El vestido negro tiene una falda angosta.
7. Pilar no tiene vestido para ir a la fiesta.
8. La fiesta es el domingo.

ESTRUCTURAS

GIVING COMMANDS

Formal Commands

In order to tell people what to do, you will need to learn the command form of the verb. Spanish has a separate command form for each type of *you*: **tú, usted,** and **ustedes.** To give a command to one person with whom you use the **usted** form or to more than one person you address with **ustedes,** you would use the following forms.

FORMAL COMMANDS

	Verbs ending in -ar like **LAVAR**	*Verbs ending in -er like* **BEBER**	*Verbs ending in -ir like* **ESCRIBIR**
Singular (Ud.) *Plural* (Uds.)	lave laven	beba beban	escriba escriban

a. To form the **Ud.** and **Uds.** commands of regular verbs:

1. Obtain the stem by dropping the **-o** ending from the first-person singular of the present tense:

   lavar: lavo > lav-; beber: bebo > beb-; escribir: escribo > escrib-.

2. To this stem add the endings **-e / -en** for **-ar** verbs and **-a / -an** for **er** and **ir** verbs:

   lav- > lave / laven; beb- > beba / beban; escrib- > escriba / escriban.

b. Most verbs such as **salir** that are irregular in the present tense form the formal command in a regular manner, that is, the **yo** form is used for the stem: **salir** (salgo) > **salga / salgan.**

c. Stem-changing verbs form the formal command in a regular manner; that is, the **yo** form is used for the stem:

   cerrar (ie: cierro) > cierre / cierren; volver (ue: vuelvo) > vuelva / vuelvan; repetir (i: repito) > repita / repitan.

d. Some regular commands will have spelling changes in the stem.

1. With verbs ending in **-gar**, such as **llegar**, the **g > gu**:

   llegar > llegue / lleguen.

2. With verbs ending in **-car**, such as **buscar**, the **c > qu**:

   buscar > busque / busquen.

3. With verbs ending in **-zar**, such as **empezar**, the **z > c**:

   empezar (ie) > empiece / empiecen.

e. The verbs with irregular formal command stems are **dar, estar, ir, saber, ser.** You must learn these forms individually.

DAR dé / den **ESTAR** esté / estén	**IR** vaya /vayan **SABER** sepa / sepan	**SER** sea / sean

NOTE: The **Ud.** command of **dar** has a written accent mark to distinguish it from the preposition **de**. Both the **Ud.** and **Uds.** commands of **estar** have written accent marks.

f. Place **no** before an affirmative command to make it negative.

> **No pongan** la radio ahora.   *Don't turn on the radio now.*

g. The use of the pronoun **Ud.** and **Uds.** is optional. When used, they follow the command and make it more polite.

> **Vengan Uds.** aquí el sábado.   *Come here on Saturday.*

h. Object and reflexive pronouns must be attached to the end of affirmative commands. A written accent mark is placed over the stressed vowel of commands of more than one syllable when the object or reflexive pronoun is attached.

> Pónganse las camisetas verdes.   *Put on your green tee-shirts.*
> **¡Hágalo** ahora!   *Do it now!*

i. Object and reflexive pronouns must precede negative commands.

> **No se pongan** los suéteres nuevos.   *Don't put on your new sweaters.*
> **No lo hagan** después.   *Don't do it later.*

EN CONTEXTO

Madre   Bueno, **no se sienten** allí sin hacer nada. **Quítense** la bata, el pijama y las pantuflas y **vístanse** para ir a jugar.

PRÁCTICA Y CONVERSACIÓN

A. **Un(-a) paciente cansado(-a).** You are a doctor and one of your patients is very tired and overworked. Answer your patient's question by telling him/her what to do or not to do in order to get well.

> **MODELO**   trabajar los fines de semana
> Compañero(-a):   **¿Debo trabajar los fines de semana?**
> Usted: **No, no trabaje (Ud.) los fines de semana.**

1. descansar todas las tardes
2. fumar
3. dormir ocho horas cada noche
4. ver más a mi familia
5. comer mucho helado
6. comenzar a bajar de peso
7. hacer mucho ejercicio
8. beber vino

B. Los gemelos. (*Twins.*) As the mother of two small mischievous twins you must frequently tell them what not to do. **Haga mandatos según el modelo.**

MODELO   lavarse el pelo
        Compañero(-a):   **Mami, queremos lavarnos el pelo.**
                Usted: **¡No, por favor! ¡No se laven el pelo!**

1. despertarse a las 5   5. afeitarse
2. levantarse temprano   6. sentarse en la sala
3. quitarse la ropa   7. bañarse con el perro
4. ponerse la ropa de papá   8. vestirse para una fiesta

C. En la universidad. Give advice to friends who are just entering the university. Tell them when or with what frequency they ought to do the following things in order to succeed.

MODELO   estudiar
        Compañero(-a):   **¿Necesitamos estudiar?**
                Usted: **Sí, estudien todos los días.**

asistir a clase / aprender las lecciones / ir a una fiesta / acostarse a las dos de la mañana / poner la televisión / preocuparse / hacer la tarea / salir con amigos

D. El campamento. As a counselor in a camp for Spanish-speaking children, it is your job to tell the children when they must get up and get dressed, what to wear, when to bathe, and so on. Give at least six commands to the children using as many reflexive verbs as you can.

DENYING AND CONTRADICTING

Indefinite and Negative Expressions

You have already learned to deny or contradict a statement by using the words **no** and **nunca**. There are many other negative words and phrases such as *no one*, *nothing*, or *neither* which deny the existence of people and things. These negatives are frequently contrasted with indefinite words and phrases such as *someone*, *something*, or *either* that refer to non-specific people and things.

Indefinite Expressions		*Negative Expressions*	
algo	*something*	nada	*nothing*
alguien	*someone*	nadie	*no one, nobody*
algún	*any, some, someone*	ningún	*no, none, no one*
alguno(-a)		ninguno(-a)	
algunos(-as)			
siempre	*always*	nunca	*never*
también	*also, too*	tampoco	*neither, not . . . either*
o...o	*either . . . or*	ni...ni	*neither . . . nor*

a. When a negative expression precedes the verb the following pattern is used:

| Negative + Verb phrase |

Nunca me levanto tarde.   *I never get up late.*
Nadie lleva tanta ropa.   *No one wears so much clothing.*

When a negative expression follows the verb the pattern is:

| No + Verb phrase + Negative |

No me levanto tarde **nunca**.   *I never get up late.*
No veo a **nadie**.   *I don't see anyone.*

b. Indefinite expressions are frequently used in questions while the negative expressions often occur in answers.

—¿Quieres comer **algo**?   *Do you want to eat something?*

—No, no quiero comer **nada**.   *No, I don't want to eat anything.*

—¿Quieres ponerte el suéter **o** el abrigo?   *Do you want to put on your sweater or your coat?*

—**No** quiero ponerme **ni** el suéter **ni** el abrigo.   *I don't want to put on either the sweater or the coat.*

c. **Algún** and **ningún** are used before masculine singular nouns.

Algún día voy a comprar un coche magnífico.   *Some day I'm going to buy a wonderful car.*

Forms of **alguno** may be used in the singular or plural; forms of **ninguno** are generally used only in the singular.

—¿Vas a comprar **algunos** suéteres para el invierno?   *Are you going to buy some sweaters for the winter?*

—No, no voy a comprar **ningún** suéter para el invierno.   *No, I'm not going to buy any sweaters for the winter.*

d. **También** is used to confirm an affirmative statement.

—Siempre me arreglo rápidamente.   *I always get ready quickly.*
—**Yo también.**   *Me too. (I do too.)*

Tampoco is used to confirm or agree with a negative statement.

—No puedo levantarme temprano.   *I can't get up early.*
—**Yo tampoco.**   *Me neither. (Neither can I.)*

EN CONTEXTO

Madre Vístanse para ir a jugar.

Laura Sí, pero ¿qué hago yo? **No** tengo **nada** que me quede bien. Todo me va chico **o** no me gusta.

PRÁCTICA Y CONVERSACIÓN

A. Yo también. In order to please your classmate, you always agree with everything he/she says. Confirm the following statements.

> MODELO   Compañero(-a): **No puedo levantarme temprano.**
> Usted: **Yo tampoco.**

1. Me preocupo mucho por mis clases.
2. Nunca me levanto temprano los sábados.
3. Siempre me divierto en las fiestas estudiantiles.
4. No puedo comer mucho por la mañana.
5. No me gusta quejarme de mi familia.
6. Siempre me pongo algo informal para ir a clase.

B. ¿Cómo es Felipe? You and your roommate can't agree about what Felipe is like. Whatever you say, your roommate contradicts.

> MODELO   Usted: **Felipe siempre estudia en la biblioteca.**
> Compañero(-a): **Felipe nunca estudia en la biblioteca.**

1. Felipe siempre se levanta tarde.
2. Tiene muchos primos en la universidad.
3. Siempre se viste bien.
4. Se pone una chaqueta y pantalones o un traje para ir a clase.
5. También lleva corbata.
6. Es muy activo—siempre hace algo.

C. Entrevista. Hágale preguntas a un(-a) compañero(-a).

Pregúntele...

1. si se levanta tarde los sábados. ¿y los domingos también?
2. si tiene algunos amigos en Bolivia.
3. si sale con alguien todas las noches.
4. si siempre se pone un vestido/un traje para ir a clase.
5. si tiene algo que hacer esta noche. ¿y mañana?
6. si practica el español antes o después de clase.

PUENTE CULTURAL

El paseo

El paseo es una costumbre muy común en todo el mundo hispano. A todos, grandes y niños, jóvenes y viejos les encanta salir de paseo° por la calle principal de la ciudad o el pueblo. Los sábados y los domingos antes y después de la cena es cuando todos aparecen en la plaza central y en las calles a su alrededor°. Los padres caminan lentamente mientras miran los escaparates. Los niños se divierten corriendo entre sus padres y su grupo de amigos. Y los jóvenes salen en grupos de amigos para charlar° y coquetear°. Muchas veces el paseo termina en un café al aire libre° donde se sientan a tomar un refresco y descansar antes de regresar a sus casas. Si Ud. visita una ciudad o pueblo hispano debe pasear por la plaza principal al atardecer° los fines de senama para conocer mejor el espíritu de fiesta hispano.

to go for a stroll

around

chat / flirt
open air café

dusk

COMPRENSIÓN CULTURAL

Complete las siguientes oraciones con la información del **Puente cultural**.

1. El paseo es una costumbre muy común _____.
2. A _____ les encanta salir de paseo.
3. Todos aparecen en la plaza central _____.
4. Los padres caminan _____ y miran _____.

5. _____ corren entre sus padres y _____.
6. Los jóvenes salen _____ para _____ y coquetear.
7. Muchas veces el paseo termina en _____. Allí todos _____ para tomar _____ y _____.
8. Para conocer mejor el espíritu de fiesta hispano un(-a) turista debe _____.

CUARTO ENCUENTRO

P A R A   L E E R   B I E N • *Words ending in* -dad *and* -tad

> The Spanish endings **-dad** and **-tad** correspond to the ending **-ty** in English. Recognition of this suffix will help you discover the meaning of many words that are similar in both languages.

PRÁCTICA

¿Cómo se dice en inglés?

1. la claridad	4. la autenticidad	7. la capacidad
2. la libertad	5. la formalidad	8. la vanidad
3. la solidaridad	6. la realidad	9. la universidad

LECTURA   La dignidad

Uno de los valores° tradicionales más importantes de la cultura hispana es «la dignidad de la persona». Éste es un concepto básico del espíritu hispano que se refiere a la convicción profunda° que cada persona tiene su propio° valor° como ser humano°. — values / deep / own / worth / human being

El amor propio° del hispano se puede observar en su forma de hablar, de vestirse, de arreglarse, de comportarse° y de tratar° a otras personas. En el lenguaje, por ejemplo, se usan títulos como «don», «doña», «profesor» o «ingeniero» en toda conversación. Existe además una tendencia a usar frases y expresiones indirectas y diplomáticas para no ofender o ser descortés°. ¡Qué diferente de la idea norteamericana de expresarse con claridad y sin rodeos°. — self-esteem / behaving / treating / discourteous / circumlocutions

Los niños aprenden, desde pequeños, los rituales y las convenciones sociales de cortesía° y respeto. Ser descortés con alguien es una ofensa contra su dignidad. Pero, a pesar de° esta enseñanza algunos jóvenes se rebelan contra la formalidad estricta de sus padres y abuelos. Para ellos la dignidad se expresa de otra forma. Ellos buscan una autenticidad que no sea superficial, una forma de ser que no sea exterior, sino interior. — courtesy / in spite of

Finalmente, la dignidad es también algo que va más allá de lo personal.
Es el orgullo° de sentirse identificado° con un grupo. Para los mexico-
americanos es «la raza», para los hispanoamericanos es «la patria°», para
los españoles es «su región» y para todos en general es «la familia».

pride / identified
country

PRÁCTICA Y COMPRENSIÓN

¿Comprende Ud.? Indique la frase que **no** complete la oración correctamente.

1. Una idea principal de la **Lectura** es

    a. el amor propio de los hispanos.
    b. la importancia de la dignidad.
    c. el uso de títulos en una conversación.

2. En la cultura hispana, la dignidad de la persona es un valor

    a. importante.
    b. tradicional.
    c. nuevo.

3. La dignidad se puede ver en

    a. los jóvenes rebeldes.
    b. los niños bien educados.
    c. el lenguaje y el trato con otras personas.

4. Los hispanos se expresan con frases indirectas porque

   a. no quieren ser descorteses.
   b. no quieren ofender a la otra persona.
   c. no les gusta la claridad en la conversación.

5. Los padres les enseñan a los niños a

   a. respetar a las personas mayores.
   b. ser corteses.
   c. ser informales con todos.

6. Algunos jóvenes buscan

   a. la autenticidad.
   b. la dignidad interior.
   c. la formalidad de sus padres y abuelos.

7. La dignidad es parte del orgullo que se siente por

   a. la familia.
   b. el grupo.
   c. la casa.

ACTIVIDADES

A. **La rutina.** Fill in the chart with your daily and weekly routine. Count the times per day and per week that you do each activity and explain how long it takes to do each activity. How much time per day and per week do you spend getting ready?

LA RUTINA

	Veces al día	Minutos al día	Veces a la semana	Minutos a la semana
Lavarse los dientes				
Bañarse/ducharse				
Lavarse la cabeza				
Secarse el pelo				
Peinarse				
Afeitarse				
Vestirse				
	TOTAL		TOTAL	

B. **La residencia estudiantil por la mañana.** You are a reporter for a talk show and are spending a week on a college campus. This morning you are in a co-ed dorm. As the students leave the dorm for class, interview five of them to find out what they did to get ready for class. You only have about one minute per interview; prepare interesting questions to find out when they got up, what they put on and why, what they did and how long they took to get ready for class.

C. **La residencia estudiantil por la noche.** Later that evening interview five people as they leave the dorm for a party. Find out the same information. Comment about their clothing and describe the differences in their morning and evening routines.

D. **Para vestirse bien.** You are conducting a workshop for college students on good grooming. Three students will ask you how to prepare for the following situations: a job interview, a special date, to impress fellow classmates. Tell them what to do to get ready, what to wear, and how to have a good time.

PARA ESCRIBIR BIEN • *Sequencing Events*

When writing about events in the present or past, you often need to explain in what order the various activities take or took place. The following expressions can be used to indicate the proper sequence of activities.

primero	*first*
antes de + *infinitive*	*before* + *-ing* form of verb
el primer día / mes / año	*the first day / month / year*
la primera hora / semana	*the first hour / week*
la segunda hora / semana	*the second hour / week*
el tercer día / mes / año	*the third day / month / year*
luego / después	*then / later / afterwards / next*
más tarde	*later*
después de + *infinitive*	*after* + *-ing* form of verb
a la(-s) _____	*at _____ o'clock*
por fin / finalmente / por último	*finally / last*

COMPOSICIONES

A. **La residencia estudiantil por la noche.** After completing **Actividad C** orally, write up your interviews as an article for the Hispanic student newspaper. Place the activities in the proper sequence.

B. **Un colegio privado.** You are the director of a boarding school for teenage girls / boys. Write a list of 10–12 rules concerning daily routine, dress code, and general behavior for the students. Place the activities in the proper sequence.

C. **El diario.** Write a one-page diary entry for yesterday. Explain in the proper sequence the things that you did; include your daily routine.

VOCABULARIO ACTIVO

La ropa

el abrigo	coat
la bata	robe
la bufanda	scarf
el guante	glove
la pantufla	slipper
el pijama	pajamas
el sombrero	hat

El cuerpo — The body

la cabeza	head
la cara	face
el diente	tooth
la mano	hand
el pelo	hair

Otros sustantivos

el anillo	ring
el despertador	alarm clock
la deuda	debt
la ducha	shower
la nieve	snow

La rutina diaria — Daily routine

acostarse (ue)	to go to bed
afeitarse	to shave
arreglarse	to get ready
bañarse	to take a bath
cepillarse	to brush (oneself)
despertarse (ie)	to wake up
dormirse (ue, u)	to go to sleep
ducharse	to take a shower
lavarse	to wash (oneself)

levantarse	to get up
maquillarse	to put on makeup
peinarse	to comb one's hair
ponerse	to put on
quitarse	to take off
secarse	to dry (oneself)
vestirse (i, i)	to get dressed

Otros verbos

dedicarse a	to devote oneself to
desayunar	to have breakfast, to eat breakfast
descubrir	to discover
despedirse (i, i)	to say good-bye
divertirse (ie, i)	to have a good time
hacerse	to become
irse	to go away, leave
llamarse	to be called, be named
morir (ue, u)	to die
preocuparse (por)	to worry (about)
quejarse (de)	to complain (about)
sentarse (ie)	to sit down
sentirse (ie, i)	to feel
sonar (ue)	to ring

Adverbios

completamente	completely
fácilmente	easily
finalmente	finally
frecuentemente	frequently
generalmente	generally
inmediatamente	immediately

Otras expresiones

a la semana	*per week; a week*
A sus órdenes.	*At your service.*
afucra	*outside*
ancho	*wide*
angosto	*tight*
corto	*short*
de vez en cuando	*from time to time*
entendido	*understood*
Es todo por ahora.	*That's all for now.*
luego	*then, afterwards*

Me queda bien.	*It looks good on me.*
Me va chico.	*It's small on me.*
perezoso	*lazy*
por último	*finally*
por última vez	*for the last time*
primero	*first*
tanto(-a)	*so much*
tantos(-as)	*so many*
tener prisa	*to be in a hurry*
último	*last (in a series)*

 *A recordar*

Review the following situations and tasks that have been presented and practiced in this chapter.

- Discuss and describe daily routine in the present and past.
- Give commands to one person you address with a title + last name or to two or more persons you address with a first name or title + last name.
- Deny and contradict something someone has said.
- Discuss how clothing fits or looks on you.
- Express the sequence of actions and events.

CAPÍTULO 9
La vida en casa

Cultural Theme: Hispanic home life

Communicative Goals:
- Describing a house or apartment
- Expressing hope, need and opinion
- Indicating to whom or for whom actions are done
- Expressing endearment

✳ *A pensar*

- What does typical housing look like in our culture? In what way does the housing reflect life style?
- In English when we express a wish, hope, or opinion about someone or something, what verb form is often used? *I wish **I were** in Mexico right now. It's important that **you study** a lot.*
- What are some expressions we commonly use when we ask someone to help us?
- What part of speech is used to indicate to whom or for whom actions are done? *My friend Elena did **me** a favor and so I sent **her** some flowers.*
- When speaking to or about children, what endings are often added to names and words to make them seem more appealing? ***Johnny**, look at the **kitty** over there.*

PRIMER ENCUENTRO

PRESENTACIÓN   Mi nueva casa

Ignacio Hurtado habla de su casa.

Mi familia es de España pero ahora vivimos en Nueva York en una casa de dos **pisos**; es muy moderna y **típica** de los EE.UU. Nuestra casa aquí es muy **distinta** de la casa de España. Aquí tenemos más cuartos. Tenemos un **sótano** con una **sala de recreo** donde mis amigos y yo **tocamos la guitarra**,

stories / ✛
different
basement / recreation room /
tocar = to
play / ✛

escuchamos música y a veces **charlamos**. Es muy bueno que **yo tenga** un lugar **cómodo** y **privado** para estar con mis amigos. También tenemos una **sala de estar** con una **chimenea** muy bonita. Pero, ¡qué sorpresa para nosotros! ¡El **patio** está en el **jardín**!

charlar = to chat / I have / comfortable / private / family room / fireplace ✛ / yard, garden

| A veces no **entro** en mi casa por la puerta. | Siempre **subo** a mi cuarto por la escalera. | Pero a veces **bajo** de esta manera. | **Espero** a mis padres en la sala. | **esperar** = to wait for |

Comentarios lingüísticos y culturales

a. A traditional Spanish-style house is generally constructed around an interior **patio**. In addition, the house has a balcony on the upper floor, a tiled roof, and windows and doors covered with iron grillwork. Older Spanish-style houses which were constructed in the heart of a town or city do not have a yard; they were built to occupy the entire lot and the walls begin at the edge of the street or where the neighboring buildings end.

b. The word **el cuarto** has the general meaning *room*. In some countries **el cuarto** can also mean *bedroom*.

c. **Entrar** is followed by **en** when a location is mentioned.

> **Entramos en** el comedor a las seis.   *We enter the dining room at 6:00.*

PRÁCTICA Y CONVERSACIÓN

A. ¿Comprende Ud.? Conteste según la información en la **Presentación**.

1. ¿De dónde es Ignacio Hurtado? ¿Dónde vive ahora?
2. ¿Cuántos pisos tiene su casa? ¿Es una casa típica de España?
3. ¿Cómo es distinta su casa en Nueva York de su casa en España?
4. ¿Qué hacen Ignacio y sus amigos en la sala de recreo?
5. ¿Dónde está el patio en la casa de Ignacio? ¿En España dónde están los patios?

B. Asociaciones. Escoja dos palabras que se asocian con la primera palabra de la lista. *(Choose two words that are associated with the first word in the list.)*

1. la escalera   (a) subir   (b) charlar   (c) bajar
2. la ventana   (a) ver   (b) mirar   (c) traer
3. la puerta   (a) salir   (b) practicar   (c) entrar
4. el comedor   (a) viajar   (b) comer   (c) beber
5. la cocina   (a) preparar   (b) comprar   (c) la comida
6. tocar   (a) la música   (b) el techo   (c) la guitarra

C. Los cuartos. Conteste las preguntas siguientes.

¿En qué cuarto de su casa...

1. duerme Ud.?   4. escucha Ud. música?   7. prepara Ud. la comida?
2. hace Ud. la tarea?   5. come Ud.?   8. mira Ud. la televisión?
3. charla Ud. con amigos?   6. baila Ud.?   9. tiene Ud. una fiesta?

D. Entrevista. Hágale preguntas sobre su casa a un(-a) compañero(-a) de clase.

Pregúntele...

1. cuántos cuartos hay en su casa. ¿Cuáles son?
2. cuántos pisos tiene su casa.
3. si hay una chimenea en su casa. ¿Dónde?
4. cuál es su cuarto favorito. ¿Por qué?
5. cómo es la sala. ¿y la cocina?
6. si hay un garaje. ¿Para cuántos coches?
7. si tiene un lugar cómodo y privado en su casa.

SONIDOS • ga, go, gu

At the beginning of a word or group of words or after **n** or **m**, the Spanish **g** + a consonant or the vowels **a, o, u** is pronounced like the *g* in the English word *gas*. The sound is represented phonetically as [g].

In other positions the **g** + consonant or **a, o, u** is pronounced like the *g* in the English word *sugar*; it is represented phonetically as [ǥ].

PRÁCTICA

Escuche y repita después de su profesor(-a).

[g]   garaje   gordo   Guillermo   guitarra   gracias

[ǥ]   regresar   lugar   Ignacio   amigo

[g] and [ǥ]   Es muy bueno que Ignacio tenga un lugar cómodo y privado.
              Mis amigos y yo regresamos para tocar la guitarra.

ESTRUCTURAS

EXPRESSING POSSIBILITY

Present Subjunctive of Regular-*ar* Verbs

The present tense verbs that you have been using up to this point have been in the *indicative mood*. The indicative mood is used for statements and questions that are objective or factual.

Regresamos a casa a las dos.   *We are returning home at 2:00.*

The *subjunctive mood* is used for subjective or doubtful statements and questions.

Es posible que regresemos a casa a   *It's possible that we will return home at 2:00.*
las dos.

The expression **es posible** is one of many Spanish expressions that can create a doubtful situation and require the use of the subjunctive mood.

The forms of present tense verbs in the subjunctive mood are different from present tense verbs in the indicative mood.

Indicative

Esperan en la sala.   *They are waiting in the living room.*

Subjunctive

Es posible que **esperen** en la sala.   *It's possible that they will wait (are waiting) in the living room.*

PRESENT SUBJUNCTIVE: REGULAR -ar VERBS

Es posible que	yo	**espere**	en la sala.
Es posible que	tú	**esperes**	en la sala.
Es posible que	él ella Ud.	**espere**	en la sala.
Es posible que	nosotros nosotras	**esperemos**	en la sala.
Es posible que	vosotros vosotras	**esperéis**	en la sala.
Es posible que	ellos ellas Uds.	**esperen**	en la sala.

a. To obtain the stem for the present subjunctive, drop the **-o** ending from the first-person singular of the present indicative tense: **espero** > **esper-**.

b. To form the present subjunctive of **-ar** verbs, add the following endings to the stem: **-e, -es, -e, -emos, -éis, -en**. For **-ar** verbs the vowel of the present subjunctive endings is that of **-er** verbs in the present indicative. Note that the **Ud.** and **Uds.** commands are formed in the same way as the present subjunctive.

c. Several **-ar** verbs have irregular subjunctive forms.

PRESENT SUBJUNCTIVE: SOME IRREGULAR -ar FORMS

DAR	ESTAR	*Verbs ending in-car like* BUSCAR	*Verbs ending in -gar like* LLEGAR	*Verbs ending in -zar like* EMPEZAR
dé	esté	busque	llegue	empiece
des	estés	busques	llegues	empieces
dé	esté	busque	llegue	empiece
demos	estemos	busquemos	lleguemos	empecemos
deis	estéis	busquéis	lleguéis	empecéis
den	estén	busquen	lleguen	empiecen

1. **Dar** has written accent marks on the first- and third-person singular forms to distinguish these forms from the preposition **de**.
2. **Estar** has written accent marks on all forms except the first-person plural.
3. Verbs ending in **-car** change the **c** to **qu**. Verbs ending in **-gar** change the **g** to **gu**. Verbs ending in **-zar** change the **z** to **c**.

EN CONTEXTO

—¿Dónde van a escuchar música mañana?
—Es posible que **escuchen** discos en la sala de estar.

PRÁCTICA Y CONVERSACIÓN

A. Un sábado en casa. Explain what the following people may do Saturday evening.

1. ¿Quiénes van a estar en casa? Es posible que Uds. estén en casa.
   nosotros / tú / unos compañeros / Silvio / yo
2. ¿Quiénes van a mirar la televisión? Es posible que tú mires la televisión.
   mi amigo / nosotros / los niños / yo / Federico y tú
3. ¿Quiénes van a tocar la guitarra? Es posible que Manolo toque la guitarra.
   tú / Luis y yo / mis amigas / yo / Uds.

B. Unas posibilidades. Haga por lo menos seis oraciones usando una frase de cada columna.

A	B	C	D
Es posible que	Nicolás y yo	estar	en casa
	tú	entrar	en la sala
	mis hermanas	tocar la guitarra	en la sala de estar
	yo	escuchar discos	en la cocina
	mi madre	charlar con amigos	en mi cuarto
	Uds.	preparar la comida	
		practicar el piano	

C. Esta noche. Find out what your classmates may or may not do this evening.

>   MODELO   escuchar música
>   Usted: **¿Van a escuchar música Uds.?**
>   Compañero(-a):   **Sí, es posible que escuchemos música.**

1. charlar con unos amigos
2. tocar la guitarra
3. visitar a la familia
4. tomar algo en un café

5. regresar a casa
6. preparar la tarea
7. descansar un poco
8. bailar en una discoteca

EXPRESSING HOPE AND OPINION

Subjunctive Used with Impersonal Expressions

In order to express hope and opinion about the actions of others, you will need to use the subjunctive in Spanish.

a. You have learned that an impersonal expression such as **es posible** can be followed by an infinitive: **Es posible regresar mañana.** You have also learned that **es posible** can be followed by a verb in the subjunctive mood: **Es posible que Uds. regresen mañana.** An impersonal expression is followed by an infinitive when there is no change of subject. When there is a change of subject, and when a subjective or doubtful situation is created, the subjunctive is used.

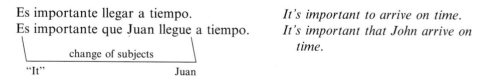

Es importante llegar a tiempo.   *It's important to arrive on time.*
Es importante que Juan llegue a tiempo.   *It's important that John arrive on*
                                          time.

change of subjects
"It"   Juan

Note that the impersonal expression is followed by **que** when the subjunctive is used.

b. In English an impersonal expression may be followed by a variety of verb forms. Compare the following examples.

Es bueno que estudie en su cuarto.	*It's good that he is studying in his room.*
Es necesario que estudie en su cuarto.	*It's necessary that he study in his room.*
Es importante que estudie en su cuarto.	*It's important for him to study in his room.*

c. The expression **ojalá que** meaning *it is to be hoped that* or *I hope that* creates a doubtful situation and will always be followed by a subjunctive form.

Ojalá que Julia **esté** en su cuarto.   *I hope that Julia is in her room.*

In conversational Spanish **ojalá** is often used without **que** while in written language the **que** is generally included.

EN CONTEXTO

Ignacio Hurtado   Tenemos un sótano con una sala de recreo donde mis amigos y yo tocamos la guitarra, escuchamos música y a veces charlamos. **Es muy bueno que yo tenga** un lugar cómodo y privado.

PRÁCTICA Y CONVERSACIÓN

A. Unas actividades probables. You need to locate various people to talk with them later today. Ask a classmate where these people will be. Your classmate will explain their location and what they will probably be doing.

MODELO   Cristina / en su cuarto / escuchar la radio
Usted: **¿Va a estar en su cuarto Cristina?**
Compañero(-a):   **Sí. Es probable que escuche la radio.**

1. Eduardo / en la sala / charlar con sus amigos
2. mis hermanos / en la sala de estar / mirar la televisión
3. mi madre / en la cocina / preparar la comida
4. mi padre / en el sótano / trabajar un poco
5. Carolina / en su cuarto / hablar por teléfono
6. Fernando / en la sala de recreo / tocar la guitarra

B. Un(-a) psiquiatra. You are a child psychiatrist. A worried mother complains to you about the unusual behavior of her children. Explain to the mother what behavior is better for the children.

> MODELO   Compañero(-a): Mi hija prepara la tarea en el garaje. / su cuarto
> Usted: **Pues, es mejor que ella prepare la tarea en su cuarto.**

1. Mis hijos practican la guitarra en el baño. / la sala de estar
2. Mi hija charla con su novio en su cuarto. / la sala
3. Mi hijo entra en casa por la ventana. / la puerta
4. Mis hijos bailan en el garaje. / la sala de recreo
5. Mis hijas miran la televisión en el jardín. / su cuarto

C. Opiniones. Complete las oraciones de una manera lógica.

1. Es posible que yo _____.
2. Es importante que mis compañeros y yo _____.
3. Es difícil que yo _____.
4. Ojalá que mi profesor(-a) de español _____.
5. Es bueno que mis padres _____.
6. Es ridículo que _____.

D. ¿Qué creen sus compañeros de clase? Find out your classmates' opinions about student behavior.

Pregúnteles...

1. si es malo que bailen en las discotecas.
2. si es bueno que llamen a sus padres todos los días.
3. si es mejor que caminen a la universidad.
4. si es ridículo que miren la televisión cuando estudian.
5. si es importante que viajen a otros países.
6. si es bueno que inviten a sus novios(-as) a sus cuartos.

SEGUNDO ENCUENTRO

PRESENTACIÓN   Arreglemos° la casa

Let's straighten up

Modesto	Va a venir mucha **gente** a esta fiesta el sábado. No sé dónde vamos a poner a tantas° personas. ¿Y qué vamos a hacer con todas estas cosas?	people / so many
Jerónimo	Podemos cambiar° de lugar los **muebles** de la sala.	we can change / furniture
Concepción	Sí, pero ¿dónde los ponemos?	
Modesto	Pongan **el sofá contra** la pared, la mesa del comedor en la cocina y la mesa de la cocina en el patio. **Así** hay más lugar en el comedor y en la sala.	+ / against In this way

Jerónimo	Podemos poner esta **lámpara al lado del estéreo**.	lamp / next to / stereo set
Concepción	¿Qué hacemos con este **sillón** y **el televisor**?	armchair / television set
Modesto	Pongan el televisor **sobre la cómoda** en mi cuarto y es necesario que ese sillón esté cerca del **piano**.	on top of / dresser ✛
Jerónimo	Generalmente **sacamos la alfombra** de la sala. Así bailamos sin problemas.	**sacar** = to take out / rug
Concepción	¿Dónde vamos a poner la comida y la bebida?	
Modesto	Las bebidas van en **el refrigerador** y la comida puede estar sobre **la cocina** y en la mesa.	refrigerator stove
Jerónimo	Buena idea. Ojalá que todo salga° bien. Va a ser muy **divertido**.	turns out enjoyable

PRÁCTICA Y CONVERSACIÓN

A. ¿Comprende Ud.? Conteste según la **Presentación**.

1. ¿Quiénes preparan una fiesta?
2. ¿Cuándo es la fiesta?
3. ¿Por qué deben cambiar de lugar los muebles?
4. ¿Dónde es necesario que esté el sillón?
5. ¿Por qué van a sacar la alfombra de la sala?

B. ¿Dónde ponemos esto? Use the dialogue to explain where Modesto, Jerónimo, and Concepción plan to move the furniture.

> MODELO   la mesa del comedor
> **Van a poner la mesa del comedor en la cocina.**

el televisor / la mesa de la cocina / la lámpara / el sofá / el sillón

C. Mi cuarto. Tell your classmates what your room is like at the university or at home. Explain what furniture there is, what colors are used, and if there is sufficient furniture.

D. Entrevista. Hágale preguntas sobre su casa a un(-a) compañero(-a) de clase y su compañero(-a) debe contestar.

Pregúntele...

1. qué muebles hay en la sala de su casa / apartamento.
2. cuántos teléfonos hay en su casa y dónde están.
3. cuántos televisores y radios hay en su casa y dónde están.
4. qué muebles usa para estudiar.
5. qué hay en la cocina de la casa.
6. cómo es la sala. ¿Qué muebles hay?

ASÍ SE HABLA

EXPRESSING SPATIAL RELATIONS

These are some words used to describe location.

El televisor está **sobre** la cómoda.	sobre	*on (top of)*
La mesa está **en** el comedor.	en	*in*
La lámpara está **al lado del** estéreo.	al lado de	*next to*
El sofá está **contra** la pared.	contra	*against*
El sillón está **cerca del** piano.	cerca de	*near (to)*
Hay un coche **delante de** la casa.	delante de	*in front of*
El garaje está **detrás de** la casa.	detrás de	*behind*
El coche está **lejos de** aquí.	lejos de	*far from*

PRÁCTICA Y CONVERSACIÓN

A. La mudanza. You are moving into a new home and must tell the movers where to put the furniture. Refer to the list on page 283, and use commands and prepositions as in the model.

> MODELO   la mesa
> Compañero(-a):   **¿Dónde pongo la mesa?**
> Usted: **Ponga la mesa en el comedor contra la pared.**

el piano / el estéreo / el sillón / la lámpara grande / la alfombra oriental / la cómoda / el refrigerador

B. Mi casa. Complete las oraciones para describir su casa.

1. Sobre la cómoda en mi cuarto hay _____.
2. Hay una lámpara al lado de _____.
3. Delante de la casa hay _____.
4. Detrás de la casa hay _____ y _____.
5. En el comedor hay _____ y _____.
6. _____ está cerca del sofá.
7. El refrigerador está contra _____.
8. Mi cuarto está lejos de _____.

SONIDOS • j, ge, gi

The Spanish **j** and **g** before **e** or **i** as well as the **x** in **México** and **Texas** are similar to the English *h* in *house*. However, in some Spanish dialects, the sound is more pronounced and similar to the sound you make when breathing on a pair of glasses to clean them.

PRÁCTICA

Escuche y repita después de su profesor(-a).

j	ojalá garaje jardín bajar
ge, gi	gente refrigerador generalmente página
x	México Texas mexicano
j, ge, gi	Ojalá que venga mucha gente a la fiesta el jueves. El garaje de Jerónimo está lejos del jardín.

ESTRUCTURAS

EXPRESSING NEED, OPINION, AND ADVICE

Present Subjunctive of Regular -er and -ir Verbs Plus ir, saber, and ser

You will need to learn the forms for the present subjunctive of regular **-er** and **-ir** verbs and the irregular verbs in order to express your opinions or give advice regarding the activities of other people.

PRESENT SUBJUNCTIVE: REGULAR -er *AND* -ir *VERBS*
SOME IRREGULAR VERBS

APRENDER	ESCRIBIR	IR	SABER	SER
aprenda	escriba	vaya	sepa	sea
aprendas	escribas	vayas	sepas	seas
aprenda	escriba	vaya	sepa	sea
aprendamos	escribamos	vayamos	sepamos	seamos
aprendáis	escribáis	vayáis	sepáis	seáis
aprendan	escriban	vayan	sepan	sean

a. To form the present subjunctive of **-er** and **-ir** verbs, add the following endings to the stem: **-a, -as, -a, -amos, áis, -an**. The vowel of these present subjunctive endings is that of **-ar** verbs in the present indicative.

b. Many verbs that are irregular in the present indicative are regular verbs in the present subjunctive since they form the stem in a regular manner: **hacer** > **haga**; **poner** > **ponga**; **salir** > **salga**; **traer** > **traiga**; **ver** > **vea**.

c. The following three verbs have an irregular stem for the present subjunctive: **ir** > **vay-**; **saber** > **sep-**; **ser** > **se-**.

EN CONTEXTO

Modesto Las bebidas van en el refrigerador y la comida puede estar sobre la cocina y en la mesa.

Jerónimo Buena idea. Ojalá que todo **salga** bien.

PRÁCTICA Y CONVERSACIÓN

A. La casa de los Méndez. You are an interior decorator, and the Méndez family has just hired you to decorate their home. Explain what you must do.

> **MODELO** ir a su casa
> **Es necesario que yo vaya a su casa.**

discutir mis ideas con ellos / ver muchos muebles / hacer una lista de ideas / vender las sillas viejas / traer una alfombra nueva / poner unos muebles nuevos en la sala

B. En una fiesta. A socially inept roommate tells you what he or she plans to do at a party this evening. You try to persuade him or her not to do the activities.

> **MODELO** poner la televisión
> Compañero(-a): **Creo que voy a poner la televisión.**
> Usted: **Es mejor que no pongas la televisión.**

venir temprano / beber mucha cerveza / no traer un regalo / subir a los dormitorios / comer en la sala / discutir religión / no decir la verdad / salir tarde / ¿?

C. **Un muchacho de cinco años.** You must baby-sit a rather mischievous five-year-old boy who speaks only Spanish. Using expressions that require the subjunctive, explain to the child how he should behave or how you hope he will.

> MODELO   no hablar por teléfono
> **Es mejor que no hables por teléfono.**

ser bueno / no comer en la cama / mirar la televisión / no escribir en la pared / no bailar sobre la mesa / no salir de casa / ¿?

D. **El sábado próximo.** Explain to your classmates what you and your friends will possibly do this Saturday.

> MODELO   **Es posible que comamos en un restaurante.**

EXPRESSING HOPE AND OPINION

Subjunctive of Stem-Changing Verbs

You have learned to use the subjunctive to express opinions and hopes. You can use the subjunctive of stem-changing verbs to express ideas such as it is necessary for your sister to come home early this evening or you hope that your friends will have a good time this weekend.

Subjunctive: Stem-Changing Verbs in -ar: e → ie **RECOMENDAR**		*Subjunctive: Stem-Changing Verbs in* -er: o → ue **VOLVER**	
recomiende	recomendemos	vuelva	volvamos
recomiendes	recomendéis	vuelvas	volváis
recomiende	recomienden	vuelva	vuelvan

In the present subjunctive **-ar** and **-er** stem-changing verbs make the same vowel changes as they do in the present indicative. That is, the **e → ie** and **o → ue** when that vowel is stressed. All forms undergo the change except the first- and second-person plural forms.

Es importante que la fiesta **empiece** a las 9.   *It's important that the party begin at 9:00.*

SUBJUNCTIVE: STEM-CHANGING VERBS IN -ir

e → ie **PREFERIR**	o → ue **DORMIR**	e → i **SERVIR**
prefiera	duerma	sirva
prefieras	duermas	sirvas
prefiera	duerma	sirva
prefiramos	durmamos	sirvamos
prefiráis	durmáis	sirváis
prefieran	duerman	sirvan

In the present subjunctive stem-changing **-ir** verbs do not follow the same pattern as they do in the present indicative. The **nosotros** and **vosotros** forms change e → i and o → u.

EN CONTEXTO

Concepción   Ojalá que todos **se diviertan**. Va a ser una fiesta muy buena.

PRÁCTICA Y CONVERSACIÓN

A. En una fiesta. Ud. va a dar una fiesta. Explique sus opiniones sobre lo que debe pasar.

1. Ojalá que todos se diviertan.

   tú / mis amigos / Lisa / yo / nosotros

2. Es importante que Ana no se duerma durante la fiesta.

   yo / los Gómez / Mario y yo / tú / Federico

3. Es necesario que Manolita sirva la comida pronto.

   mi mamá / yo / Uds. / nosotras / tú

B. Una fiesta en México. You are traveling with a group of tourists in Mexico and you have been invited to a party. Using impersonal expressions such as **es malo / ridículo / bueno / importante** express your opinion about the tourists' behavior in another culture.

> MODELO   Unos turistas quieren salir temprano.
> **Es una lástima que unos turistas quieran salir temprano.**

1. Unos turistas prueban platos nuevos.
2. Unos turistas piden leche con la comida.
3. Unos turistas vuelven al hotel a las ocho de la noche.
4. Muchos se divierten.
5. Algunos se duermen.
6. Otros empiezan a bailar.

C. En casa. You and two other friends are organizing a large party in your house / apartment. You plan to serve a meal and then dance. Role play the preparations for the party. Incorporate impersonal expressions + subjunctive into your conversation by explaining what is necessary / important / possible for each person to do.

TERCER ENCUENTRO

PRESENTACIÓN   ¿Quién hace los quehaceres domésticos°?   chores

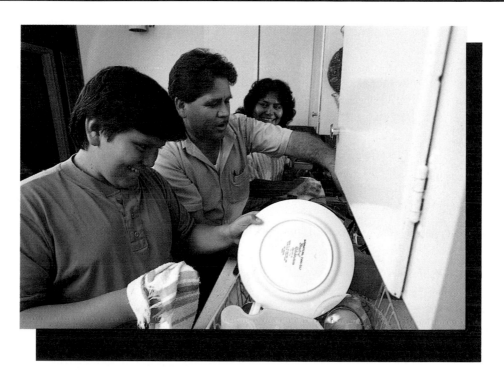

Madre	Chicos, todos deben **ayudar** a **limpiar** la casa. En pocas horas la abuela va a estar aquí.	to help / to clean
Antonio	¿Cuándo llega?	
Madre	Me dijo que va a llegar **a eso de** las 4.	about
Tomás	Antonio y yo vamos a trabajar juntos. ¿Que hacemos?	
Madre	Uds. dos **hagan las camas** y luego **arreglen** y **barran** su cuarto. Debe estar muy **limpio**.	make the beds / clean up / sweep / clean
Padre	Yo también te ofrezco mi **ayuda**.	help

Madre	Tú y Manuelita **saquen la basura** y luego **laven** los platos. Yo voy a lavar la ropa sucia y hacer la comida.	take out / garbage / wash
Manuelita	Mamita, yo pongo la mesa.	
Madre	No, es mejor que **sacudas** los muebles y **el estante para libros** en la sala. Si cada persona hace un poco no es mucho para nadie.	dust / book shelf

PRÁCTICA Y CONVERSACIÓN

A. ¿Comprende Ud.? Conteste según la información en la **Presentación**.

1. ¿Por qué deben limpiar la casa?
2. ¿Qué van a hacer Antonio y Tomás?
3. ¿Quiénes van a sacar la basura?
4. ¿Quiénes van a lavar los platos?
5. ¿Qué va a hacer la madre?
6. ¿Tiene que sacudir los muebles Antonio?

 B. ¿Y en su casa? ¿Quién hace los quehaceres domésticos en su casa?

MODELO		limpiar el baño
	Compañero(-a):	**En tu casa, ¿quién limpia el baño?**
	Usted:	**Mi madre limpia el baño.**

hacer las camas / sacudir los muebles / sacar la basura / barrer / lavar los platos / preparar la comida / lavar la ropa

C. ¡Qué sucio está mi cuarto¡ ¿Qué quehaceres domésticos hace Ud. los lunes? ¿los miércoles? ¿los jueves? ¿los fines de semana? ¿todos los días?

ASÍ SE HABLA

ENLISTING HELP

The following expressions can be used when you want to enlist someone's help.

Introductions for enlisting help

Tengo que pedirte un favor.

I have to ask you a favor.

Necesito pedirte un favor.

I need to ask you a favor.

Noun

¿Me puedes ayudar con + *noun*?

¿Me puedes ayudar con este problema?

Can you help me with this problem?

Infinitive

¿Me ayudarías a + *inf.*?	¿Me ayudarías a poner la mesa?	*Would you help me set the table?*
¿Podrías ayudarme a + *inf.*?	¿Podrías ayudarme a organizar la fiesta?	*Could you help me organize the party?*
¿Puedes ayudarme a + *inf.*?	¿Puedes ayudarme a hacer la tarea?	*Can you help me do the homework?*
¿Quisieras ayudarme a + *inf.*?	¿Quisieras ayudarme a arreglar mi cuarto?	*Would you like to help me clean my room?*

Subjunctive

Necesito que + *pres. subj.*	Necesito que limpien la casa, por favor.	*I need you to clean the house, please.*
¿Es posible que + *pres. subj.?*	¿Es posible que limpien la casa?	*Is it possible for you to clean the house?*

Command

Command form + **por favor**	Limpien la casa, por favor.	*Clean the house, please.*

PRÁCTICA

Ayúdenme, por favor. You are feeling very lazy. Ask other people to do your chores for you by forming at least five sentences using phrases from each column.

A	B	C
Necesito que	mi madre	sacar la basura
	mi novio(-a)	sacudir los muebles
	mi compañero(-a) de cuarto	hacer la cama
	mi padre	lavar mi ropa
	mi hermano(-a)	arreglar mi cuarto
		lavar mi coche
		barrer mi cuarto

A ESCUCHAR

These people need help. Listen to the way they request it and the way their friends answer them. Then complete the sentences accordingly.

1. —Vicente, te busqué por todas partes ayer y no te encontré. _____.
   —¡_____! ¿Qué pasa?
2. —Mira, te molesto porque _____.
   —Dime. ¿_____?

3. —Elena, _____ . ¿ _____
   _____ la fiesta de fin del semestre para el club de español?
   —Mm… _____ Pablo. Si es mucho trabajo, _____ .
   —¡ _____! Pepita y José van a arreglar el lugar para bailar.

ESTRUCTURAS

INDICATING TO WHOM AND FOR WHOM ACTIONS ARE DONE

Indirect Object Pronouns

When you indicate to whom you offer your help or for whom you do a favor, you use indirect object nouns and pronouns. In this section you will learn how to indicate these recipients of actions in Spanish.

Ana	**me**	dio un regalo.	*Ana gave a gift to me.*
Ana	**te**	dio un regalo.	*Ana gave a gift to you.* (fam. s.)
Ana	**le**	dio un regalo.	*Ana gave a gift to him, her, you.* (formal s.)
Ana	**nos**	dio un regalo.	*Ana gave a gift to us.*
Ana	**os**	dio un regalo.	*Ana gave a gift to you.* (fam. pl.)
Ana	**les**	dio un regalo.	*Ana gave a gift to them, you.* (formal pl.)

a. In both affirmative and negative sentences the indirect object pronoun is placed directly before a conjugated verb.

> —¿Por qué no **me** prestas tu suéter azul? Toda mi ropa está sucia.
> —**Te** presto mi suéter negro en vez del azul.

> *Why don't you lend me your blue sweater? All my clothes are dirty.*
> *I'll lend you my black sweater instead of the blue one.*

b. Indirect object pronouns are attached to the end of the affirmative commands. They precede negative commands. When an object pronoun is attached to the end of an affirmative command, a written accent mark is placed over the stressed vowel of that command.

> —Chicos, **tráiganme** los platos sucios pero **no me den** los vasos todavía.

> *Boys, bring me the dirty plates, but don't give me the glasses yet.*

c. When both a conjugated verb and an infinitive are used, the indirect object pronoun can precede the conjugated verb or can be attached to the end of the infinitive.

> Voy a mandar**te** una tarjeta. 〕
> **Te** voy a mandar una tarjeta. 〕 *I'm going to send you a card.*

d. Indirect object pronouns can be clarified or emphasized by using **a** + *prepositional pronoun.*

> **Le** doy este televisor **a él** y **a ti te** doy el estéreo.

> *I'm giving him the TV set and I'm giving you the stereo.*

e. In Spanish sentences that contain an indirect object noun, the corresponding object pronoun is used as well.

pronoun   noun

Pregúnte**le a su mamá** cuándo llega la abuelita.

Ask your mother when grandmother is arriving.

However, after the identity of the indirect object noun is made clear, the indirect object pronoun can be used alone.

Primero, **le** escribí una tarjeta **a mi abuela** y después **le** mandé un regalo.

First, I wrote a card to my grandmother and then I sent her a gift.

EN CONTEXTO

Hijos Pepe y yo también **te** ofrecemos nuestra ayuda.
Madre Muy bien. Tráigan**me** la ropa sucia de su cuarto.

PRÁCTICA Y CONVERSACIÓN

A. ¿A quién le trae los muebles? You drive the delivery truck for a furniture store. Explain what you have to do using the subjects provided.

1. ¿A quién le traes un sillón?
   Le traigo un sillón <u>a la Sra. Gómez.</u>

   a Silvia Rodríguez / a los Pérez García / al Dr. Guzmán / a ti

2. ¿A quién le das una lámpara nueva?
   Les doy una lámpara <u>a tus vecinos.</u>

   a Rebeca y a Fernando / a ti / a Rosa Meléndez / a Uds.

 B. Un servicio de limpieza. You have just moved into a new apartment. You interview a cleaning service to find out what they will do for you.

MODELO	explicar sus servicios
Usted:	**¿Van a explicarme los servicios Uds.?**
Compañero(-a):	**Sí, vamos a explicarle los servicios.**
	Sí, le vamos a explicar los servicios.

1. limpiar toda la casa
2. recomendar una criada (*maid*)
3. preparar la comida

4. ofrecer un servicio bueno
5. dar un precio reducido
6. mandar la lista de precios

C. **Una tienda de regalos.** You are on vacation and enter a gift shop with some friends. Tell them what to give various people as souvenirs.

> MODELO   Miguel / la camiseta
> **Denle la camiseta a Miguel.**

1. Margarita / el suéter
2. yo / una lámpara
3. Pablo / unos dulces
4. Carmen y Sara / las flores de seda
5. Ana y yo / los guantes
6. la abuela / una alfombra pequeña

D. **En Guadalajara.** You are in a card and gift shop in Guadalajara. You need to buy a birthday card and gift, some photos of the city, and some Mexican candy. You want to send the card and gift to your mother; you plan to give the candy to some friends; you want to show the photos to your family. Role play the situation with a classmate who will be the salesperson. VOCABULARIO: *card* = **la tarjeta**; *photo* = **la foto(grafía)**.

EXPRESSING ENDEARMENT

Diminutives

To express endearment, smallness or cuteness in English the suffix *-y* or *-ie* is often added to the ends of proper names and nouns: *Bobby, Barbie, daddy, kitty*. In Spanish to make a nickname of endearment or to indicate smallness or cuteness the suffix **-ito(-a)** can be attached to nouns and adjectives.

a. Masculine nouns ending in **-o** drop the **-o** ending and add **-ito**: **Pablo > Pablito**; **el regalo > el regalito**. Feminine nouns ending in **-a** drop the **-a** ending and add **-ita**: Eva > **Evita**; **casa > casita**.
b. Nouns ending in a consonant except **n** or **r** add the suffix to the end of the noun: **Miguel > Miguelito**; **el papel > el papelito**.
c. Some words undergo minor spelling changes before the suffix **-ito(-a)** is added.

1. Words ending in **-co**/**-ca** change the **c** to **qu**: **chico > chiquito.**
2. Words ending in **-z** change the **z** to **c**: **la taza > la tacita**.

d. Alternate forms of this suffix are **-cito** and **-ecito**: **la mujer > la mujercita**; **nuevo > nuevecito**.

EN CONTEXTO

Manuelita   **Mamita**, yo pongo la mesa.
Madre   No, **Manuelita**, es mejor que sacudas los muebles.

PRÁCTICA

A. **Unos nombres.** Dé el diminutivo de estos nombres.

Juan / Juana / Paco / Teresa / Pepe / Isabel / Tomás / Ana / Julio / Lupe

B. ¿Qué son estas cosas? Dé una definición o una descripción de las siguientes cosas.

una casita / un gatito / un librito / una chiquita / un niñito / un cochecito / la abuelita

PUENTE CULTURAL

El patio español

Así como° las ciudades españolas están construidas° generalmente alrededor° de una plaza central, las casas españolas están construidas alrededor de un patio interior. Este tipo de arquitectura es común en el sur de España, aunque° ahora se puede encontrar en todas partes del mundo hispano. Los patios generalmente son blancos y decorados con una variedad de plantas y flores de distintos colores. En algunos se puede encontrar fuentes° y árboles. Córdoba, en España, es una de las ciudades donde hay muchos de estos patios tradicionales.

Just as / are built around

although

fountains

COMPRENSIÓN CULTURAL

Conteste en español.

1. ¿Cómo están construidas muchas típicas casas españolas?
2. ¿Dónde es común el patio interior?
3. ¿De qué color son los patios generalmente?
4. ¿Qué se puede encontrar en los patios?
5. ¿Qué ciudad española es famosa por sus patios tradicionales?
6. ¿Cuál es la diferencia entre un patio español y un patio norteamericano?

CUARTO ENCUENTRO

PARA LÉER BIEN • *Learning New Vocabulary*

Many students find it easier to learn vocabulary by reading the same passage several times. Repeated reading of new words in context will help you memorize the vocabulary better than making long lists of Spanish and English words. It is not necessary to look up every single word that is unfamiliar to you. Try to guess the meaning of unknown words from their context.

PRÁCTICA

Palabras desconocidas. In the following reading try to guess the meaning of the unknown words without referring to the glosses on the side of the page. Then, read it a second time using the glosses. How many did you guess right?

LECTURA   ¿Dónde vivimos?

Ángel es un estudiante de intercambio° que hoy está de visita en la clase de español para hablar sobre la vivienda° en el mundo hispano.

exchange
housing

Estudiante 1   Ángel, yo recibo cartas de dos amigos hispanos, uno vive en Madrid y el otro en Caracas y los dos viven en apartamentos. ¿Es una coincidencia o es que mucha gente vive en apartamentos?

Ángel Bueno, en las grandes ciudades como Buenos Aires, Barcelona, Madrid, Caracas y México, D.F.* muchas de las personas de la clase media° viven en apartamentos en el centro de la ciudad cerca de los lugares de trabajo.   middle

Estudiante 2 ¿No tienen casa en las afueras°?   outskirts

Ángel La casa en las afueras con un jardín delante o detrás de la casa y garaje para dos coches no es común en los países hispanos. Muy pocas personas trabajan en la ciudad y viven en las afueras.

* D.F. = **Distrito Federal**, referring to Mexico City.

Estudiante 3	¿Es verdad que en España está de moda comprar casas viejas en pueblos° pequeños?	towns
Ángel	Algunos compran casas en pueblos lejos de las grandes ciudades para pasar sus vacaciones. Las llamamos° casas de fin de semana. Generalmente, estas casas necesitan muchos arreglos pues algunas no tienen agua corriente° ni luz eléctrica°. Pero tienen un encanto° especial con sus techos altos, sus puertas grandes y sus viejos balcones con rejas°.	We call them running water electricity / charm iron grillwork
Estudiante 4	¿Qué diferencias ves tú entre la vivienda de aquí y la de España?	
Ángel	Las casas en los EE.UU. en general, tienen más comodidades°. Generalmente, el español pasa más tiempo° fuera de° la casa que el norteamericano. Los amigos se ven todos los días en el club local, el paseo° o la plaza°.	conveniences spends more time outside walk / square
Profesor	Muchas gracias, Ángel.	

PRÁCTICA Y COMPRENSIÓN

A. ¿Comprende Ud.? Conteste según la **Lectura**.

1. ¿De qué habla Ángel?
2. Generalmente, ¿dónde viven las personas de la clase media?
3. ¿Cuántas personas tienen casas en las afueras de la ciudad?
4. ¿Para qué son las casas de fin de semana?
5. ¿Que arreglos necesitan las casas viejas?
6. ¿Donde pasa mucho tiempo el español, en casa o fuera de casa?

B. ¿Cierto o falso? Decida si estas oraciones son **ciertas** o **falsas**. Corrija las oraciones falsas.

1. Ángel habla de la vivienda de la gente pobre.
2. Ángel habla de la vivienda en todos los países sudamericanos.
3. No hay casas con jardines en España.
4. Muchas personas viven cerca de su lugar de trabajo.
5. Muchas personas viven en las afueras de la ciudad.
6. Algunas personas compran casas viejas.

ACTIVIDADES

A. Mi casa. Explain to your classmates what your house, apartment, or room in the dormitory is like. Express your opinion about various features.

B. Un apartamento limpio. You are moving out of your apartment but before you leave you want to make sure that you will receive your security deposit back. Enlist several friends to help you clean the apartment well. Tell them what they need to help you do.

C. El apartamento nuevo. You will be working for a multinational firm in Buenos Aires for the next year. You are looking for an apartment for yourself, your spouse, and two teen-age children. A classmate will play the role of an apartment manager. You and the manager will discuss points such as the type of apartment you need and the features of the available apartments. The manager will then explain to you what your responsibilities are as tenants.

D. Decorador(-a) de interiores. You are moving into your first apartment and have a limited budget so you get some used pieces of furniture from several relatives. You have managed to obtain the following items: three old chairs, a small table, an armchair, an old telephone, a dirty rug, a new lamp. How are you going to use these items? Where are you going to put them? What else do you need to buy? Here is the floor plan of your apartment.

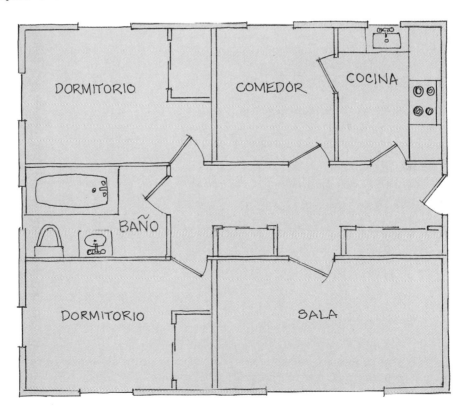

PARA ESCRIBIR BIEN • *Giving Written Instructions*

It is often necessary to leave written instructions about tasks others must do in your absence. These instructions for family members, cleaning personnel, and delivery persons can be formal or informal depending on the person(s) addressed.

Instructions to One Family Member or Servant: **tú** *forms*

Hazme el favor de + *infinitive*:

Hazme el favor de lavar mi ropa sucia.

Tú commands (Regular commands have the same form as third-person singular of present indicative):

Lava los platos, **sacude** los muebles y **arregla** mi cuarto.

Subjunctive

Es necesario que **limpies** tu cuarto.

Instructions to Service Personnel: **Ud.** *forms*

Ud. *commands*
Por favor, **arregle** el televisor.
Mándeme la cuenta, por favor.

Subjunctive

Es importante que Ud. **arregle** el televisor lo más pronto posible.

Instructions to More Than One Person: **Uds.** *forms*

Uds. *commands*
Limpien la casa, por favor.

Subjunctive

Es necesario que Uds. **limpien** la casa.

COMPOSICIONES

A. **Una visita.** Your parents just called to tell you that they'll be coming to visit you and your roommate in two hours. You have to go to an important exam and don't have time to clean. Leave a note for your roommate who is returning soon. Explain what he or she needs to do to get the apartment ready for your parents.

B. **Se venden muebles.** (*Furniture for sale.*) You have just purchased new furniture for your house and now you have to get rid of your old things. Write a classified ad describing the furniture you are selling.

C. **La casa ideal.** You decide to enter a contest to win the house of your dreams. Winners will be judged on the originality of their description of a dream house. Entries cannot exceed a page in length.

VOCABULARIO ACTIVO

La casa

el baño	bathroom
la cocina	kitchen
el comedor	dining room
el cuarto	bedroom, room
la chimenea	fireplace, chimney
el dormitorio	bedroom
la escalera	stairway
el garaje	garage
el jardín	garden, yard
la pared	wall
el patio	patio
el piso	floor, story
la puerta	door
la sala	living room
la sala de estar	family room
la sala de recreo	recreation room
el sótano	basement
el techo	roof
la ventana	window

Los muebles *Furniture*

la alfombra	rug
la cama	bed
la cocina	stove
la cómoda	dresser
el estante	shelf
el estante para libros	bookshelf
el estéreo	stereo
la lámpara	lamp
el piano	piano
el refrigerador	refrigerator

el sillón	armchair
el sofá	sofa
el televisor	television set

Otros sustantivos

la gente	people
la guitarra	guitar
la tarjeta	card
la vez	time
la vida	life

Los quehaceres domésticos *Chores*

arreglar	to arrange, tidy up
barrer	to sweep
hacer la cama	to make the bed
lavar	to wash
limpiar	to clean
sacar la basura	to take out the trash
sacudir	to dust

Verbos

ayudar	to help, assist
bajar	to go down
charlar	to chat
entrar (en)	to enter
esperar	to wait (for)
explicar	to explain
prestar	to lend
subir	to go up
tocar	to play an instrument

Adjetivos		**Otras expresiones**	
cómodo	*comfortable*	a eso de *(+ time)*	*about (+ time)*
distinto	*different*	al lado de	*next to, beside*
divertido	*enjoyable, funny, fun*	así	*so*
limpio	*clean*	contra	*against*
moderno	*modern*	delante de	*in front of*
privado	*private*	detrás de	*behind*
típico	*typical*	en vez de	*instead of*
		ojalá que	*hopefully, I hope, it is to be hoped that*
		sobre	*on (top of)*

 A recordar

Review the following situations and tasks that have been presented and practiced in this chapter.

- Describe a house or apartment and its contents.
- Explain where household items are located.
- Express hope, need, and opinions about actions.
- Enlist the help of others to do household chores.
- Indicate to whom and for whom actions are done.
- Express endearment, smallness, or cuteness when referring to people or things.

CAPÍTULO 10
¿Qué tal el partido?

Cultural Theme: Sports and games in the Hispanic world

Communicative Goals:
- Discussing sports events
- Expressing hope and desire
- Expressing opinions
- Giving commands
- Avoiding repetition of previously mentioned people and things

※   *A pensar*

- What are the typically American sports and games? What sports and games are typical in Hispanic countries? Are they different from sports in our culture?
- What verb forms are used in English to express hope and desire? *I hope our team wins* the championship this year. *I want our team to win* the final game this weekend.
- What structure is used to compare one person or thing to all others in a category? *Juan López is **the tallest** basketball player in the university.*
- Is the English command form used to tell someone you address with a first name different from the command form used with persons you address with a title and last name?
- What are some English expressions used to express an opinion? *I think that . . . . I believe that . . . .*
- What kinds of pronouns are used to replace previously mentioned people and things? *Did you give the tickets to Mónica? Yes, I gave **them to her** this morning.*

PRIMER ENCUENTRO

PRESENTACIÓN   ¿Qué deporte° practicas°?

sport / **practicar** = to go out for; play

*Adrián Ramírez el famoso **jugador** de **fútbol** habla de su profesión.* Desde niño quise jugar al fútbol. **Tuve suerte** porque en la Argentina los niños aprenden a **patear la pelota** cuando aprenden a caminar. El fútbol es un **juego** de **equipo** como **el básquetbol** o **el béisbol**. Es un deporte que **requiere** una **condición física** excelente. Espero que mi equipo **llegue a ser campeón** este año.

Gabriela Sabatini es **la mejor tenista** de la Argentina. Desde° muy joven **participó** en muchos **partidos** internacionales en Italia, Francia, el Japón, Inglaterra y los Estados Unidos. En 1985 **salió** campeona de **tenis** en el **campeonato** abierto° del Japón. En 1986, cuando tenía 16 años°, llegó a las semifinales en el campeonato de Wimbledon. Entonces°, era° una de las tenistas más jóvenes del mundo en su categoría. En 1987 **ganó** el campeonato de Tokio y Brighton. En la actualidad° vive en Buenos Aires y trabaja con dedicación y disciplina para ser la mejor tenista del **mundo**.

Y tú, ¿qué deporte practicas? ¿El **fútbol norteamericano**? ¿El **hockey**? ¿El **golf**? ¿El **vólibol**? ¿La **gimnasia**? ¿El **boxeo**?

player / soccer

tener suerte = to be lucky / to kick / ball / game / team +
+

requerir(ie) = to require / **llegar a ser** = to become champion / the best / + since / participated / games came out as / + championship tournament / open she was 16 / then / she was / won / at the present time

world

football / +
+ / + / + / +

Comentarios lingüísticos y culturales

a. In the present tense the verb **jugar** is a special stem-changing verb **u → ue**. In the first-person singular of the preterite, **jugar** has the same spelling change as other verbs ending in **-gar**.

Present:

juego, juegas, juega, jugamos, jugáis, juegan

Preterite:

jugué, jugaste, jugó, jugamos, jugasteis, jugaron

b. When the name of the game or sport is mentioned, **jugar** is generally followed by **a** + article.

¿Juegas al golf con tus amigos?   *Do you play golf with your friends?*

c. The names of sports such as **el béisbol** or **el básquetbol** reflect the fact that they originated in the United States. Nonetheless, many of these traditionally North American sports have become very popular in the Hispanic world.

d. The suffix **-ista** added to the name of a sport means *player*; it can refer to a male or female. **El futbolista** = (*male*) *soccer player*; **la tenista** = (*female*) *tennis player*.

PRÁCTICA Y CONVERSACIÓN

A. ¿Comprende Ud.? Conteste según la información en la **Presentación**.

1. ¿Qué deporte practica Adrián Ramírez?
2. ¿De dónde es él?
3. ¿Qué espera Adrián Ramírez este año?
4. ¿De qué país es Gabriela Sabatini?
5. ¿Cuántos campeonatos ganó?
6. ¿Dónde vive ahora?
7. ¿Qué quiere llegar a ser?

B. Unos atletas famosos. ¿Con qué deporte se asocian estas personas?

1. Pelé	3. Jack Nicklaus	5. O. J. Simpson
2. Babe Ruth	4. Chris Evert	6. Michael Jordon

C. ¿Qué opina Ud.? Conteste con una oración completa.

1. ¿Prefiere Ud. el fútbol o el fútbol norteamericano?
2. ¿Es violento el fútbol? ¿el fútbol norteamericano? ¿el hockey?
3. ¿Es difícil jugar al golf? ¿Sabe Ud. jugarlo?
4. ¿A qué deporte(-s) juega Ud.?
5. ¿Qué deporte(-s) mira Ud. en la televisión?
6. ¿Cuál es el deporte más aburrido? ¿más divertido?

D. Entrevista. Hágale preguntas a un(-a) compañero(-a) de clase.

Pregúntele...

1. cuál es su deporte favorito.
2. cuál es su equipo favorito.
3. qué deporte(-s) practica.
4. qué deportes no le gustan.
5. qué deporte(-s) prefiere mirar.

ESTRUCTURAS

EXPRESSING HOPES AND WISHES

Subjunctive after Verbs of Hope and Desire

When you express what you hope or want other people to do, you need to use the subjunctive in Spanish.

a. You have learned to use the subjunctive after impersonal expressions when a change of subject occurs. The subjunctive is also used after verbs of desire and hope, such as **desear**, **esperar**, and **querer**, when a change of subject occurs.

Esperamos que nuestro equipo **gane** el campeonato.	*We hope that our team will win the championship.*
Quiero que mi hermano **salga** campeón.	*I want my brother to come out a winner.*

b. The subjunctive is used in these cases because the situation referred to in the dependent clause (the subject and verb following **que**) is subjective. The hope that our team will win the championship or the desire for my brother to be a winner does not mean that our team or my brother will win. The action described is not an accomplished fact; therefore, the subjunctive is used.

EN CONTEXTO

Esposo Elvira, los Guevara quieren que **vayamos** con ellos al partido de fútbol el domingo.

Esposa Sabes que no me gusta el fútbol; pero es necesario ir. ¡Espero que **regresemos** temprano!

PRÁCTICA Y CONVERSACIÓN

A. En el gimnasio. When the soccer coach gives orders, no one can hear him because of the noise. So you tell the other players what the coach wants them to do.

> MODELO   Compañero(-a): Julio y Martín, corran más rápidamente.
> Usted: **Quiere que Julio y Martín corran más rápidamente.**

1. Félix y Paco, hagan más ejercicio.
2. Eduardo y Emilio, no descansen.
3. Gustavo y Luis, despiértense.
4. Manuel y Víctor, no toquen la pelota.
5. Tomás y Sergio, practiquen más.
6. Antonio y Javier, siéntense.

B. Ud. no quiere trabajar. You work in the university athletic department but you don't feel like doing much today. Suggest that other people do your tasks instead.

> MODELO   limpiar la oficina / Francisco.
> Compañero(-a): **¿Quieres limpiar la oficina?**
> Usted: **No, quiero que Francisco la limpie.**

1. buscar las pelotas / Eduardo
2. barrer el piso / tú
3. planear el campeonato / el director
4. hacer ejercicio / los jugadores
5. preparar las entradas (*tickets*) / Uds.
6. conducir al partido / el Sr. Cuevas

C. ¿Qué desea Ud. que hagan los otros? Complete las oraciones de una manera lógica.

1. Quiero que mis amigos _____.
2. Deseo que mi compañero(-a) de cuarto _____.
3. Espero que mis padres _____.
4. No quiero que mi profesor(-a) de español _____.
5. Espero que la universidad _____.

D. Entrevista. Interview a classmate to find out what he or she wants or hopes that his or her parent, friends, professors, or some other acquaintance will do. Report your findings to the class.

MAKING COMPARISONS

Superlative Forms of Adjectives

In conversation you often compare an object or person with other objects and persons: *My brother is the fastest player on the team; our team is the most aggressive in the league.*

a. In Spanish the superlative of adjectives is formed using the following construction:

definite article + (noun) + $\dfrac{\textbf{más}}{\textbf{menos}}$ + adjective + **de**

Olga es **la tenista más fuerte de** la universidad.	*Olga is the strongest tennis player in the university.*

NOTE: In the superlative construction **de** is used as the equivalent of the English *in*.

b. In superlative constructions the irregular comparatives **mejor** and **peor** will usually precede the noun.

Manolo es **el mejor jugador** del país.	*Manolo is the best player in the country.*

The irregular forms **mayor** and **menor** usually follow the noun.

Paco es **el jugador menor** del equipo.	*Paco is the youngest player on the team.*

c. Note that frequently the noun is omitted from superlative constructions after **ser**.

Anita es **la más alta** del equipo pero Bárbara es **la mayor**.	*Anita is the tallest player on the team but Barbara is the oldest.*

EN CONTEXTO

Gabriela Sabatini es **la mejor tenista** de la Argentina. En 1986 era una de **las tenistas más jóvenes** del mundo en su categoría.

PRÁCTICA Y CONVERSACIÓN

A. El equipo de fútbol. Usando la forma superlativa de los adjetivos, describa a los jugadores de un equipo de fútbol venezolano.

> MODELO   Raúl Gómez / alto
> **Raúl Gómez es el más alto del equipo.**

1. Felipe Corona / rápido
2. Bernardo y Óscar / grande
3. Pancho y Ernesto / bueno
4. Paco González / viejo
5. Héctor Ocampo / joven
6. Mateo León / fuerte

B. Unos jugadores. Usando una frase de cada columna forme por lo menos seis oraciones describiendo a varios jugadores.

A	B	C	D	E
yo	ser	atleta	fuerte	del estado
Mónica Vargas		tenista	bueno	de la clase
nosotros		jugador(-a)	malo	de la universidad
Carlos y Anita		futbolista	popular	del país
tú		¿?	horrible	del mundo
los _____ (nombre de equipo)				

C. Entrevista. Hágale preguntas sobre los deportes a un(-a) compañero(-a) de clase y su compañero(-a) debe contestar.

Pregúntele...

1. cuál es el deporte más popular del país / de la universidad.
2. quién es el mejor jugador de béisbol / básquetbol / fútbol americano.
3. quién es el mejor tenista del mundo. ¿la mejor tenista?
4. quién es el atleta más conocido del mundo.
5. qué deporte profesional es el menos interesante / popular.
6. de todos los deportes cuál es el más violento / aburrido / estúpido.

D. Su clase de español. You have just obtained a new job helping the university update its statistical files and records. You must supply information about the members of your Spanish class. Find out the answers to the following questions and report them to the class. Add other questions of your own as well.

¿Quién es el mayor de la clase? ¿el menor?
¿Quién tiene la familia más grande de la clase?
¿Quién es de la ciudad más grande? ¿y del pueblo más pequeño?
De todos, ¿quién vive en la casa o residencia más cerca de la universidad? ¿y la casa o residencia más lejos?
¿Quién tiene el mejor trabajo?
¿?

PUENTE CULTURAL

La corrida de toros

La corrida de toros° es el deporte más popular de España des-   bullfight
pués del fútbol. También se practica en México, Colombia, el
Perú, Venezuela, y otros paises hispanos. Su popularidad cam-
bia de acuerdo con el torero° del momento. En una corrida de   bullfighter
toros hay tres elementos importantes: el toro°, el torero y el   bull
público. El torero tranquilamente se enfrenta° con el peligro°   faces / danger
en la plaza de toros° mientras cl público grita° para animarlo.   bullring / shouts
La corrida de toros no es sólo un deporte sino también un
arte por la gracia de los movimientos del torero.

COMPRENSIÓN CULTURAL

Decida si las siguientes oraciones son **ciertas** o **falsas**. Después, corrija las oraciones falsas.

1. El fútbol es el deporte más popular de España.
2. Se practica la corrida de toros solamente en España.

3. La persona en la foto se llama boxeador.
4. El toro es un animal pequeño y débil (*weak*).
5. Durante la corrida el público no dice nada.
6. La corrida de toros tiene lugar (*takes place*) en la plaza de toros.
7. La corrida de toros es un arte por la gracia del torero.

SEGUNDO ENCUENTRO

PRESENTACIÓN   ¡El campeonato!

Pepe	Analía, **pon** la televisión por favor, que el partido de básquetbol está por comenzar°.	turn on is about to begin
Analía	¡Ay qué suerte! porque **no tengo más ganas de estudiar**°.	I don't feel like studying anymore
Jacinto	No sé para qué se molestan° en mirarlo si ya° sabemos que los Basqueteros van a **perder**.	why do you bother / already / to lose
Pepe	No seas° **pesimista**. Siempre **existe** la posibilidad de **ganar**. ¿Lo vas a mirar tú?	Don't be / + / + to win
Jacinto	Yo no soy **aficionado** al básquetbol pero como tampoco tengo ganas de estudiar lo voy a mirar.	fan

Analía	Bueno, si vas a estar aquí no hagas° malos comentarios° que yo creo que las malas ondas° pueden llegar hasta la **cancha**.	Don't make / comments / vibes / court
Jacinto	**¿Cómo salieron** en el partido de ayer?	How did they do?
Pepe	El **resultado** fue **estupendo**. Les ganamos 114 a 87.	result / great
Jacinto	Tuvieron mucha suerte.	
Analía	La verdad es que los Basqueteros es un equipo de básquetbol **buenísimo**. En una de ésas° salen campeones.	very good / One of these times
Pepe	Esperemos que sí, con los **puntos** de ayer **nos clasificamos** para el nacional.	points / **clasificarse** = to qualify
Jacinto	Hay un artículo en la **revista deportiva** «El Gol» sobre los Basqueteros. El **periodista** tiene mucha **confianza** en el nuevo **entrenador**.	magazine / sports (*adj.*) / ✚ journalist / confidence / coach
Analía	Bueno, basta de° hablar. Cállate° que **parece que** va a empezar el partido.	stop / Be quiet / it seems that

Comentarios lingüísticos y culturales

a. The verb **salir** is often used to express the idea of *to come out* or *to turn out to be* in English.

> **¿Cómo salieron** en el partido de ayer? — *How did they come out (do) in yesterday's game?*

> En una de ésas **salen campeones**. — *One of these times they'll turn out to be champions.*

b. **Ser aficionado(-a) a** + name of a sport = *to be a fan of*.

> **Soy muy aficionada al** golf. — *I'm a great golf fan.*

c. **Tener ganas de** + *infinitive* = *to feel like* + *-ing* form

> **No tengo ganas de jugar** al básquetbol — *I don't feel like playing basketball.*

PRÁCTICA Y CONVERSACIÓN

A. ¿Comprende Ud.? Conteste las preguntas según la información de la **Presentación**.

1. ¿Por qué quiere Pepe que Analía ponga la televisión?
2. ¿Es pesimista u optimista Jacinto? ¿Por qué?
3. ¿Cómo salieron los Basqueteros en el partido de ayer?
4. ¿Qué esperanza tiene Analía?
5. ¿Para qué se clasificó el equipo?
6. ¿Qué dice el periodista de la revista «El Gol» sobre el entrenador?

B. Practique el vocabulario. Complete con la forma adecuada de la palabra necesaria. Escoja las palabras de la lista.

la revista deportiva   clasificarse   un jugador
salir campeón   tener suerte   aficionada

1. El equipo de básquetbol de nuestra universidad _____ el año pasado.
2. No ganamos el partido. No _____.
3. Mi universidad _____ para las semi-finales de fútbol.
4. Leí la noticia en _____.
5. Mi hermana es muy _____ al béisbol. Va a todos los partidos.
6. Pelé fue _____ de fútbol fantástico.

C. ¿Jugador(-a) o aficionado(-a)? Pregúntele a un(a) compañero(-a) de clase qué deportes y atletas le gustan. Su compañero(-a) debe contestar.

Pregúntele...

1. a qué deportes juega.
2. a qué deportes es aficionado(-a).
3. a qué deportes no es aficionado(-a). ¿Por que?
4. quién es su atleta favorito(-a).
5. en su opinión, cómo son los atletas profesionales.
6. cómo son los equipos de la universidad.

ASÍ SE HABLA

TALKING ABOUT A GAME

Here are some expressions to use when talking about a game.

Para informarse

¿Qué tal el partido?	*How was the game?*
¿Cómo salieron en el partido?	*What was the outcome of the game?*
¿Cómo salió Almagro?	*How did Almagro do?*
¿Te (le) gustó el partido?	*Did you like the game?*

Comentarios negativos

Nos derrotaron.	*They defeated us.*
Terrible, perdimos 8 a 0.	*Terrible, we lost 8 to 0.*
Un desastre, perdimos.	*A disaster, we lost.*
Como siempre, perdimos.	*As usual, we lost.*

Comentarios positivos

Increíble,			Incredible,	
Súper,			Super,	
Estupendo,	} ganamos 114 a 87.		Great,	} we won 114 to 87.
Buenísimo,			Very good,	
Fantástico,			Fantastic,	

Reacción a las noticias

No está mal.	*It's not that bad.*
Bueno, la próxima vez.	*Well, next time.*
Lo siento.	*I'm sorry.*
¡Qué lástima!	*What a pity!*
¡Me alegro!	*Glad to hear it!*
¡Qué bien!	*Great!*

PRÁCTICA Y CONVERSACIÓN

A. Reacciones. ¿Cómo reacciona Ud. si alguien le dice…?

1. ¡Salimos campeones de hockey!
2. Perdimos 2 a 1.
3. No nos clasificamos por 4 puntos.
4. Mi hermano me derrotó en el partido de tenis.
5. Este año salimos en segundo (*second*) lugar en el campeonato de béisbol.
6. ¡Somos los campeones de vólibol!
7. ¡Gané la lotería!

B. En parejas. Una persona debe contestar la pregunta y la otra persona debe reaccionar con la frase apropiada.

MODELO	¿Cómo salió Becker en la Copa Davis?
Usted:	**Un desastre, perdió 3 partidos.**
Compañero(-a):	**¡Qué lástima!**

1. ¿Cómo salió el equipo de básquetbol de la universidad en el campeonato de las universidades?
2. ¿Cómo salió tu equipo favorito en el campeonato de fútbol norteamericano?
3. ¿Se clasificó tu equipo favorito para el campeonato nacional?
4. ¿Cómo salió el equipo de hockey de la universidad en el campeonato?
5. Y tú, ¿juegas a algún deporte? ¿Cómo saliste en el último partido?

A ESCUCHAR

Estos amigos son jugadores de fútbol. Escuche lo que dicen. Luego corrija las oraciones falsas.

1. Los amigos juegan para diferentes equipos.
2. Ellos perdieron el partido del sábado.
3. A ellos no les gusta su entrenador.
4. Uno de ellos puso dos goles en el partido contra los del Barrio Norte.
5. El equipo de la Escuela de Arte ganó el partido contra el Barrio Norte.
6. El equipo de estos amigos se clasificó para la final.
7. Los del Barrio Norte son los mejores.

ESTRUCTURAS

GIVING COMMANDS

Regular Familiar Commands

You have already learned to form and use the formal commands. Now you will learn the familiar commands so you can tell friends and family members what to do.

REGULAR FAMILIAR COMMANDS

	Verbs ending in **-ar**	*Verbs ending in* **-er**	*Verbs ending in* **-ir**
Affirmative	habla	come	escribe
Negative	no hables	no comas	no escribas

a. Familiar commands are second-person singular commands. They are used for giving a command to a friend, relative, small child, pet or anyone with whom you normally use the **tú** form.
b. The affirmative familiar command of regular and stem-changing verbs has the same form as the third-person singular of the present indicative tense.
c. The negative familiar command has the same form as the second-person singular (**tú**) form of the present subjunctive.

> **Descansa** después del partido.   *Rest after the game.*
> **No descanses** ahora.   *Don't rest now.*

d. As is the case with formal commands, object and reflexive pronouns are attached to the end of the affirmative familiar commands but must precede negative familiar commands. A written accent mark is placed over the stressed vowel of the affirmative command when pronouns are attached.

> Míralo.   *Watch it.*
> No lo mires.   *Don't watch it.*

EN CONTEXTO

Jugador ¿Y qué debo hacer antes del campeonato?
Entrenador Bueno, Rafael, **acuéstate** temprano la noche anterior. El día del partido
practica un poco por la mañana, **no comas** mucho y **¡no te preocupes!**

PRÁCTICA Y CONVERSACIÓN

›**A. Un atleta gordo.** Ud. es el doctor de un atleta muy gordo. Dígale lo que debe o no
debe comer y beber para bajar de peso.

> MODELO   lechuga / jugo
> Compañero(-a): **¿Debo comer la lechuga / beber el jugo?**
> Usted: **Sí, cómela / bébelo.**

1. tomates   4. pescado   7. cerveza
2. fruta   5. legumbres   8. té
3. papas fritas 6. pasteles   9. refrescos

‹**B. Los Juegos Olímpicos.** Explíquele a su amigo Raúl lo que necesita hacer o no debe
hacer para prepararse para los Juegos Olímpicos.

> MODELO   Raúl necesita practicar todos los días.
> **Raúl, practica todos los días.**
> Raúl no debe comer demasiado.
> **Raúl, no comas demasiado.**

1. Raúl necesita…

   nadar mucho / levantarse temprano / dormir bien / caminar por el parque / dedicarse
   a su deporte

2. Raúl no debe…

   comer demasiado / preocuparse / fumar / acostarse tarde / trabajar todos los fines
   de semana

C. Un accidente de tenis. Yesterday you sprained an ankle while playing tennis but you
want to play in a tournament next week. A Hispanic friend agrees to help you recuperate.
Role-play the situation by asking your friend for advice and your friend will tell you
at least six things to do or not to do.

> MODELO   Usted: **¿Qué necesito comer / beber?**
> **¿Qué puedo hacer?**
> **¿Qué no debo hacer?**
> Compañero(-a): **No debes correr.**

GIVING COMMANDS

Irregular Familiar Commands

Several of the most common verbs in Spanish have irregular familiar commands. While living in a Spanish-speaking country or household, you will probably use these command forms more than others as you go about your daily activities.

IRREGULAR FAMILIAR COMMANDS

Infinitive	Affirmative Command	Negative Command
decir	**di**	**no digas**
hacer	**haz**	**no hagas**
ir	**ve**	**no vayas**
poner	**pon**	**no pongas**
salir	**sal**	**no salgas**
ser	**sé**	**no seas**
tener	**ten**	**no tengas**
venir	**ven**	**no vengas**

a. The affirmative familiar command of several Spanish verbs is irregular. Since these verbs do not follow the normal pattern, you must memorize them. The corresponding negative familiar command is regular in that it has the same form as the second-person singular of the present subjunctive.

NOTE: **Sé** always has a written accent mark to distinguish it from the pronoun **se**.

b. As is the case with all commands, object and reflexive pronouns are attached to the end of the affirmative commands but precede the negative commands.

EN CONTEXTO

Pepe   **Pon** la televisión, que el partido de básquetbol está por comenzar.

Analía   Pero, ¿por qué? Sabemos que los Basqueteros van a perder.

Pepe   **No seas** pesimista y **no hagas** malos comentarios.

PRÁCTICA Y CONVERSACIÓN

A. El hermanito. You and a classmate will play the roles of two older children who are fighting about what their little brother should do. As one tells the small child what to do, the other tells him not to do it.

MODELO   Compañero(-a):   **Pon la pelota aquí.**
Usted: **No, no pongas la pelota aquí.**

1. Di la verdad.
2. Pon la televisión.
3. Sé bueno.
4. Sal de la casa.
5. Haz ejercicio.
6. Ven acá.

B. Su hijo Antonio. Su hijo Antonio quiere hacerse un buen atleta. Usando mandatos familiares, dígale lo que debe o no debe hacer.

ir al gimnasio para practicar / hacer ejercicio todos los días / decir la verdad siempre / poner la televisión para mirar a otros jugadores / tener disciplina y dedicación / no ser arrogante

C. Unos consejos. (*Advice.*) You are the mother/father of a young child who is about to leave for soccer camp for two weeks. Your child has never been away from home before. Tell your child at least eight things he or she should or should not do while at camp.

PUENTE CULTURAL

El jai alai

El jai alai o la pelota vasca° es un deporte de origen vasco. Es un juego muy popular en España, sobre todo° en las provincias vascas. En Cuba, México y la Florida atrae° gran número de aficionados. Este juego se juega con una pelota de goma° y unas canastas° que se atan° al brazo° de los jugadores. La cancha es un rectángulo con tres paredes o frontones. Hay cuatro jugadores, dos en cada equipo. Es un juego muy rápido. Los jugadores deben tener mucha coordinación pues se tira° la pelota contra el frontón a gran velocidad. En lenguaje vasco «jai alai» quiere decir «fiesta alegre».

Basque
especially
attracts
rubber
baskets / tied / arm

is thrown

COMPRENSIÓN CULTURAL

Complete las siguientes oraciones.

1. El jai alai es _____ de origen vasco.
2. Se juega al jai alai con _____ y _____ que se atan al brazo de los jugadores.
3. La cancha tiene _____ paredes o frontones.
4. Hay cuatro _____, _____ en cada equipo.
5. El jai alai es un juego _____.
6. El jai alai es popular en _____, _____ en las provincias vascas.
7. También es popular en _____, _____ y _____.

TERCER ENCUENTRO

PRESENTACIÓN   Conseguimos unos asientos° fantásticos°.   seats / +

Modesto, Francisco, Patricia y Manuela están en la cancha esperando° que   waiting
comience el partido de béisbol.

Patricia   Mira lo que tengo. La foto de mi jugador favorito firmada°   signed
por él.

Manuela   ¡A ver!° ¡A ver! **Muéstramela.** ¿Dónde la conseguiste? Yo   Let see! / **mostrar** =
quiero una.   to show

Patricia	Díselo a Francisco pues él se la pidió e hizo copias°.	copies
Manuela	¡Ah, ya entiendo! Se la voy a pedir.	

(Más tarde)

Modesto	Estos **asientos** son perfectos. Se puede ver toda la cancha.	
Francisco	Debes agradecérselo° a Patricia pues su tío consiguió las **entradas**.	to thank / tickets
Modesto	¿Cómo las consiguió?	
Patricia	Pues él conoce al señor que trabaja en la **boletería** del **estadio**.	ticket office / stadium
Manuela	¡Qué suerte que tuvimos! Ésta es **la final**. ¿Quién crees que va a ganar?	finals
Patricia	**Me parece** que el equipo colombiano es más rápido.	It seems to me
Francisco	No estés **segura**. Creo que los venezolanos están mejor **entrenados**.	sure / trained

*Los equipos **corren** a la cancha y **el público** comienza a **gritar**: ¡Dale° campeón! ¡Dale campeón!*

correr = to run / audience / to shout / Go for it!

Comentarios lingüísticos y culturales

a. Baseball is played in many Spanish-speaking countries, particularly those near the United States. It is quite popular in Mexico, Colombia, Venezuela, Cuba, and the Dominican Republic, as well as in Puerto Rico.

b. **La cancha** refers to the playing area of a number of sports and is translated several ways: **la cancha de béisbol** = *baseball field* or *diamond*; **la cancha de básquetbol** = *basketball court*.

PRÁCTICA Y CONVERSACIÓN

A. ¿Comprende Ud.? Conteste según la **Presentación**.

1. ¿Dónde están los amigos?
2. ¿Qué partido van a mirar?
3. ¿Qué foto tiene Patricia?
4. ¿Quién consiguió la foto?
5. ¿Son buenos los asientos que tienen?
6. ¿Quién se los consiguió?
7. ¿Cuáles son los dos equipos que van a jugar?
8. ¿Qué grita el público cuando salen los jugadores a la cancha?

B. Definiciones. Dé las palabras que corresponden.

1. El papel necesario para entrar al estadio.
2. El lugar donde se juega un partido.

3. El último partido de la temporada (*season*).
4. Las personas que miran un partido.
5. El lugar donde una persona se sienta.
6. El lugar para competiciones deportivas.
7. El lugar donde se compran las entradas.

C. **Asociaciones.** ¿Qué palabras asocia Ud. con...?

asiento	cancha	entrada	boletería	estadio
público	entrenarse	campeonato	final	correr

D. **En la boletería.** Ud. quiere ver un partido de fútbol. Vaya a la boletería y compre dos entradas. Escoja buenos asientos. Trabajen en parejas. Una persona es el (la) aficionado(-a) y la otra persona trabaja en la boletería.

ASÍ SE HABLA

EXPRESSING OPINIONS

Some commonly used phrases to express an opinion are:

Strong opinion

| Estoy seguro(-a) que _____. | *I'm sure that _____.* |
| Creo que _____. | *I believe that _____.* |

Not so strong opinion

Pienso que _____.	*I think that _____.*
Me parece que _____.	*It seems to me that _____.*
Sospecho que _____.	*I suspect that _____.*

PRÁCTICA Y CONVERSACIÓN

A. **¿Qué piensa Ud.?** Su compañero(-a) y Ud. no están de acuerdo sobre el mundo futuro. Uno(-a) de Uds. es muy pesimista y el (la) otro(-a) muy optimista. Hagan un diálogo expresando sus ideas sobre estos temas. Expresen si están de acuerdo o no con la opinión de la otra persona.

MODELO   Usted: Estoy seguro que se va a poder viajar de Nueva York a Tokio en dos horas.

Compañero(-a): **No lo creo. Me parece que no va a ser posible. No estoy de acuerdo contigo.**

1. El problema del hambre no va a existir más.
2. Va a haber viajes espaciales para turistas.
3. La medicina del futuro va a ser mejor.
4. Los países pobres van a recibir más ayuda de los países ricos.
5. Las personas van a vivir muchos años más.
6. Los coches del futuro van a ser manejados completamente por computadoras.

B. Opiniones. Exprésele su opinión a un(-a) compañero(-a) de clase sobre las siguientes personalidades.

Michael Jordan	el Presidente de los EE.UU.	Bart Simpson
Hulk Hogan	Gabriela Sabatini	Madonna

ESTRUCTURAS

AVOIDING REPETITION OF PREVIOUSLY MENTIONED PEOPLE AND THINGS

Double Object Pronouns

In normal conversation we try to avoid the repetition of previously mentioned people and things by using direct and indirect object pronouns. For example: *Who gave John that tennis racket? His parents gave it to him.* These double object pronouns are also used in Spanish.

a. When both an indirect object pronoun and a direct object pronoun are used with the same verb, the indirect object pronoun precedes the direct object pronoun.

—¿Quién te dio esa raqueta de tenis?   *Who gave you that tennis racket?*
—Mis padres **me la** dieron.   *My parents gave it to me.*

b. Both object pronouns must be attached to the end of affirmative commands. They both precede negative commands.

Quiero comprarte estos zapatos de   *I want to buy you these tennis shoes for*
tenis para la Navidad.   *Christmas.*
—**No me los compres** para la Navidad.   *Don't buy them for me for Christmas.*
Cómpramelos ahora.   *Buy them for me now.*

c. When both a conjugated verb and an infinitive are used, the two object pronouns can precede the conjugated verb or be attached to the end of the infinitive.

¿El gimnasio?   *The gymnasium?*

Van a **mostrárnoslo** mañana. ⎫
Nos lo van a mostrar mañana. ⎭   *They are going to show it to us tomorrow.*

NOTE: When two pronouns are attached to an infinitive, a written accent mark is placed over the stressed vowel of that infinitive.

d. When both indirect and direct object pronouns are in the third person, the indirect object pronouns **le** and **les** become **se**.

Le damos la pelota de fútbol.	*We are giving him the soccer ball.*
↓	
Se la damos.	*We are giving it to him.*
Les mostré el estadio nuevo.	*I showed them the new stadium.*
↓	
Se lo mostré.	*I showed it to them.*

e. Since the pronoun **se** can refer to so many persons, the phrase **a** + *prepositional pronoun* is often used to clarify **se**.

Se lo mandan	a él.	*They send it*	*to him.*
	a ella.		*to her.*
	a Ud.		*to you.* (form. s.)
	a ellos.		*to them.* (masc. or masc. & fem.)
	a ellas.		*to them.* (fem.)
	a Uds.		*to you.* (pl.)

EN CONTEXTO

Amadeo   Se dice que va a haber cambios.
Jacinto   ¿Quién **te lo** dijo?
Amadeo   Unos amigos **me lo** dijeron.

PRÁCTICA Y CONVERSACIÓN

A. En la tienda deportiva. Ud. trabaja en una tienda deportiva en Bogotá. Conteste las preguntas usando los sujetos dados.

1. ¿A quiénes les muestra Ud. raquetas? Se las muestro a mis clientes.

   a Uds. / a la Sra. Marín / a las tenistas / a ti.

2. ¿A quiénes les vende Ud. ropa deportiva? Se la vendo a las señoras.

   a la Srta. Vargas / al Sr. Romero / a ti / a los jugadores

B. La ropa deportiva de Carolina. Carolina has just cleaned out her closet and is going to give away her sports clothing. Explain to whom she is going to give it.

MODELO   a su hermana (sí)
Carolina va a dársela a su hermana.

1. a mí (no)   4. a ti (sí)
2. a sus padres (no)   5. a Diana y a mí (no)
3. a su mejor amiga (sí) 6. a Uds. (sí)

C. Una tienda de regalos. You are in a gift shop in Cancún, Mexico looking for a birthday gift for your very athletic boyfriend or girlfriend. The salesperson is very helpful and explains what possible gifts he/she has. Ask the salesperson to show you (or not to show you) the various items you think your boy- or girlfriend would (or would not) like.

> MODELO   unos libros deportivos muy interesantes
> Dependiente: **Tenemos unos libros deportivos muy interesantes.**
> Usted: **Bueno, muéstremelos.**
> *or* **No me los muestre.**

un nuevo disco de canciones deportivas / unas flores de seda / una raqueta de tenis buenísima / una nueva novela romántica / unas pelotas de fútbol / unos zapatos de tenis / ¿?

D. Unos atletas estudiantiles. Some student athletes from Venezuela are coming to play soccer at your university. With a classmate ask and answer questions about their activities and what the university will do for them. Use the following questions as a guide, but add others during your conversation. Use double object pronouns in your answers whenever possible.

1. ¿Les mandan cartas a los atletas antes de venir?
2. ¿Qué edificios van a mostrarles a los atletas? ¿Cuándo van a mostrárselos?
3. ¿Quién les explica la rutina diaria aquí?
4. ¿Qué les sirven para comer? ¿y para beber?
5. ¿Les van a dar regalos?
6. ¿?

MAKING STATEMENTS AND GIVING COMMANDS

Position of Reflexive and Object Pronouns

Since object and reflexive pronouns are used very frequently in Spanish, you need to know where to place them in statements and commands.

Pronoun Placement with:	
Conjugated Verb	Precede
Conjugated Verb + Infinitive	Attach to end of infinitive or precede conjugated verb
Affirmative Command	Attach to end
Negative Command	Precede

a. In both affirmative and negative statements, reflexive and object pronouns are placed directly before a conjugated verb.

Reflexive pronouns

Después de jugar al fútbol Tomás **se ducha** y **se lava** el pelo pero **no se afeita**.	*After playing soccer Tomás takes a shower and washes his hair but he doesn't shave.*

Direct and Indirect Object Pronouns

—¿Quién **te dio** estas entradas?	*Who gave you these tickets?*
—Mi tío **me las dio** para mi cumpleaños.	*My uncle gave them to me for my birthday.*

b. When a conjugated verb is followed by an infinitive, reflexive and object pronouns can precede the conjugated verb or be attached to the end of the infinitive.

Reflexive Pronouns

Los jugadores **van a levantarse** temprano.	*The players are going to get up early.*
Los jugadores **se van a levantar** temprano.	

Object Pronouns

—**Necesitas darme** la entrada para el partido.	*You need to give me the ticket for the game.*
—Sí, **te la voy a dar** esta tarde.	*Yes, I'm going to give it to you this afternoon.*

c. Reflexive and object pronouns must attach to the end of formal and familiar affirmative commands. They must precede formal and familiar negative commands.

Reflexive Pronouns

Affirmative Commands

Formal:	**Levántese** temprano.	*Get up early.*
Familiar:	**Levántate** temprano.	*Get up early.*

Negative Commands

Formal:	**No se levante** tarde.	*Don't get up late.*
Familiar:	**No te levantes** tarde.	*Don't get up late.*

Object Pronouns

Affirmative Commands

Formal:	**Dígame** la verdad.	*Tell me the truth.*
Familiar:	**Dime** la verdad.	*Tell me the truth.*

Negative Commands

Formal:	**No me diga** mentiras.	*Don't tell me lies.*
Familiar:	**No me digas** mentiras.	*Don't tell me lies.*

EN CONTEXTO

Manuela ¡A ver! ¡A ver! **Muéstramela**. ¿Dónde **la** conseguiste? Yo quiero una.

Patricia **Díselo** a Francisco pues él **se la pidió** e hizo copias.

PRÁCTICA Y CONVERSACIÓN

A. Sus obligaciones. Un(-a) compañero(-a) le dice a Ud. lo que necesita hacer y Ud. le explica cuándo va a hacerlo.

MODELO	dar las pelotas / mañana
Compañero(-a):	**¿Puedes darme las pelotas?**
Usted:	**Sí, te las voy a dar mañana.**
or	**Sí, voy a dártelas mañana.**

1. devolver las revistas deportivas / esta noche
2. comprar un regalo / para su cumpleaños
3. prestar cinco dólares / este fin de semana
4. conseguir una entrada / el sábado
5. explicar esta lección / mañana
6. mostrar las fotos del campeonato / el martes

B. Unos regalos. Sus padres le dieron muchos regalos para su cumpleaños y Ud. se los muestra a un(-a) amigo(-a).

MODELO	la raqueta
Compañero(-a):	**Mira esta requeta.**
Usted:	**Muéstramela. ¿Dónde la conseguiste?**
Compañero(-a):	**Mis padres me la dieron.**

la ropa deportiva / las zapatillas de fútbol / el suéter de tenis / la pelota de básquetbol / las entradas para el campeonato

C. Un entrenador estudiantil. As student manager for your college basketball team, it is your job to inform the players about various aspects of the training program. A classmate is a player on the team. Answer his/her questions about practice, uniforms, equipment and give commands explaining daily routine, the schedule for classes, studying, practice, eating, and so on.

PUENTE CULTURAL

Otros deportes populares

En el mundo hispano hay otros deportes populares además del fútbol y la corrida de toros. El tenis, el golf, el ciclismo, el boxeo, el básquetbol y el béisbol son deportes que atraen la atención de muchos aficionados. En Colombia se corre la carrera° de bicicletas «La Vuelta de Colombia». Muchos de los ganadores pasan a competir en las carreras europeas. El béisbol y el básquetbol son muy populares en la región de la costa de Colombia y Venezuela y en las islas del Caribe. En los EE.UU. hay muchos atletas hispanos que forman parte de los equipos universitarios y profesionales.

race

COMPRENSIÓN CULTURAL

Conteste en español.

1. ¿Cuáles son los deportes más típicos del mundo hispano?
2. Nombre otros tres deportes populares.

3. ¿En qué país hay una carrera de bicicletas famosa? ¿Cómo se llama la carrera?
4. ¿Dónde son populares el béisbol y el básquetbol?
5. ¿Quiénes son algunos atletas hispanos en los EE.UU.? ¿Con qué deportes se asocian?

CUARTO ENCUENTRO

PARA LEER BIEN • *Borrowed Words*

Languages borrow words from one another. For example, the word *restaurant* is a word borrowed from French. Borrowed words are assimilated into the language with some changes in the pronunciation and spelling to conform to the rules of the new language. Spanish has borrowed many of its sports words from English.

PRÁCTICA

Palabras prestadas. Haga una lista de las palabras prestadas del inglés que aparecen en este capítulo.

MODELO   **el béisbol**

LECTURA   La pasión del fútbol

En los países hispanos el fútbol es mucho más que un deporte—¡Es una pasión! Una cancha de fútbol se improvisa en cualquier lugar°. Se ven grupos de todas las edades° que juegan en la calle, en las escuelas, los patios, los parques y por supuesto en las canchas de los clubes atléticos.

Todos gozan de° este deporte, ya sea como aficionados o como jugadores. Los padres les enseñan a sus hijos, muy raramente a las hijas, a jugar al fútbol desde que tienen dos o tres años. El equipo de niños de 8 a 12 años se llama «baby fútbol» en la Argentina.

Muchos jugadores profesionales hicieron grandes sacrificios para llegar a ser célebres°. Hace unos años el jugador brasileño Pelé fue considerado° el mejor jugador de fútbol del siglo°. Muchos de los mejores jugadores son contratados° por equipos europeos que les pueden pagar mucho más dinero que los equipos nacionales.

Los equipos son patrocinados° por universidades, negocios, asociaciones y otras entidades°. Los equipos más grandes son generalmente equipos de clubes deportivos. Estos equipos compiten unos contra otros en campeonatos regionales y nacionales.

anywhere
ages

enjoy

celebrities
considered / century
are contracted

sponsored
entities

Cada cuatro años se juega el Campeonato Mundial de Fútbol°. Este   World Cup
campeonato se juega en un país diferente cada vez. El campeonato mundial
del año 1990 fue en Italia. La final fue entre Alemania y la Argentina y
fue Alemania el que ganó el título de campeón mundial. Otros equipos
famosos son los equipos del Brasil, del Perú, de México y de España.

　　Los aficionados del fútbol pueden causar muchos problemas cuando
se desatan° sus pasiones. Algunos partidos terminan en violencia y hay   loosen
personas heridas° y hasta muertos°. Aunque hay once jugadores en un   wounded / dead
equipo, se dice que el público es el jugador número doce.

PRÁCTICA Y COMPRENSIÓN

A. Oraciones. Forme oraciones completas con estas palabras.

　　1. países / hispano / fútbol / ser / pasión
　　2. todos / gustar / fútbol

3. niños / jugar / fútbol / niñas / no
4. Pelé / ser / mejor / jugador / siglo
5. equipos / europeo / contratar / bueno / jugadores
6. equipos / jugar / campeonatos / regional / nacional / mundial
7. Campeonato Mundial / jugarse / cada / cuatro años
8. alguno / partidos / terminar / violencia

B. Preguntas. Conteste según la **Lectura**.

1. ¿Dónde se juega al fútbol?
2. ¿Cómo se llama el equipo de niños?
3. ¿Quiénes patrocinan los equipos?
4. ¿Dónde se jugó el Campeonato Mundial de Fútbol del año 1990?
5. ¿Quién salió campeón mundial?
6. ¿Por qué causa problemas el público?

ACTIVIDADES

A. Un(-a) entrenador(-a) de deportes. You are the sports coach at a summer soccer camp for 7–10 year-old children. Two of your classmates will play the role of the soccer players; one is an excellent player, the other is terrible. Give familiar commands to each player individually as each asks you if he/she needs to do various activities to improve skills.

B. ¿Quién soy yo? You will pretend to be a famous athlete and your classmates will try to guess who you are. Your classmates will ask you questions about what, where, and when you played, your other activities, your personality, your family, the awards you (or your team) have won, and so on. Play the game in groups of four; rotate so all four members of the group have a chance to ask and answer questions.

C. El (la) director(-a) del programa atlético. You are interviewing for the position of athletic director of a major university. A classmate will interview you and ask about your past job experience—what sports you played or coached, games won or lost, your best teams, sports programs developed, athletic buildings constructed, and so on. You will also be asked about your hopes and wishes for sports, teams and players at this new job. Remember you need lots of experience and ideas to get the job. Use your imagination.

D. Su experiencia deportiva. Share some sports experiences with a classmate. Explain what you did at camp one summer, one year in elementary or high school, or during a recent vacation. Did you coach, play, watch? What sports were involved? Did you win or lose? Also discuss your hopes and wishes about your future sports-related activities.

PARA ESCRIBIR BIEN • *Keeping a Diary or Journal*

There are many situations for which diary or journal entries are useful. In the business world journals can be used for logging phone calls and discussions with clients, remembering the content of meetings and recording travel experiences and expenses. Personal journals and diaries provide interesting records of daily life, special occasions, and family or school activities. Spanish journal or diary entries have a format similar to that of letters.

Date	el 31 de marzo de 1995
Salutation	Querido diario:
Pre-closings	Bueno, querido diario, mi mamá / papá / amigo me llama.
	Como siempre, querido diario, tengo que irme.
Closings	Hasta mañana, (your name)
	Hasta pronto, (your name)

COMPOSICIONES

A. **Querido diario:** After completing **Actividad D** orally, write a diary entry on the same topic.

B. **El campeonato.** Write a diary entry for two days prior to the championship game. Explain what you and your team did to prepare. Explain your hopes and desires for how well you want to play and what you want to happen.

C. **Los deportes en la universidad.** As athletic director, write a brief article for the university catalogue explaining what sports are played at your school, describing scholarships available, opportunities for both males and females. Explain how the various teams did last year and what your hopes and wishes are for the future.

VOCABULARIO ACTIVO

Los deportes	*Sports*		
		el fútbol	*soccer*
el básquetbol	*basketball*	el fútbol norteamericano	*football*
el béisbol	*baseball*		
el boxeo	*boxing*	la gimnasia	*gymnastics*

el golf	golf
el hockey	hockey
el tenis	tennis
el vólibol	volleyball

El partido   Game, match

el (la) aficiona-do(-a)	fan
el (la) atleta	athlete
la boletería	ticket office
el (la) campe-ón(-ona)	champion
el campeonato	championship, tourna-ment
la cancha	field, court
la entrada	ticket
el (la) entrena-dor(-a)	coach
el equipo	team
el estadio	stadium
la final	finals
el gimnasio	gymnasium
el (la) jugador(-a)	player
la pelota	ball
el punto	point

Otros sustantivos

el asiento	seat
el cambio	change
la condición	condition
la confianza	confidence
el desastre	disaster
la entrada	ticket
el juego	game, sport
el mundo	world
la noticia	piece of news
las noticias	news
el (la) periodista	journalist
el público	audience, public
la raqueta	racket
el resultado	result
la revista	magazine
el (la) tenista	tennis player
los zapatos de tenis	tennis shoes

Verbos

clasificarse	to qualify
correr	to run
existir	to exist
ganar	to win
gritar	to shout
jugar (ue)	to play a game, sport
mostrar (ue)	to show
participar (en)	to participate (in)
patear	to kick
perder (ie)	to lose
practicar	to go out for, play
requerir (ie)	to require
salir	to turn out to be, come out

Adjetivos

buenísimo	very good
deportivo	sport
entrenado	coached, trained
estupendo	great
fantástico	fantastic
físico	physical
fuerte	strong
profesional	professional
seguro	certain, sure
varios(-as)	several, various

Otras expresiones

¡Basta!	Enough! Stop it!
como siempre	as usual
llegar a ser	to become
me parece	it seems to me
parece que	it seems that
el (la) peor	the worst
¿Qué tal _____?	What was _____ like?
tener ganas de + inf.	to feel like + -ing form of verb
tener suerte	to be lucky

✳ *A recordar*

Review the following situations and tasks that have been presented and practiced in this chapter.

- Express what you hope and wish that other people will do.
- Discuss sports events in your culture and in the Hispanic world.
- Express your opinions about people and things.
- Give commands to one person you address with a first name.
- Compare someone or something to others in the same category.
- Avoid repetition of previously mentioned people and things.

CAPÍTULO 11
La vida estudiantil

Cultural Theme: High school and university educational systems

Communicative Goals:
- Talking about how life used to be
- Discussing past routine
- Expressing sympathy and giving encouragement
- Changing direction in a conversation

A pensar

- What schools or colleges are part of typical large universities in our culture?
- What is the relationship between students and faculty members like in our culture? On your campus?
- Do students in our culture have political power? How do students try to influence the actions of politicians and others in positions of authority?
- In English, what verb forms are used to talk about what life was like in the past? *When I **was** little, I **used to go** to the park every day. I **would** always **play** on the swings.*
- What are some expressions used to express sympathy? What are some expressions used to encourage someone to keep trying despite setbacks?

PRIMER ENCUENTRO

PRESENTACIÓN   La Universidad del Litoral

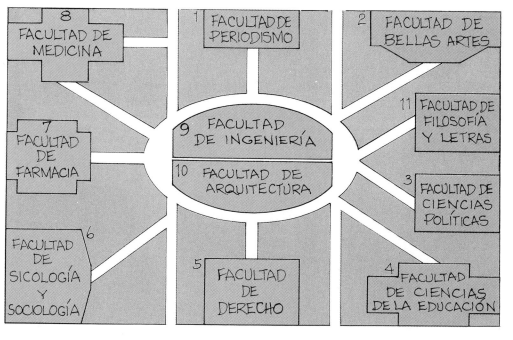

Colleges of:
1. Journalism
2. Fine Arts
3. Political Science
4. Education
5. Law
6. Psychology & Sociology
7. Pharmacy
8. Medicine
9. Engineering
10. Architecture
11. Philosophy & Letters = Liberal Arts

Alicia pensaba° **seguir** la **carrera** de **Administración de Empresas** pero en la Universidad del Litoral no tienen esa **especialización**. Entonces Alicia **se matriculó** en **Programación de Computadoras** y va a tomar **cursos** en la **Facultad** de **Ciencias Exactas**. ¡Tiene cinco años de **estudios**! Ella es buena alumna y va a **graduarse** con medalla de honor°.

was thinking of / to pursue / career / Business Administration

major

matricularse = to register /

Computer Programming / courses

School / Natural Sciences /

studies

to graduate / honors

Commentarios lingüísticos y culturales

a. **La facultad** and **el colegio** are false cognates. **La facultad** refers to a school or college within a university. **El colegio** in some countries refers to a college preparatory high school, while in other countries it can mean *elementary school*. **El instituto** or **el liceo** are other words used for *high school* within the Hispanic world. When referring to the type of high school typically found in the U.S., the phrase **la escuela secundaria** is normally used.

> Después de graduarme **del Instituto San Lorenzo** pienso matricularme en **la Facultad de Farmacia** en la universidad.

b. Another false cognate is the word **la carrera**. In Spanish one's career begins when one enters the university because professional training starts in the freshman year.

> **Sigo la carrera** de medicina.   *I am pursuing a career in medicine.*

PRÁCTICA Y CONVERSACIÓN

A. ¿Comprende Ud.? Conteste las preguntas según la **Presentación**.

1. ¿A qué universidad va a asistir Alicia?
2. ¿Por qué no puede seguir la carrera de Administración de Empresas?
3. ¿Necesita Ud. seguir cursos de matemáticas? ¿de ciencias? ¿de sicología?
4. ¿Qué carrera sigue Ud. ahora?
5. Para Ud., ¿qué cursos son más difíciles: los cursos de letras o los cursos de ciencias?
6. ¿Cuál es su especialización?

B. Las facultades. Mire el mapa de la Universidad del Litoral y decida en qué facultades estudiaron estas personas.

1. La Srta. Muñoz, abogada
2. Carlos Díaz, arquitecto
3. La Sra. Martínez, artista
4. La Dra. Fuentes, profesora de literatura italiana
5. El Dr. Salazar, médico
6. El Sr. Reyes, ingeniero eléctrico

C. La vida estudiantil. Conteste estas preguntas personales.
1. ¿Cuántas facultades hay en su universidad? ¿Cuáles son?
2. ¿En qué facultad estudia Ud.?
3. ¿Necesita Ud. seguir cursos de matemáticas? ¿de ciencias? ¿de sicología?
4. ¿Qué carrera sigue Ud. ahora?
5. Para Ud., ¿qué cursos son más difíciles: los cursos de letras o los cursos de ciencias?
6. ¿Cuál es su especialización?
7. ¿Cuándo piensa graduarse?

D. ¿Me puede ayudar, por favor? Piense en dos cursos que son difíciles para Ud. Luego busque ayuda. Hable con tres o cuatro compañeros(-as) para pedirles ayuda con esos cursos. Sus compañeros pueden decir que sí, si el curso es fácil para ellos o no, si el curso es difícil para ellos también. Si encuentra a alguien que lo/la pueda ayudar, decida dónde y cuándo se va a reunir.

ESTRUCTURAS

TALKING ABOUT PAST ROUTINE

Imperfect of Regular -ar Verbs

Spanish has two simple past tenses: the preterite, which you have already learned, and the imperfect. The imperfect is used to talk about repetitive past action and to describe how life used to be. The imperfect has two forms; there is one set of endings for regular **-ar** verbs and another set of endings for regular **-er** and **-ir** verbs.

IMPERFECT: REGULAR -ar *VERBS*

ESTUDIAR	PENSAR	MOSTRAR
estudi**aba**	pens**aba**	mostr**aba**
estudi**abas**	pens**abas**	mostr**abas**
estudi**aba**	pens**aba**	mostr**aba**
estudi**ábamos**	pens**ábamos**	mostr**ábamos**
estudi**abais**	pens**abais**	mostr**abais**
estudi**aban**	pens**aban**	mostr**aban**

a. To form the imperfect of regular **-ar** verbs, obtain the stem by dropping the infinitive ending: **estudiar** > **estudi-**. Add the endings that correspond to the subject: **-aba, -abas, -aba, -ábamos, -abais, -aban.**

b. Note that the first- and third-person singular forms use the same ending: **-aba.** It will frequently be necessary to include a noun or pronoun to clarify the subject of the verb.

Pedro siempre **estudiaba** en su cuarto pero **yo estudiaba** en la biblioteca.	*Pedro always studied in his room, but I studied in the library.*

c. There are no stem-changing verbs in the imperfect. Verbs which stem-change in the present and preterite are regular in the imperfect. Study the conjugation of **pensar (ie)** and **mostrar (ue)** in the chart.

d. There are several possible English equivalents for the imperfect. Context will determine the best translation.

José estudiaba.
$\begin{cases} \textit{José was studying.} \\ \textit{José used to study.} \\ \textit{José studied.} \end{cases}$

EN CONTEXTO

Hijo ¿Qué hacías° en la residencia?

Padre **Estudiábamos** mucho y a la hora de las comidas **nos sentábamos** alrededor de° la mesa y **hablábamos** de nuestros cursos y profesores.

did you used to do
÷ / we sat around

PRÁCTICA Y CONVERSACIÓN

A. La vida en la residencia el semestre pasado. Conteste usando los sujetos dados.

1. ¿Quiénes se despertaban temprano siempre?
   Ángela siempre se despertaba temprano.

   nosotros / tú / Uds. / Ignacio / yo

2. ¿Quiénes no almorzaban porque estaban a dieta?
   A veces Olga no almorzaba porque estaba a dieta.

   yo / Julio y Tomás / tú / Andrea / Cristina y yo

B. La rutina de Carlos. You and a classmate are comparing Carlos' routine this semester with that of last semester. Remember to use the imperfect to explain what he used to do.

MODELO	levantarse temprano
Usted:	**Este semestre Carlos se levanta temprano.**
Compañero(-a):	**Se levantaba temprano el semestre pasado también.**

1. trabajar en la Facultad de Ingeniería
2. acostarse a medianoche
3. mirar la televisión
4. manejar a clase
5. gastar mucho dinero
6. almorzar en la cafetería

C. Entrevista. Hágale preguntas a un(-a) compañero(-a) de clase sobre el semestre pasado.

Pregúntele...

1. dónde y con quién estudiaba generalmente.
2. si se quejaba de sus clases a menudo. ¿y de sus profesores?
3. si estaba de buena salud.
4. dónde encontraba a sus amigos después de clase.
5. si caminaba o manejaba a clase.
6. ¿?

DISCUSSING AND DESCRIBING PAST ACTIONS

Some Uses of the Imperfect

You have learned that the preterite is used to express actions or states of being which took place in a definite, limited time period in the past. In contrast, the imperfect is used to express on-going or repetitive past actions or states of being that occurred in the past for an unspecified period.

a. The common English equivalents of the imperfect are *used to* and *was/were* + the present participle (*-ing* form of the verb) as well as the simple English past (*-ed* form).

Ana **estudiaba** los verbos y Tomás y yo **practicábamos** el diálogo.	*Ana was studying the verbs, and Thomas and I practiced the dialogue.*
Yo siempre **hablaba** más.	*I always used to talk more.*

b. The imperfect is often used to describe how life used to be in the past.

Los estudiantes **se levantaban** temprano.	*The students used to get up early.*
Estudiaban inglés y español en el instituto.	*They studied English and Spanish in high school.*

c. The imperfect is used to express habitual or repeated past actions.

Todos los sábados **escuchaban** discos y **bailaban**.	*Every Saturday they listened to records and danced.*

The words and phrases in the following list are generally associated with the imperfect because they indicate habitual or repeated past actions.

cada día/todos los días	*day*
cada semana/todas las semanas	*week*
cada mes/todos los meses	*every* { *month*
cada año/todos los años	*year*
todos los lunes	*every* + day of the week: *every Monday*
los lunes	*on* + day of the week: *on Mondays*
generalmente/por lo general	*generally*
frecuentemente	*frequently*

siempre	*always*
a veces/algunas veces	*sometimes*
a menudo/muchas veces	*often*

d. The imperfect is used to express interrupted ongoing action in the past.

Cuando José entró, Marta **preparaba** su tarea.	*When José entered, Marta was preparing her homework.*

In this example Marta's preparing her homework is the interrupted action which was going on; the preparing was interrupted by José's entering.

EN CONTEXTO

Hijo   ¿Qué **estudiaban** tus amigos en la universidad?
Padre   Muchos **estudiaban** derecho. Otros **pensaban** hacerse ingenieros o médicos. Y unos **estaban** en la Facultad de Bellas Artes.

PRÁCTICA Y CONVERSACIÓN

A. Los usos del imperfecto. Explique el uso del imperfecto en las oraciones siguientes.

1. Todos los días Enrique practicaba en el laboratorio.
2. Cuando entré en la clase, todos los estudiantes escuchaban al profesor.
3. En el pasado sólo los ricos se matriculaban en la universidad.
4. El semestre pasado regresaba a mi cuarto a las dos los lunes y los martes.
5. Adelita miraba la televisión cuando la llamé por teléfono.

B. La vida estudiantil. ¿Qué hacían (*were doing*) estas personas cuando regresaste a la residencia estudiantil?

> **MODELO**   Eva y Norma / charlar
> **Cuando regresé a la residencia, Eva y Norma charlaban.**

1. nadie / estudiar
2. Marcos / ducharse
3. Rebeca y Andrés / escuchar música rock
4. Laura / arreglarse para salir
5. Catalina / descansar en la sala
6. Javier / tocar la guitarra

C. La vida del pasado. Ask your grandmother what her life was like when she was young.

> **MODELO**   mirar la televisión / nunca
> Usted: **¿Mirabas la televisión?**
> Compañero(-a):   **Nunca miraba la televisión.**

1. llevar pantalones / casi nunca
2. ayudar a tu madre / todos los días
3. preparar la comida / muchas veces
4. practicar el piano / cada día
5. caminar a las tiendas / siempre
6. visitar a tus amigas / los sábados

PUENTE CULTURAL

Los estudiantes y la política

En general los estudiantes hispanoamericanos son muy cons-
cientes° de los problemas sociales y económicos de sus países.
Cuando hay malestar social°, ellos se hacen eco° del problema
con protestas, manifestaciones° y hasta huelgas° estudiantiles.
Durante las huelgas los estudiantes publican° sus demandas y
las facultades se cierran por uno o dos días y a veces hasta
por semanas o meses.

COMPRENSIÓN CULTURAL

Decida si las siguientes oraciones son **ciertas** o **falsas**. Luego corrija las oraciones falsas.

1. A los estudiantes hispanos sólo les interesan sus estudios.
2. Los estudiantes hispanos son conscientes de los problemas de su país.
3. Los estudiantes no hacen protestas porque son ilegales.
4. Los estudiantes se hacen eco del malestar social con manifestaciones y huelgas.
5. A veces las facultades se cierran por semanas o meses a causa de las huelgas.

¿Son diferentes los estudiantes hispanos de los estudiantes de su universidad? ¿En qué
manera?

SEGUNDO ENCUENTRO

PRESENTACIÓN   Quedé suspendido°

I failed (an exam).

Hilario	¿Adónde ibas° con tanta prisa esta mañana?	were you going
Félix	Tenía° un examen de **física** y no quería° llegar tarde.	I had / physics / I didn't want
Hilario	¿Cómo te fue?	
Félix	Mal. Me **suspendieron** otra vez.	**suspender** = to fail
Hilario	**¡Qué pena!** Lo siento porque estudiaste mucho y merecías **aprobar**. ¿Qué **pasó**?	What a shame! to pass / **pasar** = to happen
Félix	Me tocó° un problema que no sabía°. Los muchachos me dijeron que el profesor lo explicó el viernes que estuve enfermo.	I got / I didn't know
Hilario	¡Qué mala suerte! Si quieres, puedo ayudarte. Yo era° **miembro** del club de física en mi **escuela secundaria**.	I was / member high school

Félix	Gracias. ¿Podrías prestarme° tus **apuntes**?	Could you lend me / notes
Hilario	Sí, cómo no. Están completos porque yo asistí a todas las **conferencias** que **dictó** el profesor González.	lectures **dictar** = to give
Félix	Gracias. Si necesito ayuda, te llamo. Tengo que aprobar esta **materia** o no me van a dar **la beca** que pedí.	subject / scholarship
Hilario	No te preocupes. No es **el fin** del mundo. Ya vas a salir adelante.°	the end / Soon you're going to make it.

Comentarios lingüísticos y culturales

a. Other false cognates associated with school are **asistir** = *to attend*, **la conferencia** = *lecture*, **la lectura** = *reading*, **pasar** = *to happen*, and **aprobar(ue)** = *to pass (a course or exam)*.

b. The verb **dictar** meaning *to dictate* can also be used in idiomatic expressions: **dictar una clase/una conferencia** = *to give a class/lecture*.

c. **El (la) profesor(-a)** teaches in a university or high school. **El (la) maestro(-a)** teaches in an elementary school.

PRÁCTICA Y CONVERSACIÓN

A. ¿Comprende Ud.? Conteste según la **Presentación**.

1. ¿Por qué no quería Félix llegar tarde a la clase?
2. ¿Cómo salió en el examen?
3. ¿Por qué no sabía el problema que le tocó?
4. ¿De qué club era miembro Hilario en la escuela secundaria?
5. ¿Cómo va a ayudar Hilario a Félix?
6. ¿Qué hizo Hilario en las conferencias del profesor González?

B. ¿El profesor o el estudiante? ¿Quién hace estas actividades? Conteste con **el profesor** o **el estudiante**.

1. Dicta la clase.
2. Toma apuntes.
3. Queda suspendido.
4. Dicta la materia.
5. Escribe una composición.
6. Da una conferencia.
7. Suspende a los estudiantes que no estudian.
8. Recibe becas.

C. Mi semestre. ¿Cómo es su semestre? Conteste las siguientes preguntas.

1. ¿Qué materias toma Ud. este semestre?
2. ¿Aprobó todas sus materias el semestre pasado?
3. ¿En qué materia quedó suspendido(-a)?
4. ¿Es Ud. miembro del club de español?
5. ¿Cuántas veces por semana asiste Ud. a la clase de español?
6. ¿Cuántas composiciones debe escribir para su clase de inglés?
7. ¿Cuá es más importante en la clase de español: hablar en español o tomar apuntes?

ASÍ SE HABLA

EXPRESSING SYMPATHY AND GIVING ENCOURAGEMENT

When someone tells us his/her sorrows or worries, it is expected that the other person will express sympathy or give encouragement. Here are some expressions that you can use in those circumstances.

Conmiseración	*Sympathy*
¡Cuánto lo siento!	*I'm so sorry!*
Lo siento mucho.	*I'm very sorry.*
¡Qué lástima!	*What a pity!*
¡Qué pena!	*What a shame!*
¡Qué mala suerte!	*What bad luck!*
¡Pobre! ¡Pobrecito(-a)!	*Poor thing!*

Para dar ánimo	*Giving Encouragement*
¡No se (te) preocupe(-s)!	*Don't worry!*
No es el fin del mundo.	*It's not the end of the world.*
No es para tanto.	*It's not so bad.*
No debe(-s) preocuparse(-te) tanto.	*You shouldn't worry so much.*
Podría ser peor.	*It could be worse.*
Ya vas a salir adelante.	*Soon you're going to make it.*

PRÁCTICA Y CONVERSACIÓN

A. Mis problemas. Ud. tiene muchos problemas. Cuénteselos (*tell*) a su compañero(-a). Él/ella debe demostrarle simpatía y darle ánimo.

Dígale que...

1. no aprobó un examen importante.
2. perdió su trabajo.
3. no le dieron la beca que esperaba.
4. no ganó el premio que esperaba.
5. no puede graduarse porque no tiene los créditos necesarios.
6. no puede pagar la matrícula porque perdió su dinero.

B. Las confidencias. Un(-a) amigo(-a) le cuenta (*tells*) los problemas que tiene en estos días. ¿Qué le dice Ud.? Trabajen en grupos de dos.

ESTRUCTURAS

TALKING ABOUT HOW LIFE USED TO BE

Imperfect of Regular *-er* and *-ir* Verbs

The imperfect forms of **-er** and **-ir** verbs use a different set of endings than **-ar** verbs. All imperfect forms can be used to describe how life used to be.

IMPERFECT: REGULAR -er *AND* -ir *VERBS*

APRENDER	QUERER	ESCRIBIR	DORMIR
aprendía	quería	escribía	dormía
aprendías	querías	escribías	dormías
aprendía	quería	escribía	dormía
aprendíamos	queríamos	escribíamos	dormíamos
aprendíais	queríais	escribíais	dormíais
aprendían	querían	escribían	dormían

a. To form the imperfect of regular **-er** and **-ir** verbs obtain the stem by dropping the infinitive ending: **aprender > aprend-**. Add the endings which correspond to the subject: **-ía, -ías, -ía, -íamos, -íais, -ían**.

b. Note that the first- and third-person singular forms use the same ending: **-ía**. It will frequently be necessary to include a noun or pronoun to clarify the subject of the verb.

> **Anita aprendía** francés mientras **yo aprendía** italiano.   *Anita was learning French while I was learning Italian.*

c. Note the use of the written accent mark on all forms.

d. There are no stem-changing verbs in the imperfect. Study the conjugations of **querer (ie)** and **dormir (ue)** in the chart. They are conjugated as regular **-er** and **-ir** verbs.

e. REMINDER: There are several possible English equivalents for the imperfect.

> Félix aprendía física. $\begin{cases} \textit{Félix was learning physics.} \\ \textit{Félix used to learn physics.} \\ \textit{Félix learned physics.} \end{cases}$

EN CONTEXTO

Hilario   ¿Adónde **conducías** con tanta prisa esta mañana?
Félix   **Tenía** un examen de física y no **quería** llegar tarde.

PRÁCTICA Y CONVERSACIÓN

A. En el café estudiantil. Explique lo que hacían los estudiantes cuando entró Alicia. Conteste usando los sujetos dados.

1. ¿Quiénes comían y bebían? <u>Ud.</u> comía y bebía.

   Bernardo y yo / los jóvenes / tú / Julia / yo / Carlos

2. ¿Quiénes se divertían? <u>María</u> se divertía.

   todos los alumnos / yo / nosotras / tú / Claudio / Antonio y tú

B. Mi compañero(-a) de cuarto. Your roommate is driving you crazy. As you discuss this person with another friend you discover he/she acted just the same last semester.

> MODELO   Usted: No quiere hacer nada.
> Compañero(-a): **El semestre pasado no quería hacer nada tampoco.**

1. No tiene compasión.
2. Se siente mal siempre.
3. No dice la verdad.
4. Me pide dinero muchas veces.
5. Pierde mis cosas.
6. No se duerme hasta las dos.
7. No sale durante la semana.
8. Siempre come y bebe.

*C. **En la escuela secundaria.** Describa su vida del pasado. Hable de su familia, sus amigos, sus actividades y sus habilidades en la escuela secundaria.

DESCRIBING PREVIOUS FRIENDS AND ACTIVITIES

Imperfect of *ir, ser,* and *ver*

There are only three verbs which are irregular in the imperfect: **ir, ser,** and **ver**. After learning these verbs you can discuss and describe many previous activities.

IMPERFECT: IRREGULAR VERBS

	IR	SER	VER
	iba	era	veía
	ibas	eras	veías
	iba	era	veía
	íbamos	éramos	veíamos
	ibais	erais	veíais
	iban	eran	veían

EN CONTEXTO

Claudia ¿Participabas en muchas actividades en la escuela secundaria?
Patricia ¡Por supuesto! Yo **era** miembro de muchos clubes. Siempre **iba** a las reuniones donde **veía** a mis amigos.

PRÁCTICA Y CONVERSACIÓN

A. El semestre pasado. Forme por lo menos seis oraciones usando una frase de cada columna para describir su semestre pasado. Ponga el verbo en el imperfecto.

A	B	C	D
mi compañero(-a) de cuarto	(no) ir	una película nueva	frecuentemente
tú	(no) ser	a clase	siempre
Enrique y yo	(no) ver	bueno	generalmente
los profesores		a unos amigos	los martes
yo		al café	todos los días
Josefina			

B. La vida de un(-a) compañero(-a) de clase. Hágale preguntas sobre su vida en la escuela secundaria a un(-a) compañero(-a) de clase y su compañero(-a) debe contestar.

Pregúntele...

1. si iba tarde o temprano a la escuela secundaria.
2. si era estudioso(-a).
3. si iba al cine con amigos o solo(-a).
4. si veía a sus amigos frecuentemente.
5. si era popular entre los compañeros de clase.
6. si iba a muchas fiestas.

DESCRIBING LIFE IN THE PAST

More Uses of the Imperfect

You have learned that the imperfect is used to describe how life used to be, to express habitual or repeated actions in the past, and to express interrupted actions in the past. Study these additional uses of the imperfect.

a. When the imperfect is used to explain how life used to be, it is often associated with phrases such as **cuando era joven** (*when I was young*), **cuando éramos niños** (*when we were children*), or **cuando tenía...años** (*when I was . . . years old*).

> **Cuando tenía 20 años** asistía a la Universidad de San Marcos.
> *When I was 20 years old, I attended the University of San Marcos.*

b. The imperfect is generally used to express emotional or mental states in the past.

> **Quería** estudiar medicina.　*I wanted to study medicine.*

c. The imperfect can be used to express conditions or states of being in the past.

> Julio **estaba** enfermo. **Se sentía** muy mal.
> *Julio was sick. He felt very bad.*
>
> **Era** un día magnífico; **hacía** sol.
> *It was a wonderful day; the sun was shining.*

d. The imperfect is used to tell time in the past.

> **Eran** las tres de la tarde cuando llegó a la universidad.
> *It was 3:00 P.M. when he arrived at the university.*

EN CONTEXTO

Jaime   ¿Por qué no **te sentías** bien esta mañana?

Fernando   Porque **tenía** que estudiar para un examen y no **quería**. **Era** un día magnífico y **quería** jugar al golf.

PRÁCTICA Y CONVERSACIÓN

A. Los usos del imperfecto. Complete las oraciones con el imperfecto de los verbos entre paréntesis y explique por qué se usa el imperfecto.

1. Mi hermana y yo (pensar) que los estudiantes (trabajar) poco.
2. Ignacio (sentirse) bien pero su hermano (estar) muy enfermo.
3. (Hacer) frío y mucho viento.
4. Unos estudiantes no (querer) tomar el examen.
5. (Ser) las cinco de la mañana cuando volvió a casa.
6. ¿Dónde (vivir) tú cuando (tener) quince años?

B. ¿Cómo era Ud.? Explain to your classmates what you and your family were like when you were small. Here are some questions to guide you but use other information as well. Begin your description with **Cuando yo era niño(-a)...**

¿Cómo era Ud.? ¿Dónde vivía? ¿Cómo era su casa/apartamento? ¿Cómo era su familia? ¿Dónde trabajaba su padre/madre? ¿Quiénes y cómo eran sus amigos? ¿Dónde jugaban Uds.? ¿?

C. Las Meninas. (*Ladies-in-Waiting.*) *Las Meninas* is the most famous painting by the Spanish artist Velázquez. The painting shows how the royal family lived in the 17th century. Using the information from the painting and your imagination, explain how their life was, what they used to do, what they were like, where they lived, what they ate, what they wore, and so on.

Diego Velázquez. **Las Meninas.** 1656. Oil on canvas, 10′ 5-1/4″ × 9′ 3/4″ (3.18 × 2.76 m). Museo del Prado, Madrid.

PUENTE CULTURAL

Estudiantes y profesores

La relación entre profesores y estudiantes en la mayoría de las escuelas y universidades hispanas es más formal que en los Estados Unidos. En la clase, el (la) profesor(-a) es una autoridad que no se cuestiona° mucho. En las universidades los profesores dictan sus conferencias delante de grupos muy numerosos, lo cual° no deja lugar° para la atención individual. Por eso los estudiantes forman grupos de estudios de 2 a 6 personas donde se ayudan los unos a los otros.°

questioned

which / doesn't allow

one another

COMPRENSIÓN CULTURAL

Decida si las siguientes oraciones describen las universidades hispanas, norteamericanas o de las dos culturas. Explique sus decisiones.

1. Los estudiantes estudian solos.
2. El (la) profesor(-a) es una autoridad que no se cuestiona mucho.
3. Hay mucha atención individual.
4. Los estudiantes forman grupos de estudios.
5. La relación entre profesores y estudiantes es bastante informal.
6. Los profesores dictan conferencias delante de grupos numerosos.
7. Los estudiantes se ayudan los unos a los otros.

TERCER ENCUENTRO

PRESENTACIÓN   El Club Latino

Secretario	Bueno, muchachos, a ver° si empezamos con **la reunión**.	let's see / meeting
Presidente	**Lo más importante** es **decidir** la fecha para **el baile estudiantil**.	The most important thing / + / dance / student
Gloria	Yo **propongo** que lo hagamos durante la semana internacional.	**proponer** = to propose
Roberto	Me parece que no es una buena idea porque hay muchas actividades esa semana.	

Gloria	Ya lo sé, pero **por otro lado**, no hay nada por la noche.	on the other hand
Roberto	**Te equivocas**, hay un concierto de música africana, la conferencia sobre Centroamérica que **organizamos** nosotros y algo más.	equivocarse = to be mistaken / ✛
Joaquín	**Perdón**, pero yo creía que el **departamento** de lenguas organizaba la conferencia.	Excuse me / ✛
Roberto	Sí, pero nosotros también ayudamos al profesor Murillo con los anuncios.	
Joaquín	**Hablando de** anuncios, ¿los vamos a escribir en español o en inglés?	Speaking about
Secretario	**Un momento.** Volvamos al tema° de la fecha. ¿Qué les parece el viernes 17 de diciembre en honor a° Bolívar?	Wait a minute. / Let's return to the topic / in honor of
Presidente	¡Es una idea magnífica! Yo propongo que votemos°.	we vote

Comentarios lingüísticos y culturales

a. Compound verbs such as **proponer** = *to propose* or **devolver** = *to return* are composed of a prefix and a main verb: **pro** + **poner** and **de** + **volver**. These compound verbs are conjugated like the main verb and show the same irregularities: **propongo, propuse,**....

b. Simón Bolívar was born in Caracas in 1783. Because of his skills as a statesman and general, he became one of the leaders in the South American independence movement during the 19th century. Today he is regarded as one of the great heroes of Latin America, and the country of Bolivia was named in his honor. He died December 17, 1830.

PRÁCTICA Y CONVERSACIÓN

A. ¿Comprende Ud.? Conteste según la **Presentación**.

1. ¿Para qué es la reunión del Club Latino?
2. ¿Por qué no es una buena idea hacer el baile durante la semana internacional?
3. ¿Qué actividades hay por la noche durante la semana internacional?
4. ¿Quién organizó la conferencia sobre Centroamérica?
5. ¿Cómo ayudan los miembros del club al profesor Murillo?
6. ¿Qué idea tiene el secretario?
7. ¿Qué propone el presidente?

B. Asociaciones. Elimine la palabra que no está relacionada con la palabra en cursiva (*italics*).

1. *empezar*   iniciar / comenzar / equivocarse
2. *música*   departamento / radio / discoteca
3. *reunión*   especialización / miembro / grupo
4. *preparar*   planear / ir / organizar
5. *proponer*   idea / lengua / tema

C. El quinto aniversario. Los escogieron a Ud. y a sus compañeros(-as) para organizar la reunión de su clase. En grupos de tres planeen lo que van a hacer.

ASÍ SE HABLA

CHANGING DIRECTION IN A CONVERSATION

During a discussion with your friends or a group meeting, you may wish to put forward your ideas, change the topic of conversation, or interrupt the speaker. The following are expressions you can use in these circumstances.

Putting Forward an Idea

Se me ocurrió esta idea.	*This idea occurred to me.*
Tengo otra idea.	*I have another idea.*
Ya que estamos en el tema _____.	*Since we are on the topic _____.*
Yo propongo _____.	*I propose _____.*
Hablando de _____.	*Speaking of/about _____.*
Yo quisiera decir que _____.	*I would like to say that _____.*

Changing the Subject

Cambiando de tema...	*Changing the subject . . .*
Pasemos a otro punto.	*Let's move on to something else.*
Por otro lado _____.	*On the other hand _____.*
En cambio _____.	*On the other hand _____.*

Interrupting

Un momento.	*Wait a minute.*
Escuche(-n).	*Listen.*
Antes que me olvide _____.	*Before I forget _____.*
Perdón, pero yo _____.	*Excuse me, but I _____.*

Returning to the Topic

¿De qué estábamos hablando?	*What were we talking about?*
Volviendo a _____.	*Going back to _____.*
Volvamos a _____.	*Let's go back to _____.*

PRÁCTICA Y CONVERSACIÓN

A. Análisis. Vuelva a leer el diálogo de la **Presentación**. ¿Cuántas veces cambian de tema? ¿Qué expresiones usan para introducir un nuevo tema?

B. Divagaciones. Form small groups. The first speaker says something about last semester. The next speaker changes the subject using one of the phrases in this section. Continue changing the subject as each person says something.

MODELO   Usted: **El semestre pasado no aprobé el curso de inglés.**
            Compañero(-a): **Hablando de inglés, tengo que leer una novela muy larga para el lunes.**

A ESCUCHAR

Estos dos amigos están discutiendo las actividades del fin de semana. Escuche cómo pasan de un tema a otro, y luego escriba los números del 1–8 según la secuencia en que aparecen los temas siguientes.

a. El fin de semana _____3_____   e. Arturo Quintana _____3_____
b. El dinero del decano _____0_____   f. El dinero del baile de la primavera _____5_____
c. Hacer la tarea _____1_____   g. Cambiar la fecha de la excursión _____4_____
d. Cambiar el secretario _____6_____   h. El senado estudiantil _____7_____

ESTRUCTURAS

TALKING TO AND ABOUT OTHER PEOPLE AND THINGS

Uses of the Definite Article

In certain instances the use of the definite article is the same in English and Spanish. For example, in both languages the definite article is used to indicate a specific noun: **El estudiante está en la clase.** *The student is in the classroom.* Study the following ways that the two languages differ in their use of the definite article.

a. In Spanish the definite article is used

1. before abstract nouns and before nouns used in a general sense.

    En mi opinión, **la economía** es difícil   *In my opinion, economics is difficult*
    para los estudiantes.   *for students.*

2. with the names of languages except when they follow **de, en,** or forms of **hablar.** In addition, the article is often omitted after **aprender, enseñar, escribir, estudiar, leer,** or **saber.**

    Se dice que **el italiano** es una lengua   *They say that Italian is a musical*
    musical.   *language.*
    Habla español y **estudia portugués.**   *He speaks Spanish and is studying*
                                                  Portuguese.

3. instead of a possessive pronoun with articles of clothing and parts of the body.

Se puso **el abrigo** y salió para la universidad.
He put on his coat and left for the university.

Me lavo **el pelo** después de mi clase de educación física.
I wash my hair after my physical education class.

4. before a title (except **don/doña**) when speaking about a person.

El profesor Murillo enseña español.
Profesor Murillo teaches Spanish.

La Srta. Sánchez se especializa en sicología.
Miss Sánchez is majoring in psychology.

However, the article is omitted when speaking directly to the person.

¿Cómo está Ud., Srta. Flores?
How are you Miss Flores?

5. with days of the week to mean *on*.

Hay una reunión **el martes** 3 de enero.
There's a meeting on Tuesday, January 3.

No hay clases **los domingos.**
There are no classes on Sundays.

6. with the names of certain countries and geographical locations.

la Argentina	la India
el Brasil	el Japón
el Canadá	el Paraguay
el Ecuador	el Perú
los Estados Unidos	la República Dominicana
la Florida	el Uruguay

EN CONTEXTO

Secretario   A ver si empezamos con **la** reunión.
Presidente   Tenemos que decidir **la** fecha para **el** baile estudiantil.
Secretario   Yo propongo que lo hagamos **el** 17 de diciembre.

PRÁCTICA Y CONVERSACIÓN

A. ¿Quién llega? You are the first person in a receiving line at a wedding. Tell the person next to you who is arriving. Then greet that person.

MODELO   Sr. Martínez
Llega el Sr. Martínez.
¿Cómo está Ud., Sr. Martínez?

Srta. Robles / Dr. Álvarez / Sra. Cruz / profesor Salazar / Sr. Cuevas

B. Entrevista. Hágale preguntas a un(-a) compañero(-a) de clase.

Pregúntele…

1. qué ropa se puso esta mañana.
2. qué clases tiene los martes.
3. qué lenguas sabe leer.
4. cuándo se lava el pelo.
5. si prefiere visitar la Argentina o el Perú.
6. qué cursos son difíciles en su opinión.

C. Descripciones. Complete las oraciones de una manera lógica.

1. _____ es una cosa importante en mi vida.
2. Deseo visitar _____ algún día.
3. _____ es mi profesor(-a) preferido(-a).
4. Los sábados yo siempre _____ .
5. El domingo pasado yo _____ .
6. Ahora tengo el pelo _____ .

DISCUSSING GENERAL CHARACTERISTICS

Lo + Adjective

To describe the best thing or the worst thing about your school, friends, or classes, you can use the Spanish expression formed with the neuter article **lo**.

a. Spanish combines the neuter article **lo** with the masculine singular form of the adjective to create a noun: **lo bueno** = *the good thing*, *the good part*.

> **Lo bueno** de esta universidad es el profesorado.   *The good thing about this university is the faculty.*

b. **Lo** + *adjective* is used to describe general characteristics. The words **más** or **menos** can precede the adjective.

> **Lo más interesante** del curso fue la última película.   *The most interesting part of the course was the last film.*

c. Learn to use the following common expressions:

lo bueno	*the good thing*	lo peor	*the worst thing*
lo malo	*the bad thing*	lo mismo	*the same thing*
lo mejor	*the best thing*		

EN CONTEXTO

Secretario   Bueno, chicos, a ver si empezamos con la reunión.
Presidente   **Lo más importante** es decidir la fecha para el baile estudiantil.

PRÁCTICA Y CONVERSACIÓN

A. La universidad y los cursos. Complete de una manera lógica.

1. Lo mejor de esta universidad _____ .
2. Lo peor de esta universidad _____ .

3. Lo más importante de esta clase _____.
4. Lo bueno de mi cuarto _____.
5. Lo mejor de este semestre _____.

B. Entrevista. Hágale preguntas sobre su vida a un(-a) compañero(-a) y su compañero(-a) debe contestar.

Pregúntele…

1. qué es lo más interesante de esta clase.
2. qué es lo mejor de su vida ahora.
3. si siempre hace lo mismo los fines de semana.
4. qué es lo malo de su casa / apartamento / cuarto.
5. qué es lo bueno de su novio(-a).
6. ¿?

PUENTE CULTURAL

La UNAM

La Universidad Nacional Autónoma de México (la UNAM) se encuentra° en la capital. Con alrededor de 300,000 estudiantes es una de las universidades más grandes del mundo. ¡Y también es una de las más hermosas! Muchos de los edificios tienen pinturas, esculturas o mosaicos hechos° por los grandes artistas del país. La famosa biblioteca de la foto es la obra° del arquitecto-artista Juan O'Gorman. Los mosaicos representan la historia de México desde los aztecas hasta el presente.

is located

made

work

COMPRENSIÓN CULTURAL

Complete las siguientes oraciones.

1. La UNAM es _____.
2. La UNAM se encuentra en _____.
3. Tiene _____ estudiantes.
4. El edificio en la foto es _____ de UNAM.
5. Muchos otros edificios de la universidad también tienen _____, _____ o _____.
6. El arquitecto-artista de la biblioteca es _____.
7. Los mosaicos representan _____.

Compare la biblioteca de la foto con la biblioteca de su universidad.

CUARTO ENCUENTRO

PARA LEER BIEN • *Words with the Same Root*

In Chapter 5 you learned about guessing the meaning of words from the context. This task is easier when you find recognizable roots in words such as **graduación–graduarse–graduado**. Even if you do not know the exact meaning, you can infer that these words are related to the one that is familiar to you. They are either their noun, adjective, verb, or adverb counterpart.

PRÁCTICA

Mezcla de palabras. Escoja las palabras que pertenecen a la misma familia.

   MODELO   **general–generalmente–generalidades**

estudiar / matrícula / universitario / educativo / especializarse / estudioso / exacto / ingresar / matricularse / universidad / especialización / decidir / orientar / exactamente / ingreso / estudiante / educación / estudios / decisión / orientación / educado

LECTURA   El sistema educativo

Cuando hablamos del sistema de educación en los países hispanohablantes podemos señalar° ciertas generalidades, pero también hay que recordar que cada país es distinto en cuanto a los problemas que presenta su población°.

point out

population

Entre las generalidades podemos mencionar que hay tres niveles° de   levels
enseñanza: el primario, el secundario y el universitario. El plan de estudios°   curriculum
a nivel primario y secundario generalmente es establecido por el ministerio
de educación y es el mismo para toda la nación. Las universidades tienen
cierta autonomía para decidir el plan de estudios dentro de sus facultades.

A nivel secundario y universitario no existen cursos «electivos» como
en los Estados Unidos. Todos los estudiantes de primer año del secundario
estudian exactamente las mismas materias. Lo mismo pasa con los es-
tudiantes de segundo o tercer año de ingeniería. Todos deben seguir los
mismos cursos de acuerdo al plan de estudios para ingeniería.

En la universidad los estudiantes no tienen la opción de un título de
Artes Liberales como en los Estados Unidos. Cada facultad prepara a los
estudiantes para una profesión.

Estas generalidades varían un poco de acuerdo a las circunstancias
especiales de los diversos países. En una entrevista, Antonia Torres nos
habla de la educación en España:

—Yo empecé con el jardín de la infancia° a los tres años. Luego a   kindergarten
los seis, ingresé° a la escuela primaria donde recibí mi Educación General   entered
Básica durante siete años. A los 14 años entré en la escuela secundaria
con orientación académica por dos años y luego hice un año más del curso
de orientación universitaria. Al final de este curso tuve que tomar el examen
de ingreso para entrar en la universidad. Este examen era muy difícil y
quedé suspendida.

Silvia Pérez fue maestra en Bolivia y ahora vive en los EE.UU.:

—Allá yo tenía muchos problemas para enseñar°, pues muchos de los estudiantes sólo hablaban quechua° o aymará°. Yo sólo hablaba español y era difícil comunicarnos.

Por último la colombiana Teresa Silva nos dijo:

—En Colombia muchos campesinos° viven aislados° sin poder asistir a las escuelas públicas. Por eso el gobierno tiene un programa de alfabetización° en el que se les dan las lecciones por radio.

Como se ve, cada país tiene que ofrecer algo diferente para las necesidades de su población.

teaching

Indian languages

rural people / isolated

literary

PRÁCTICA

A. ¿Cómo es el sistema educativo hispano? Complete las oraciones.

1. El sistema educativo hispano tiene _____ niveles de enseñanza.
2. Al nivel terciario los estudiantes se preparan para _____.
3. El plan de estudios _____ es nacional.
4. En la universidad los estudiantes no tienen _____.
5. En España la Educación General Básica es a nivel _____.
6. En España antes de entrar en la universidad hay que completar _____.
7. En Bolivia muchos estudiantes no pueden aprender a leer y escribir porque _____.

B. Comparaciones. Compare el sistema de educación hispana con el sistema de los EE.UU.

ACTIVIDADES

A. Las especializaciones. Take a survey of your Spanish class to find out the major (**la especialización**) of each student. Also find out in which college or school within the university they are enrolled and if they have changed majors. Make a chart listing each college with the number of majors in each area. Which college has the most students? Which major is most popular? Why?

B. La reunión del club de español. In groups of five or more conduct the first meeting of the year for the Spanish Club. Decide what will be your first activity, decide when and where it will be held, and who will be in charge of food, drinks, music, and publicity.

C. Un día típico. Work with a partner. Explain what a typical day was like for you last semester. Explain your routine, classes, when you studied, worked, relaxed. The two of you should discover what activities you had in common. Explain to the class which activities you both did. Are there certain activities common to the entire class? Which ones? Remember to use the imperfect to describe these repetitive actions in the past.

D. Cómo vivíamos... You and two other classmates are the stars of the popular TV program **Cómo vivíamos**. This week's theme is U.S. high school life in the 1950s. One of you is a male student, another a female student, and the third a faculty member. Explain your typical activities, your clothing, school routine, after-school routine, what are the best and worst things about school, what you like and don't like to do.

PARA ESCRIBIR BIEN • *Describing Events in the Past*

In letters, journals, diaries, and compositions when you want to describe what past events were like, you will need to use the imperfect tense. Phrases such as *When I was young / at camp / in high school* will trigger the use of the imperfect to discuss repeated or habitual actions that took place during those time periods. The imperfect will also be used to express emotional or mental states and conditions in the past. Review the uses of the imperfect and the phrases generally associated with it to help you understand how to use the imperfect tense to describe.

COMPOSICIONES

A. **La escuela secundaria.** Describe what a typical day was like during your senior year in high school. Discuss both in-school and out-of-school routines and activities.

B. **Una persona famosa del pasado.** Choose a famous person from the past and pretend you are that person. Explain who you were, where you lived, what you were like, and what you did.

C. **El sistema educativo.** Your pen pal Julio(-a) Zorilla from Chile is doing a report on the U.S. education system. Help him or her by explaining the basics of the U.S. system in a letter.

VOCABULARIO ACTIVO

Los cursos	*Courses*	**Las Facultades de...**	*Schools, Colleges of . . .*
las ciencias exactas	*natural sciences*		
las ciencias políticas	*political science*	**Administración de**	*Business & Man-*
la economía	*economics*	**Empresas**	*agement*
la física	*physics*	**Arquitectura**	*Architecture*
la programación de	*computer program-*	**Bellas Artes**	*Fine Arts*
computadoras	*ming*	**Ciencias de la Edu-**	*Education*
la sicología	*psychology*	**cación**	
la sociología	*sociology*	**Derecho**	*Law*

Las Facultades de...	Schools, Colleges of . . .	Los verbos	
		aprobar (ue)	to pass (a course, exam)
Farmacia	Pharmacy	decidir	to decide
Filosofía y Letras	Liberal Arts	enseñar	to teach
Ingeniería	Engineering	equivocarse	to make a mistake, be mistaken
Medicina	Medicine		
Periodismo	Journalism	graduarse	to graduate
Otros sustantivos		matricularse	to enroll, register
		organizar	to organize
los apuntes	notes	pasar	to happen
el baile	dance	proponer	to propose
la beca	scholarship	seguir (i, i)	to follow, pursue
la carrera	career	suspender	to fail
el colegio	elementary school, college preparatory high school, boarding school	**Otras expresiones**	
la conferencia	lecture	algunas veces	sometimes
el departamento	department	dar ánimo	to encourage
la escuela secundaria	high school	dictar una conferencia	to give a lecture
la especialización	major	estudiantil	student (adj.)
el estudio	study	hablando de	speaking about
el fin	end	lo más importante	the most important thing
el instituto	high school		
el (la) maestro(-a)	teacher (in elementary school)	lo mejor	the best thing
		lo mismo	the same thing
la materia	subject matter	lo peor	the worst thing
el miembro	member	mientras	while
los negocios	business	otra vez	again
la película	movie	Perdón.	Excuse me.
la reunión	meeting	popular	popular
		por lo general	generally
		por otro lado	on the other hand
		¡Qué pena!	What a shame!
		Un momento.	Wait a moment.

 A recordar

Review the following situations and tasks that have been presented and practiced in this chapter.

- Talk about university life on your campus as well as in the Hispanic world.

- Describe life in the past.
- Talk about how life used to be.
- Discuss past routine.
- Express sympathy and give encouragement.
- Change directions in a conversation.
- Explain the best and the worst about people, places, and events.

CAPÍTULO 12
En la agencia de empleos

Cultural Theme: The concept of work in the Hispanic world

Communicative Goals:
- Discussing jobs and the work situation
- Narrating in the past
- Making comparisons
- Expressing anger
- Filling out an application

A pensar

- What verb forms are used in English when you discuss and describe a past activity? *Last Thursday I **interviewed** for a job as a manager for a sports store. I **was** very nervous but the interview **went** well and they **offered** me the job with good benefits and a nice salary.*
- What are some common phrases used to compliment other people?
- What are some common phrases used to express anger in English?
- What words are used to point out items or people? *Is **this** your coat? No, **that one** is Diana's.*
- In English how do you compare people and things with equal qualities? *Carol is **as tall as** Jennifer.*
- How do you compare the possessions of people? *Mr. Anderson has **as much money as** Mr. Williams. Robert doesn't have **as many friends as** Ann.*

PRIMER ENCUENTRO

PRESENTACIÓN   De niño° yo quería ser bombero°.

As a child / fireman

¿Qué quieres ser? ¿**programador(-a) de computadoras**? **ingeniero(-a)**? ¿hombre o mujer de **negocios**? ¿Qué querían ser estas personas cuando eran niños?

computer programmer / engineer / business

Cuando era niño, Ricardo **soñaba con** ser bombero. Luego tuvo un período° en que quería ser **policía** o **cartero**. Pero cuando llegó la hora de escoger su carrera quiso hacerse **contador**.

soñar con = to dream about

a period of time / police officer / letter carrier

accountant

Cuando tenía seis años yo quería ser **médica** porque quería trabajar en una **clínica** como mi tía Juanita que era **enfermera**.

doctor
clinic, hospital
nurse

A Pilar le gustaba ayudar a otras personas. Pensó hacerse **sicóloga**° o **socióloga**° Pero con el tiempo ella llegó a ser una buena **asistente social** y ahora trabaja en la Oficina de **Servicios Sociales**°.

✦ /✦

social worker

✦

Yo quería ser **electricista**, **plomero** o **tal vez carpintero** porque me gustaba trabajar en **la construcción**. Pero mi padre siempre me decía «Mariano, ése es un trabajo muy **duro**.» Entonces decidí hacerme arquitecto.

electrician /
plumber /
perhaps /
carpenter / ✦

hard

Comentarios lingüísticos y culturales

a. There are three common suffixes for names of professions.

   1. **-ista** = *-ist*

      The suffix **-ista** as in **electricista** or **dentista** is masculine or feminine. The article determines the gender: **el dentista** = (*male*) *dentist*; **la dentista** = (*female*) *dentist*.

   2. **-ero(-a)** = *-er, -or*

      The suffix **-ero(-a)** as in **plomero** (*plumber*) or **consejero** (*counselor*) can be made feminine by changing the noun ending from **-o** to **-a**: **el enfermero** = (*male*) *nurse*; **la enfermera** = (*female*) *nurse*.

   3. **-dor(-a)**

      The suffix **-dor** has no consistent English equivalent. It is made feminine by adding **-a**: **el contador** = (*male*) *accountant*; **la contadora** = (*female*) *acountant*.

b. In many countries a **carpintero(-a)** refers to a person who makes cabinets, furniture, and fine moldings rather than someone who does general carpentry and construction.

c. The expression **hacerse** + name of profession/occupation = *to become a* + name of profession/occupation is used when effort or study is involved in the process: **Pablo quería hacerse contador. Llegar a ser** + name of profession/occupation also means *to become* and is used when time and circumstances are the major factors determining the outcome.

   Después de muchos años Pilar **llegó a ser** una buena asistente social.

PRÁCTICA Y CONVERSACIÓN

A. ¿Comprende Ud.? Conteste según la **Presentación**.

   1. ¿Qué quería ser Ricardo cuando era niño?
   2. ¿Qué carrera escogió de grande?
   3. ¿Por qué quería ser médica la niña?
   4. ¿Dónde trabaja Pilar ahora? ¿Por qué?
   5. ¿Qué profesión siguió?
   6. ¿Qué quería ser Mariano? ¿Por qué?

B. Profesiones. ¿Qué profesiones tienen estas personas?

   1. Trabaja en una clínica. Es _____ o _____.
   2. Reparte (*delivers*) las cartas. Es _____.
   3. Escucha los problemas de otras personas. Es _____.
   4. Arregla los dientes. Es _____.
   5. Trabaja con la electricidad. Es _____.
   6. Hace muebles. Es _____.

C. Sueños (*dreams*) **y ambiciones.** Descubra cuáles son los sueños de sus compañeros. En grupos de dos hagan y contesten estas preguntas.

Pregúntele a un(-a) compañero(-a) de clase...

1. qué le gustaría ser en el futuro.
2. qué quería ser cuando era niño(-a).
3. dónde le gustaría trabajar.

4. si escogió la misma profesión que sus padres. ¿Por qué sí o no?
5. cuáles son sus ambiciones.

D. ¿Qué querían ser? Take a survey of your classmates to find out what they wanted to be at three different stages in their life: when they were children, in high school, and now. Which professions were most commonly chosen by your classmates at these stages? Are there different choices for males and females?

ESTRUCTURAS

TALKING ABOUT MEETING, FINDING OUT, AND REFUSING IN THE PAST

Verbs that Change Meaning in the Preterite

Several Spanish verbs have a meaning in the preterite that is different from the normal meaning of the infinitive.

a. **conocer** = *to know, be aquainted with*

   Preterite = *met*

   Conozco bien al doctor Amado.   *I know Dr. Amado well.*
   Lo **conocí** hace cuatro años.   *I met him four years ago.*

b. **saber** = *to know information, know how*

   Preterite = *found out*

   Finalmente **sabemos** lo que hace.   *Finally we know what he does.*
   Anoche **supimos** que es ingeniero.   *Last night we found out that he's an engineer.*

c. **poder** = *to be able*

   Preterite Affirmative = *managed*
   Preterite Negative = *failed*

   Aunque su hermano **no pudo**, Carlos   *Although his brother failed, Carlos*
     pudo hacerse abogado.   *managed to become a lawyer.*
   Ahora **puede** defender a sus clientes.   *Now he can defend his clients.*

d. **querer** = *to want*

   Preterite Affirmative = *tried*
   Preterite Negative = *refused*

   Anita **quiso** hacerse médica pero **no**   *Anita tried to become a doctor, but she*
     quiso ser enfermera.   *refused to be a nurse.*
   Ahora **quiere** ser mujer de negocios.   *Now she wants to be a businesswoman.*

EN CONTEXTO

—De niño, ¿qué querías ser?

—**Conocí** a un policía muy simpático y claro quería hacerme policía también. Entonces **supe** que había un examen muy difícil y aunque estudié mucho **no pude** aprobarlo.

PRÁCTICA Y CONVERSACIÓN

A. Deseos y habilidades. Complete las oraciones de una manera lógica.

1. El verano pasado quise _____ pero no pude.
2. Mis padres pudieron _____.
3. La semana pasada no quise _____.
4. No pude _____ de niño(-a).
5. Ayer supe _____.
6. El mes pasado conocí a _____.

B. El asesinato de Tomás Silva. Tomás Silva has been murdered. José Navarro is the accused murderer. One of your classmates is the chief witness at the murder trial and you are the chief lawyer for the prosecution. You must question your witness about the murder. Here are some questions to guide you.

¿Cuándo conoció Ud. a Tomás Silva? ¿Cómo fue?

¿Cuándo conoció Ud. a José Navarro? ¿Lo conoce bien?

¿Cómo es el Sr. Navarro?

¿Dónde estuvo Ud. el día cuando murió el Sr. Silva?

¿Qué vio Ud.?

¿Cómo supo Ud. quien lo mató (*killed*)?

¿Quiso ayudar al Sr. Silva? ¿Pudo ayudarlo? ¿Por qué sí o no?

DISCUSSING PAST EVENTS

Imperfect versus Preterite

You have been studying the formation and general uses of the imperfect and preterite for several chapters. However, you have been using either the imperfect or the preterite as directed in exercises or activities. Now you will learn to choose between the two so you can use them to discuss and narrate in the past.

Preterite

Expresses an action or state of being which was completed or took place in a definite, limited time period.

1. is used when the beginning and/or end of the action is stated or implied.
2. expresses a series of successive completed actions or events in the past.
3. expresses a past fact about something done or completed.

Imperfect

Expresses an on-going past action or state of being with an indefinite beginning and/or ending.

1. expresses how life used to be
2. expresses habitual or repeated past actions
3. expresses emotional or mental activity
4. expresses conditions or states of being
5. expresses time in the past

a. Sometimes the preterite and imperfect will occur together in the same sentence.

> Cuando Ricardo **entró** en la oficina, todos **trabajaban**.
>
> *When Ricardo entered the office, everyone was working.*

The imperfect is used to express the interrupted action: **trabajaban**. The preterite is used to express the action which does the interrupting: **entró**.

b. Although you have learned that certain phrases are generally associated with a particular tense, these phrases do not automatically signal the use of that tense. Study the following examples with **ayer** which is generally associated with the preterite.

> **Ayer fuimos** al trabajo.
>
> *Yesterday we went to work.*
>
> **Ayer íbamos** al trabajo cuando vimos al Sr. del Río.
>
> *Yesterday we were going to work when we saw Mr. del Río.*

The use of the imperfect or preterite is determined by context of the entire sentence, not by one word or phrase.

c. Often it is what the speaker wants to say that determines the tense. When the speaker wants to emphasize a time-limited action, the preterite is used. When the speaker wants to emphasize an on-going condition, the imperfect is used.

> Anoche Julio **estuvo** enfermo.
>
> *Julio was sick last night. (But is no longer sick.)*
>
> Anoche Julio **estaba** enfermo.
>
> *Julio was sick last night. (He may or may not still be sick.)*

EN CONTEXTO

Cuando **era** niño, Pablo **soñaba** con ser bombero. Luego **tuvo** un período en que **quería** ser policía o cartero. Pero cuando **llegó** la hora de escoger su carrera **quiso** hacerse contador.

PRÁCTICA Y CONVERSACIÓN

A. **¿Imperfecto o pretérito?** Escoja el imperfecto o el pretérito en las oraciones siguientes.

1. Cuando Mario era/fue niño, quería/quiso ser médico.
2. Cuando entraba/entré en el hospital, las enfermeras trabajaban/trabajaron.
3. Después de trabajar, Fernanda volvía/volvió a casa, comía/comió un poco, leía/leyó el periódico y miraba/miró la televisión.
4. En la Compañía Castillo todos llamaban/llamaron por teléfono y vendían/vendieron mucho cada día.
5. Aunque conocía/conocí al doctor Vargas por muchos años, sólo conocía/conocí a su esposa anoche.
6. Esta mañana el camarero estaba/estuvo enfermo pero se siente bien ahora.

B. **Su vida.** Complete las oraciones de una manera lógica usando el imperfecto o el pretérito.

1. Cuando yo era niño(-a) _____.
2. Cuando yo era niño(-a), mis padres _____.

3. Ayer un(-a) amigo(-a) y yo _____.
4. Anoche yo estudiaba mientras mi compañero(-a) _____.
5. Cuando vine a clase hoy los otros estudiantes _____.

C. Entrevista. Hágale preguntas a un(-a) compañero(-a) de clase.

Pregúntele...

1. lo que quería hacer anoche.
2. lo que hizo anoche.
3. qué hora era cuando se levantó hoy.
4. qué tiempo hacía cuando salió de casa.

5. cómo estaba al llegar a la universidad.
6. lo que hacía en clase mientras hablaba el (la) profesor(-a).

PUENTE CULTURAL

Las mujeres y las carreras profesionales

El Uruguay es uno de los países que está a la vanguardia en cuanto al° porcentaje° de mujeres en carreras profesionales. En la Argentina, México, Chile y Venezuela la mujer tiene un papel° activo en la política, la industria, la ciencia, la medicina y la educación. En España, la mujer ha tomado° su lugar al lado del hombre en la mayoría de las profesiones. Sin embargo, a pesar de estas conquistas, todavía hay muchos lugares donde los papeles tradicionales predominan.

with regard to / percentage

role

has taken

COMPRENSIÓN CULTURAL

Conteste en español.

1. ¿Cuál es el papel tradicional de la mujer en nuestra cultura? ¿y en la cultura hispana?
2. ¿Cómo cambió (*changed*) este papel en nuestra cultural en los últimos años?
3. ¿Qué país hispano está muy avanzado en el número de mujeres en carreras profesionales?
4. ¿Cuál es el papel de la mujer en México, Chile, la Argentina y Venezuela?
5. ¿Cuál es el papel de la mujer española?
6. ¿Predomina el nuevo papel de la mujer en todo el mundo hispano? En su opinión, ¿dónde se puede encontrar ejemplos (*examples*) del papel tradicional? ¿Por qué?

SEGUNDO ENCUENTRO

PRESENTACIÓN   Feliz Futurama, agencia de empleos°   employment agency

Agente* ¿Cuál es su **nombre**?		✛ / name
Aspirante* Elvira Palacio.		candidate, applicant
Agente ¿Ud. está **solicitando el puesto** de **obrera** en una **fábrica**?		applying / job / worker / factory

---

* New active vocabulary words.

Aspirante	No, ese puesto no. Me interesa éste que anuncian aquí en el periódico. Yo quisiera trabajar como **química** con **productos** de perfumería. Vi el anuncio de la Línea Galatea en el periódico del jueves.	chemist / +
Agente	¡Ah, sí! Ellos necesitan **personal** con experiencia en el **uso** de productos químicos. Pero veo en su **solicitud** que Ud. sólo tiene experiencia en **ventas**.	personnel / + application form sales
Aspirante	Sí, es verdad, pero en mi otro **trabajo** vendía productos quími- cos. **Además** yo soy licenciada° en química.	job furthermore, besides / uni- versity degree
Agente	¡Ah! Ya veo. ¡Qué buena experiencia! ¿Por qué **dejó** su otro trabajo?	**dejar** = to leave
Aspirante	No me pagaban bien y no estaba contenta con el trabajo.	
Agente	¿Cuánto quiere ganar?	
Aspirante	Alrededor de 35.000 dólares por año.	
Agente	Este trabajo tiene un **sueldo** más bajo, pero se puede **negociar** pues Ud. tiene **las cualificaciones** necesarias.	salary / negotiate +
Aspirante	Quisiera saber si el **contrato** es por uno o dos años.	contract
Agente	Al principio° es por seis meses con posibilidad de renovarse° según las **evaluaciones**. Es una **compañía** pequeña. Los **dueños** trabajan junto° a los **empleados**.	In the beginning / to renew / + / + / owners together with / employees
Aspirante	Me parece perfecto.	
Agente	Muy bien, le voy a dar otra **entrevista** con la Sra. Galatea.	interview

Comentarios lingüísticos y culturales

a. The use of **quisiera** is preferable over **quiero** o **deseo** when you are requesting something. It is more polite and not so direct. **Quisiera** is generally followed by the infinitive.

   ***Quisiera saber* si el contrato es de uno o dos años**.

b. The expression **trabajar como** means *to work as*. Unlike English, the indefinite article is not needed.

   Quisiera *trabajar como* química.

PRÁCTICA Y CONVERSACIÓN

A. ¿Comprende Ud.? Conteste según la **Presentación**.

1. ¿Qué puesto solicita Elvira?
2. ¿Dónde vio el anuncio de ese trabajo?
3. ¿Qué experiencia tiene ella?
4. ¿Por qué dejó su otro trabajo?
5. ¿Puede ganar $35.000 en el nuevo trabajo?
6. ¿Qué cualificaciones tiene ella para este trabajo?
7. ¿Por cuánto tiempo es el contrato?

B. Definiciones. Empareje la palabra con su definición.

1. la fábrica
2. la entrevista
3. el contrato
4. el sueldo
5. la solicitud
6. el puesto

a. Dinero que recibe un empleado por su trabajo
b. Lugar donde trabajan los obreros
c. Posición dentro de una compañía
d. Conversación entre un(-a) agente de la oficina de empleos y un(-a) aspirante
e. Acuerdo oficial de trabajo entre la compañía y el empleado
f. Papel que se debe completar con información personal para pedir un empleo

C. Fábrica de galletitas Gallo. Ud. y su compañero(-a) son los dueños de una compañía de galletitas (*cookies*) que necesita más personal porque las ventas son muy buenas. Decidan juntos:

1. cuántos empleados necesitan.
2. qué sueldo les van a ofrecer.
3. cuántas horas deben trabajar.
4. qué cualificaciones necesitan tener.

Después de decidir, escriban un anuncio para el periódico.

D. Mi primer puesto. Su profesor(-a) va a dividir la clase en dos grupos: **los agentes de empleos** y **los aspirantes**. Los aspirantes deben escoger uno de estos anuncios y deben presentarse para una entrevista en la agencia de empleos. Durante la entrevista el (la) aspirante debe pedir una descripción del trabajo, negociar el sueldo, las horas de trabajo y las vacaciones. El (la) agente debe hacerle preguntas para averiguar (*to find out*) cómo es el (la) aspirante, qué estudios tiene, qué experiencia tiene, qué le interesa hacer, y otras cosas.

Se necesita agente de viajes para una compañía de viajes al Polo Sur. El puesto requiere largas horas de trabajo. Sueldo negociable.

¿Quiere ganar dinero fácilmente? Hágase parte del personal de ventas de Tacón Fino, fábrica de zapatos elegantes. ¡Excelente sueldo!

Necesitamos traductores de español-inglés para la Feria Internacional de Inscripciones de Camisetas. Solicite en persona el lunes de 8 a 12 de la mañana.

ASÍ SE HABLA

Complimenting

¡Qué lindo / bueno / agradable / bien / interesante / inteligente!	*How pretty / good / agreeable / good / interesting / intelligent!*
Te felicito.	*Congratulations.*
¡Felicitaciones!	*Congratulations!*
¡Eres muy buena en (ventas)!	*You are very good in (sales)!*
¡Qué guapa / chula estás!	*How good / nice you look!*
¡Qué muchacha tan bonita!	*What a pretty young woman!*
¿Qué bonito(s) ojos / cabello / vestido tienes!	*What pretty eyes / hair / dress you have!*

Reacting to a Compliment

As a general rule, people who speak Spanish react to compliments in a way which may seem dry and undemonstrative. It is not uncommon for them to simply say, Gracias.

PRÁCTICA Y CONVERSACIÓN

Work in pairs and find five things on which you can compliment each other.

ESTRUCTURAS

NARRATING IN THE PAST
More Uses of the Imperfect and Preterite

The imperfect and preterite often appear together in both oral and written narration; that is, in normal conversation, radio and television reporting as well as in letters, newspaper and magazine articles, short stories and novels when past events are described and related.

a. In narration, the preterite is generally used to relate what happened; it advances the story or plot. The imperfect provides the background information and describes conditions or continuing events.

b. The following sentences form a brief narration. Note the use of preterite for plot and the imperfect for background information.

Plot:

Ayer **fui** a una agencia de empleos para buscar trabajo.

Background:

Yo **estaba** muy contento con la entrevista porque el agente **era** muy simpático conmigo.

Plot:

Me **ofrecieron** un buen puesto en una compañía pequeña.

EN CONTEXTO

Agente   ¿Por qué **dejó** su otro trabajo?
Aspirante   No me **pagaban** bien y no **estaba** contenta con el trabajo.

PRÁCTICA Y CONVERSACIÓN

A. Emociones y acciones. Explain to your classmates what yesterday was like for you. In at least eight sentences describe the weather, your feelings, what you wanted or had to do and what you actually did. Watch the use of the imperfect and preterite.

B. Entrevista. Hágale preguntas a un(-a) compañero(-a) de clase sobre su primera entrevista para un trabajo. Aquí están unas preguntas que sirven de modelo pero haga sus propias preguntas también.

Pregúntele...

1. cuál era la fecha y la hora de la entrevista.
2. qué tiempo hacía.
3. lo que llevaba a la entrevista.
4. cómo se sentía.
5. cómo era el agente.
6. de qué hablaron.
7. si le dieron el puesto.
8. ¿?

C. La primera entrevista. After you and a classmate have completed **Práctica B**, explain to a third classmate what your partner's interview was like. The third classmate should ask you questions about the interview.

POINTING OUT PEOPLE AND THINGS

Demonstrative Pronouns

In **Capítulo 5** you learned to form and use demonstrative adjectives to point out people and objects. Demonstrative adjectives are always followed by a noun: **este puesto**; **aquella compañía**. Demonstrative pronouns are used to replace the indicated person(-s) or object(-s). They occur alone without the noun.

Demonstrative adjective:

—¿Trabajas en **esta** oficina?   *Do you work in this office?*

Demonstrative pronoun:

—No, trabajo en **ésa**.   *No, I work in that one.*

DEMONSTRATIVE PRONOUNS

éste ⎫ ésta ⎭	*this (one)*	ése ⎫ ésa ⎭	*that (one)*	aquél ⎫ aquélla ⎭	*that (one)*
éstos ⎫ éstas ⎭	*these*	ésos ⎫ ésas ⎭	*those*	aquéllos ⎫ aquéllas ⎭	*those*
esto	*this*	eso	*that*	aquello	*that*

a. The demonstrative pronouns in Spanish are the same words as the demonstrative adjectives except that the pronouns have a written accent mark. The accent marks are used to distinguish the pronouns from the adjectives and do not affect pronunciation. Demonstrative pronouns replace the demonstrative adjective + noun. They agree in number and gender with the noun replaced.

b. The three neuter demonstrative pronouns are **esto** = *this*, **eso** = *that*, and **aquello** = *that*. These neuter pronouns do not have corresponding adjective forms, and they exist only in the singular. The neuter forms point out an item whose identity is unknown or they replace an entire idea, situation, or previous statement.

¿Qué es **esto**?	*What is this?*
Eso no es verdad.	*That isn't true.*
Aquello fue increíble.	*That was unbelievable.*

c. REMINDER: The demonstrative pronouns indicate the same relationships of distance as the demonstrative adjectives; that is, forms of **éste** refer to items close to the speaker; forms of **ése** refer to items close to the person spoken to; forms of **aquél** refer to items away from the speaker and person spoken to.

EN CONTEXTO

Agente   ¿Ud. está solicitando el puesto de obrera en una fábrica?
Aspirante   No, ese puesto no. Me interesa **éste** aquí en el periódico.

PRÁCTICA Y CONVERSACIÓN

A. ¿Qué va a decir Ud. en estas situaciones? Use una oración de la columna a la derecha para responder.

1. Ud. mira algo raro sobre su escritorio.
2. Un amigo recibió un contrato por un millón de dólares.
3. Un compañero le pregunta si hay más trabajo.
4. El agente de empleos le pregunta acerca de su vida personal.
5. Un amigo le dijo que ganó $100 pero Ud. sabe que no es verdad.

a. No quiero hablar de esto.
b. No, eso es todo.
c. ¿Qué es esto?
d. Aquello fue increíble.
e. ¡Eso no es verdad!

B. ¿Qué es esto? Usando **qué** o **quién**, hágale preguntas a un(-a) compañero(-a) de clase y su compañero(-a) debe contestar según el modelo.

MODELO   este papel / contrato nuevo
          Usted: **¿Qué es este papel?**
Compañero(-a):   **¿Ése? Es el contrato nuevo.**

1. esta oficina / agencia de empleos
2. esos hombres / dueños de la compañía
3. esa mujer / programadora de computadoras
4. estos papeles / solicitudes de empleo
5. aquel edificio / fábrica de coches
6. aquella compañía / perfumería Galatea

PUENTE CULTURAL

Los obreros migratorios

La falta de oportunidades económicas de algunos países hispanoamericanos hace que muchas personas dejen su país y emigren a otros países en busca de una vida mejor. Algunas de

estas personas son profesionales en las diferentes ramas° de la   branches
ciencia, por ejemplo, la medicina y la ingeniería. Otros entran
en los EE.UU. para trabajar en la agricultura o en trabajos
manuales. Ellos trabajan en el campo° durante el tiempo de la   fields
cosecha°. Cuando se termina el trabajo en ese lugar buscan la   harvest
próxima cosecha y la familia se muda.° De allí viene su   moves
nombre de obreros migratorios.°   migrant

COMPRENSIÓN CULTURAL

Corrija los siguientes estereotipos de los inmigrantes hispanos.

1. Los inmigrantes hispanos no quieren trabajar; por eso vienen a los EE.UU.
2. Todos los hispanos en los EE.UU. son obreros migratorios.
3. Los obreros migratorios son los dueños de las fincas (*farms*) donde trabajan.
4. Los obreros migratorios se mudan porque les gusta.
5. Es bueno ser obrero migratorio porque el trabajo es fácil.

TERCER ENCUENTRO

PRESENTACIÓN   Los obreros están de huelga°.   on strike

Jefe*	¿Cuánto va a durar° esta **huelga**?	boss / to last
Obrero 1	Hasta que° nos den lo que pedimos. Estamos listos a **renunciar** si es necesario.	until / to resign
Jefe	¿Cuáles son sus **demandas**?	✛
Obrero 2	Queremos un **aumento** de **salario**, mejores **beneficios sociales** y **seguro de desempleo**.	increase / wages / fringe benefits / unemployment benefits
Jefe	Pero no pueden quejarse. Ganan **tanto** dinero **como** los obreros en la fábrica de coches.	as much. . . as
Obrero 3	Pero nuestro trabajo es más duro y los beneficios no son **tan** buenos **como** los de ellos.	as as
Obrero 1	Queremos hablar con el **gerente general**.	general manager
Jefe	Él está **dispuesto** a **despedirlos** si no **llegamos a un acuerdo** pronto.	ready / to fire / reach an agreement

---

* New active vocabulary word.

Obrero 2 Bueno, aquí estamos para hablar. ¿Qué nos ofrecen Uds.?
     Jefe Los directores de la **empresa** necesitan tiempo para estudiar   firm
          la situación.
Obrero 3 ¡Esto es **el colmo**! Si es así, entonces nosotros vamos a continuar   last straw
          con la huelga.

PRÁCTICA Y CONVERSACIÓN

A. ¿Comprende Ud.? Conteste según la **Presentación**.

1. ¿Por qué no trabajan los obreros ahora?
2. ¿Qué quieren ellos?
3. ¿Cómo es el trabajo?
4. ¿Cómo son los beneficios?
5. ¿Con quién quieren hablar?
6. ¿A qué está dispuesto el gerente general?
7. ¿Qué quieren los directores de la empresa?
8. ¿Cómo reacciona el Obrero 3?

B. En el lugar de trabajo. Complete las oraciones con las palabras de la lista.

beneficios sociales / despedir / llegar a un acuerdo / aumento / huelga / salario / gerente general

1. Si los empleados no están contentos con las condiciones de trabajo, hacen _____.
2. Si me pagan poco dinero, pido un _____.
3. Cuando trabajamos por hora recibimos un _____.
4. Un buen trabajo tiene buenos _____.
5. El jefe de los jefes es el _____.
6. Si un empleado hace mal su trabajo, el jefe lo va a _____.
7. El jefe y los empleados conversan para _____ sobre las condiciones de trabajo.

C. Las condiciones de trabajo. Uds. son empleados de una empresa y no están contentos con las condiciones de trabajo. Como miembros del sindicato (*union*) deben hacer una lista de demandas para los directores de la empresa. En grupos de tres decidan qué les van a pedir y expliquen por qué quieren estos cambios. Éstas son algunas frases que se pueden usar:

Lo más importante es _____.   También queremos _____.
Luego necesitamos _____.   Quisiéramos _____.
Lo menos importante es _____.   Por último nos gustaría _____.

D. El aumento. Trabajen en pares. Ud. va a hablar con su jefe(-a) para conseguir un aumento de sueldo. Dígale a su jefe(-a) lo que hizo este mes, las buenas evaluaciones que recibió, las ideas que tiene para mejorar la empresa, los cursos que toma por la noche para mejorarse. Luego pídale un aumento. El (la) jefe(-a) debe hacerle preguntas sobre el trabajo, las horas que trabaja, si llega tarde, y otras cosas. Deben negociar el aumento.

ASÍ SE HABLA

EXPRESSING ANGER

Here are some expressions that convey anger:

¡Esto es lo último que faltaba!	*That's all I needed!*
¡Esto es el colmo!	*This is the last straw!*
¡Esto es lo último!	
¡No faltaba más!	*That's all we needed!*
¡Estamos hartos!	*We are fed up!*
¡Me (nos) pega en los nervios!	*It gets on my (our) nerves!*
¡Basta! ¡Se acabó!	*Enough! I've had it!*
¡Esto es demasiado!	*This is too much!*

PRÁCTICA Y CONVERSACIÓN

A. Jefes y empleados. Imagínese que Ud. es la persona en las siguientes situaciones. ¿Cómo reacciona Ud.?

Jefe(-a)

1. Esta semana Inés llegó tarde todos los días. ¡Hoy llegó una hora más tarde!
2. Ud. entra en la oficina, Santiago charla con otro empleado y los dos no trabajan.
3. La nueva secretaria hace muchos errores en las cartas que Ud. le dicta.

Empleado(-a)

1. ¡No quieren darnos un aumento de sueldo!
2. El jefe despidió a 50 obreros de la fábrica.
3. Los jefes no quieren aceptar nuestras demandas.

 B. Personalidad. Cuéntele a su compañero(-a) cuáles son las cosas que lo (la) enojan (*anger*) mucho y qué dice en esas ocasiones.

A ESCUCHAR

Estas empleadas están muy descontentas con su jefe. Escuche sus razones. Luego complete las oraciones.

1. Las empleadas están descontentas porque su jefe quiere que _____.

   a. trabajen más   b. vengan más temprano   c. tomen mucho café

2. La semana pasada el problema era _____.

   a. el café   b. el trabajo   c. el salario

3. Las empleadas van a renunciar si el jefe _____.

   a. no les aumenta el salario   b. no les habla   c. no cambia

4. Ellas piensan que el jefe _____.

   a. es bueno   b. está loco   c. les va a hablar bien

ESTRUCTURAS

COMPARING PEOPLE AND THINGS WITH EQUAL QUALITIES

Comparisons of Equality with Adjectives and Adverbs

Spanish uses a slightly different construction than English to compare people or things with equal qualities.

a. For making comparisons of equality with adjectives and adverbs the following formula is used:

Adjective

tan + adjective + **como**   *as* + adjective + *as*

Paquita es **tan inteligente como** Raúl. = *Paquita is as intelligent as Raúl.*

Adverb

tan + adverb + **como**   *as* + adverb + *as*

Paquita trabaja **tan bien como** Raúl. = *Paquita works as well as Raúl.*

b. The phrase **tanto como** means *as much as.*

El año pasado Eduardo ganó mucho pero no ganó **tanto como** Sergio.

Last year Eduardo earned a lot, but he didn't earn as much as Sergio.

EN CONTEXTO

Jefe Uds. no pueden quejarse.
Obrero 3 Pero nuestros beneficios no son **tan buenos como** los beneficios de los obreros en la fábrica de coches.

PRÁCTICA Y CONVERSACIÓN

A. **Comparaciones de profesiones.** Combine las dos oraciones en las páginas 381 y 382 usando una comparación de igualdad.

   MODELO Este contrato es bueno. Ese contrato es bueno también.
   Este contrato es tan bueno como ése.

1. Los bomberos están listos para trabajar. Los policías están listos también.
2. Los obreros trabajan mucho. Los dueños trabajan mucho también.

3. Estos productos son nuevos. Aquellos productos son nuevos también.
4. El trabajo de David fue duro. El trabajo de Julio fue duro también.
5. Diego estaba contento con su sueldo. Rubén estaba contento también.
6. Los plomeros empezaron rápidamente. Los electricistas empezaron rápidamente también.

B. Entrevista. Hágale preguntas a un(-a) compañero(-a) de clase sobre su trabajo. Si él (ella) no trabaja, hágale preguntas de un(-a) amigo(-a) o pariente que trabaja.

Pregúntele...

1. si gana tanto como sus padres.
2. si trabaja tan rápidamente como los otros obreros.
3. si sus beneficios sociales son tan buenos como los de otros obreros.
4. si está tan contento(-a) con su trabajo como sus amigos.
5. si descansa tanto como los dueños.
6. si su aumento de salario fue tan grande como el de su gerente. ¿y de su jefe?

COMPARING THE POSSESSIONS OF PEOPLE

Comparisons of Equality with Nouns

When you compare people's possessions and you want to explain, for example, that Enrique's boss earns as much money as Susan's boss, you will need to use a construction for comparing nouns.

a. For making comparisons of equality with nouns, the following construction is used:

tanto(-a)					as much	+	noun	+	as
tantos(-as)	+	noun	+	**como**	=	as many	+	noun	+	as

Olga recibió **tanto dinero como** Pilar.   *Olga received as much money as Pilar.*
Olga recibió **tantos beneficios sociales   *Olga received as many fringe benefits as*
  como** Héctor.   *Héctor.*

b. When the noun is not directly mentioned in the comparison of equality, the structure **tanto(-a) como** = *as much as* or **tantos(-as) como** = *as many as* is used.

¿Sueldo? Recibo **tanto como** Tomás.   *Salary? I receive as much as Tomás.*
¿Cualificaciones? Tengo **tantas como**   *Qualifications? I have as many as the*
  los otros obreros.   *other workers.*

Note that in these sentences **tanto** agrees with the noun it replaces.

EN CONTEXTO

Obrero 2 Queremos un aumento de salario.

Jefe Pero no pueden quejarse. Ganan **tanto dinero como** los obreros de la fábrica de coches.

PRÁCTICA Y CONVERSACIÓN

A. Todos son iguales (*equal*). Combine las dos oraciones usando una comparación de igualdad.

> MODELO Alfredo recibe mucho dinero. Rita recibe mucho dinero también.
> **Alfredo recibe tanto dinero como Rita.**

1. El presidente tiene muchos beneficios sociales. Los gerentes tienen muchos beneficios sociales también.
2. El gerente necesita dos empleados nuevos. El jefe necesita dos empleados nuevos también.
3. Diana recibe $20.000 al año. Victoria recibe $20.000 al año también.
4. Ignacio solicitó siete puestos. Alberto solicitó siete puestos también.
5. El Sr. Cáceres hizo muchas ventas ayer. El jefe hizo muchas ventas también.

B. Gemelos idénticos. (*Identical twins.*) Juan y José son gemelos idénticos. Todo es igual en su vida. Conteste según el modelo.

> MODELO ¿Qué hermano tiene más amigos?
> **Juan tiene tantos amigos como José.**

1. ¿Qué hermano tiene más dinero? ¿más camisas? ¿más discos?
2. ¿Qué hermano recibe más seguro de desempleo? ¿más beneficios sociales?
3. ¿Qué hermano es más alto? ¿más inteligente? ¿más simpático?
4. ¿Qué hermano trabaja más? ¿estudia más? ¿se divierte más? ¿come y bebe más?

C. ¿Cómo es Ud.? Complete las oraciones de una manera lógica.

1. El año pasado recibí tanto sueldo/salario como _____.
2. Me gustaría tener tanto dinero como _____.
3. Tengo tanto _____ como mi mejor amigo(-a).
4. No tengo tanto _____ como mi mejor amigo(-a).
5. Quisiera tener tanto _____ como _____.
6. Todavía no tengo tanta experiencia como _____.
7. No quisiera tener tanto _____ como _____.

PUENTE CULTURAL

Los sindicatos

El poder° de los sindicatos° varía mucho de un país hispano a otro. En algunos países como la Argentina, Bolivia o España los sindicatos son una fuerza poderosa° que lucha por los derechos° de los trabajadores. En los países con gobiernos° represivos es muy peligroso°, y hasta ilegal en algunos casos, ser miembro de un sindicato o hacer huelga.

power / unions

powerful force
rights / governments / dangerous

COMPRENSIÓN CULTURAL

Explique las diferencias en los sindicatos en un país democrático y un país con un gobierno represivo.

CUARTO ENCUENTRO

PARA LEER BIEN • *Skimming*

In previous chapters you have learned different strategies for tackling a text. Let's recapitulate.

1. Try to guess the content from the illustrations and the title.
2. Try to guess the meaning of unknown words. Do not look up every word. Cognates, borrowed words, words with recognizable roots and the context will help you.

   Keeping these points in mind, let's consider now the first reading of any text. In the first reading you should be looking for general ideas or key points. You need to read for the main idea. Do not pay attention to details, but rather get the gist of the reading. In other words, read for general understanding, not for details.

PRÁCTICA

Examinar un texto. ¿Cuál es el tema principal de la **Lectura** siguiente? ¿Qué cognados hay en la **Lectura**?

LECTURA   Ángeles busca trabajo.

Se necesita ingeniero eléctrico para trabajar en nuestras oficinas en Venezuela. Se requiere dominio del español e inglés.

Buenísimas oportunidades para recién graduados. No se necesita experiencia previa. Todas las profesiones encuentran puestos con grandes beneficios. Mande su *Curriculum vitae* a la Agencia de Empleos «Feliz Futurama».

Estimados señores:

De mi mayor consideración° me dirijo a Uds. a fin de solicitar el puesto de ingeniera eléctrica que Uds. anunciaron en el periódico del jueves.   Respectfully

Entiendo que el puesto es para trabajar en una de sus fábricas en Venezuela y que se necesita perfecto dominio del español y el inglés. El español es mi lengua materna° e hice mis estudios en inglés en universidades estadounidenses. Por lo tanto soy completamente bilingüe. Además tengo un conocimiento directo de la cultura venezolana pues viví allí un año cuando estaba en la escuela secundaria.   mother tongue

Aunque me acabo de graduar de la universidad, tengo experiencia en este campo° porque trabajé en dos fábricas mientras hacía mis estudios   field universitarios. Mis jefes les van a mandar cartas de recomendación que reflejan mis evaluaciones en los dos trabajos.

Estoy dispuesta a asistir a una entrevista cuando sea conveniente para Uds.

Muchas gracias por su atención.

Los saluda respetuosamente

> Srta. Ángeles Rivas
> 124 Franklin St.
> Santa Cruz, CA 95060

PRÁCTICA Y COMPRENSIÓN

A. ¿Comprende Ud.? Conteste según la **Lectura**.

1. ¿Qué puesto solicita Ángeles?
2. ¿Dónde es el puesto que solicita?
3. ¿Qué se necesita para el puesto?
4. ¿Qué idiomas habla Ángeles?
5. ¿Qué experiencia tiene en este campo?
6. ¿Quiénes les van a escribir cartas de recomendación?

B. Carta de trabajo. Escriba una carta presentándose para un trabajo.

ACTIVIDADES

A. Mi primer puesto. Describe your first day on your first job. Your job might have been a neighborhood job such as baby-sitting or cutting lawns, or a job working in a business firm. If you have never worked, describe a volunteer job you have had or use your imagination. Explain when your first day on your first job took place, what the weather was like, what you wore, how you felt, where you went, and what you did.

B. ¿Cuál es mi profesión? Your instructor will divide the class into groups of five to play this TV game show. One student is the guest on the show and will represent a certain profession which he or she chooses. The other four students will form a panel and must guess what the guest's profession is. In turn each panel member will ask one yes/no question about where, when, how, or with whom the guest works until the panel guesses the profession. Each member of the group should have the opportunity to be a panel member as well as the guest.

C. Los aspirantes. You are a counselor in an employment agency and a classmate is a candidate for a job. There are four openings in a new firm that supplies products to car factories: a worker in the factory, a computer programmer, a salesperson, and a general manager. Interview the candidate to find out his or her educational background, work experience, interests, and demands as well as for which job he or she is most qualified.

D. De huelga. You and your classmates decide to go on strike. Work in groups of four; one classmate will represent the university's point of view and the other three will express complaints and demands of the students.

PARA ESCRIBIR BIEN • *Filling Out An Application*

If you want to work with Hispanics or visit Spanish-speaking countries, you need to know how to fill out applications and other forms. The following vocabulary will help you complete the task.

Nombre	*Name*
Apellido	*Last name*
Dirección	*Address*
Edad	*Age*
Fecha de nacimiento	*Date of birth*
Estado civil	*Marital status*

COMPOSICIONES

A. La solicitud de empleo. You are a Hispanic who has recently immigrated to the U.S. and you want to live in Massachusetts. Fill out the following application so the agency will help you find a job.

Fecha _____

Nombre _____

Dirección _____

Teléfono _____ (Si no tiene teléfono, ponga el teléfono de un amigo(a) o familiar.)

Fecha de nacimiento _____

Estado Civil _____ ¿Tiene hijos? _____

Cuántos _____ Sus edades _____

¿Hasta que año estudió en la escuela? _____ ¿Dónde? _____

¿Sacó el título de la escuela secundaria? _____ ¿Dónde? _____

¿Estudió inglés? _____ ¿Cuánto tiempo? _____

¿Dónde? _____

B. **Mi primer puesto.** After completing **Actividad A** on page 386 orally, write a composition on the same topic.

C. **El (la) presidente(-a) de la compañía.** After many years as the president of a large firm that manufactures clothing, you are retiring. You must write a speech for your retirement banquet. Talk about your early years with the company. Discuss your first interview, your starting salary, your qualifications for the job, your experience, your contract, and how you obtained the job.

VOCABULARIO ACTIVO

Las profesiones	*Professions*
el (la) agente	*agent*
el (la) asistente social	*social worker*
el (la) bombero(-a)	*fire fighter*
el (la) carpintero(-a)	*carpenter, cabinet-maker*
el (la) cartero(-a)	*mail carrier*
el (la) consejero(-a)	*advisor, counselor*
el (la) contador(-a)	*accountant*
el (la) dentista	*dentist*
el (la) electricista	*electrician*
el (la) enfermero(-a)	*nurse*
el hombre (la mujer) de negocios	*business-man(-woman)*
el (la) ingeniero(-a)	*engineer*
el (la) médico(-a)	*doctor*
el (la) plomero(-a)	*plumber*
el policía	*policeman*
el (la) programador(-a) de computadoras	*computer programmer*
el (la) químico(-a)	*chemist*
el (la) sicólogo(-a)	*psychologist*
el (la) sociólogo(-a)	*sociologist*

La agencia de empleos	*Employment agency*
el (la) aspirante	*applicant*
los beneficios sociales	*fringe benefits*
el contrato	*contract*
la cualificación	*qualification*

la entrevista	*interview*
la evaluación	*evaluation*
el salario	*wages*
el seguro de desempleo	*unemployment benefits*
la solicitud	*application form*
el sueldo	*salary*

La empresa	*Firm*
la compañía	*company*
el (la) dueño(-a)	*owner*
el (la) empleado(-a)	*employee*
el (la) gerente general	*general manager*
el (la) jefe(-a)	*boss*
el (la) obrero(-a)	*worker*
el personal	*personnel, staff*
el producto	*product*
el puesto	*job, position*

Otros sustantivos	
el apellido	*last name, surname*
el aumento	*raise*
la clínica	*clinic, hospital*
el colmo	*last straw*
la construcción	*construction*
la demanda	*demand*
la edad	*age*
el enojo	*anger*
la fábrica	*factory*
el nombre	*name*

Otros sustantivos

los servicios sociales	*social services*	aquél(-la)	*that (one)*
el uso	*use*	aquello	*that* (neuter pronoun)
las ventas	*sales*		
		aquéllos(-as)	*those*
Los verbos		de niño	*as a child*
conocer	*to meet* (preterite)	dispuesto	*ready, willing*
dejar	*to leave*	duro	*hard*
despedir (i, i)	*to fire*	ése(-a)	*that (one)*
negociar	*to negotiate*	eso	*that* (neuter pronoun)
poder	*to manage* (preterite affirmative)		
		ésos(-as)	*those*
	to fail (preterite negative)	estar de huelga	*to be on strike*
		estar harto	*to be fed up*
querer	*to try* (preterite affirmative)	éste(-a)	*this (one)*
	to refuse (preterite negative)	esto	*this* (neuter pronoun)
		éstos(-as)	*these*
renunciar	*to resign*	igual	*equal*
saber	*to find out* (preterite)	increíble	*unbelievable, incredible*
solicitar	*to apply*	llegar a un acuerdo	*to reach an agreement*
soñar (ue) con	*to dream about*		
		tal vez	*perhaps, maybe*
Otras expresiones		tan... como	*as . . . as*
a ver	*let's see*	tanto	*as much, many*
además	*besides, furthermore*	tanto... como	*as . . . as*

 A recordar

Review the following situations and tasks that have been presented and practiced in this chapter.

- Discuss your career choices and goals.
- Talk about Hispanic jobs and work-related issues.
- Describe past events.
- Narrate in the past.
- Point out people and things.
- Give compliments.
- Express anger.
- Compare people and things with equal qualities.

CAPÍTULO 13
Intereses y diversiones

Cultural Theme: Leisure-time activities in the Hispanic world

Communicative Goals:
- Expressing likes, dislikes, and interests
- Making decisions
- Requesting and commanding others
- Expressing disbelief
- Doubting and denying
- Discussing sequence of actions

* *A pensar*

- In our culture what are the most typical leisure-time activities? Do the activities vary by region? By age group? By economic status?
- What verb forms are used to request or command others? *The doctor advises you **to quit** smoking. I insist **that you quit** smoking.*
- Cardinal numbers are used for counting. For what do we use ordinal numbers? *I can't remember if Michael lives on the **fifth** or **sixth** floor.*
- What are some common phrases used to express disbelief?
- What verb forms are used to discuss the sequence of actions when prepositions are used? ***After swimming** we will go to the café. I want to play tennis **instead of playing** cards.*
- What verb forms are used to doubt the actions of others? *I doubt that **we will go** swimming today; it's too cold.*

PRIMER ENCUENTRO

PRESENTACIÓN   ¿Cuáles son tus pasatiempos°?

pastimes

Éste es el **segundo** año que en la Universidad de Catadonga la computadora va a decidir qué estudiantes van a ser compañeros de cuarto. El primer año fue un **éxito** total y se espera lo mismo este año. Los estudiantes deben llenar una tarjeta con su nombre, sus intereses y sus pasatiempos. Luego la ponen en la computadora y esperan el resultado.

second

success

Éstas son algunas de las respuestas°.

replies

Nombre: María Gomila
Intereses: A mí **me encanta** tocar **la flauta** y **los tambores**.

I love / flute / drums

Nombre: Leandro Aguilar
Intereses: A mí **me interesa el ciclismo**. Yo **monto en bicicleta** por **todas partes**. También **me fascinan las novelas policíacas**.

I'm interested / cycling / ride a bike / everywhere / I'm fascinated by / mystery novels

Nombre: Lidia Ortega
Intereses: Me gusta **ir de pesca** y también me gusta nadar.

to go fishing

Nombre: Lourdes Quintana
Intereses: Practico **patinaje sobre hielo** en el invierno y **monto a caballo** en el verano.

ice-skating / ride a horse

Nombre: Emilio Delgado
Intereses: Corro todas las mañanas. Me encanta hacer ejercicio.

Nombre: Marta Altina
Intereses: Me gusta **pasar** el tiempo **navegando** en un **velero**.

to spend (time) / sailing / sailboat

Nombre: Benito Flores
Intereses: Yo quiero ser periodista; por eso trabajo para **el periódico** de la universidad y escribo **cuentos** en mis **ratos libres**.

newspaper (short) stories / free time

Comentarios lingüísticos y culturales

a. The verb **jugar** means *to play sports, games*; **tocar** means *to play a musical instrument* such as, **tocar la flauta / el piano / los tambores / la guitarra**.
b. Many activities have both a noun and a verb form: **el patinaje** = *skating* / **patinar** = *to skate*; **la pesca** = *fishing* / **pescar** = *to fish*.

PRÁCTICA Y CONVERSACIÓN

A. ¿Comprende Ud.? Conteste según la **Presentación**.

1. ¿Qué información necesita la universidad sobre los estudiantes que van a vivir allí?
2. ¿Por qué necesita esta información?
3. ¿A quién le gusta correr?
4. ¿A quién le gusta pescar?
5. ¿Quién lee novelas policíacas?
6. ¿Quién toca un instrumento musical?
7. ¿Qué hace Lourdes Quintana en el verano?
8. ¿Qué hace Benito Flores en sus ratos libres?

B. En el parque. Conteste las preguntas según el dibujo. El número de la pregunta corresponde al número de cada persona en el dibujo.

1. ¿Qué hacen el hombre y la mujer?
2. ¿Qué hacen esos dos muchachos?
3. ¿Qué hace la señorita?
4. ¿Qué hace la señora?
5. ¿Qué hace el hombre?
6. ¿Qué hacen los músicos?

C. Hay diferentes tipos de personas. Cada grupo tiene una inclinación distinta. Algunas personas son más deportistas, otras son más intelectuales y otras tienen inclinaciones artísticas. ¿En qué actividades participan las personas en estas categorías? Dé por lo menos tres actividades para cada categoría.

ESTRUCTURAS

EXPRESSING LIKES, DISLIKES, AND INTERESTS

Verbs Like *gustar*

For some time you have been using the verb **gustar** to explain what you like and don't like. In Spanish there are several other verbs that function like **gustar** and can be used to talk about interests and likes.

a. The verb **gustar** meaning *to be pleasing* (equivalent to English *to like*), is one of a number of common Spanish verbs that use an indirect object where English uses a subject. Study the following examples.

Me	gusta	esta novela.		*I*	*like*	*this novel.*
↓	↓	↓	↓	↓	↓	
Indirect Object	Verb	Subject	Subject	Verb	Direct Object	
↑	↑	↑	↑	↑	↑	
Me	**gustan**	**estas novelas.**		*I*	*like*	*these novels.*

Note that with verbs like **gustar** the subject usually comes at the end of the sentence; it is this subject that determines a singular or plural verb.

b. The use of the phrase **a** + prepositional pronoun with **gustar** is at times necessary. It serves to clarify or emphasize the indirect object pronoun.

¿Te gusta montar a caballo?   *Do you like to ride horseback?*
Sí, pero **a ellos** no **les** gusta.   *Yes, but they don't like it.*

c. The phrase **a** + noun can also be used with the indirect object pronoun.

A mis hermanas no **les** gusta correr.   *My sisters don't like to run.*
A Felipe le gustan los tambores.   *Felipe likes drums.*

d. The following verbs also function like **gustar**.

1. **encantar** equivalent to English *to adore, love (inanimate things)*

A María **le encanta** tocar la flauta.   *María loves to play the flute.*

2. **faltar** equivalent to English *to need*

Nos falta música para la fiesta.   *We need music for the party.*

3. **fascinar**   *to fascinate*

Me fascinan las películas italianas.   *Italian movies fascinate me.*

4. **importar**   *to be important, matter*

No me importa si lo hacemos o no.   *I don't care if we do it or not.*

5. **interesar**   *to be interesting, interest*

A Roberto no le interesa la pesca.   *Fishing doesn't interest Robert.*

6. **pasar**   *to happen*

¿Qué les pasó a tus amigos?   *What happened to your friends?*

7. **quedar**   *to remain, have left*

No nos queda mucho dinero.   *We don't have much money left.*

EN CONTEXTO

Leandro Aguilar   **A mí me interesa** el ciclismo. Monto en bicicleta por todas partes. También **me fascinan** las novelas policíacas.

PRÁCTICA Y CONVERSACIÓN

A. ¿Qué le encanta a Ud.? Explique qué diversiones y pasatiempos le encantan a Ud.

B. Las novelas policíacas. Explique a qué personas les interesan las novelas policíacas y a qué personas no.

> MODELO   a mi madre / sí
> **A mi madre le interesan las novelas policíacas.**

1. a mi padre / no
2. a mi vecina / sí
3. a Ud. / sí
4. a nosotros / no
5. a mí / no
6. a Uds. / sí
7. a ti / sí
8. a Felipe y a mí / no
9. a Carmen y a Pedro / sí

C. Unos intereses. Complete las oraciones de una manera lógica.

1. No me importa(-n) _____ .
2. A mis amigos _____ interesa(-n) _____ .
3. Me gusta(-n) mucho _____ .
4. Me fascina(-n) _____ .
5. A mis padres _____ encanta(-n) _____ .
6. A mi amigo(-a) y a mí no _____ gusta(-n) _____ .

D. Entrevista. Hágale preguntas a un(-a) compañero(-a) de clase sobre sus intereses y su compañero(-a) debe contestar.

Pregúntele…

1. lo que no le gusta hacer.
2. lo que le interesa de esta ciudad.
3. lo que le importa en su vida.
4. lo que le encanta hacer en sus ratos libres.
5. lo que le pasó ayer.
6. si le queda mucho tiempo en la universidad.
7. si le falta algo en su vida. ¿qué?
8. ¿?

TALKING ABOUT PEOPLE AND THINGS IN A SERIES

Ordinal Numbers

Cardinal numbers such as *one, two, three* are used to count and express quantity. Ordinal numbers such as *first, second, third* are used to discuss people or things in a series.

ORDINAL NUMBERS

primer(-o)	*first*	sexto	*sixth*
segundo	*second*	séptimo	*seventh*
tercer(-o)	*third*	octavo	*eighth*
cuarto	*fourth*	noveno	*ninth*
quinto	*fifth*	décimo	*tenth*

a. Ordinal numbers agree in number and gender with the nouns they modify. In addition, they generally precede these nouns.

> Es la **cuarta novela** que leo este mes.   *It's the fourth novel I've read this month.*

b. The ordinal numbers **primero** and **tercero** drop the **-o** before a masculine, singular noun.

> Al **primer** estudiante le interesa el ciclismo mientras que al **tercer** estudiante le encanta el patinaje.   *The first student is interested in biking while the third student loves skating.*

c. Cardinal numbers are generally used to express numbers above *tenth*.

> el siglo XIX
> el siglo diecinueve }   *the nineteenth century*

EN CONTEXTO

Éste es el **segundo** año que la computadora va a decidir qué estudiantes van a ser compañeros de cuarto. El **primer** año fue un éxito total.

PRÁCTICA Y CONVERSACIÓN

A. Diversiones y pasatiempos. As you talk about hobbies and interests with one of your classmates, you notice that this person is confused and mistaken. Correct your classmate's statements by giving the next highest ordinal number.

> **MODELO**   Compañero(-a):   Es el tercer año que Manolo practica el patinaje.
> Usted: **No, es el cuarto año que lo practica.**

1. El cuento de Benito está en la novena página del periódico hoy.
2. Roberto acaba de correr su segundo maratón.
3. Es la cuarta vez que Víctor va de pesca esta semana.
4. Elena navega en el séptimo velero.
5. ¡Pobre Leandro! Ayer tuvo su quinto accidente de bicicleta este año.

B. Un viaje por Sudamérica. You are working as a travel agent and a Spanish-speaking client is planning a tour of South America. Tell your client when and where each stop is according to the model.

> **MODELO**   1ª / lunes / Bogotá
> **La primera escala (*stop-over*) es el lunes en Bogotá.**

1. 2ª / martes / Quito
2. 3ª / miércoles / Lima
3. 4ª / jueves / Santiago
4. 5ª / viernes / Buenos Aires
5. 6ª / sábado / Montevideo
6. 7ª / domingo / Caracas

C. Entrevista. Hágale preguntas a un(-a) compañero(-a) de clase y su compañero(-a) debe contestar.

Pregúntele...

1. en qué año de sus estudios está.
2. cuándo fue la primera vez que montó en bicicleta. ¿y que montó a caballo?
3. cuál fue el primer deporte que practicó. ¿y el segundo?
4. adónde fue la primera vez que salió con su novio(-a).
5. si es el (la) primer(-a) hijo(-a) de la familia.

PUENTE CULTURAL

Unos artistas españoles

A muchos españoles les gusta pasar su tiempo libre en los museos de arte donde pueden mirar los cuadros° de Pablo Picasso, Salvador Dalí o Joan Miró, artistas de fama internacional. Estos artistas han contribuido° mucho al desarrollo° de nuevas formas de arte en este siglo. El cuadro «Guernica» de Picasso, que está en el Museo del Prado en Madrid, tiene símbolos de las atrocidades de la guerra° civil en España.

paintings

have contributed / development

war

Pablo Picasso. **Guernica.** 1937. Oil on canvas, 11′ 5-1/2″ × 25′ 5-3/4″ (3.49 × 7.77 m). Museo del Prado, Madrid.

COMPRENSIÓN CULTURAL

1. ¿Cuáles son los colores del cuadro? ¿En qué manera se parece (*resembles*) a un periódico este cuadro?
2. ¿Qué personas hay en el cuadro? ¿Qué hacen?
3. ¿Qué animales hay?
4. En su opinión, ¿qué simbolizan las siguientes cosas en el cuadro: la flor / la luz y la lámpara / la espada rota (*broken sword*)?

SEGUNDO ENCUENTRO

PRESENTACIÓN   ¿Qué hacemos esta noche?

Don Mauricio	Jerónimo me invitó a jugar a **las cartas esta noche** pero no tengo ganas de ir al club. Es siempre lo mismo.	cards / this evening
Doña Rosalía	**¿Qué tal si** vamos a ver la nueva película mexicana que están pasando° en el cine Odeón? Dicen que es un poco **trágica**.	What if showing ✛
Don Mauricio	No estoy para° ver cosas trágicas esta noche. Después de descansar un poco, quisiera escuchar un buen concierto de música de cámara°.	I'm not up to chamber music
Doña Rosalía	Yo **insisto** en que vayamos al cine. Podemos ver otra película si quieres. Algo **cómico** o **romántico**, o **de aventura**.	✛ ✛ ✛ ✛
Don Mauricio	Mm,… no sé. No me decido. ¿Qué tal si **nos quedamos** en casa y jugamos al **ajedrez**?	**quedarse** = to stay / chess
Doña Rosalía	Yo prefiero que salgamos a **pasearnos**.	to take a walk
Don Mauricio	Mira, si hoy juegas al ajedrez conmigo, mañana podemos ir al **teatro** a ver **la obra** de María Montiel que dicen que es tan divertida.	✛ / work (artistic)
Doña Rosalía	Muy bien. **Trato hecho**.	It's a deal.

Comentarios lingüísticos y culturales

The following expressions are often confused: **el cine** = *the movie theater*; **la película** = *movie, film*; **ir al cine** = *to go to the movies*; **las cartas** = *playing cards*; **la tarjeta** = *card with information or a message written on it.*

PRÁCTICA Y CONVERSACIÓN

A. ¿Comprende Ud.? Conteste según la **Presentación**.

1. ¿Qué quiere Jerónimo que haga su amigo don Mauricio?
2. ¿Qué película pasan en el Odeón?
3. ¿Qué quiere hacer don Mauricio esta noche?
4. ¿Qué prefiere hacer doña Rosalía?
5. ¿Qué trato le ofrece don Mauricio a su esposa?

B. Asociaciones. ¿Qué palabra no corresponde al grupo?

1. quedarse en casa / mirar la televisión / ir al teatro
2. jugar a las cartas / pasear / jugar al ajedrez
3. orquesta sinfónica / música de cámara / música rock
4. novela / obra de teatro / ópera
5. charlar con un amigo / pasar una película / ir al cine

C. Sobre gustos no hay nada escrito. (*To each his own.*) Conteste las preguntas dando sus preferencias.

1. ¿Le gusta el teatro o prefiere el cine?
2. ¿Qué películas le gustan a Ud.? ¿cómicas? ¿policíacas? ¿tristes? ¿románticas? ¿trágicas? ¿de aventuras? ¿Por qué?
3. ¿Le gusta jugar a las cartas? ¿Cuándo juega?
4. ¿Sabe jugar al ajedrez? ¿Con quién juega?
5. ¿Sale a pasearse Ud.? ¿Por dónde se pasea? ¿Con quién(-es)?
6. ¿Le gusta la película que están pasando en el centro esta semana? ¿Cómo se llama?

 D. Tiempo libre. Formen grupos de tres o cuatro. Díganle a sus compañeros(-as) lo que quisieran hacer Uds. esta noche. ¿Hay alguien en el grupo que quiera hacer lo mismo que Ud.? ¿Pueden hacerlo juntos? Discutan las posibilidades.

ASÍ SE HABLA

MAKING DECISIONS

You go through several steps in the process of decision making. First, something is suggested to you, or several options present themselves. Sometimes you remain undecided as to what you should do or choose. Finally, you make up your mind to accept or refuse the suggestion or option. The following expressions can be used in conversation for suggesting options, indicating indecision, acceptance, or refusal.

Sugerencias

Yo le (te) sugiero que + (*pres. subj.*).	*I suggest you _____ .*
Podría(-s)/Podríamos _____ .	*You/We could _____ .*
Puede(-s)/Podemos _____ .	*You/We can _____ .*
¿Qué tal si _____ ?	*How about if _____ ?*
¿Por qué no _____ ?	*Why don't _____ ?*
Trata de _____ .	*Try to _____ ?*

Indecisión

Mm,… no sé qué hacer.	*Mm, . . . I don't know what to do.*
No puedo decidirme.	*I can't decide.*
No me decido.	*I can't decide.*
No sé por cuál decidirme.	*I don't know which one to choose.*
Tengo que pensarlo.	*I have to think about it.*
Lo voy a pensar.	*I'll think about it.*
No estoy seguro(-a).	*I'm not sure.*

Aceptación

¡Qué buena idea!	*What a good idea!*
Me encantaría.	*I'd love it.*
Me gusta la idea.	*I like the idea.*
¡Trato hecho!	*It's a deal!*

Rechazo

No tengo ganas de hacer eso.	*I don't feel like doing that.*
No me dan ganas de ir ahora.	*I don't feel like going now.*
No estoy para eso.	*I'm not up to that.*

PRÁCTICA Y CONVERSACIÓN

A. Ideas y sugerencias. Su compañero(-a) le pide sugerencias para estas situaciones. ¿Qué le sugiere Ud.? Él (Ella) acepta o rechaza las sugerencias.

1. Me gustaría jugar a las cartas pero no tengo compañero(-a).
2. Quisiera escuchar música rock esta noche.
3. Quiero ver una película cómica.
4. Mi coche no va.
5. El estéreo que yo quiero está en venta por $800 pero sólo tengo $500.
6. Quiero salir a pasearme pero llueve.

B. ¿Qué vamos a ver? Ud. y su compañero(-a) están en México y deciden ir al cine. Según el periódico se pueden ver las siguientes películas. Uds. están indecisos. Una persona sugiere una película pero la otra contesta con una de las frases de indecisión y explica por qué no se decide. Para ayudarlos a tomar la decisión explique a qué categoría pertenece cada película de la siguiente lista. Finalmente deben elegir una película.

Romántica // **policíaca** // **de aventuras** // **dibujos animados** (*cartoons*) // **clásica** // **musical**

Cantando bajo la lluvia	*La mujer bonita*
Lo que el viento se llevó	*De vuelta al futuro*
La guerra de las galaxias	*Tiempos modernos*
El conejo Roger	*La joya del Nilo*
El viernes 13	*Enrique V*
El rey Lear	*El padrino III*
El color morado	*La ventana de atrás*
Nacido el 4 de julio	*La Bamba*
Un americano en París	*El último emperador*
La casa de los animales	*Mi pie izquierdo*
El mago de Oz	*Desde las nueve hasta las cinco*

A ESCUCHAR

Estas amigas quieren decidir sobre el programa para el fin de semana. Escuche las posibilidades que tienen, luego indique qué actividades van a hacer este fin de senana con **sí** o **no**.

1. montar en bicicleta
2. ir al teatro
3. jugar un partido de tenis
4. hacer un picnic
5. patinar sobre el hielo
6. escuchar el coro de la universidad
7. jugar al ajedrez
8. dormir toda la mañana

ESTRUCTURAS

REQUESTING AND COMMANDING OTHERS

Subjunctive after Verbs of Request, Command, and Judgment

You have learned to use the subjunctive in clauses after impersonal expressions such as **es posible** and the verbs **querer** or **esperar** when there is a change of subject. In Spanish, verbs that belong to the categories of requesting, commanding, and expressing judgments also require the use of the subjunctive when there is a change of subject.

a. The following verbs can be used to advise or command others.

Request		Command		Judgment	
pedir	*to request, ask for*	decir	*to tell*	aconsejar	*to advise*
		insistir en	*to insist on*	preferir	*to prefer*
		mandar	*to order*	sentir	*to regret, be sorry*
		permitir	*to permit, allow*		

Note the use of these verbs in the following examples.

Prefiero que Uds. vayan al cine.   *I prefer that you go to the movies.*
⌐ change of subject ⌐

Insisten en que Diego toque el piano.   *They insist that Diego play the piano.*
⌐ change of subject ⌐

b. Many of these verbs will take indirect objects. Note that in these structures the indirect object pronoun and the subjunctive verb ending refer to the same person.

2nd-person sing.

Te aconsejo que corras todas las mañanas.   *I advise you to run every morning.*

c. These subjunctive structures can be translated in a variety of ways. Study the translations of previous examples as well as the examples below.

Prefiero que Uds. jueguen al ajedrez.   *I prefer that you play chess.*
Siente que Tomás no pueda venir.   *He's sorry that Tomás cannot come.*

d. **Decir** is followed by the subjunctive when someone is told or ordered to do something. **Decir** is followed by the indicative when information is given. Compare the following.

Le dice a Juan que **se quede** en casa.   *He tells John to stay at home.*
Dice que Juan **se queda** en casa.   *He says that John is staying at home.*

EN CONTEXTO

Doña Rosalía   **Insisto en que vayamos** al cine esta noche.
Don Mauricio   Mm,… no sé. ¿Qué tal si nos quedamos en casa?
Doña Rosalía   Pues **prefiero que salgamos** a pasearnos.

PRÁCTICA Y CONVERSACIÓN

A. **¿Qué le dice su madre?** Explique lo que su madre le dice que haga.

Mi madre (no) me dice que…

tocar el violín / leer muchas novelas / montar a caballo / hacer ejercicio todos los días / correr / jugar al ajedrez

B. **Mi amigo(-a) no tiene éxito.** Your friend doesn't understand why he/she is not successful in the university. So you ask your friend to tell you about his/her study habits. React to your friend's statements using a verb of request, command, or judgment.

MODELO   Compañero(-a):   Siempre llego tarde a mis clases.
                    Usted: **Te aconsejo que no llegues tarde.**

1. No estudio mucho.   3. No practico en el laboratorio.
2. No me gusta ir a la biblioteca.   4. No me interesan mis clases.

5. Duermo en mis clases.

6. No hago la tarea.

7. Juego mucho a las cartas.

8. Voy al cine todas las noches.

C. **En un crucero.** You are the social director for a cruise ship that travels through the Caribbean. Give suggestions, advice, and commands to the following passengers so they have a good time and take advantage of all the ship's activities.

Los pasajeros	Las actividades
1. Pedro y Susana Ramírez / 75 años	jugar a las cartas
2. Inés Apaza / 23 años / soltera	ver la nueva película argentina
3. Pablo Ruiz / 30 años / gordo	hacer ejercicio o correr
4. Julia Escobar / 40 años / enferma	bailar en la discoteca
5. Amalia Núñez / 60 años / tímida	jugar al ajedrez
6. Gregorio Cuesta / 11 años / muy activo	quedarse en el cuarto
7. Ramón Torres / 28 años / profesor	nadar en la piscina
8. Ignacio y Yolanda Méndez / 50 años	leer una novela policíaca
	¿?

DISCUSSING SEQUENCE OF ACTIONS

Infinitives after Prepositions

To express ideas such as what you did after swimming or before going to the movies, Spanish uses a different structure than English.

a. In English the present participle is the verb form generally used after prepositions: *after dancing, before running*. Contrary to English, Spanish always uses the infinitive after prepositions.

Spanish	*English*
preposition + infinitive =	preposition + present participle

después de nadar — *after swimming*
en vez de patinar — *instead of skating*

b. **Al** + infinitive is the equivalent of *on* or *upon* + the present participle or *when* + a verb in a past tense.

Al salir vi a mi amigo Tomás.
{ *Upon leaving, I saw my friend Tomás.*
{ *When I left, I saw my friend Tomás.*

EN CONTEXTO

Doña Rosalía   ¿Tienes ganas **de ir a ver** la nueva película mexicana?

Don Mauricio   No estoy **para ver** cosas trágicas esta noche. **Después de descansar** un poco, quisiera escuchar un buen concierto de música de cámara.

PRÁCTICA Y CONVERSACIÓN

A. Entrevista. Hágale preguntas a un(-a) compañero(-a) de clase y su compañero(-a) debe contestar.

Pregúntele...

1. lo que hace antes de estudiar cada noche. ¿y después?
2. lo que prefiere hacer en vez de trabajar.
3. lo que hizo anoche al volver a su cuarto.
4. si le gusta ir a fiestas sin conocer a nadie.
5. si siempre insiste en hacer lo que quiere.
6. si tiene ganas de jugar a las cartas esta noche.

B. ¿Cuándo hace Ud. estas cosas? Complete las oraciones de una manera lógica.

1. Llamo a mis padres después de _____.
2. Prefiero _____ en vez de estudiar.
3. Antes de salir con mi novio(-a) siempre _____.
4. Al llegar a mi cuarto después de las clases, _____.
5. Siempre estudio hasta _____.
6. Hoy no tengo ganas de _____.

PUENTE CULTURAL

El cine hispánico

En la actualidad hay varios directores hispanohablantes que han conseguido fama internacional. Entre ellos está Luis Bu-ñuel, uno de los genios del cine español. Buñuel ganó su fama en los años veinte y treinta con las películas surrealistas *Un perro andaluz* y *La edad de oro*. Sus películas presentan una crítica de la hipocresía que él observó en la sociedad. Vivió parte de su vida exiliado en México donde continuó su carrera como cineasta y alcanzó renombre° internacional como uno de los mejores artistas del siglo veinte. Entre los directores jó-venes se puede mencionar al español Pedro Almodóvar, cuyas° películas más populares son *Mujeres al borde de un ataque de nervios* y *¿Qué hice yo para merecer esto?* El argentino Luis Puenzo ganó el Oscar para la mejor película extranjera° con *La historia oficial*.

gained fame

whose

foreign

COMPRENSIÓN CULTURAL

Combine el nombre del director con sus películas o sus características.

1. Luis Buñuel
2. Pedro Almodóvar
3. Luis Puenzo

Uno de los mejores artistas del siglo veinte
Ganó el Oscar para la mejor película extranjera
Uno de los jóvenes directores españoles
Mujeres al borde de un ataque de nervios
Un perro andaluz
La historia oficial
Ganó su fama durante los años veinte y treinta con sus películas surrealistas

TERCER ENCUENTRO

PRESENTACIÓN   De picnic en la playa

Matilde	¡Qué **bronceado** tan **fabuloso**!	tan / ✛
Raquel	Gracias. Estuve en Acapulco dos semanas. Acabo de regresar.	
Matilde	**¿De veras? ¿Qué tal lo pasaste?**	Really? / How did it go?
Raquel	**¡De maravillas!** Me pasé el tiempo en la playa, tirada° en la **arena, tomando sol** y bañándome en el **mar**. Me encanta flotar° en las **olas**.	Marvelous / lying / sand / sunbathing / sea / to float waves
Matilde	¿Y no **te quemaste**?	**quemarse** = to burn
Raquel	Un poco el primer día pero tenía una **loción** muy buena. ¿Y tú qué hiciste?	✛
Matilde	Fuimos con Ester a **un lago** cerca de aquí por unos días **e** hicimos **esquí acuático**. Ya sabes cuánto le gusta a Ester la **natación**, así que° nos lo pasamos en **traje de baño** nadando en la **piscina** del hotel o en el lago.	lake / and waterskiing / swimming / therefore / swimming suit / swimming pool
Raquel	¿Era un lugar lindo?	
Matilde	Sí, más o menos. No había mucho que hacer. No creo que vuelva allí otra vez.	
Raquel	Tal vez quieras ir conmigo la **próxima** vez. Yo **dudo** que deje° pasar mucho tiempo antes de volver a México. Es un lugar **magnífico**.	next / **dudar** = to doubt / I'll let ✛
Matilde	Mm,... veremos°.	we'll see

Comentarios lingüísticos y culturales

a. The verb **pasar** = *to pass* or *to spend time*. It is used in the following idiomatic expressions: **pasarlo bien** / **mal** / **de maravillas** = *to have a good* / *bad* / *wonderful time*. It is also used with the reflexive pronoun to indicate how one spends one's own time.

> **Me lo pasé** tomando sol.   *I spent the time sunbathing.*
> **Se pasa** la vida soñando.   *He spends his life dreaming.*

b. The Spanish ending **-ndo** = *-ing*: **tomando sol** = *sunbathing*; **bañándome** = *bathing*; **nadando** = *swimming*.

PRÁCTICA Y CONVERSACIÓN

A. ¿Comprende Ud.? Conteste según la **Presentación**.

1. ¿Dónde están estas mujeres?
2. ¿Están nadando o tomando sol?
3. ¿Dónde estuvo de vacaciones Raquel?
4. ¿Adónde fueron Ester y Matilde?
5. ¿Qué hicieron allí?
6. ¿Quiere Matilde volver a este lugar? ¿Por qué?

B. ¿Cuál es la palabra? Complete las oraciones con la forma correcta de las palabras en la lista.

piscina / olas / toalla / tomar sol / lancha / loción / sombrilla / natación

1. Cuando quiero broncearme, _____.
2. Si no quiero quemarme, me pongo una _____.
3. Yo practico la _____ en la _____ del club.
4. No me gustan los lagos porque no tienen _____ altas.
5. Cuando voy a la playa llevo mi _____ y mi _____.
6. Para hacer esquí acuático se necesita una _____ muy rápida.

C. ¿Qué necesitamos llevar? La clase de español va a ir de picnic a la playa. Díganle a su profesor(-a) lo que quieren llevar para divertirse.

> MODELO   **Hay que llevar una sombrilla.**

D. La vida al aire libre. Uds. son los organizadores de un club de jóvenes de secundaria los cuales están interesados en la vida al aire libre (*outdoors*). Uds. deben organizar un viaje de dos días para un grupo de 20 jóvenes. ¿Adónde los van a llevar? ¿Cómo van a llegar allí? ¿Cuándo van a volver? ¿Qué van a hacer allí? Trabajen en grupos de tres.

ASÍ SE HABLA

EXPRESSING DISBELIEF

Here are some ways of expressing yourself when someone tells you something you find hard to believe.

No puede ser.	*It can't be.*
No es posible.	*It's not possible.*
Imposible.	*Impossible.*
Es difícil de creer.	*It's difficult to believe.*
No lo / la (te) creo.	*I don't believe you.*
¿De veras?	*Really?*
Es increíble.	*It's incredible.*
Está(-s) bromeando.	*You're joking.*
Me está(-s) tomando el pelo.	*You're pulling my leg.*
¡No me diga(-s)!	*You don't say!*

PRÁCTICA Y CONVERSACIÓN

A. ¡No te creo! Exprese incredulidad cuando su compañero(-a) le dice lo siguiente.

> MODELO   Compañero(-a):   Este niño tiene 3 años y hace esquí acuático.
> Usted: **¡No! ¡Es increíble!**

1. Me pasé el verano estudiando chino (*Chinese*).
2. Estuve todo el día en el sol y no me quemé nada.
3. Mi hermana se pasa el tiempo comiendo chocolate y mirando la televisión.
4. No me gusta viajar.
5. La playa es aburrida.
6. No me gustan las olas.
7. El padre de Octavio no sabe nadar.
8. Yo tengo una lancha pero no sé manejarla.

B. Es difícil de creer. Dígale a su amigo(-a) lo que vio ayer en la playa. Su amigo(-a) no puede creer lo que Ud. le dice.

> MODELO   Usted: **Ayer vi un burro en la playa.**
> Amigo(-a): **¡No! Me estás tomando el pelo.**

DOUBTING AND DENYING ACTIONS OF OTHERS

Subjunctive after Verbs of Doubt, Denial, and Uncertainty

In addition to the uses you have already learned, the subjunctive is used to doubt or deny the actions of others.

a. The subjunctive is used after expressions of doubt or denial when the speaker expresses uncertainty or negation about the situation he/she is discussing.

b. The subjunctive is used after the verbs **dudar** (*to doubt*), **negar** (*to deny*), **no creer**, and **no pensar** when there is a change of subject.

> No hace sol. **Dudo que te quemes** hoy.   *It's not sunny. I doubt that you'll get burned today.*

c. Verbs following the expressions **quizás/tal vez** meaning *perhaps*, *maybe* will be in the subjunctive when the speaker doubts that the situation will happen.

> **Tal vez nademos** en el lago.   *Perhaps we'll swim in the lake.*

d. Interrogative forms of **creer** and **pensar** require the use of the subjunctive when the speaker is uncertain that something will happen.

> **¿Crees que vayamos** a la playa?   *Do you think we will go to the beach?*

EN CONTEXTO

Raquel   **Tal vez quieras** venir conmigo la próxima vez. **Dudo que deje** pasar mucho tiempo antes de volver a México.

PRÁCTICA Y CONVERSACIÓN

A. Dudas. Ud. no puede creer todo lo que dice su compañero(-a). Use las expresiones **dudar**, **no creer** o **no pensar** para expresar sus dudas.

> MODELO   Compañero(-a): Carlos tiene una piscina en su casa.
>   Usted: **Dudo que Carlos tenga una piscina en su casa.**

1. Nunca me quemo en la playa.
2. Nado 50 kilómetros cada día.
3. Mi padre es el dueño de un hotel en Acapulco.
4. Mis abuelos hacen esquí acuático todos los días.
5. Voy a la universidad en velero.
6. En nuestro garaje hay cuatro lanchas.

B. Sus opiniones. Complete las oraciones de una manera lógica.

1. Tal vez mis amigos y yo _____.
2. Mis compañeros no creen que yo _____.
3. Dudo que el presidente de los EE.UU. _____.
4. Mis padres niegan que yo _____.
5. No pienso que _____.
6. ¿Creen Uds. que _____?

C. Entrevista. Hágale preguntas sobre las cosas siguientes a un(-a) compañero(-a) de clase y su compañero(-a) debe contestar.

MODELO   El (la) profesor(-a) viaja a México mañana.
Usted: **¿Crees que el profesor viaje a México mañana?**
Compañero(-a):   **Sí, creo que viaja para allá mañana.**
o   **No, dudo que viaje para allá mañana.**

1. Todos los estudiantes saben nadar.
2. El esquí acuático es peligroso (*dangerous*).
3. Vamos a ir de picnic a la playa mañana.
4. El (la) profesor(-a) monta a caballo todas las mañanas.
5. Soy campeón(-a) de ajedrez.
6. Toco la flauta, los tambores y el piano.
7. Me gustan las películas románticas.

LINKING IDEAS

Changes of y → e and o → u

The words **y** (*and*) and **o** (*or*) undergo changes before certain words so that they will be heard distinctly and understood.

a. When the word **y** meaning *and* is followed by a word beginning with **i** or **hi**, the word **y** changes to **e**.

español **e** inglés   *Spanish and English*
hijos **e** hijas   *sons and daughters*

b. When the word **o** meaning *or* is followed by a word beginning with **o** or **ho**, the word **o** changes to **u**.

setiembre **u** octubre   *September or October*
ayer **u** hoy   *yesterday or today*

EN CONTEXTO

Fuimos con Ester a un lago cerca de aquí por unos días **e** hicimos esquí acuático.

PRÁCTICA Y CONVERSACIÓN

A. ¿Cuál es? Complete las preguntas con **o** o **u**.

1. Señora, ¿tiene Ud. siete _____ ocho hijos?
2. ¿Quién es mayor, Laura _____ Olga?
3. ¿Es de plata _____ oro su nuevo reloj?
4. En su opinión, ¿es simpático _____ inteligente este perro?
5. ¿Dijo Ud. siete minutos _____ horas?

B. Sus vacaciones. Con un(-a) compañero(-a) de clase discuta sus vacaciones. Haga y conteste preguntas según el modelo, usando la forma correcta de **o** en la primera frase, y la forma correcta de **y** en la segunda.

MODELO ¿Viniste con Miguel _____ Osvaldo?
Compañero(-a): **¿Viniste con Miguel u Osvaldo?**
Usted: **Vine con Miguel y Osvaldo.**

1. ¿Nadaste _____ hiciste esquí acuático?
2. ¿Montaste en la bicicleta de Claudio _____ Ignacio?
3. ¿Montaste a caballo _____ fuiste de pesca?
4. ¿Te gusta nadar en una piscina _____ en el mar?
5. ¿Te gustó más navegar _____ ir de pesca?

PUENTE CULTURAL

El Ballet Folklórico de México

Este magnífico grupo de bailarines mexicanos es famoso en todo el mundo. Representan las danzas típicas de su país— danzas antiguas de los indios y danzas de la época colonial. Su música es alegre, sus trajes son coloridos y los bailarines son estupendos. Se puede ver una función° del Ballet Folklórico en el Palacio de Bellas Artes en la Ciudad de México.

performance

COMPRENSIÓN CULTURAL

Conteste en español.

1. ¿Cómo se llama el grupo de la foto? ¿Dónde se puede ver una función del grupo?
2. ¿Qué danzas representan? ¿Hay un grupo similar en los EE.UU.?
3. Describa la escena de la foto.

CUARTO ENCUENTRO

PARA LEER BIEN • *Scanning*

It is not always necessary to read the whole text when you are looking for specific information. For example, when you want to find out about the time that a train or bus leaves or arrives, you do not read the entire bus or train schedule. On the contrary, you look for the specific details that will give you the necessary information.

The same is true when you read a text looking for particular information. You can skip through the text to find the specific information you need. This method of reading is called *scanning*.

PRÁCTICA

A. **Agenda musical.** Look at the information in the **Agenda Musical** and then answer the following questions.

1. ¿A qué hora es la presentación de la Orquesta de Cámara Mayo?
2. ¿Dónde va a tocar Iliana Hoffer la guitarra?
3. ¿Cuánto cuesta la entrada para el Cuarteto Argento?
4. ¿Dónde va a tocar el Cuarteto Argento?

B. **Agenda musical.** En grupos de tres decidan adónde quieren ir esta tarde: ¿a escuchar música clásica? ¿o canto? ¿o música de guitarra? ¿o piano? ¿u ópera? Después de decidir, busquen en el artículo del periódico dónde es y a qué hora comienza el concierto.

Agenda musical

Cuarteto Argento. Obras de Schubert, Von Webern y Mendelssohn. Catedral Anglicana (25 de Mayo 282); 13. Entrada Libre.

Iliana R. Hoffer (guitarra). Florida 638; 16.30. Libre.

Leonardo Lombard (piano). Comenta J. Montes. Florida 638; 18.30. Libre.

El matrero (ópera), por el Taller Argentino de Opera. Dirección: Oscar Gálvez Vidal. Defensa 192; 19.

Lucio Núñez (guitarra); **Elida Demarchi** (piano). Callao 237; 19.15. Libre.

Coro del Conservatorio Juan José Castro. Dirige N. Zadoff. Florida 638; 20.30. Libre.

Orquesta de Cámara Mayo. Dirige Mario Benzecry. Facultad de Derecho, F. Alcorta 2200; 20.30. Libre.

José Villalonga (piano); **Ricardo Capellano** (guitarra). Teatro Cervantes; 20.30.

Liliana Huarte (canto, temas de Blázquez, Piazzolla y otros). Aráoz 2229; 21.

LECTURA   Los espectáculos° del fin de semana   shows

PRÁCTICA Y CONVERSACIÓN

A. ¿Qué podemos hacer hoy? En grupos de tres, hagan una lista de los espectáculos que hay para cada una de estas categorías.

1. Música   2. Cine   3. Arte   4. Teatro

B. ¿Adónde vamos? Decidan en el grupo adónde quieren ir.

ACTIVIDADES

A. ¿Es Ud. una persona activa o pasiva? Termine cada oración con **A** o **B**.

1. Prefiero	A. jugar al béisbol.	B. jugar a las cartas.
2. En el invierno me gusta	A. esquiar o patinar.	B. leer.
3. En el verano me gusta	A. nadar.	B. pescar.
4. Por la noche generalmente	A. corro.	B. miro la televisión.
5. Me gusta más	A. jugar al tenis.	B. tocar la flauta.
6. Generalmente prefiero	A. correr.	B. pasearme.
7. En una discoteca siempre	A. bailo.	B. escucho la música.
8. Prefiero ir a ver a mis amigos	A. en bicicleta.	B. en coche.

¿Cuántas respuestas de **A** tiene Ud.?

7–8	¡Ud. nunca se cansa!
5–6	Ud. es una persona activa.
3–4	Ud. es una persona pasiva.
0–2	Tal vez Ud. necesite vitaminas.

B. Intereses y pasatiempos. Your instructor will divide the class into pairs. You will interview each other to find out two things that you like / that you don't like / that you love / that are important to you / that interest you. Explain your findings to the class.

C. ¿Qué hacemos esta noche? You and a classmate will play a middle-aged married couple who try to decide what to do one Friday evening. Each of you has very definite ideas about what to do. Finally you compromise and agree to go to the movies to see a romantic adventure story.

D. Las vacaciones de primavera. During Spring Break many of the Hispanic students stay on campus since there really isn't time to return home for vacation. You are the chairperson of a committee to help plan activities for these students. Two other classmates will play the role of the Hispanic student committee members. The three of you should decide on two or three activities for each day of the week-long vacation. Base your suggestions on student interests. Then explain what you've chosen for the first to the seventh day.

PARA ESCRIBIR BIEN • *Supporting An Opinion*

The following expressions will help you state your opinions.

Strong Opinion

Personal

Estoy seguro(-a) que...	*I'm certain that . . .*
Creo que...	*I believe that . . .*
No creo que (+ *subjunctive*)...	*I don't believe that . . .*

Impersonal

Es cierto que...	*It's certain that . . .*
Es verdad que...	*It's true that . . .*
No hay duda que...	*There is no doubt that . . .*

Less Strong Opinion

Personal

Pienso que...	*I think that . . .*
No pienso que (+ *subjunctive*)...	*I don't think that . . .*
Me parece que...	*It seems to me that . . .*
Dudo que (+ *subjunctive*)...	*I doubt that . . .*

Impersonal

Tal vez / Quizás (+ *subjunctive*)...	*Perhaps . . .*
Es dudoso que (+ *subjunctive*)...	*It's doubtful that . . .*
Es posible que (+ *subjunctive*)...	*It's possible that . . .*

COMPOSICIONES

A. **Una película maravillosa.** You are the movie critic for the Hispanic student newspaper. Write a brief description of a recent movie you have seen. State your opinion about the movie and then support that opinion with information and examples from the film.

B. **Mis intereses.** In 12–15 sentences explain what you like to do (or don't like to do) when you have some free time. State opinions about why the activities are good (or bad) for you.

C. **Consejos y sugerencias.** Write a list of at least twelve suggestions that would advise people how to forget about job- and/or school-related problems and stress. State opinions about why the activities are good.

VOCABULARIO ACTIVO

Las diversiones	*Hobbies, amusements*
el ajedrez	*chess*
la bicicleta	*bicycle*
el caballo	*horse*
la carta	*(playing) card*
el ciclismo	*biking, cycling*
el interés	*interest*
la natación	*swimming*
el pasatiempo	*pastime*
el patinaje	*skating*
el patinaje sobre hielo	*ice-skating*
la pesca	*fishing*
el teatro	*theater*
el velero	*sailboat*

La playa	*The beach*
la arena	*sand*
el bronceado	*suntan*
la canasta	*basket*
el esquí acuático	*waterskiing*
las gafas de sol	*sunglassses*
el lago	*lake*
la lancha	*motorboat*
la loción	*lotion*
el mar	*sea*
la ola	*wave*
el picnic	*picnic*
la piscina	*swimming pool*
las sandalias	*sandals*
la sombrilla	*beach umbrella*
la toalla	*towel*
el traje de baño	*bathing suit*

Otros sustantivos	
el cuento	*(short) story*
el éxito	*success*
la flauta	*flute*
la novela	*novel*
la obra	*work (of art, music, literature)*

Otros sustantivos	
el periódico	*newspaper*
el siglo	*century*
el tambor	*drum*

Verbos como *gustar*	
encantar	*to love, adore (inanimate objects), to delight*
faltar	*to be lacking, missing; (to need)*
fascinar	*to fascinate*
importar	*to be important, matter*
interesar	*to interest*
quedar	*to remain, be left*

Otros verbos	
aconsejar	*to advise*
dudar	*to doubt*
insistir (en)	*to insist (on)*
mandar	*to order*
navegar	*to sail*
negar (ie)	*to deny*
pasar	*to spend (time)*
pasearse	*to take a walk, stroll*
patinar	*to skate*
permitir	*to permit*
pescar	*to fish*
quedarse	*to remain, stay*
quemarse	*to burn*
sentir (ie, i)	*to regret, be sorry*

Adjetivos	
cómico	*funny*
de aventura	*adventure*
fabuloso	*fabulous*
magnífico	*wonderful, marvelous*
policíaco	*mystery, detective*

Adjetivos

próximo	*next*		
romántico	*romantic*		
trágico	*tragic*		

Otras expresiones

de veras	*really*		
e	*and (after **i, hi**)*		
esta noche	*this evening;* *tonight*		
ir de pesca	*to go fishing*		
montar a caballo	*to ride horseback*		
montar en bicicleta	*to ride a bicycle*		

pasarlo bien / mal / de maravillas	*to have a good / bad / wonderful time*
¿Qué tal si...?	*What if . . . ? What about . . . ?*
quizás	*perhaps, maybe*
los ratos libres	*free time*
todas partes	*everywhere*
tomar el sol	*to sunbathe*
Trato hecho.	*It's a deal.*
u	*or (before **o, ho**)*

 A recordar

Review the following situations and tasks that have been presented and practiced in this chapter.

- Discuss leisure-time activities in your own culture and in Hispanic culture
- Express likes, dislikes, and interests
- Make decisions about activities
- Express disbelief
- Talk about people and things in a series
- Suggest, request, and command that other people do things
- Express doubts and uncertainty about the actions of others

CAPÍTULO 14
¿*Cómo te sientes?*

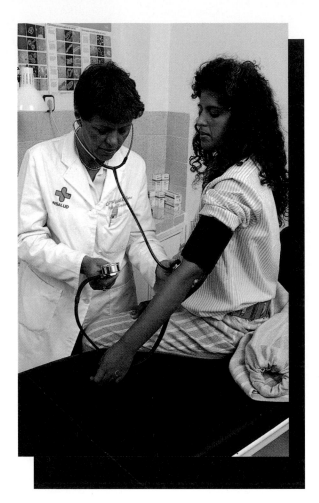

Cultural Theme: Doctors, hospitals, and pharmacies in the Hispanic world

Communicative Goals:
- Discussing one's health
- Discussing actions in progress
- Making a personal phone call
- Talking about accidents and unexpected events
- Giving advice

❋ *A pensar*

- In English what verb form is used to explain what someone is doing at this very moment? *Right now Roberto **is sleeping**.*
- What phrase is used to express the duration of actions? *I **have been living** here **for** six years.*
- When making a personal phone call, what phrases do you use to answer the phone / to greet the other party / to end the conversation? What do you say when you reach a wrong number / the person you called is not available?
- What phrases are used in English to explain an accident or occurrence for which no one is to blame? *The glass **slipped** from my hand. The number just **slipped** my mind.*
- What are some phrases that can be used to give advice?

PRIMER ENCUENTRO

PRESENTACIÓN   El cuerpo° humano

body

EL DEDO
EL PELO
EL OJO
LA OREJA
LA NARIZ
LA BOCA
LA CABEZA
EL CUELLO
EL BRAZO
LA ESPALDA
EL PECHO
LA CADERA
LA PIERNA
EL PIE

Ester   ¿Qué te pasa?

Azucena   Me **duelen el oído y los huesos** en todo el cuerpo.

doler = to hurt / ear / bones

Ester   ¿Y **la garganta**?

throat

Azucena   Un poco. Pero me duele **el estómago** también. **Tengo** mucho **sueño**.

stomach / I'm ... sleepy

Ester   Lo siento mucho. Justo° estoy leyendo° un artículo sobre **los síntomas** de **la gripe** y aconsejan tomar mucho té de limón. ¿Quieres que te haga uno?

Coincidentally / reading / ✛ / flu

Azucena   Bueno. Gracias.

Comentarios lingüísticos y culturales

a. The verb **doler (ue)** belongs to the category of verbs like **gustar.**

Ya no **me duelen** los ojos pero todavía **me duele** mucho la cabeza.

b. REMINDER: In Spanish the definite article is used with parts of the body where English frequently uses a possessive adjective.

Me duele **el** estómago.   *My stomach hurts.*

c. **La oreja** refers to the visible part of the ear; **el oído** refers to the inner ear. Thus, *I have an earache* = **Me duele el oído.**

PRÁCTICA Y CONVERSACIÓN

A. La buena salud (*health*). ¿Cuál es el mejor deporte para ejercer esos músculos (*muscles*)?

MODELO   **El mejor deporte para ejercer los músculos de los pies es el fútbol.**

1. los músculos de las piernas	a. el tenis
2. los músculos de los brazos	b. el ciclismo
3. los músculos del cuello	c. el béisbol
4. los músculos de la espalda	d. el fútbol
5. los músculos del pecho	e. la natación
6. el corazón	f. el esquí
7. todo el cuerpo	g. el esquí acuático
	h. el básquetbol

B. ¿Qué te duele? Diga lo que les duele a las siguientes personas.

> MODELO a Roberto / el dedo
> **A Roberto le duele el dedo.**

1. a Uds. / la espalda
2. a Dolores / los pies
3. a ti / las piernas
4. a mis hijos / la garganta
5. a Ud. / el estómago
6. a nosotros / la cabeza
7. a mí / el oído
8. a Marcos / los ojos

C. Su mejor amigo(-a). En parejas, describa a su mejor amigo(-a) a su compañero(-a). ¿Cómo es físicamente?

> MODELO **Tiene grandes ojos azules.**
> **Su nariz es corta.**

Guía:
ojos: azules, negros, pardos, grises, tristes, verdes, dulces
cabello: moreno, negro, rubio, pelirrojo
nariz: pequeña, larga, corta, grande
boca: pequeña, grande, fina, mediana
cara: joven, vieja, linda, fea, delgada, redonda

D. El monstruo. (*The monster.*) Ud. y su compañero(-a) trabajan para una productora de cine. Ahora están haciendo una película que necesita un monstruo. Uds. dos deben crear el monstruo para la película. ¿Cómo es su monstruo? ¿Tiene nariz, orejas, boca? ¿Cuántas piernas, manos, ojos? ¿Qué come? ¿Cómo se mueve? ¿Es bueno o malo? Dibújenlo y luego descríbanselo a otro grupo. ¿Cómo se llama?

ESTRUCTURAS

TALKING ABOUT ACTIONS IN PROGRESS

Progressive Tenses

The present progressive tense emphasizes actions that are taking place at this particular moment. The English present progressive is composed of *to be* + present participle: *I am washing my hands; they are brushing their teeth.*

a. In Spanish the present progressive tense is composed of the present tense of **estar** + the present participle.

PRESENT PROGRESSIVE TENSE

ESTAR	+	Present Participle	
estoy		**hablando**	*I am talking*
estás		**bebiendo**	*you are drinking*
está	+	**escribiendo**	*he/she is, you are writing*
estamos		**pidiendo**	*we are ordering*
estáis		**durmiendo**	*you are sleeping*
están		**leyendo**	*they, you are reading*

b. To form the present participle

1. add **-ando** to the stem of **-ar** verbs: **tomar** > **tom-** > **tomando**.
2. add **-iendo** to the stem of **-er** and **-ir** verbs: **comer** > **com-** > **comiendo**; **abrir** > **abr-** > **abriendo**.
3. When the stem of the verb ends in a vowel, the ending **-iendo** changes to **-yendo**: **leer** > **le-** > **leyendo**; **traer** > **tra-** > **trayendo**.
4. Stem-changing **-ir** verbs whose stem vowel changes **e → i** or **o → u** in the third-person of the preterite will also show this stem-change in the present participle: **pedir** > **pid-** > **pidiendo**; **dormir** > **durm-** > **durmiendo**.

c. The Spanish present progressive is used only to show or emphasize an action that is currently in progress. Contrary to English, the Spanish present progressive is not used to refer to present actions that take place over a long period of time or to an action that will take place in the future. Note that English uses the present progressive in both of the following examples whereas Spanish does not.

Roberto estudia medicina este año. Ahora mismo está estudiando matemáticas.

Robert is studying medicine this year. Right now he is studying mathematics.

Lisa está saliendo en este momento. Eduardo sale mañana.

Lisa is leaving at this moment. Eduardo is leaving tomorrow.

d. With verbs in the progressive tenses, direct and indirect object pronouns as well as reflexive pronouns may either precede the conjugated verb or attach to the end of the present participle.

Clara **está lavándose** la cara. }
Clara **se está lavando** la cara. }

Clara is washing her face.

Note that a written accent mark is placed over the stressed vowel of the present participle when one or more pronouns is attached.

e. To express or describe an action that was in progress at a particular moment in the past, the imperfect progressive is used. It is formed with the imperfect of **estar** + present participle.

En ese momento Roberto **estaba lavándose** las manos.

At that moment Roberto was washing his hands.

EN CONTEXTO

—¿Qué **estás haciendo**?

—Justo **estoy leyendo** un artículo sobre los síntomas de la gripe y aconsejan tomar mucho té de limón.

PRÁCTICA Y CONVERSACIÓN

A. ¿Qué están haciendo? Use las frases a la derecha para explicar lo que están haciendo las siguientes personas según lo que les duele.

MODELO	jugar al fútbol
Compañero(-a):	A José le duelen los pies.
Usted:	**Claro. Está jugando al fútbol.**

1. Me duelen los brazos.
2. A Rebeca le duele todo el cuerpo.
3. Te duelen las piernas.
4. Nos duelen las caderas.
5. A los estudiantes les duelen los ojos.
6. A Uds. les duelen los dedos.

a. nadar
b. correr
c. jugar al tenis
d. escribir unos artículos
e. esquiar
f. leer una novela

B. Ahora mismo. En su opinión, ¿qué están haciendo estas personas ahora mismo?

1. Mi madre _____ .
2. Mi mejor amigo(-a) _____ .
3. Mi padre _____ .
4. El presidente de los EE.UU. _____ .
5. Mi dentista _____ .
6. Mi tío(-a) favorito(-a) _____ .

C. Entrevista. Pregúntele a un(-a) compañero(-a) de clase lo que estaba haciendo en esos momentos. Su compañero(-a) debe contestar.

Pregúntele lo que estaba haciendo…

1. esta mañana a las 7.
2. ayer al mediodía.
3. cuando conoció a su novio(-a).
4. anoche a las 10.
5. cuando llegó el (la) profesor(-a) hoy.
6. el primero de enero a la medianoche.

D. El (la) reportero(-a). You are a reporter for a local TV station and you have been assigned to cover the activities at a health club. In your live news broadcast explain to the viewers what the various people are doing as the camera focuses in on eight different activities.

MODELO   **Estos atletas están jugando al básquetbol.**

EXPRESSING DURATION OF ACTIONS

Hace + Expressions of Time

To explain how long a certain action has been continuing, as in the sentence, *I have been sick for five days*, requires a very different construction in Spanish than in English. Spanish uses the following construction to talk about the duration of actions and situations.

Question:

¿Cuánto tiempo hace que? + present tense

(For) how long + $\frac{has}{have}$ *+ subject + been + -ing*

Answer:

Hace + unit of time + **que** + present tense

Subject + $\frac{has}{have}$ *been + -ing + for + time*

Reportero: **¿Cuánto tiempo hace que** corre Ud.?

(For) how long have you been running?

Musculoso: **Hace tres horas que** corro hoy.

I have been running for three hours today.

EN CONTEXTO

Doctor   **¿Cuánto tiempo hace que** estás enfermo?
Paciente   **Hace tres días que** no me siento bien.

PRÁCTICA Y CONVERSACIÓN

A. En el consultorio del médico. Como médico(-a) Ud. necesita saber cuánto tiempo hace que sus pacientes tienen ciertas condiciones. Con un(-a) compañero(-a) de clase haga y conteste las siguientes preguntas.

> **MODELO**   dolerle la cabeza / 2 semanas
> Médico(-a): **¿Cuánto tiempo hace que le duele la cabeza?**
> Paciente: **Hace dos semanas que me duele la cabeza.**

1. dolerle la garganta / 3 días
2. dolerle el estómago / un mes
3. estar cansado(-a) / 4 meses
4. no sentirse bien / 2 semanas
5. tener fiebre (*fever*) / 5 días
6. dolerle los pies / años y años

B. Entrevista. Hágale preguntas a un(-a) compañero(-a) de clase y su compañero(-a) debe contestar.

Pregúntele cuánto tiempo hace que...

1. habla español.
2. estudia en la universidad.
3. maneja.
4. no ve a su familia.
5. conoce a su novio(-a).
6. vive en el mismo lugar.
7. trabaja.
8. ¿?

PUENTE CULTURAL

La atención médica

En la mayoría de los países hispanos las personas que no pueden pagar sus gastos médicos son atendidos en hospitales estatales° donde reciben atención médica gratis°. Por otro lado, los que pueden pagar van a las clínicas privadas donde reciben mejor atención médica que en los hospitales estatales. La mayoría de los empleados reciben un seguro social para la atención médica que es pagada por la compañía y en parte por el gobierno.

state / free

COMPRENSIÓN CULTURAL

Complete las siguientes oraciones.

1. La mayoría de los trabajadores hispanos reciben _____ para la atención médica.
2. El seguro social es pagado por _____ y en parte por _____.
3. Las personas que no pueden pagar sus gastos médicos van a _____ donde reciben atención médica _____.
4. Los que pueden pagar van a _____ donde reciben _____ que en los hospitales estatales.

Compare el sistema médico hispano con el sistema en nuestro país.

SEGUNDO ENCUENTRO

PRESENTACIÓN   Una llamada al consultorio° del doctor   doctor's office

Recepcionista*	(*Contesta el teléfono.*) Aló. Clínica Granada.
Madre	Buenos días, señorita. Habla la señora Gómez. Quisiera hablar con el doctor Roldán.
Recepcionista	Un momento, por favor.
Doctor	Aló. Dr. Roldán.

Madre	Buenos días, doctor. Lo llamo porque Ricardito **se puso** enfermo anoche.
Doctor	**¿Qué le pasa?**

ponerse = to become

What's wrong?

---

* New active vocabulary word.

Madre	Tiene **una tos** muy fuerte. **Tosió** toda la noche y ahora está **cansadísimo** y muy **débil**.	cough / **toser** = to cough / very tired / weak
Doctor	¿Le tomó **la temperatura**?	temperature
Madre	Sí, tiene **fiebre** muy alta y **está resfriado**.	fever / he has a cold
Doctor	**¿Tiene náuseas?**	**tener náuseas** = to be nauseous
Madre	No doctor, pero no quiere comer nada. Además **tiene dolor de** oído.	has a pain in
Doctor	Por los síntomas parece una gripe. Ud. está **embarazada**, ¿no?	pregnant
Madre	Sí, doctor, pero me siento muy bien.	
Doctor	**Cuídese** de no **enfermarse** Ud. también.	**cuidarse** = to be careful / to become sick
Madre	Yo estoy tomando mis **vitaminas** todos los días. No se me **olvida**.	✚ / **olvidar** = to forget
Doctor	Bien, entonces déle mucho líquido a Ricardito y yo le voy a **recetar un jarabe** para la tos. ¿Puede venir a buscar **la receta** Ud.?	to prescribe / syrup / prescription
Madre	Sí, cómo no.	
Doctor	Si no **mejora** mañana, me gustaría **examinar**lo. Hoy no tengo tiempo de verlo. Hay muchos **pacientes** en **la sala de espera**. Pero no se preocupe que no es **una enfermedad grave**. Pronto va a estar **sano**.	**mejorar** = to get better / ✚ / ✚ / waiting room illness / serious healthy

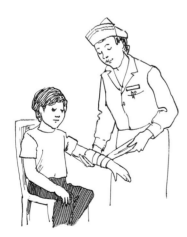

La enfermera **venda la herida** (*bandages the wound*).

El doctor le **toma la presión sanguínea** (takes the blood pressure) al paciente. Está muy alta.

El enfermero le **toma el pulso** (*takes the pulse*) al paciente.

Comentarios lingüísticos y culturales

a. **El consultorio** refers to a doctor's or dentist's office.
b. Be careful with the false cognate **embarazada**; it means *pregnant*.
c. To express what hurts in Spanish, **doler** and **tener dolor de** + noun are used.

Me duele la cabeza.	*My head hurts.*
Tengo dolor de cabeza.	*I have a headache.*

d. **Ponerse** + adjective = *to become* + adjective; it is generally used to describe physical and emotional changes.

Ricardito **se puso enfermo**.   *Ricardito became ill.*

PRÁCTICA Y CONVERSACIÓN

A. ¿Comprende Ud.? Conteste según la **Presentación**.

1. ¿Quién llama por teléfono a la oficina del Dr. Roldán?
2. ¿Qué le pasa a Ricardito?
3. ¿Cómo está el niño esta mañana?
4. ¿Qué síntomas tiene?
5. ¿En qué estado está la madre? ¿Cómo se siente ella?
6. ¿Qué escribe el doctor para Ricardito?
7. ¿Por qué no puede examinarlo hoy?
8. ¿Es grave la enfermedad de Ricardito?

B. Unas enfermedades. Haga oraciones con los sujetos dados.

1. ¿Tiene Ud. dolor de cabeza? No, no tengo dolor de <u>cabeza</u>.

   estómago / garganta / espalda / oído

2. ¿Cómo se siente Anita hoy? Se siente <u>enferma</u>.

   sano / cansado / débil / mejor / fuerte

C. En el consultorio del doctor. Conteste las preguntas según el dibujo.

1. ¿Cuántas personas hay en el dibujo? ¿Dónde están?
2. ¿Quiénes son las personas?

3. ¿Qué tiene el paciente No. 1? ¿Qué está haciendo la enfermera?

4. ¿Cómo sabemos que el paciente No. 2 está herido?

5. ¿Cómo está la paciente No. 3?

6. ¿Qué tiene el paciente No. 4? ¿Qué le duele?

7. ¿Qué le duele a la señora No. 5?

D. Médicos y pacientes. Conteste estas preguntas.

1. En una examinación, ¿cuál es la primera cosa que hace el (la) médico(-a) generalmente?

2. ¿Cuáles son unos síntomas de un resfriado? ¿y de la gripe?

3. ¿Cuándo vamos al (a la) médico(-a)? ¿Qué debe hacer el (la) médico(-a)?

4. ¿Qué hace un(-a) enfermero(-a)?

5. ¿Para quiénes es la gripe una enfermedad seria?

ASÍ SE HABLA

MAKING A TELEPHONE CALL

In every language, there are specific ways of answering the phone, delivering a message, and ending a telephone conversation.

Para contestar el teléfono

Aló. (Latinoamérica en general)
Bueno. (México)
Diga. / Dígame. (España)
Hola. (Argentina)

Buenos días, casa Rodríguez. (*A business*)
Clínica Granada. (*Name of place called*)

La persona que llama	*Contestación*
Aló. ¿Quién habla?	(Nombre) Julia.
¿Con quién hablo?	Habla Estela.
¿Adela? Habla Carlos. (Informal)	Sí, soy yo. Hola.
Habla Julieta. ¿Está Antonio? (Informal)	Sí, él habla.
¿Está Ana?	¿Quién habla?
Habla Ernesto Santos.	¿Con quién quiere hablar?

Después que la persona que llama se identifica

Antonio no está en este momento. ¿Quiere dejar un mensaje/recado?	*Antonio is not here right now. Do you want to leave a message?*
Número equivocado.	*Wrong number.*
Un momento, por favor.	*One moment, please.*

Para decir el propósito de la llamada

Llamo para ver si _____ .	*I'm calling to find out if _____ .*
Quisiera saber _____ .	*I'd like to know _____ .*
¿Podría (puede) decirme _____?	*Could (can) you tell me _____?*
Hablo para saludarte.	*I'm calling to say hi.*

Para terminar la llamada

Bueno, te dejo.	*Well, I'll let you go.*
Bueno, no tengo nada más para contarte.	*Well, that's all.*
Bueno, gusto de saludarle.	*Well, it's been a pleasure to talk to you.*

PRÁCTICA Y CONVERSACIÓN

A. ¿Quién habla? Ud. llama por teléfono a su amigo(-a) y una persona que Ud. no conoce contesta. Ud. pide hablar con su amigo(-a) y la persona lo (la) va a buscar. Cuando su amigo(-a) viene al teléfono no tiene tiempo para hablar mucho. Trabajen en grupos de tres.

B. El (la) recepcionista. Ud. llama por teléfono a su doctor(-a) porque se siente mal. El (la) recepcionista contesta el teléfono y toma su mensaje porque el (la) doctor(-a) no está en este momento. Explíquele al (a la) recepcionista cómo se siente. Trabajen en grupos de dos.

A ESCUCHAR

Aurora llama por teléfono. Escuche el diálogo y luego escoja la letra que mejor complete la oración de acuerdo a lo que escuchó.

1. La primera llamada es _____

    a. con la casa de los Aguirre.
    b. con un número equivocado.
    c. con Raquel.

2. En la segunda llamada Aurora _____

    a. deja un mensaje para Raquel.
    b. habla con Raquel.
    c. tiene un número equivocado.

3. Raquel llama a Aurora para decirle que _____

    a. se siente mal.
    b. está en el hospital.
    c. Pedro está en el hospital.

4. Aurora le cuenta a Raquel que Pedro _____

   a. se quebró el brazo.
   b. fue a la facultad en bicicleta.
   c. está en su casa ahora.

5. Raquel va a _____

   a. visitar a Pedro en el hospital.
   b. llamar a Pedro por teléfono.
   c. ver a Pedro en su casa mañana.

ESTRUCTURAS

DISCUSSING ACCIDENTS AND UNEXPECTED EVENTS

Reflexive for Unplanned Occurrences

In English we frequently describe unintentional actions, accidents, and unexpected events with the words *slipped* or *got*. For example: *The medicine slipped out of my hands. The prescription got lost.* Spanish uses a completely different construction to convey such ideas.

a. To express when something happens to someone accidentally or unexpectedly, Spanish uses **se** + indirect object pronoun + verb in the third person.

   Se me perdió la receta.   *My prescription got lost.*
   Se le perdieron las vitaminas.   *His vitamins got lost.*

b. In these constructions the subject normally is placed after the verb. The verb will take a third-person singular form when the subject is singular and a third-person plural form when the subject is plural.

   Se nos **olvidaron** las llaves.   *We forgot the keys.*

c. The indirect object pronoun refers to the person who experienced the action. The indirect object pronoun can be clarified or emphasized with the phrase **a** + noun or pronoun.

   A nosotros se nos olvidaron las llaves.
   A Elena se le perdió el número de teléfono de su médico.

d. Verbs frequently used in this construction are:

acabar	*to finish, run out of*	olvidar	*to forget*
caer	*to fall*	perder	*to lose*
ocurrir	*to occur*	romper	*to break*

EN CONTEXTO

Doctor Cuídese de no enfermarse Ud. también.
Madre Yo estoy tomando mis vitaminas todos los días. **No se me olvida** hacerlo.

PRÁCTICA Y CONVERSACIÓN

A. En el consultorio. You work as a nurse in a doctor's office. Explain to the receptionist who left the following things behind so she can call and tell them.

MODELO   Rosa Gallegos / la receta
A Rosa Gallegos se le olvidó la receta.

1. los Núñez / la medicina
2. la Sra. Vargas / las llaves
3. Norma Camila / los guantes
4. Adela Morillo / el jarabe
5. Nicolás Valera / el suéter
6. el Sr. Ramírez / las vitaminas

B. Un día miserable. Enrique has had a miserable day. Explain what happened to him and why he can't do the following things. Haga oraciones usando las frases a la derecha.

1. No puede llamar por teléfono a una chica muy linda que acaba de conocer.
2. No puede manejar el coche.
3. Quiere tomar una cerveza pero no queda cerveza en casa.
4. No puede comprar más cerveza.
5. No puede ver bien.

a. perder / las llaves
b. olvidar / el número
c. romper / las gafas
d. caer / el dinero en la calle
e. acabar / la cerveza

C. Entrevista. Pregúntele a un(-a) compañero(-a) lo que le pasó recientemente y su compañero(-a) debe contestar.

Pregúntele...

1. si se le perdió algo importante. ¿Qué cosa(-s)?
2. si se le olvidaron nombres. ¿y direcciones? ¿y números de teléfono?
3. lo que se le olvidó al venir a la universidad.
4. si se le acabó el dinero alguna vez. ¿Cuándo?
5. qué ideas se le ocurrieron.
6. si se le cayó y se le rompió algo muy caro. ¿Qué? ¿Cuándo?

DESCRIBING EXCEPTIONAL QUALITIES

Absolute Superlative

The absolute superlative is the adjective form ending in **-ísimo**; it is used to describe exceptional qualities or to denote a high degree of the quality described. In English the words *very*, *extremely*, or *exceptionally* + adjective are used as a translation of the Spanish forms.

a. The suffix **-ísimo** is added to the end of Spanish adjectives to form the absolute superlative. This suffix has four forms to agree in number and gender with the noun it modifies: **-ísimo, -ísima, -ísimos, -ísimas**.

Tiene una fiebre **altísima**.	*He has an extremely high fever.*
Hay **muchísimos** pacientes en la sala de espera.	*There are many, many patients in the waiting room.*

b. To form the absolute superlative of

1. adjectives that end in a consonant, add **-ísimo** to the singular form: **fácil** > **facilísimo**.
2. adjectives that end in a vowel, drop the final vowel and then add **-ísimo**: **cansado** > **cansadísimo**; **grande** > **grandísimo**.

c. Certain spelling changes will occur when **-ísimo** is added to adjectives ending in **-co** or **-go**.

c > qu	**rico > riquísimo**	*very rich*
g > gu	**largo > larguísimo**	*extremely long*

EN CONTEXTO

Doctor   ¿Qué le pasa a Ricardito?
Madre   Tosió toda la noche y ahora está **cansadísimo**.

PRÁCTICA Y CONVERSACIÓN

A. ¿Cómo están los pacientes? Forme una oración nueva usando el superlativo absoluto de los adjetivos.

> MODELO   Dolores / cansado
> **Dolores está cansadísima.**

1. Ricardo / cansado
2. Ángela / débil
3. los niños / grave
4. el Sr. Azaña / aburrido
5. la Srta. Reyes / enojado
6. Raquel y Clara / contento

B. Cortés y simpático(-a). Con un(-a) compañero(-a) de clase haga los papeles de cada situación. Use el superlativo absoluto de los adjetivos.

> MODELO   Madre: Llevo un vestido nuevo. (hermoso)
> Hija: **Mamá, tu vestido es hermosísimo.**

1. Compañero(-a) de cuarto: Acabo de comprar este disco. (bueno)
2. Mejor amigo(-a): ¿Te gusta el cuento que escribí? (interesante)
3. Novio(-a): Te compré este suéter. (lindo)
4. Compañero(-a): ¿Qué te parecen mis zapatos nuevos? (hermoso)
5. Padre: ¿Te gustó la película? (divertida)

PUENTE CULTURAL

La partera

En los pueblos pequeños y regiones rurales de Hispanoamérica
donde hay muy pocos médicos, las parteras° juegan un papel°
muy importante en el parto°. Ellas ayudan a las madres a dar
a luz° en sus propias casas porque en estos lugares aislados no
existe la conveniencia de hospitales y clínicas como en las ciu-
dades. Algunas mujeres prefieren a las parteras y evitan° los
grandes hospitales aunque sean gratis.

midwives / play
a role / delivery

to give birth

avoid

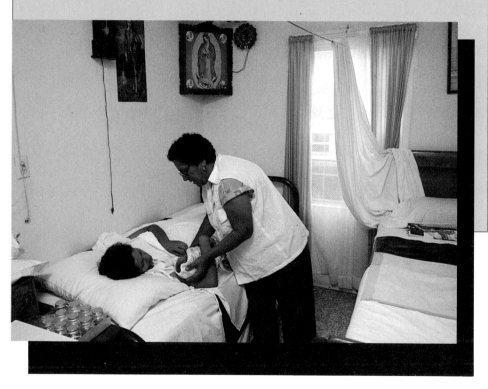

COMPRENSIÓN CULTURAL

Conteste en español.

1. ¿Qué es una partera y qué hace?
2. ¿Dónde trabajan?
3. ¿Hay parteras en los EE.UU.? ¿Quiénes las usan?
4. En su opinión, ¿por qué prefieren algunas mujeres a las parteras y no usan los hospitales
   gratis?

TERCER ENCUENTRO

PRESENTACIÓN   Farmacia° Falca   pharmacy

Farmacéutico*	Buenas tardes, señor. ¿En qué puedo servirle?	Pharmacist
Cliente	¿Tiene algo para **el dolor de muelas**?	toothache
Farmacéutico	**Aspirina.**	+
Cliente	Mm.... no. **Soy alérgico a** la aspirina. Creo que tengo **una**	+
	infección en la boca.	+
Farmacéutico	Entonces va a necesitar **antibióticos**. Y para ese **tipo** de	+ / type
	remedio se necesita la receta del dentista. Aquí tengo **unas**	medicine
	pastillas que le van a **calmar** el dolor.	pills / to ease
Cliente	Bien. También necesito **pasta dentífrica**. ¿Cuál me reco-	toothpaste
	mienda?	

* New active vocabulary word.

Farmacéutico	Ésta es muy buena. Y le aconsejo que no coma dulces ni fume **cigarrillos** ni **mastique chicle** por unas semanas.

cigarettes /
masticar = to
chew / chewing
gum

Cliente	Hm,… Es fácil decirlo pero… Voy a **tratar**.
Farmacéutico	¿Algo más?
Cliente	¡Ah, sí! Se me olvidaba. Necesito ese **champú** que está en el estante. No sé cómo se llama. **Es todo.**
Farmacéutico	Espero que se mejore pronto.

to try

shampoo
That's all.

Comentarios lingüísticos y culturales

a. In general, drugstores in the Hispanic world sell mainly prescription drugs, a few over-the-counter medicines, and personal hygiene products. They are not as large as the typical American drug store nor do they sell as wide a range of products.

b. Items that we normally buy in a drugstore such as tobacco products, cosmetics, magazines, candy, snacks, and school supplies are sold in small specialty shops or kiosks, not in the drugstore.

PRÁCTICA Y CONVERSACIÓN

A. ¿Comprende Ud.? Conteste según la **Presentación**.

1. ¿Qué le duele al cliente?
2. ¿Por qué no puede tomar aspirina?
3. ¿Qué remedio necesita para curar la infección?
4. ¿Qué le vende el farmacéutico?
5. ¿Qué más compra el cliente?
6. ¿Qué le aconseja el farmacéutico?
7. ¿Dónde está el champú que el cliente quiere?

B. ¿Para qué compra Ud. estos productos? Conteste según el modelo.

> MODELO   aspirinas
> **Compro aspirinas para el dolor de cabeza.**

el champú / los antibióticos / los dulces / el chicle /
la pasta dentífrica / los cigarrillos / los remedios

 C. Encuesta sobre la salud. Hágale preguntas a un(-a) compañero(-a) de clase y su compañero(-a) debe contestar.

Pregúntele…

1. adónde va cuando el médico le receta una medicina.
2. lo que hace cuando tiene dolor de cabeza.
3. qué toma cuando tose mucho.

4. si es alérgico(-a) a los antibióticos. ¿a las aspirinas?

5. si toma vitaminas todos los días.

D. Me siento mal. Ud. se siente muy mal. Vaya a la farmacia a comprar un remedio. Descríbale los síntomas al (a la) farmacéutico(-a) y pregúntele qué puede tomar. El (la) farmacéutico(-a) le va a hacer algunas preguntas sobre su salud y luego le va a vender un remedio. En parejas, hagan los papeles del (de la) farmacéutico(-a) y del (de la) cliente.

ASÍ SE HABLA

GIVING ADVICE

What do you say when someone needs advice? Here are some phrases you can use:

Es mejor que (pres. subj.).	*It's better that _____.*
Te (le) aconsejo que (pres. subj.).	*I advise you _____.*
(No) debe(-s) _____.	*You should(-n't) _____.*
¿Por qué no _____?	*Why don't _____?*
(No) tiene(-s) que _____.	*You (don't) have to _____.*
Siga (sigue) mi consejo, _____.	*Follow my advice, _____.*

You could also use the command form to give advice.

Ve (Vaya) al médico.

PRÁCTICA Y CONVERSACIÓN

A. ¿Qué consejo me da? En parejas, hagan este diálogo. Una persona es **A** la primera vez y luego cambian. Continúen alternativamente.

A Tengo un ____(1)____ fuertísimo. ¿Qué hago?

B ____(2)____.

A Pero ya lo hice.

B Entonces, ____(2)____.

(1)	**(2)**
dolor de oído	¿Por qué no…?
dolor de muelas	Te aconsejo que…
dolor de cabeza	(No) Debes…
dolor de cadera	Es mejor que (no)…
dolor de piernas	(No) Tienes que…
resfriado	*(informal command)*

B. El gordo y el flaco. Ud. y su amigo(-a) son lo opuesto. Él/ella es muy gordo(-a) y Ud. demasiado delgado(-a). Su amigo(-a) debe darle consejos a Ud. para engordar y Ud. debe darle consejos a él/ella para bajar de peso. Trabajen en parejas.

ESTRUCTURAS

EXPRESSING DESTINATION, PURPOSE, MOTIVE, AND DURATION OF TIME

Por versus *para*

In an early chapter you learned the very basic distinctions between the prepositions **por** and **para**. You will now learn other uses of the two prepositions that often have the English equivalent *for*.

a. **Para:** The many uses and meanings of **para** frequently indicate destination, purpose, comparison, or deadline.

  1. Destination or recipient involving persons or places: *for*

       Esta receta es **para** Manuel.   *This prescription is for Manuel.*
       Salimos **para** Toledo mañana.   *We're leaving for Toledo tomorrow.*

  2. Purpose with infinitives: *in order to*; with nouns: *for, used for*

       Estudia **para** hacerse médico.   *He is studying (in order) to become a doctor.*
       Es una taza **para** café.   *It's a coffee cup (a cup used for coffee).*

  3. Deadline: *by*

       Tenemos que terminarlo **para** las 3.   *We have to finish it by 3:00.*

  4. Comparison with others: *for*

       Para un hombre viejo, tiene buena salud.   *For an old man he has good health.*
       Este suéter es demasiado grande **para** mí.   *This sweater is too big for me.*

  5. In the employ of: *for*

       Trabajo **para** una farmacia pequeña.   *I work for a small pharmacy.*

b. **Por:** In general the uses and meanings of **por** indicate an imprecise location, duration of time, motive, or exchange.

  1. Imprecise location: *around, through, along*

       Caminaron **por** el centro y **por** el río.   *They walked around downtown and along the river.*

  2. Duration of time: *for, during, in*

       Estuvieron en el consultorio **por** tres horas.   *They were in the doctor's office for three hours.*

  3. Motive: object of a search: *for*; reason: *because of*

       Vengo **por** Jorge.   *I'm coming for Jorge.*
       No puede ir **por** su gripe.   *He can't go because of his flu.*

4. Exchange, substitution: *for, in exchange for*

Le di diez dólares al farmacéutico **por** las pastillas.   *I gave the pharmacist $10 for the pills.*

5. Means: *by, by means of, in*

Hablé **por** teléfono con Ernesto.   *I talked by (on the) phone with Ernesto.*
Viajaron a España **por** avión.   *They traveled to Spain by plane.*

***FIXED EXPRESSIONS WITH* por**

por ejemplo	*for example*	por lo general	*generally, in general*
por eso	*that's why, for that reason*	por lo menos	*at least*
por favor	*please*	por primera/última vez	*for the first/last time*
por fin	*finally, at last*	por supuesto	*of course*

c. In certain sentences either **por** or **para** could be used. Compare the meanings of the following examples.

Trabajó **por** su hermano.   *He worked for (in place of) his brother.*
Trabajó **para** su hermano.   *He worked for his brother('s company).*

Caminamos **por** el parque.   *We're walking through the park.*
Caminamos **para** el parque.   *We're walking to (toward) the park.*

Le di $20 **por** las pastillas.   *I gave him $20 for (in exchange for) the pills.*
Le di $20 **para** las pastillas.   *I gave him $20 for (in order to buy) the pills.*

EN CONTEXTO

Cliente   ¿Tiene algo **para** el dolor de muelas?
Farmacéutico   Aspirina. Y le aconsejo que no coma dulces ni mastique chicle **por** unas semanas.

PRÁCTICA Y CONVERSACIÓN

A. En el hospital. Complete con una de las expresiones usando **por**.

1. Nuestro amigo Carlos está en el hospital; _____ fuimos a visitarlo.
2. Pero a Roberto no le gustan los hospitales, _____ no vino con nosotros.
3. El hospital es muy grande; tiene _____ veinte pisos.
4. _____ hay muchos pacientes allí.
5. El hospital está muy lejos de nuestras casas pero _____ llegamos.
6. Al llegar al hospital una enfermera nos dijo « Pasen por aquí, _____ .»

B. En la farmacia. Usted es el (la) cliente y un(-a) compañero(-a) de clase es el (la) farmacéutico(-a). Complete el diálogo usando **por** o **para** según el caso.

Farmacéutico(-a)	Buenas tardes, Sr./Sra./Srta. ¿En qué puedo servirle?
Cliente	Lo (la) llamé _____ teléfono hace una hora. Quisiera algo _____ la tos, _____ favor.
Farmacéutico(-a)	¿_____ quién es el remedio?
Cliente	_____ mi hija de cinco años. Corrió _____ el parque anoche y ahora está resfriada.
Farmacéutico(-a)	Bueno. Este jarabe no es muy fuerte _____ una niña. Se lo doy pero hay que tomarlo _____ tres días solamente.
Cliente	Muchas gracias. ¡_____ fin todos nosotros vamos a poder dormir!

C. Entrevista. Hágale preguntas a un(-a) compañero(-a) de clase y su compañero(-a) debe contestar.

Pregúntele...

1. si viaja mucho por avión. ¿adónde?
2. por cuántas horas durmió anoche.
3. para quiénes compra regalos de cumpleaños por lo general.
4. si el español es fácil para él/ella.
5. si habla mucho por teléfono.
6. para qué compañía quiere trabajar en el futuro.
7. lo que hace por la tarde.
8. lo que tiene que hacer para mañana.

PUENTE CULTURAL

Los curanderos

Los curanderos° son personas que practican la medicina sin tener título médico. Ellos usan el conocimiento° popular sobre las propiedades° de ciertas hierbas° para curar las enfermedades de sus clientes. Es parte del tratamiento° el uso de palabras mágicas u oraciones° que ayudan a mejorar al enfermo. Este fenómeno se encuentra principalmente en las zonas rurales donde el nivel de educación de la población es bastante bajo.

healers
knowledge
properties / herbs
treatment
prayers

COMPRENSIÓN CULTURAL

1. ¿Qué es un curandero?
2. ¿Qué usan los curanderos para curar las enfermedades?
3. ¿Dónde trabajan?
4. ¿Hay curanderos en nuestra cultura? ¿Quiénes los usan?

CUARTO ENCUENTRO

PARA LEER BIEN • *Main Ideas and Supporting Elements*

In every text you will find the main idea and the supporting elements that help to develop the main idea. It is important to be able to decide which are the details and which is the main message in the passage. Generally, you can find that the main idea is stated in the first paragraph and the following paragraphs develop it further or exemplify what has been said. Each subsequent paragraph will have one point that it emphasizes, or its own message to convey.

PRÁCTICA

El tema principal. Read the **Lectura**. Then try to find which of these possibilities is the main idea for each paragraph.

Paragraph No. 1	a. La preparación de los médicos
Paragraph No. 2	b. La especialización de los médicos
Paragraph No. 3	c. El conocimiento incaico
Paragraph No. 4	d. El uso de la coca
Paragraph No. 5	e. Tipos de medicina
	f. La medicina india
	g. La medicina rural

LECTURA   ¿Dónde hay un doctor?

En Hispanoamérica se practican dos tipos de medicina: la medicina indígena° y la medicina moderna. La medicina indígena tiene sus raíces° en los tiempos precolombinos. Los doctores incaicos° conocían la cura para la malaria cuando Pizarro llegó al Perú en el año 1524. Usaban la quinina para curar esta enfermedad, algo totalmente desconocido° en Europa en aquel tiempo.   *native / roots*   *Incan*   *unknown*

    Esta tradición de la medicina india todavía existe hoy día en las regiones rurales del Perú, Bolivia, Ecuador, el Paraguay y Colombia. Es muy común°, sobre todo° entre la población indígena, el uso de hierbas°   *common / especially / herbs* medicinales para curar el asma, la bronquitis, la indigestión, los desórdenes nerviosos, la esterilidad y otras enfermedades.

    Entre estas hierbas se encuentra la coca°. En Colombia se cultivaba° en los jardines de las casas como una planta que servía para curar muchos males°. Ahora su cultivo está prohibido. Sin embargo, se sigue usando en muchos lugares como por ejemplo, en el aeropuerto de la Paz en Bolivia, donde sirven té de coca a los pasajeros para calmar el estómago y la ansiedad o para la enfermedad de la altitud en el Altiplano°.

leaf from which cocaine is extracted / cultivated / ailments

high plain in the Andes

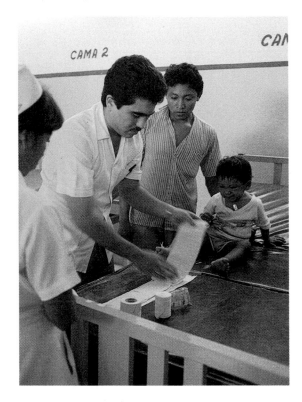

    No todas las personas que viven en lugares rurales se curan usando hierbas o visitando a curanderos. Muchos rechazan° este tipo de cura porque lo consideran demasiado primitivo. La gran mayoría visita a su doctor para consultarlo sobre los problemas de salud que se le presentan. Por otra parte algunos utilizan los dos métodos: la medicina moderna y la que ofrecen los curanderos.

reject

    En los últimos 40 años se está observando una mejora° en la calidad de educación en las escuelas de medicina de muchos países. Sus graduados pueden competir con los graduados de las universidades de los Estados Unidos o Europa. Muchos de ellos reciben becas° de su gobierno para especializarse en el extranjero° y traer a su país los últimos adelantos° de la ciencia.

improvement

scholarships

abroad / ad-vances

PRÁCTICA Y COMPRENSIÓN

A. **¿Comprende Ud.?** Conteste las preguntas según la información en la **Lectura**.

1. ¿Cuáles son los dos tipos de medicina que se practican en Hispanoamérica?
2. ¿Qué cura tenían los indios en 1524 que no se conocía en Europa?
3. ¿Dónde se practica la medicina indígena ahora?
4. ¿Qué usan para curar las enfermedades?
5. ¿Dónde sirven té de coca y para qué se usa?
6. ¿A quién consulta la mayoría de las personas cuando están enfermas?
7. ¿Cómo es la educación en las escuelas de medicina?
8. ¿Quién les paga a los graduados para que se especialicen en el extranjero?

B. **Comparaciones.** Compare la medicina alternativa que se practica en Hispanoamérica con la medicina alternativa que se practica en los Estados Unidos.

En Hispanoamérica	En los Estados Unidos
1. Se usa la medicina indígena como medicina alternativa.	1. Se usa _____ como medicina alternativa.
2. Se usan las hierbas para curar algunas enfermedades.	2. Se usan _____ para curar algunas enfermedades.
3. Dicen que ciertas hierbas pueden curar la esterilidad.	3. _____ puede curar _____.
4. Usan el té de doca para calmar el estómago.	4. Usan _____ para calmar el estómago.
5. El té es una medicina casera (*home remedy*).	5. _____ es una medicina casera.

ACTIVIDADES

A. **La gripe.** You are feeling very ill and probably have the flu so you go to see the doctor (played by a classmate). Explain to the doctor how you feel and answer the doctor's questions about how long you have had various symptoms. The doctor will give you a prescription for some antibiotics and advice on getting well.

B. **En la farmacia.** Take your prescription for some antibiotics to the pharmacy. Tell the pharmacist to fill the prescription. Ask him to recommend a cough syrup. You also need some shampoo and toothpaste. Buy the other products you need.

C. **Una encuesta.** Take a survey of your classmates to find out where they were and what they were doing last Sunday afternoon at 3:00. How many people were doing the same thing? What? Who was doing the most interesting thing, the most unusual, the most boring?

D. **Una llamada telefónica.** Call to chat with a classmate. At first you speak with his/her roommate who in turn gets the person to whom you want to speak. Explain you haven't been in class for three days because of a car accident. Discuss how you feel. Explain that you need to know what happened in Spanish class. Ask to use his/her class notes and ask for the assignments. Your classmate will give you advice on how to feel better. Thank your classmate and say good-bye.

PARA ESCRIBIR BIEN • *Summarizing*

A summary is a brief version of an oral or written text. A good summary is basically a restatement of the main idea of the text followed and supported by the topic sentences of major paragraphs. Use the following steps to help you prepare a summary.

1. Identify the main idea and the supporting elements. In newspaper and magazine articles the main idea is generally located in the first paragraph. The paragraphs that follow develop the main idea by providing details and examples.
2. Arrange the main idea and supporting elements into a unit. You may need to rearrange elements so that they follow each other more logically.
3. Write the summary. You may need to add words and phrases that will link the ideas into a cohesive unit.

COMPOSICIONES

A. **¿Dónde hay un doctor?** Write a brief one- to two-paragraph summary of the **Lectura** in this chapter.

B. **El domingo pasado a las tres.** After completing **Actividad C: Una encuesta**, write a brief composition on your classmates' activities last Sunday at 3:00. Discuss the most unusual, most interesting, and most boring activities.

C. **En el centro deportivo.** You work in a health club. Use your imagination to describe what is happening at this very moment in that club. Explain what sports various people are playing to develop various parts of their bodies. Discuss how long they have been doing various activities as well.

VOCABULARIO ACTIVO

El cuerpo	The body	la garganta	throat
la boca	mouth	el hueso	bone
el brazo	arm	la nariz	nose
la cadera	hip	el oído	(inner) ear
el corazón	heart	el ojo	eye
el cuello	neck	la oreja	(outer) ear
el dedo	finger	el pecho	chest
la espalda	back	el pie	foot
el estómago	stomach	la pierna	leg

El consultorio	*Doctor's or Dentist's office*	**mejorar**	*to get better*
		ocurrir	*to happen*
la enfermedad	*illness*	**olvidar**	*to forget*
la fiebre	*fever*	**ponerse**	*to become*
la gripe	*flu*	**quebrarse**	*to break* (a bone)
la herida	*wound*	**recetar**	*to prescribe*
la infección	*infection*	**romper**	*to break*
el jarabe	*syrup*	**toser**	*to cough*
el (la) paciente	*patient*	**tratar**	*to try*
la presión sanguínea	*blood pressure*	**vendar**	*to bandage*
el pulso	*pulse*		
el (la) recepcionista	*receptionist*	**Adjetivos**	
la receta	*prescription*		
el remedio	*remedy, medicine*	**débil**	*weak*
la sala de espera	*waiting room*	**embarazada**	*pregnant*
la salud	*health*	**grave**	*serious*
el síntoma	*symptom*	**-ísimo**	*very, extremely, exceptionally (added to ending of adjectives)*
la temperatura	*temperature*		
la tos	*cough*		
La farmacia	*Pharmacy*	**largo**	*long*
		sano	*healthy*
el antibiótico	*antibiotic*		
la aspirina	*aspirin*	**Otras expresiones**	
el cigarrillo	*cigarette*		
el champú	*shampoo*	**Es todo.**	*That's all.*
el chicle	*chewing gum*	**estar resfriado**	*to have a cold*
el (la) farmacéutico(-a)	*pharmacist*	**por ejemplo**	*for example*
		por fin	*finally*
la llave	*key*	**por lo menos**	*at least*
la pasta dentrífica	*toothpaste*	**por primera vez**	*for the first time*
la pastilla	*pill*	**por última vez**	*for the last time*
el tipo	*type, kind*	**¿Qué le pasa?**	*What's wrong?; ¿What's he/she got?*
la vitamina	*vitamin*		
Verbos		**ser alérgico a**	*to be allergic to*
		tener dolor de	*to have a(n)*
acabar	*to finish, run out*	_____	_____ *ache; to have a pain in*
caer	*to fall*		
calmar	*to calm, ease*		
cuidarse	*to be careful*	_____	
curar	*to cure*	**tener dolor de muelas**	*to have a toothache*
doler (ue)	*to hurt, ache*		
enfermarse	*to become sick*	**tener náuseas**	*to be nauseous*
examinar	*to examine*	**tener sueño**	*to be sleepy*
masticar	*to chew*		

※ *A recordar*

Review the following situations and tasks that have been presented and practiced in this chapter.

- Discuss health and illnesses.
- Make a personal phone call.
- Discuss actions that are in progress.
- Discuss the duration of actions.
- Describe exceptional qualities.
- Give advice.
- Discuss unexpected events.
- Distinguish **por** and **para** in order to express destination, purpose, motive, and duration of time.

CAPÍTULO 15
De viaje

Cultural Theme: Travel, places of interest and modes of transportation in the Hispanic world

Communicative Goals: • Talking about future activities
• Discussing when and how future actions will take place
• Expressing probability
• Making promises

✳ *A pensar*

- What are some famous tourist spots in South America? In Central America? In the Caribbean Islands? In Mexico? In Spain?
- What verb forms are used in English to talk about future activities and events? *We **are going** to Peru this summer. We **will go** to Peru this summer.*
- What are some expressions you will need to learn in order to work with a travel agent to plan a trip?
- What are some ways of expressing probability in English? ***I wonder** who is at the door. **It must be** John.*
- What are some expressions you will need to learn in order to function in an airport in a Spanish-speaking country?
- What are some expressions used for making promises?

PRIMER ENCUENTRO

PRESENTACIÓN   Agencia de viajes° «La Buena Vida»   travel agency

*Esta **pareja** quiere encontrar un lugar ideal para su **luna de miel**.* couple / honey-
moon

Agente Aquí tienen dos **viajes** con **tarifas** muy **económicas**. Uno es a   trips / fares / ✛
México y el otro al Perú.

Lorenzo Yo **estuve de vacaciones** en Machu Picchu y no quiero volver   was on vacation
al Perú para mi luna de miel. Quisiera algo distinto.

Agente La otra posibilidad es esta **excursión** a las pirámides de México.   ✛
Incluye boleto de ida y vuelta en **avión** y 9 noches de **hotel**.   **incluir** = to
include / ticket /
round-trip /
plane / ✛

Pilar A mí me gustaría **hacer un viaje** en **barco** a alguna **isla** en el   to take a trip /
Caribe.   ship / island

Agente Pueden visitar la República Dominicana y Puerto Rico en **un
crucero** que sale de Miami durante los meses de primavera.   cruise ship

Lorenzo No coincide° con nuestra fecha. Nosotros **nos casaremos** en   ✛ / **casarse** = to
diciembre.   get married

Agente En ese caso, les recomiendo Sudamérica. Aquí hay un viaje que
incluye la belleza natural° de Bolivia y la Argentina.   natural beauty

Pilar Y allí será° verano si vamos en diciembre.   will be

Agente En Bolivia visitarán° el Lago Titicaca, La Paz y Santa Cruz.   will visit
En la Argentina verán° Buenos Aires y las Cataratas° del   you will see /
Iguazú.   falls

Lorenzo Parece **una ruta** interesante. **¿El vuelo** a Bolivia es **directo** o con   route / flight / ✛
escalas?   stops

Agente Hace escala en Lima antes de llegar al **destino**.   destination

Pilar A mí me parece bien. Podremos° planear el viaje tranquilamente   we'll be able to
y leer **una guía turística** sobre esos países.   tourist guide
book

Agente Muy bien. Entonces les hago **las reservaciones**. Irán° por avión   ✛ / you will go
desde Los Ángeles y parte del viaje en Bolivia será en **tren**.   train

Lorenzo ¡Qué aventura!

Comentarios lingüísticos y culturales

a. **Machu Picchu** was a city built by the Incas in the Andes Mountains northwest of Cuzco,
Peru. Even though it was discovered by archeologists in 1911, it is still known as the
lost city of the Incas.

b. **Las pirámides de México** generally refer to the pyramids of **Teotihuacán** near present-
day Mexico City. (See the **Puente cultural** of this **Encuentro** for more information.)

c. **El Lago Titicaca** on the border between Bolivia and Peru is the world's highest lake.
It is located in the Andes Mountains in the area called **el Altiplano**.

d. The spectacular **Cataratas del Iguazú** lie on the border between Argentina and Brazil. The falls are located in a tropical jungle and extend for more than four miles. There are some 275 separate cataracts.

e. Spanish uses the plural **las vacaciones**, whereas English use the singular *vacation*.

PRÁCTICA Y CONVERSACIÓN

A. ¿Comprende Ud.? Conteste según la información en la **Presentación**.

1. ¿Cuáles son los viajes con tarifas económicas?
2. ¿Dónde está Machu Picchu? ¿Qué es?
3. ¿Qué incluye la excursión a México?
4. ¿Qué se puede visitar en México?
5. ¿Qué viaje quiere hacer Pilar?
6. ¿Qué tiempo hace en Sudamérica en diciembre?
7. ¿Qué va a visitar la pareja en su luna de miel?
8. ¿Tienen vuelo directo desde Los Ángeles a Bolivia?

B. ¿Qué palabras se necesitan? Complete estas oraciones con las expresiones correctas.

1. Quiero ir de Los Ángeles a Bogotá y volver a Los Ángeles. Necesito comprar _____ .
2. No conozco bien Barcelona. Debo leer _____ de la ciudad.
3. Los trabajadores europeos no tienen que trabajar ni el mes de julio ni el mes de agosto. _____ en estos meses.
4. Los aviones que van directamente a su destino no _____ en ningún sitio.
5. —¿Cuánto es el _____ de aquí a México? —Es $500,00.
6. Un _____ trabaja en una agencia de viajes.
7. Si Ud. quiere viajar a un país europeo, necesita hacer _____ con anterioridad.

C. En la agencia de viajes. Ud. es un(-a) agente de viajes en Miami y su compañero(-a) quiere hacer un viaje para sus vacaciones. Ayúdele a decidir adónde ir.

EXCURSIÓN	EXCURSIÓN	EXCURSIÓN
8 días	5 días	10 días
Cataratas de Iguazú Argentina	Machu Picchu, Peru	México
Hotel: 2ª categoría	Hotel: 3ª categoría	Hotel: 1ª categoría
Tarifa: $1.200	Tarifa: $700	Tarifa: $800

Pregúntele…

1. qué categoría de hotel quiere.
2. cuánto quiere gastar.
3. cuánto tiempo tiene para sus vacaciones.

4. si prefiere viajar solo(-a) (*alone*) o en grupo.
5. si quiere hacer reservaciones para una de estas excursiones.
6. qué excursión le gusta más y por qué.

ESTRUCTURAS

TALKING ABOUT FUTURE ACTIVITIES

Future Tense of Regular Verbs

The future tense in English is formed by the auxiliary verb *will* + main verb: *I will travel.* The Spanish future tense, however, does not use an auxiliary verb.

FUTURE: REGULAR -ar, -er *AND* -ir *VERBS*

VISITAR	VER	VIVIR
visitar**é**	ver**é**	vivir**é**
visitar**ás**	ver**ás**	vivir**ás**
visitar**á**	ver**á**	vivir**á**
visitar**emos**	ver**emos**	vivir**emos**
visitar**éis**	ver**éis**	vivir**éis**
visitar**án**	ver**án**	vivir**án**

a. The future tense is formed by adding the endings **-é, -ás, -á, -emos, -éis, -án** to the infinitive. Note that all future endings except the first-person plural (**-emos**) have a written accent mark.

b. The future tense is translated as *will* + main verb and is used to discuss activities that will take place at a future time.

> El verano próximo **visitaremos** México y **veremos** las pirámides.   *Next summer we will visit Mexico, and we will see the pyramids.*

c. There are three ways to express a future action in Spanish.

1. The construction **ir a** + infinitive corresponds to the English *to be going* + infinitive.

> **Vamos a visitar** la capital.   *We are going to visit the capital.*

2. The present tense can be used to express a future idea that will take place within a day or so.

> **Visitamos** la capital mañana.   *We will visit the capital tomorrow.*

3. The future tense can describe actions that will take place in the near or distant future.

> La semana que viene **visitaremos** la capital.   *Next week we will visit the capital.*

EN CONTEXTO

Agente En ese caso, les recomiendo Sudamérica.
  Pilar A mí me parece bien. Vamos a divertirnos mucho.
Agente Entonces, les hago las reservaciones. **Irán** por avión desde Los Ángeles y parte del viaje en Bolivia **será** en tren.

PRÁCTICA Y CONVERSACIÓN

A. Un viaje a México. Explique lo que harán (*will do*) las siguientes personas usando los sujetos dados.

    1. ¿Quiénes visitarán México? <u>Tomás</u> visitará México.

       tú / Juana y Felipe / nosotras / yo / Elena

    2. ¿Quiénes verán las pirámides? <u>Carlos</u> las verá.

       Marta y yo / Uds. / yo / la Sra. Cuevas / tú

B. En la agencia de viajes. Ud. ya tiene sus planes de vacaciones. Conteste las preguntas del (de la) agente.

        MODELO Compañero(a): ¿Qué país piensa visitar? (el Perú)
                  Usted: **Visitaré el Perú.**

    1. ¿Cuándo va a estar de vacaciones?   (en agosto)
    2. ¿Con quién piensa viajar?   (mi esposo[-a])
    3. ¿Cómo prefiere ir?   (en avión y en tren)
    4. ¿Qué cosas quiere ver?   (la capital y Machu Picchu)
    5. ¿Quiere visitar otros países?   (no)
    6. ¿Va a comer la comida peruana?   (claro)
    7. ¿Cuándo va a volver aquí?   (en setiembre)
    8. Uds. van a divertirse mucho, ¿no?   (por supuesto)

C. Unas vacaciones ideales. Hágale preguntas sobre sus vacaciones ideales a un(-a) compañero(-a) de clase y su compañero(-a) contestará.

    Pregúntele…

    1. cuándo estará de vacaciones.
    2. adónde y cómo viajará.
    3. cuánto tiempo pasará allí.
    4. con quién(-es) irá.
    5. qué cosas visitará y verá.
    6. cómo se divertirá.
    7. qué cosas comerá y beberá.
    8. qué cosas comprará allá.

D. El verano próximo. Explíqueles a sus compañeros de clase lo que Ud. hará el verano próximo. Incluya por lo menos ocho actividades.

DISCUSSING ANTICIPATED EVENTS

Future Tense of Irregular Verbs

There are few Spanish verbs that do not use the infinitive as a stem to form the future tense.

IRREGULAR FUTURE STEMS

Infinitive	*Future Stem*	*Infinitive*	*Future Stem*	*Infinitive*	*Future Stem*
haber	**habr-**	poner	**pondr-**	decir	**dir-**
poder	**podr-**	tener	**tendr-**	hacer	**har-**
querer	**querr-**	valer	**valdr-**		
saber	**sabr-**	salir	**saldr-**		
		venir	**vendr-**		

a. The eleven verbs with an irregular stem can be grouped into three categories:

1. verbs that drop the vowel from the infinitive ending: **haber**, **poder**, **querer**, **saber**.
2. verbs that substitute a **d** for the vowel in the infinitive ending: **poner**, **tener**, **valer** (*to be worth*), **salir**, **venir**.
3. verbs that use a special form: **decir**, **hacer**.

b. The future tense of **hay (haber)** is **habrá** = *there will be*.

EN CONTEXTO

Agente Les recomiendo un viaje a España en otoño. No **habrá** muchos turistas y **podrán** ver más.

Cliente Muy bien. Entonces **saldremos** el quince de octubre.

PRÁCTICA Y CONVERSACIÓN

A. **La luna de miel.** Usando el futuro explique lo que unos recién casados (*newlyweds*) harán en su viaje por Sudamérica.

> MODELO Van a salir en el invierno.
> **Saldrán en el invierno.**

1. Van a salir en diciembre.
2. Primero van a hacer escala en Lima.
3. Claro que no van a visitarnos.
4. Van a poder visitar el Lago Titicaca.
5. El viaje es tranquilo; no van a tener prisa.
6. Van a ponerse ropa ligera (*light*) porque hace calor en la Argentina en diciembre.
7. Después van a decirnos lo que pasó.

B. **Este fin de semana.** Complete estas oraciones usando el futuro.

Este fin de semana...

1. mis padres _____.
2. yo _____.
3. mi mejor amigo(-a) _____.
4. mi profesor(-a) de español _____.
5. mis compañeros de clase _____.
6. mi novio(-a) y yo _____.

C. **Dentro de diez años.** Interview a classmate to find out what his/her life will be like in ten years. Here are a few questions to guide you, but find out other information as well.

¿Dónde trabajará / vivirá? ¿Estará casado(-a)? ¿Con quién? ¿Tendrá hijos? ¿Cuántos? ¿Cómo será? ¿rico(-a)? ¿famoso(-a)? ¿importante? ¿?

PUENTE CULTURAL

Las pirámides de Teotihuacán

En México se puede visitar los restos° de muchas civilizaciones indias. En el sur° se encuentran las hermosas ciudades de los mayas como Chichén Itzá o Uxmal. Los aztecas vivían en el centro de México. La capital actual° de México está construida sobre las ruinas de Tenochtitlán, la antigua capital azteca. Cerca de la Cuidad de México está Teotihuacán que fue el centro religioso y cultural de una tribu° desconocida. Entre los años 300 y 650 esta tribu construyó un gran número de templos y las famosas pirámides del Sol y de la Luna°. Hoy día° estos edificios altos y misteriosos son un símbolo de un pasado magnífico.

remains
south

present-day

tribe

moon
nowadays

COMPRENSIÓN CULTURAL

Combine las fechas, lugares y descripciones con las tribus indias.

<table>
<tr><td></td><td>la Pirámide de la Luna</td></tr>
<tr><td></td><td>Tenochtitlán</td></tr>
<tr><td></td><td>el sur de México</td></tr>
<tr><td>los mayas</td><td>Chichén Itzá</td></tr>
<tr><td>los aztecas</td><td>el centro de México</td></tr>
<tr><td>una tribu desconocida</td><td>Teotihuacán</td></tr>
<tr><td></td><td>la Pirámide del Sol</td></tr>
<tr><td></td><td>Uxmal</td></tr>
<tr><td></td><td>los años 300 a 650</td></tr>
</table>

SEGUNDO ENCUENTRO

PRESENTACIÓN   La lista° de una viajera°

list / traveler

LUNES, 10 DE JULIO
• LLAMAR A LA EMBAJADA *EN CASO QUE* NECESITE VISA.*
• LLEVAR EL PASAPORTE A LA EMBAJADA

embassy / in case
visa
passport

MARTES, 11 DE JULIO
• CAMBIAR DINERO Y* COMPRAR LOS CHEQUES DE VIAJERO.*
• AVISARLE *A ANITA CUÁL ES LA HORA DE LLEGADA A BARAJAS PARA QUE* ME VAYA A BUSCAR.

change money
traveler's checks
Let her know
arrival / so that

MIÉRCOLES, 12 DE JULIO
• HACER LAS MALETAS*
• EL EQUIPAJE * NO PUEDE PESAR MÁS DE 20 KG.

pack suitcases
luggage

JUEVES, 13 DE JULIO
• LLAMAR A JESÚS A LAS 7:30 PARA QUE ME LLEVE AL AEROPUERTO *
EL VUELO NO. 307 DE IBERIA SALE A LAS 10:30.

airport

VIERNES, 14 DE JULIO
¡ MADRID !

* New active vocabulary word

Comentarios lingüísticos y culturales

a. An embassy is the official headquarters of a country in a foreign land. The embassies are usually located in the capital city. The ambassador and the staff working in the embassy can answer questions and give help to persons planning to travel to the country they represent.

b. A passport is an official document issued by the government to its citizens allowing them to travel to foreign countries and to reenter the native country. The passport offers proof of identity, citizenship, and requests protection for them while traveling abroad.

c. A visa is a permit or endorsement stamped on a passport allowing a passport holder to enter into and/or travel through the foreign country or grants special permission (such as a student visa).

d. **Barajas** is the name of the Madrid airport.

e. The letters **kg** represent the abbreviation for **kilogramo** = *kilogram*. A kilo(gram) = 2.2 pounds.

PRÁCTICA Y CONVERSACIÓN

A. ¿Comprende Ud.? Conteste según la información de la **Presentación**.

1. ¿Por qué necesita llamar a la embajada la viajera?
2. ¿Qué tiene que hacer el martes?
3. ¿Adónde viaja?
4. ¿Cuándo va a hacer las maletas?
5. ¿Cuánto puede pesar el equipaje?
6. ¿Cómo va al aeropuerto?
7. ¿A qué hora es el vuelo?

B. ¿Qué tengo que hacer? Ponga esta lista en orden. ¿Qué debo hacer primero, segundo, tercero,...?

Antes de salir de viaje para Caracas necesito...

_____ comprar el boleto.   _____ comprar cheques de viajero.

_____ hacer las maletas.   _____ sacar un pasaporte.

_____ reservar los pasajes.   _____ cambiar dinero.

C. Mi amigo(-a) nicaragüense. Su amigo(-a) de Nicaragua quiere venir a visitarlo(-la) a los EE.UU. Él (ella) lo (la) llama por teléfono porque no está seguro(-a) de lo que debe hacer para poder entrar en este país. En parejas hagan los papeles del (de la) nicaragüense y del (de la) estadounidense.

IDEAS: ¿Necesita pasaporte? ¿Necesita visa? ¿Cómo puede conseguirla? ¿Qué ropa debe traer para el verano? ¿Recomienda Ud. viajar con mucho equipaje? ¿?

ASÍ SE HABLA

EXPRESSING PROBABILITY

In order to express probability in Spanish, you can use the future tense. These are several English equivalents: *wonder, bet, can, must, might, probably.*

¿Dónde estará Lucía?	*I wonder where Lucía is:*
	Where can/might Lucía be?
¿Qué hora será?	*I wonder what time it is.*
Serán las cuatro.	*It must be around four.*
¿Qué será esto?	*I wonder what this is.*
	What could/can/might this be?
Como siempre, llegará tarde.	*He will probably be late, as usual.*
¿Saldrá a tiempo el tren?	*I wonder whether the train will leave on time.*

Other Expressions of Probability

Quizás, tal vez.	*Maybe, perhaps.*
Probablemente.	*Probably.*
Casi seguro.	*Very likely.*
Me parece que sí.	*I think so.*
Espero.	*I expect so. I hope so.*
Puede ser.	*It may be.*
Probablemente no.	*Probably not.*
No creo.	*I don't think so.*
No es (muy) probable.	*It's not (very) likely/probable.*

PRÁCTICA

¿Qué le parece? Conteste las preguntas según el modelo.

MODELO   ¿Cuántas horas de vuelo habrá entre Nueva York y Caracas?
No sé. Habrá nueve horas.

1. ¿Cuántas horas de vuelo habrá entre San Francisco y la Ciudad de México?
2. ¿A cuánto estará el cambio de pesos a dólares?
3. ¿Cuántas personas viajarán a México cada año?
4. ¿Qué aeropuerto de los Estados Unidos tendrá más tráfico?
5. ¿Para qué países se necesitará visa?
6. ¿Quién será la persona más inteligente del mundo?

A ESCUCHAR

La madre de Paquita está preocupada porque no se ha podido (*hasn't been able to*) comunicar con su hija. Escuche el diálogo y decida si las siguientes oraciones son verdaderas o falsas. Corrija las oraciones falsas.

1. El padre de Paquita está preocupado.
2. La madre de Paquita recibió una llamada de su hija.
3. Paquita tiene que viajar de España a los Estados Unidos.
4. Paquita llega a Minneapolis en un vuelo de Northwest.
5. El avión llega en siete u ocho horas.
6. La madre de Paquita quiere llamar al director del programa de estudios internacionales en Madrid.
7. El padre se va a dormir.

ESTRUCTURAS

EXPRESSING UNCERTAINTY ABOUT FUTURE ACTIONS

Subjunctive in Adverb Clauses

In Spanish the subjunctive is used in clauses when it is uncertain when or if an action will happen.

> Saldré **antes que lleguen** Uds.   *I will leave before you arrive.*

a. In Spanish the subjunctive is always used in adverbial clauses introduced by the following conjunctions:

a menos que	*unless*	en caso que	*in case that*
antes que	*before*	para que	*so that*
con tal que	*provided that*	sin que	*without*

b. Note that frequently other future activities are dependent upon the outcome of these uncertain actions or events.

future activity

Visitaré Madrid
con tal que tenga el dinero.

*I will visit Madrid
provided that I have the money.*

uncertain event

EN CONTEXTO

Llevaré el pasaporte a la embajada **en caso que necesite** visa.

PRÁCTICA Y CONVERSACIÓN

A. Una llamada telefónica. Un(-a) amigo(-a) llama para discutir su viaje a México. Hágale preguntas según el modelo.

MODELO   salir mañana: a menos que / estar enfermo
              Usted: **¿Saldrán Uds. mañana?**
         Compañero(-a): **Saldremos mañana a menos que estemos enfermos.**

1. comprar cheques de viajero: en caso que / perder el dinero
2. hacer reservaciones: para que / tener un buen hotel
3. pasar 15 días allá: con tal que / divertirse
4. visitar la capital: antes que / ver las pirámides
5. regresar pronto: a menos que / visitar todos los museos

B. Las vacaciones. Complete las oraciones de una manera lógica.

1. Estaré de vacaciones a menos que _____.
2. Nunca viajo sin que _____.
3. Llamaré a un(-a) amigo(-a) para que _____.
4. Compraré cheques de viajero en caso que _____.
5. Saldré antes que _____.
6. Iré con tal que _____.

C. El agente de viajes. You are a travel agent. Give advice to a client planning a business trip to Argentina and another planning a vacation in Mexico.

MODELO   **Ud. debe cambiar dinero antes que llegue a la Argentina.**

ASKING FOR DEFINITIONS AND PREFERENCES

¿Qué? versus *¿cuál?*

The English questions *What is . . . ?* or *What are . . . ?* can be expressed two ways in Spanish.

a. **¿Qué es...?** and **¿Qué son...?** are used when the expected answer is a definition or explanation.

—**¿Qué es** Machu Picchu?   *What is Machu Picchu?*
—Es la ciudad perdida de los incas   *It's the lost city of the Incas near*
cerca de Cuzco.   *Cuzco.*

b. **¿Cuál es...?** and **¿Cuáles son...?** are used when the expected answer gives one of a number of possible choices.

—¿**Cuáles son** tus lugares turísticos   *What are your favorite tourist spots?*
preferidos?
—Las Cataratas del Iguazú y las playas   *Iguazú Falls and the beaches of*
de México.   *Mexico.*

EN CONTEXTO

—¿**Cuál es** la hora de su llegada?
—La una y veinte.

PRÁCTICA Y CONVERSACIÓN

A. Preguntas para el agente de viajes. Ud. quiere tener más información sobre su viaje. Complete estas preguntas con **¿Qué es?** / **¿Qué son?** o **¿Cuál es?** / **¿Cuáles son?**

1. ¿——————— una visa?
2. ¿——————— unos lugares interesantes para unas vacaciones?
3. ¿——————— un buen lugar para una luna de miel?
4. ¿——————— las Cataratas del Iguazú?
5. ¿——————— la hora de la salida del avión?
6. ¿——————— la capital del Perú?
7. ¿——————— los cheques de viajero y dónde los compro?

 B. Una visita a Sudamérica. Your friend has just returned from a trip to South America and is telling you what he/she did and saw. As your friend mentions certain things, you interrupt to ask what they are. Your friend gives you the answer.

MODELO   Lima
                    Usted: **¿Qué es Lima?**
           Compañero(-a): **Es la capital del Perú.**

1. Titicaca
2. tu país preferido
3. Buenos Aires
4. Iguazú
5. Acapulco y Cancún
6. Machu Picchu
7. unas islas del Caribe
8. tus ciudades preferidas

PUENTE CULTURAL

El Museo de Oro

Los indios chibchas de Colombia asombraron° a los conquis-
tadores° españoles con los objetos de oro° y las esmeraldas°
que usaban para adornar sus casas y su persona. Muchos de
estos objetos precolombinos están ahora en el Museo de Oro
en Bogotá, el cual° tiene unas treinta y cinco mil piezas de oro
y una colección de esmeraldas que se cuenta entre las más
grandes del mundo. Entre estos objetos se encuentran co-
llares°, anillos para la nariz, pendientes°, aretes°, diademas° y
también objetos útiles como agujas°, y artefactos usados en
ceremonias religiosas.

astonished / con-
querors / gold /
emeralds

which

necklaces / pendants /
earrings / crowns /
needles

COMPRENSIÓN CULTURAL

Complete las oraciones.

1. Los indios chibchas de _____ usaban objetos de _____ y _____
   para adornar sus casas y su persona.
2. Muchos de los objetos de los chibchas están en _____ en _____.
3. El museo tiene _____ piezas de oro.
4. Su colección de _____ se cuenta entre las más grandes del mundo.
5. Entre los objetos de oro se encuentran _____, _____ para la nariz,
   _____ y objetos _____.

TERCER ENCUENTRO

PRESENTACIÓN   En el aeropuerto

Altavoz°	Atención, los **pasajeros** de AeroChile con destino a Santiago de Chile deben **presentarse** en **la puerta de embarque** No. 20.	loud-speaker / + to appear / boarding gate
Montserrat	¡Ése es tu vuelo, Ana María! Lo están **anunciando**.	**anunciar** = to announce
Ana María	¿Dónde **facturo** el equipaje?	**facturar** = to check
Montserrat	Por aquí. ¡Ven pronto! ¡Uy, mira **la cola** que hay en **el mostrador** de AeroChile!	Oh! / line / counter
Ana María	Bueno, cálmate°, El avión no se irá sin todos los pasajeros.	calm yourself

.   .   .

En el mostrador.		(ticket) counter
Empleada	¿Qué boleto tiene Ud., **clase económica** o **primera clase**?	+ / +
Ana María	Clase económica. Estoy en **la lista de espera**.	waiting list
Empleada	¡Ah! Ya veo. El vuelo no está **completo**. Creo que va a tener suerte. **Permítame°** su pasaporte.	full Let me see
Ana María	¡Qué bien! **Tan pronto como** suba al avión, todo va a ser más calmo.	As soon as
Montserrat	Pero todavía te espera pasar **la aduana** en Santiago. ¡Ya sabes cómo **registran** todo!	customs **registrar** = to check

Empleada	Mm,… bien, todo en orden. Ésta es su **tarjeta de embarque**. **La salida** es a las seis en punto. **¡Buen viaje!**	boarding pass departure / Have a good trip!
Altavoz	El vuelo de Líneas Andinas **procedente de** Bogotá acaba de **aterrizar**. Los pasajeros saldrán por la puerta No. 25.	departing from to land

Comentarios lingüísticos y culturales

a. When going from one country to another it is often necessary to pass through customs where an agent checks passports for identity and may check or search luggage for illegal possessions.

b. **Facturar el equipaje** = *to check luggage* as at an airport for loading on the plane. **Registrar el equipaje** = *to check, examine,* or *search luggage* as in customs.

c. **Ser** is used to express the time of an event or activity: **El vuelo es a las seis en punto.**

PRÁCTICA Y CONVERSACIÓN

A. ¿Comprende Ud.? Conteste según la **Presentación**.

1. ¿Dónde deben presentarse los pasajeros con destino a Santiago de Chile?
2. ¿Qué hace Ana María en el mostrador de AeroChile?
3. ¿Es fácil pasar por la aduana en Santiago?
4. ¿Qué necesita Ana María para subir al avión?
5. ¿Cuál es la hora de salida de su vuelo?
6. ¿De dónde procede el vuelo que acaba de aterrizar?

B. Señor, por favor me puede decir… Ud. trabaja en Ezeiza, el aeropuerto de Buenos Aires, y tiene que ayudar a los pasajeros. Conteste estas preguntas según el dibujo.

1. ¿Cuándo aterriza el vuelo 512?
2. ¿Hay un vuelo con destino a Quito esta tarde? ¿A qué hora sale? ¿De qué puerta sale?
3. ¿Cuál es el número del vuelo de Lima? ¿A qué hora aterriza?

LLEGADAS			
NUMERO	PROCEDENTE DE	HORA	PUERTA
MX 422	Guadalajara	10:10	11
AV 037	Bogotá	10:47	06
PA 512	San Juan	11:02	17
WA 092	Los Angeles	11:21	02
AP 381	Lima	12:17	15

SALIDAS			
NÚMERO	DESTINO	HORA	PUERTA
EA 183	Quito	14:18	03
IB 056	Barcelona	14:50	19
VA 472	Caracas	15:24	08
AA 062	Montevideo	15:41	14
EA 268	La Paz	16:03	01

4. ¿Llega el vuelo 472 a la puerta 14?
5. ¿Hay un vuelo procedente de Colombia? ¿Cuál? ¿A qué hora aterriza?
6. ¿Hay un vuelo con destino a Bolivia? ¿A qué hora y por qué puerta sale?
7. ¿Se pasa por la aduana antes del vuelo 056? ¿Qué se necesita mostrar en la aduana?

 C. ¿Qué tal el viaje? Ud. acaba de llegar de viaje y sus dos amigos lo (la) están esperando en el aeropuerto. Salúdelos. Cuénteles cómo fue el vuelo. Sus amigos deben responder y hacerle preguntas.

ASÍ SE HABLA

MAKING PROMISES

Here are some phrases that you can use to promise something to someone.

¿Me promete(s) que no se lo dirá(s) a nadie?   *Do you promise me that you won't tell it to anyone?*

Te (Se) lo prometo.   *I promise you.*
Te (Se) lo aseguro.   *I assure you.*
No se lo diré a nadie.   *I will not tell anyone.*
Lo siento, pero no puedo prometérte(se)lo.   *I'm sorry but I can't promise you.*

PRÁCTICA Y CONVERSACIÓN

 A. ¡Prométemelo! Su madre se va de viaje por una semana. ¿Cómo le asegura Ud. que hará todo lo que ella quiere? Conteste sus preguntas.

1. Harás tus tareas, ¿no?
2. No te olvidarás de ir a buscar a tu hermano a la escuela, ¿verdad?
3. Arreglarás el televisor como me prometiste, ¿no?
4. ¿Me prometes que irás a ver a tu abuela?
5. No dejarás la casa abierta cuando sales, ¿verdad?

 B. Más promesas. Pídale a su compañero(-a) que haga o no haga ciertas cosas. Él(ella) debe prometerle que lo hará o no.

ESTRUCTURAS

DISCUSSING WHEN FUTURE ACTIONS WILL TAKE PLACE

Subjunctive in Adverb Clauses of Time

You have learned to use the subjunctive after phrases which always express an uncertainty, such as **a menos que**, **antes que**, **con tal que**, **en caso que**, **para que**, and **sin que**. Other adverbs of time will sometimes be followed by the subjunctive and sometimes by the indicative depending on the amount of uncertainty.

ADVERBS OF TIME

cuando	*when*
después que	*after*
hasta que	*until*
mientras	*while, as long as*
tan pronto como	*as soon as*

a. When the above adverbs of time are followed by an action which has not yet happened, that is, an action whose completion is uncertain, they are followed by verbs in the subjunctive mood.

El avión no se irá **hasta que suban** todos los pasajeros.

The plane won't leave until all the passengers are aboard.

b. When the adverbs of time express a completed action in the past or a habitual action in the present, they are followed by verbs in the indicative mood. Compare the following examples.

Future action:

El vuelo saldrá **tan pronto como llegue** el otro.

The flight will leave as soon as the other one arrives.

Completed action:

El vuelo salió **tan pronto como llegó** el otro.

The flight left as soon as the other one arrived.

Future action:

Emilio va a esperar aquí **hasta que anuncien** su vuelo.

Emilio is going to wait here until they announce his flight.

Habitual action:

Emilio siempre espera aquí **hasta que anuncian** su vuelo.

Emilio always waits here until they announce his flight.

EN CONTEXTO

Pasajero Estoy tan nervioso.
Empleado No se preocupe Ud. **Tan pronto como suba** al avión todo va a ser más calmo.

PRÁCTICA Y CONVERSACIÓN

A. Un vuelo futuro. Explique que Ud. hará lo mismo que su compañero(-a) en el aeropuerto y en el vuelo.

> MODELO   Compañero(-a):   Siempre voy al aeropuerto tan pronto como puedo.
> Usted: **Mañana iré al aeropuerto tan pronto como pueda.**

1. Siempre facturo el equipaje cuando llego al mostrador.
2. Voy a la puerta de embarque después que anuncian mi vuelo.
3. Charlo con los otros pasajeros hasta que llega el avión.
4. Subo al avión tan pronto como toman mi tarjeta de embarque.
5. Leo mientras sirven las bebidas.

B. ¿Qué harás? Complete las oraciones de una manera imaginativa.

1. Mientras estemos en la universidad debemos _____.
2. Cuando me haga rico(-a) voy a _____.
3. Voy a _____ tan pronto como yo pueda.
4. No voy a salir de la universidad hasta que _____.
5. Después que nos graduemos mis amigos y yo _____.

C. Entrevista. Hágale preguntas sobre sus actividades futuras a un(-a) compañero(-a) de clase y su compañero(-a) debe contestar.

Pregúntele...

1. lo que hará cuando salga de clase hoy.
2. lo que va a hacer mientras esté de vacaciones.
3. dónde vivirá hasta que compre una casa.
4. adónde irá después que se gradúe.
5. lo que comprará tan pronto como reciba bastante dinero.
6. dónde trabajará cuando termine sus estudios.

D. Un mundo nuevo. Imagínese que Ud. va a ser uno de los primeros colonizadores de un planeta deshabitado. Describa lo que Ud. hará al llegar allí.

> MODELO   **Buscaré comida tan pronto como llegue allí.**

A	B
buscar	cuando
construir	hasta que
hacer	tan pronto como
tener	
necesitar	
¿?	

PUENTE CULTURAL

La costa española

España tiene una larga costa. Cada región de costa tiene su característica particular y su nombre propio. La costa de Galicia, al noreste de España, se destaca° por sus rías° que son muy buenas para la pesca. Al norte, sobre el Mar Mediterráneo, se encuentra la Costa Brava, conocida por sus acantilados° y belleza natural. Pero las playas más famosas están al sur, en la costa de Andalucía, llamada la Costa del Sol. Marbella y Torremolinos son dos de las muchas playas que atraen a turistas de todas partes del mundo.

stands out / inlets

cliffs

COMPRENSIÓN CULTURAL

Combine las características con el nombre de la costa española.

las playas más famosas
la pesca
la belleza natural
los turistas de todo el mundo   La Costa del Sol
los acantilados   La Costa Brava
las rías   La Costa de Galicia
el Mediterráneo
el Atlántico

CUARTO ENCUENTRO

PARA LEER BIEN • *Personal Letters*

Personal letters in Spanish differ from English letters in their style. Spanish tends to be less straightforward and to use polite phrases that an American reader might judge to be overly flowery. The salutation is generally followed by a colon in Spanish. After the salutation, the text of the letter usually begins with a greeting.

Salutation

Querida Lisa:	*Dear Lisa,*
Muy querido Panchito:	*Dearest Panchito,*
Queridísimo papá:	*Dearest Dad,*
Queridos tíos:	*Dear Aunt and Uncle,*

Greeting or Opening Statement

Espero que se encuentren todos bien de salud.	*I hope that you are all in good health.*
Hace mucho que no recibo cartas de Uds. ¿Cómo están?	*It's been a while since I've received a letter from you. How are you?*
No sabes cuánto te agradezco tu carta. La recibí ayer.	*You don't know how much I appreciate your letter. I received it yesterday.*

Closing

Te abraza afectuosamente,	*Hugs,*
Recibe un saludo de,	*Regards from,*
Te recuerda y te quiere,	*Remembering and loving you,*
Les mando un fuerte abrazo y besos a todos,	*I'm sending a big hug and kisses to everyone,*
Con mucho cariño,	*With much love,*

LECTURA   Saludos de México

2 de agosto

Queridos mami y papi:

Saludos desde la ciudad más grande del mundo. Patricia y yo acabamos de llegar al hotel. El viaje en avión fue sin problemas hasta que llegamos a la aduana de México. ¡Nos registraron todas las maletas! ¡Perdimos muchísimo tiempo! Cuando finalmente llegamos al hotel, nos encontramos con un muchacho muy simpático que se ofreció para ser nuestro guía. Mañana saldremos con él. Dice que nos mostrará el Parque de Chapultepec y el Zócalo donde está la Catedral Metropolitana. Luego iremos a ver el Palacio Nacional y la universidad, a menos que estemos muy cansadas. En caso que sea demasiado para el primer día, lo dejaremos°   leave para más tarde. Esta noche veremos un espectáculo de Luz y Sonido en las pirámides que dicen que es buenísimo.

No se preocupen por nosotras que estamos muy bien. Muchos besos,

Sonia

6 de agosto

Queridos mami y papi:

    ¡Hola! ¿Cómo están? ¡Nosotras lo estamos pasando magnífico! Hemos visto° cosas fascinantes. Ayer fuimos al Museo de Antropología. ¡Es grandísimo! Por supuesto que no lo vimos todo pero tan pronto como podamos, volveremos para ver el resto. En el museo hay una colección de artefactos de las civilizaciones maya y azteca, y de otras culturas pre-colombinas.

    Hoy descansamos y paseamos por el Paseo de la Reforma. Mañana haremos una excursión a los Jardines Flotantes de Xochimilco.

    Hasta la próxima. Los recuerda y los quiere,

        Sonia

We have seen

10 de agosto

Querida hermana:

    Me doy cuenta° que esta postal te llegará después que nosotras. Pues, aunque estamos en la lista de espera es muy probable que salgamos mañana de regreso a casa. Hoy cambiamos el último cheque de viajero. Pasamos los últimos tres días de nuestras vacaciones en la playa en Puerto Vallarta. Descansamos, probamos comida típica y escuchamos mariachis todas las noches. Éste es un lugar ideal para estar de vacaciones. Paramos en una pensión familiar y la gente aquí es muy simpática. Espero que la próxima vez puedas venir con nosotras. Un abrazo,

        Sonia

I realize

PRÁCTICA Y COMPRENSIÓN

El viaje de Sonia y Patricia. Complete las columnas en la página 471 con el nombre de la ciudad que visitaron, dónde pararon y qué hicieron las muchachas.

El VIAJE

Fecha	Lugar	Hotel/Pensión	Actividad
martes, 2 de agosto	Ciudad de México	hotel	llegada al aeropuerto llegada al hotel vieron el espectáculo de Luz y Sonido
miércoles, 3 de agosto			
viernes, 5 de agosto			
sábado, 6 de agosto			
domingo, 7 de agosto			
lunes, 8 de agosto			
martes, 9 de agosto			
miércoles, 10 de agosto			

ACTIVIDADES

A. ¡Ud. acaba de ganar un viaje para dos! You have just won a trip for two through the Spanish-speaking world; you may visit ten different places of your choice. Explain to your classmates with whom you will travel, when and how you will travel, and what places you will visit and why. Use the information contained in this and other chapters to help you decide what places you will visit.

B. En la agencia de viajes «La Buena Vida». A classmate will play the role of a travel agent and you will be the client. You have three weeks' vacation this year and you want it to be special. Explain when your vacation is and what type of vacation you want. The agent will offer suggestions, and you will ask questions about the suggestions. Finish the conversation by making ticket and hotel reservations.

C. Antes del viaje. Your son/daughter is going to spend a semester studying and traveling in Spain. Help him or her with the preparations for travel by answering questions about when and what to pack; how, when, and where to get a passport, buy traveler's checks, change money, and so on. Explain which activities to do before or after others, and why certain things must be done. Remember to use the subjunctive to express uncertainties. Ask your son/daughter to promise to write often and to be careful.

D. En el aeropuerto. You are on vacation in Caracas, Venezuela, and need to return home quickly to take care of an emergency situation in your business. You go to the airport. A classmate will play the role of the airline employee. Change your ticket for the next flight home, get your seat assignment, check your luggage. Ask what gate the flight leaves from and go to the waiting area at that gate.

PARA ESCRIBIR BIEN • *Writing Postcards*

Postcards are in reality short personal letters and consist of a salutation, brief body, and a closing. In a postcard you have room for only 4–5 sentences in which you explain where you are, what you have done or will be doing, your reaction to the place, and how you are feeling. A postcard should provide a capsule summary of your trip.

COMPOSICIONES

A. Unas tarjetas postales. It is the second day of the week-long vacation of your dreams. Write a postcard to two family members and/or friends explaining what you did the first day and what you will be doing the remaining days of your trip.

B. Mi agenda. You are leaving on a trip the day after your last final exam. Write a list for the seven days before your trip explaining what you will do or have to do each day in order to complete your school work and prepare for the trip.

C. Una guía turística. You work for a travel agency and must write a travel brochure for a new tour through South America that you are advertising. Explain what places the tourists will visit and provide a brief description of the sites. Include at least eight places.

VOCABULARIO ACTIVO

La agencia de viajes	*Travel agency*	**la escala**	*stop(-over)*
		la excursión	*tour*
		la guía turística	*tourist guidebook*
el barco	*ship*	**el hotel**	*hotel*
el boleto	*ticket*	**la reservación**	*reservation*
de ida y vuelta	*round-trip ticket*	**la ruta**	*route*
el crucero	*cruise ship*	**la tarifa**	*fare*
el cheque de viajero	*traveler's check*	**el tren**	*train*
		el viaje	*trip*
el destino	*destination*	**el (la) viajero(-a)**	*traveler*

El aeropuerto	*Airport*
la aduana	*customs*
el avión	*airplane*
la azafata	*stewardess*
el camarero	*steward*
la clase económica	*economy class*
la lista de espera	*waiting list*
la llegada	*arrival*
el mostrador	*(ticket) counter*
el (la) pasajero(-a)	*passenger*
el (la) piloto	*pilot*
la primera clase	*first class*
la puerta de embarque	*gate boarding gate*
la salida	*departure*
la tarjeta de embarque	*boarding pass*
el vuelo	*flight*

Otros sustantivos

la cola	*line (of people)*
la embajada	*embassy*
el equipaje	*luggage*
la isla	*island*
la lista	*list*
la luna de miel	*honeymoon*
la maleta	*suitcase*
la pareja	*couple, pair*
el pasaporte	*passport*
la visa	*visa*

Verbos

anunciar	*to announce*
aterrizar	*to land*

avisar	*to tell, advise*
casarse (con)	*to get married (to)*
facturar	*to check (luggage)*
incluir	*to include*
presentarse	*to appear*
prometer	*to promise*
registrar	*to check, examine*
valer	*to be worth*

Otras expresiones

a menos que	*unless*
antes que	*before*
¡Buen viaje!	*Have a good trip!*
cambiar dinero	*to change money*
completo	*full*
con destino a	*with destination to*
con tal que	*provided that*
después que	*after*
directo	*direct, non-stop*
económico	*inexpensive, economical*
en caso que	*in case that*
estar de vacaciones	*to be on vacation*
hacer escala	*to make a stop(-over)*
hacer las maletas	*to pack (one's suitcases)*
hacer un viaje	*to take a trip*
hasta que	*until*
ir por (en) + transportation	*to go by + transportation*
para que	*so that*
procedente de	*departing from*
sin que	*without*
tan pronto como	*as soon as*
¡Uy!	*Oh!*

✳ *A recordar*

Review the following situations and tasks that have been presented and practiced in this chapter.

- Discuss tourist spots in Latin America.
- Talk about future activities and events.
- Discuss travel plans with a travel agent.
- Make travel arrangements and reservations.
- Express probability.
- Make promises.
- Function in an airport.

CAPÍTULO 16
En el hotel

Cultural Theme: Hotels and tourism

Communicative Goals:
- Discussing what has already been done
- Talking about actions completed before other actions
- Describing unknown people and things
- Circumlocuting
- Making apologies

※ *A pensar*

- What kind of information do you need to tell a travel agent or hotel registration clerk when you want to reserve a room?
- What are some expressions you might need when you check into or out of a hotel?
- What verb form is used in English to explain what you have done? *I have already reserved the hotel for my vacation.*
- What tactics or expressions do you use in conversation when you can't remember or don't know the name of an item?
- What verb form is used in English to talk about actions completed before other actions. *I had already eaten before John arrived.*
- In what kinds of situations do we apologize in our culture? What are some common expressions used to make apologies?

PRIMER ENCUENTRO

PRESENTACIÓN   ¿Dónde nos alojamos°?

alojarse = to stay, lodge

Doña María	He comprado una buena guía.
Don Julio	¿Qué hotel recomiendan en la guía?
Doña María	**Depende de** lo que queramos gastar. Aquí hay para escoger: hoteles, **moteles**, **pensiones**, y hasta hoteles **de lujo**.
Don Julio	¿Qué quieres tú?
Doña María	Yo prefiero **parar** en un hotel **sencillo** y **tranquilo**.

depender de = to depend on
✛ / boarding houses / luxury
to lodge, stay / simple / quiet

Don Julio	Para mí lo más importante es que tenga baño privado y **aire acondicionado** porque ha hecho muchísimo calor° estos días y va a **continuar** así.
Doña María	Aquí hay un hotel que dice tener **habitaciones dobles** con **vista** al mar y baño con **lavabo**, ducha e **inodoro** por un precio **moderado**.
Don Julio	Podemos ir a verlo y si nos gusta, nos quedamos. ¿Dónde queda?°
Doña María	En la Avenida Costanera. El hotel está en el 2071.
Don Julio	Me gusta la idea de estar cerca del mar.

air-condition-
ing / it has been
very hot
to continue
double rooms
view / sink / toilet
+
where is it
located?

Comentarios lingüísticos y culturales

a. The word **sencillo** = *simple*, but **una habitación sencilla** = *single room*. **Una habitación doble** = *double room*.

b. **Alojarse** = *to lodge / to stay*, as in a hotel; **quedarse** = *to stay / to remain* for a period of time; **parar** = *to stop / to stay* in a place.

c. **Una pensión** is a small, privately owned and managed hotel that serves meals but generally has few of the other services offered by luxury hotels. They are often similar to bed and breakfast establishments in our culture.

PRÁCTICA Y CONVERSACIÓN

A. ¿Comprende Ud.? Conteste según la **Presentación**.

1. ¿Qué posibilidades de alojamiento (*lodging*) hay en la guía?
2. ¿Dónde quiere alojarse doña María?
3. ¿Qué quiere don Julio?
4. ¿Qué ofrece el hotel que van a ver?
5. ¿Cuál es la dirección del hotel?

B. Asociaciones. ¿Qué palabra **no** se relaciona con la palabra a la izquierda?

1. baño — lavabo / ducha / piscina
2. hotel — habitación doble / aire acondicionado / azafata
3. motel — piloto / coche / habitación para uno
4. pensión — familiar / boleto / barata
5. parar — alojarse / quedarse / salir

C. **De vacaciones.** ¿Qué es lo más importante para Ud. cuando va de vacaciones y por qué?

Cuando voy de vacaciones prefiero…

1. alojarme en   una pensión / un hotel de lujo / un motel.
2. tener una habitación   con baño privado / con una linda vista / sencilla.
3. que mi hotel tenga   piscina / cancha de tenis / discoteca.
4. un lugar   tranquilo / económico / de lujo.
5. un hotel que incluya   todas las comidas / desayuno solamente / aire acondicionado
6. parar en un lugar que esté   lejos de la ciudad / al lado de la playa / cerca de las tiendas para turistas.

D. **Diálogo.** Ud. y su compañero(-a) salen de vacaciones juntos. Terminen el diálogo siguiente.

A. Tenemos que escoger el lugar donde nos vamos a alojar.
B. Aquí tengo la información de la agencia de turismo.

ESTRUCTURAS

TALKING ABOUT COMPLETED PAST ACTIONS

Present Perfect Indicative of Regular Verbs

In both Spanish and English the present perfect indicative is used to express a completed action in the past. In English this tense is formed with the present tense of the auxiliary verb *to have* + the past participle: *I have worked; we have finished; he has gone.*

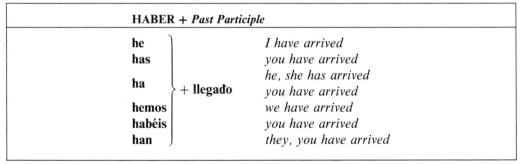

PRESENT PERFECT TENSE

HABER + *Past Participle*		
he		*I have arrived*
has		*you have arrived*
ha	+ **llegado**	*he, she has arrived* / *you have arrived*
hemos		*we have arrived*
habéis		*you have arrived*
han		*they, you have arrived*

a. In Spanish the present perfect indicative is formed with the present tense of the auxiliary verb **haber** followed immediately by the past participle.

b. The past participle of regular **-ar** verbs is formed by adding **-ado** to the stem: **parar** > **par-** > **parado**. The past participle of regular **-er** and **-ir** verbs is formed by adding **-ido** to the stem: **beber** > **beb-** > **bebido**; **salir** > **sal-** > **salido**. If the stem of the past participle ends with **-a**, **-e**, or **-o**, a written accent mark is required over the first vowel of the ending of the past participle **-ído**: **leer** > **leído**; **traer** > **traído**.

c. To make a present perfect indicative verb negative, **no** is placed before the auxiliary verb.

> Todavía **no han llegado** al hotel.   *They still haven't arrived at the hotel.*

d. Reflexive and object pronouns must precede the conjugated verb **haber**.

> Anita ya **se ha dormido**.   *Anita has already fallen asleep.*
> Carlos no **le ha hablado**.   *Carlos hasn't talked to her.*

EN CONTEXTO

Don Julio   ¿**Has leído** la guía sobre esta región?

Doña María   Pues, claro. Y **he decidido** que debemos alojarnos en un hotel sencillo y tranquilo. Hay muchos por aquí.

PRÁCTICA Y CONVERSACIÓN

A. En la habitación. Don Julio y doña María han llegado al hotel. Explique lo que han hecho antes de llegar.

> MODELO   hablar con un agente de viajes
> **Han hablado con un agente de viajes.**

1. leer una guía turística
2. discutir el viaje
3. escoger un hotel
4. reservar una habitación
5. comprar boletos
6. viajar por tren
7. almorzar en el tren
8. divertirse durante el viaje

B. ¿Quiénes han comido? Su madre ha organizado una fiesta familiar en un hotel local. Explíquele a su madre quiénes han comido para que ella pueda empezar las actividades.

> MODELO   Tomás (sí) / Julio (no)
> **Tomás ya ha comido. Julio no ha comido todavía.**

1. Elvira (no)
2. tú (sí)
3. yo (no)
4. los Montalvo (sí)
5. Mónica y yo (no)
6. Uds. (sí)

C. Entrevista. Hágale preguntas sobre las cosas siguientes a un(-a) compañero(-a) de clase y su compañero(-a) debe contestar.

Pregúntele…

1. si ha viajado a un país extranjero. ¿Cuál(-es)? ¿Cuándo?
2. si ha viajado por tren alguna vez. ¿por avión? ¿por barco?
3. si se ha alojado en un hotel de lujo alguna vez. ¿Cuál(-es)? ¿Dónde?
4. en qué restaurantes de lujo ha comido. ¿Le han gustado?
5. en qué lugares ha vivido. ¿Cuándo?
6. dónde se ha divertido en sus vacaciones.

DISCUSSING WHAT YOU HAVE DONE, SEEN, AND SAID

Present Perfect Indicative of Irregular verbs

Although certain Spanish verbs have irregular past participles, they form the present perfect indicative tense in the usual manner: **haber** + past participle.

IRREGULAR PAST PARTICIPLES

abrir	**abierto**	*opened*	poner	**puesto**	*put, placed*
decir	**dicho**	*said, told*	resolver	**resuelto**	*solved*
descubrir	**descubierto**	*discovered*	romper	**roto**	*broken, torn*
escribir	**escrito**	*written*	ver	**visto**	*seen*
hacer	**hecho**	*done, made*	volver	**vuelto**	*returned*
morir	**muerto**	*died, dead*			

EN CONTEXTO

Don Julio   Para mí lo más importante es que la habitación tenga baño privado y aire acondicionado porque **ha hecho** muchísimo calor estos días.

Doña María   Muy bien. Entonces **hemos resuelto** el problema del hotel. Vamos a parar en el hotel con vista al mar.

PRÁCTICA Y CONVERSACIÓN

A. El día de Ana. Explique lo que Ana ha hecho hoy.

> MODELO   hacer ejercicio en un centro deportivo
> **Ana ha hecho ejercicio en un centro deportivo.**

1. ponerse un vestido nuevo
2. ver a su familia
3. descubrir cien dólares
4. escribir una cartas
5. romper su blusa favorita
6. volver temprano a su cuarto

B. Preparaciones para un viaje. Ud. y su esposo(-a) planean unas vacaciones estupendas. Pregúntele a su esposo(-a) si ha hecho varias preparaciones.

> MODELO   hacer la reservación
> Usted: **¿Hiciste la reservación?**
> Compañero(-a):   **No, todavía no la he hecho.**

1. hacer las maletas
2. poner los pasaportes en mi bolsa
3. devolver las guías a la biblioteca
4. resolver el problema con los boletos
5. escribirle una carta al hotel
6. arreglar la excursión por la ciudad

C. ¿Qué ha hecho Ud. hoy? Explíquele a un(-a) compañero(-a) de clase siete u ocho cosas que Ud. ha hecho hoy y su compañero(-a) le explicará lo que él o ella ha hecho. ¿Qué actividades en común han hecho Uds.?

PUENTE CULTURAL

Las pensiones

Generalmente las pensiones son hoteles pequeños o casas de familia donde se alquilan° una, dos o tres habitaciones a un precio muy económico. Estas pensiones son muy sencillas y tienen un ambiente° muy familiar. Muchas incluyen el desayuno, la comida del mediodía y la de noche. Los huéspedes° pueden pasar unos pocos días o tener una estadía° mas larga; por ejemplo, hay estudiantes que viven en pensiones durante un semestre o un año.

are rented

atmosphere
guests
stay

COMPRENSIÓN CULTURAL

Describa las siguientes características de las pensiones.

los precios / el ambiente / las comidas / otras facilidades / los huéspedes típicos / la estadía de los huéspedes

SEGUNDO ENCUENTRO

PRESENTACIÓN   En el Hotel Los Valles

En la *recepción* del Hotel Los Valles		front desk
Mariano	¿Cómo es que mi nombre no está en la lista de **huéspedes**?	guests
	Yo llamé hace dos días para **reservar** una habitación.	✛
Recepcionista	**Déjeme ver** la lista otra vez.	Let me see
Mariano	No entiendo cuál es el problema. Me **aseguraron** que habían hecho° la reservación.	**asegurar** = to assure they had made
Recepcionista	Ah sí,… aquí está su nombre. Perdone por el malentendido°. Tiene reservaciones para dos noches.	misunderstanding
Mariano	Exactamente.	
Recepcionista	Lo que pasó es que cuando Ud. llamó por teléfono el otro **recepcionista** tomó la información.	desk clerk
Mariano	Ahora la cosa está más clara.°	Now things are clearer.
Recepcionista	Su habitación está **desocupada** pero no está **disponible** todavía. **La camarera** está **terminando** de arreglarla.	vacant / available chambermaid / **terminar** = to finish

Mariano	Puedo esperar en **el vestíbulo**. No tengo prisa.	lobby
Recepcionista	Cómo no. Mientras espera, por favor complete esta **hoja**	sheet
	de **inscripción**. El botones le **subirá el equipaje**. ¿Es éste su	registration /
	equipaje?	bellman /
		subir el equi-
Mariano	No, el mío es sólo esta mochila. No necesito la ayuda del	**paje** = to take
	botones. Gracias.	the luggage
		upstairs
Recepcionista	Aquí tiene la llave de su cuarto. Está en el segundo piso	
	al lado del **ascensor**.	elevator
Mariano	Gracias.	

Comentarios lingüísticos y culturales

a. **La planta baja** is the equivalent of the main floor, ground floor, or first floor. **El primer piso** is the floor above **la planta baja**; **el primer piso** is the equivalent of the second floor in the United States. Thus, if your room in a hotel in a Hispanic country is on **el quinto piso**, by U.S. standards the room is on the sixth floor.

b. **Subir el equipaje** = *to take the luggage up(stairs)*; **bajar el equipaje** = *to take the luggage down(stairs)*.

c. As in the U.S., it is necessary to check into the hotel before going to the room. The verb **inscribirse** = *to check in, register*. In most Hispanic countries it will be necessary to complete a brief form with information about who you are; this form is called **la hoja de inscripción**.

d. It is customary to give **una propina** = *a tip* to the bellman and other people that perform services for you.

e. In hotels in Hispanic countries it is customary to leave the key at the front desk before leaving the hotel for any reason.

PRÁCTICA Y CONVERSACIÓN

A. ¿Comprende Ud.? Conteste según la **Presentación**.

1. ¿Para qué llamó Mariano al hotel hace dos días?
2. ¿Está su nombre en la lista de huéspedes?
3. ¿Está ocupada o desocupada la habitación de Mariano?
4. ¿Por qué tiene que esperar en el vestíbulo?
5. ¿Qué va a hacer mientras espera?
6. ¿Por qué no necesita Mariano la ayuda del botones?
7. ¿Dónde está su cuarto?

B. ¿Cuáles son las palabras que faltan? Complete las oraciones.

1. La persona que limpia las habitaciones en un hotel es una _____.
2. Una persona que se aloja en un hotel es un _____.
3. En un edificio alto usamos el _____ para subir.
4. Los huéspedes se inscriben en la _____.
5. Cuando no hay nadie en una habitación, la habitación está _____.
6. Lo opuesto de **bajar el equipaje** es _____.

C. **Un hotel de cinco estrellas.** Conteste las preguntas según el dibujo.

1. ¿Qué partes del hotel vemos en el dibujo?
2. ¿Quiénes trabajan en la recepción? ¿Qué hacen ellos?
3. ¿Quiénes hacen cola? ¿Qué quieren hacer?
4. ¿Tiene mucho equipaje la familia? ¿Quién los ayuda con el equipaje?
5. ¿En qué piso está la recepción?
6. ¿Cuántos ascensores hay en el hotel?
7. ¿Necesita la familia una habitación pequeña?

ASÍ SE HABLA

CIRCUMLOCUTION

At this stage in your language learning you have the ability to make yourself understood in a wide variety of situations. The following phrases will help you to keep conversations flowing without long silences or hesitation when you do not know the exact word to use.

General Words

algo	*something*
el animal	*animal*
la cosa	*thing*
la cuestión	*matter*
el estado	*state* (to refer to feelings or situations)
la gente	*people*
la idea	*idea*
el lugar	*place*

el objeto	*object*
la persona	*person*
el problema	*problem*

Expressions

Es como _____.	*It's like _____.*
Es la cosa que se usa para _____.	*It's the thing used for _____.*
Es un animal que tiene _____.	*It's an animal that has _____.*
Entiende(-s) lo que quiero decir.	*You understand what I mean.*
Sabe a _____.	*It tastes like _____.*
Sabe(-s) lo que quiero decir.	*You know what I mean.*
Se mueve como _____.	*It moves like _____.*
Tiene una forma cuadrada/redonda/ rectangular.	*It has a square/round/rectangular form.*

PRÁCTICA Y CONVERSACIÓN

A. Descripciones. Describa los siguientes dibujos sin decir las palabras exactas.

 B. Mi dibujo. Piense en un cuadro que le gustaría dibujar. Su amigo(-a) es un(-a) artista famoso(-a) y puede ayudarlo(la). Dígale que le haga un esbozo (*sketch*) del cuadro. Descríbale el cuadro.

ESTRUCTURAS

EXPRESSING POSSESSION

Stressed Possessive Adjectives and Pronouns

Spanish has two sets of possessive adjectives: the short, unstressed forms which you learned in **Capítulo 3** and the stressed or longer forms. The stressed possessive adjectives are more emphatic than the unstressed forms and are equivalent to the English *of mine, of yours, of ours,* and so on.

Stressed Possessive Adjectives and Pronouns

Singular		Plural		English
mío	mía	míos	mías	*my, (of) mine*
tuyo	tuya	tuyos	tuyas	*your, (of) yours*
suyo	suya	suyos	suyas	*its, his, (of) his* *her, (of) hers* *your, (of) yours*
nuestro	nuestra	nuestros	nuestras	*our, (of) ours*
vuestro	vuestra	vuestros	vuestras	*your, (of) yours*
suyo	suya	suyos	suyas	*their (of) theirs* *your, (of) yours*

a. The ending of the stressed possessive agrees in number and gender with the thing possessed.

Feminine singular ending to agree with **la llave**

la llave **tuya**

Refers to possessor = *your, of yours*

b. The stressed possessive adjectives follow the noun; the noun will be preceded by the definite article, indefinite article, or a demonstrative pronoun.

$$\left.\begin{array}{l}\text{un}\\\text{el}\\\text{este}\end{array}\right\} \text{boleto } \textbf{nuestro} \;=\; \left.\begin{array}{l}a\\the\\this\end{array}\right\} ticket\ of\ ours$$

c. The third-person forms of **suyo** are often ambiguous since they have a variety of possible meanings. To avoid ambiguity Spanish speakers often use the following construction: article + noun + **de** + prepositional pronoun: **la habitación suya** = **la habitación de ellos**.

d. Possessive pronouns preceded by the definite article are used in place of the stressed possessive adjective + noun: **la maleta mía** → **la mía** = *my suitcase* → *mine*. Both the article and the possessive pronoun ending agree in number and gender with the item possessed.

—¿Dónde está su pasaporte?   *Where is his passport?*
—No sé, pero tengo **el mío**.   *I don't know, but I have mine.*

e. The possessive pronoun is always preceded by the definite article. The stressed possessive adjective without the article is used after forms of **ser**.

Este coche no es **mío**.   *This car isn't mine.*
El mío es más nuevo.   *Mine is newer.*

EN CONTEXTO

Recepcionista   ¿Es éste su equipaje?
Mariano   No, **el mío** es sólo esta mochila.

PRÁCTICA Y CONVERSACIÓN

A. De vacaciones. Hace muchos años las siguientes personas vivieron en Barcelona. Ahora están de vacaciones y se alojan en un buen hotel. Explique a qué amigos y parientes piensan visitar hoy.

> MODELO   Eduardo / prima
> **Eduardo va a visitar a una prima suya.**

1. Anita y yo / tío
2. el Sr. Castillo / hermanas
3. Raquel y Julio / abuela
4. tú / vecino
5. yo / compañero del colegio
6. la Srta. Valverde / profesora
7. Uds. / amigos
8. los Cáceres / hija

B. ¿De quién es? Ud. ha encontrado varias cosas en el hotel y ahora quiere saber de quién(-es) son.

> MODELO   maleta / grande
> Usted: **Esta maleta, ¿es de Ud.?**
> Compañero(-a):   **No, no es mía. La mía es más grande.**

1. abrigo / nuevo
2. llaves / pequeñas
3. zapatos de tenis / sucios
4. anillo / caro
5. suéter / grande
6. bolsa / vieja

C. Posesiones. Hágale preguntas sobre sus posesiones a un(-a) compañero(-a) y su compañero(-a) debe contestar usando un pronombre posesivo.

Pregúntele...

1. cuál es su libro.
2. cuándo hizo la tarea para hoy.
3. cuándo y dónde compró sus zapatos.
4. dónde está su casa / apartamento.
5. dónde viven sus padres.
6. cómo es su novio(-a).

TALKING ABOUT ACTIONS COMPLETED BEFORE OTHER ACTIONS

Past Perfect Indicative

In English the past perfect indicative is formed with the past tense of *to have* + the past participle. This tense is used to describe or talk about actions completed prior to other actions such as: *We had already eaten when they arrived.*

PAST PERFECT TENSE

	HABER + *Past Participle*	HAD + *Past Participle*	
había		*I had*	
habías	hablado	*you had*	*spoken*
había	comido	*he, she, you had*	*eaten*
habíamos	vivido	*we had*	*lived*
habíais		*you had*	
habían		*they, you had*	

a. In Spanish the past perfect indicative tense is formed with the imperfect of **haber** + past participle.

b. The past perfect tense is used in a similar manner in both English and Spanish. It expresses an action that was completed before another action, event, or time in the past.

Teresa ya **había salido** cuando llegó Jaime.	*Teresa had already left when Jaime arrived.*
Habíamos terminado para las dos.	*We had finished by 2:00.*

EN CONTEXTO

Mariano   Yo llamé hace dos días para reservar una habitación.

Recepcionista   Déjeme ver la lista de huéspedes para hoy.

Mariano   No entiendo cuál es el problema. Me aseguraron que **habían hecho** la reservación.

PRÁCTICA Y CONVERSACIÓN

A. En el hotel. Explique cuándo habían pasado las siguientes actividades en el hotel.

MODELO   María salió. Pedro llegó a la habitación.
María ya había salido cuando Pedro llegó a la habitación.

1. El botones subió mi equipaje. Entré en la habitación.
2. Salimos para el teatro. Unos amigos nos llamaron.
3. Eduardo se inscribió. Llegó su compañero.
4. La camarera no terminó de arreglar la habitación. Regresó Julio.
5. Llegué al hotel. Recibieron mi carta pidiendo una reservación.

B. ¿Qué habían hecho? Complete las oraciones explicando lo que estas personas habían hecho ayer para las diez.

1. Yo _____ .
2. Mi profesor(-a) de español _____ .
3. Mis padres _____ .
4. Mi compañero(-a) de cuarto _____ .
5. Mi mejor amigo(-a) _____ .
6. El presidente de los EE.UU. _____ .

C. A los doce años. Interview four classmates to find out three things that they had done or had learned to do by age twelve. Report your findings to the class. What were the most interesting activities and who had done them?

PUENTE CULTURAL

Los campamentos

Para aquéllos que viajan sin mucho dinero, los campamentos son la mejor solución. La Secretaría General de Turismo de España publica una *Guía de camping* todos los años. Hay más de 700 campings en España. Muchos de ellos se encuentran en la costa pero las grandes ciudades también tienen su camping. La idea europea de ir de camping es diferente de la norteamericana. Muchas familias españolas usan el campamento como una alternativa barata para gozar de sus vacaciones, mientras que los norteamericanos sólo van de camping cuando quieren estar en contacto con la naturaleza.

COMPRENSIÓN CULTURAL

Conteste en español.

1. ¿Para quién son los campamentos la mejor solución?
2. ¿Cuántos campamentos hay en España?
3. ¿Dónde están los campamentos españoles?
4. ¿Cuál es la idea europea de hacer camping?
5. ¿Cuál es la idea norteamericana de hacer camping?
6. ¿Ha hecho Ud. camping alguna vez? ¿Dónde y cuándo? ¿Le gustó?

TERCER ENCUENTRO

PRESENTACIÓN   Quisiera abonar° la cuenta.

to pay

Viajero	Quisiera abonar la cuenta, por favor. Esta mañana **desocupo** el cuarto.
Recepcionista	Muy bien. ¿Su nombre?
Viajero	Juan Pérez.
Recepcionista	Aquí tiene la cuenta.
Viajero	Perdón, señorita, pero hay un problema con esta cuenta. Yo no he hecho ninguna **llamada de larga distancia**. No conozco a nadie que viva en Toledo.
Recepcionista	Mm,… Puede ser un **error**. Déjeme ver qué tenemos en el archivo°.
Viajero	Aquí me **cobran** por un desayuno en mi cuarto que yo no pedí.
Recepcionista	Si Ud. está seguro, debe ser un error nuestro.
Viajero	Además no mandé el traje a la **tintorería**. Mis camisas estaban **arrugadas** y las mandé a **planchar**, pero mi traje no. Necesito alguien que me explique esta cuenta.
Recepcionista	Un momento, señor. Ya le **resolveremos** el problema. Ud. es el señor Juan Pérez, ¿verdad?
Viajero	Sí, señorita.
Recepcionista	Y Ud. **ocupó** el cuarto 140, ¿verdad?
Viajero	No, señorita. Yo estaba en el cuarto piso en la habitación 492.
Recepcionista	¡Ah! Ya veo. Ahí está el error. Perdón, señor, hay una **confusión** porque hay otro huésped llamado Juan Pérez en el cuarto 140.
Viajero	¡**Menos mal** que **aclaramos** el error!

desocupar = to vacate

long distance call

file

cobrar = to charge

dry cleaner's
wrinkled / **planchar** = to iron

✛

✛

✛

It's a good thing / **aclarar** = to clarify

Comentarios lingüísticos y culturales

a. **Perdón** can be used to *call somebody's attention*: **Perdón, señorita, pero hay un problema con esta cuenta.** It can also be used to apologize: **Perdón, señor, hay una confusión con la cuenta.**
b. The name Juan Pérez is a very common name in Spanish, as common as John Smith is in English.

HOTEL LOS VALLES

Teléfono 27-83-14
Carretera Burgos-Madrid
Kilometro 30

Castilla

Nº 04348

H ★★★

Habitación n.º *140*

| / | | | |

Sr. D. *Juan Pérez*

S e r v i c i o s   O r d i n a r i o s

Mes de *7* 19 *92*	Dia *18*		Dia		Dia		Dia		Dia		Totales	
	Ptas. Cts.		Ptas. Cts.		Ptas. Cts.		Ptas. Cts.		Ptas. Cts.		Pesetas	Cts.
Habitación	5250										5250	
Pensión alimenticia												
Desayuno	750										750	
Almuerzo												
Comida												
Total del día pesetas											6000	
Suma anterior												
Total servicio ordinario												

O t r o s   S e r v i c i o s

Servic. Habitación y Baño												
Aguas y Licores												
Vinos y Cervezas												
Ropas	430										430	
Teléfonos	750										750	
Varios												
Total del día pesetas												
Suma anterior												
Total otros servicios												

P O R   F A V O R

NO OLVIDE ENTREGAR LA LLAVE

Total a abonar por el Cliente *7180*

(Servicio e Impuestos incluidos)   (Service Charge and Taxes included)
(Service et Taxes compris) - (Bedienungszuschlag und Abgaben inbegriffen)

IMP. ANDUJAR.-S. LLUCH, 9.-VALENCIA

PRÁCTICA Y CONVERSACIÓN

A. ¿Comprende Ud.? Conteste según la **Presentación**.

1. ¿Hizo el viajero una llamada a Toledo?
2. ¿Qué le cobran que él no pidió?
3. ¿Adónde mandó su traje?
4. ¿Por qué mandó a planchar las camisas?
5. ¿En qué habitación estaba el viajero?
6. ¿Cuál fue la confusión?

B. Asociaciones. ¿Cuál es la acción recíproca?

1. tener un problema   a. desocupar
2. abonar   b. solucionar un problema
3. arrugar   c. planchar
4. ocupar   d. aclarar
5. confundir   e. cobrar

C. Situaciones. ¿Qué hace Ud. cuando...

1. quiere su desayuno en su cuarto en un hotel?
2. su ropa está arrugada?
3. su ropa está sucia?
4. quiere hacer una llamada de larga distancia?
5. hay un error en su cuenta del hotel?
6. se va del hotel?

ASÍ SE HABLA

MAKING APOLOGIES

If you have offended someone or made some mistake, it is polite to excuse yourself or offer an apology. Generally speaking, you offer an explanation for your action, you assure the other person that it won't happen again, or you offer a solution. Politeness requires that the other person accept the apology. Here are some expressions for apologizing and accepting an apology.

Apologizing

Perdóname, por favor.	
Perdóne(-me), por favor.	*Forgive me, Excuse me, please.*
Discúlpame.	
Discúlpeme.	
Lo siento (mucho).	*I'm (really) sorry.*
Es mi culpa, lo siento.	*It's my fault. I'm sorry.*
Lo siento, no era mi intención.	*I'm sorry, I didn't mean it.*
Perdón, no lo hice a propósito.	*Sorry, I didn't do it on purpose.*
Perdone el malentendido.	*Sorry for the misunderstanding.*

Accepting the Apology

Está bien.	*It's OK.*
No hay problema.	*No problem.*
Sí, entiendo.	*Yes, I understand.*
No se (te) preocupe(s). No es nada.	*Don't worry. It's nothing.*
No importa.	*It doesn't matter.*

PRÁCTICA Y CONVERSACIÓN

A. Disculpas. (*Apologies.*) En parejas, practiquen las expresiones de disculpa y den una explicación por su acción. La otra persona debe aceptar la disculpa.

1. Su amigo lo ha estado esperando una hora en el vestíbulo del hotel.
2. Ud. se levanta muy tarde y llega a clase tarde. Explíquele la situación al (a la) profesor(-a).
3. En su cuenta del hotel le cobran más de lo que Ud. gastó.
4. Discúlpese con su vecino porque anoche Ud. tuvo una fiesta muy ruidosa.
5. Ud. estaba jugando al fútbol y rompió la ventana de la casa de su vecino con la pelota.

B. Situaciones. En parejas, elijan una de las siguientes situaciones y hagan un diálogo.

1. Ud. se olvidó del cumpleaños de su íntima amiga. Discúlpese y hágale una promesa para mejorar la situación.
2. Ud. estaba invitado(-a) a una cena el domingo en la casa de unos amigos. Cocinaron una comida especial para Ud. pero Ud. se olvidó de la invitación. Discúlpese. Explique qué le pasó y presente una solución.

A ESCUCHAR

Esta pareja tiene muchos problemas. Escuche lo que les pasa. Luego, complete el diálogo.

Mujer ¿Por qué no me llamaste? Me dijiste que me ibas a llamar al mediodía.

Hombre (1) _____. Tenía tanto trabajo que no salí de la oficina para comer el almuerzo y (2) _____.

Mujer Hm… y yo esperando tu llamada durante dos horas.

Hombre (3) _____.

Mujer Y ¿por qué llegaste tan tarde ahora? He estado esperando en este café horrible durante una hora. Ya estaba por irme.

Hombre (4) _____. Es que hubo un problema con el tren. Estuvo parado durante más de media hora.

Mujer No sé. Creo que nuestra relación (5) _____. Anoche tú fuiste muy impaciente conmigo y (6) _____ delante de nuestros amigos.

Hombre Ya sé que (7) _____ pero lo tomes así. Ya te expliqué que estoy pasando por un momento muy malo en mi trabajo. Tengo que trabajar largas horas y tengo mucho estrés. (8) _____. Compréndeme, por favor.

Mujer Bueno. Mientras tanto, te pido que trates de ser un poco más amable y (9) _____ .

Hombre (10) _____ . Escucho lo que dices. (11) _____ .

ESTRUCTURAS

DESCRIBING UNKNOWN OR NON-EXISTENT PEOPLE AND THINGS

Subjunctive in Adjective Clauses

Adjective clauses such as those in the following sentenses are used to describe nouns and pronouns. *We need a desk clerk **who speaks Spanish***. *I would like a hotel **that is near the beach***.

a. In Spanish when the verb in the adjective clause describes something that may not exist or has not yet happened, the verb must be in the subjunctive. When the adjective clause describes a factual situation, the indicative is used. Compare the following examples.

Subjunctive

Necesitamos un recepcionista que **hable** español.

We need a desk clerk who speaks Spanish.
(Such a person may not exist.)

Indicative

Necesitamos al recepcionista que **habla** español.

We need the desk clerk who speaks Spanish.
(Factual situation)

b. Likewise when the verb in the adjective clause describes something that does not exist, the subjunctive is used.

Subjunctive

—Busco un hotel que **esté** cerca de la playa.

I'm looking for a hotel that is near the beach.

—Lo siento. En este pueblo no hay ningún hotel que **esté** cerca de la playa.

I'm sorry. In this town there is no hotel that is near the beach.

Indicative

Pero a veinte kilómetros de aquí hay un buen hotel que **está** cerca de la playa.

But twenty kilometers from here there's a good hotel that is near the beach.

EN CONTEXTO

Viajero Perdón, señorita, pero hay un problema con esta cuenta. No he hecho ninguna llamada de larga distancia. No conozco a **nadie que viva** en Toledo. Necesito **alguien que me explique** esta cuenta.

PRÁCTICA Y CONVERSACIÓN

A. El recepcionista nuevo. Ud. es el (la) jefe(-a) de un hotel que necesita otro recepcionista. Explique las cualificaciones necesarias de esta persona.

1. Buscamos un recepcionista que...

   hablar español / ser simpático / tener mucha paciencia / saber usar una computadora / aprender rápidamente

2. No necesitamos ninguna persona que...

   llegar tarde / fumar / acostarse en la recepción / perder dinero / equivocarse mucho

B. Gabriela y Ana. Gabriela tiene mucha suerte porque ya tiene muchas cosas buenas en su vida. Pero pobre Ana todavía busca la buena vida. Trabaje en parejas y explique lo que busca Ana.

> **MODELO** Gabriela: Tengo un novio que es rico y guapo.
> Ana: **Busco un novio que sea rico y guapo.**

1. Tengo un novio que tiene buen sentido de humor.
2. Tengo un trabajo que paga bien.
3. Vivo en un apartamento que está cerca de la universidad.
4. Tengo un coche que consume poca gasolina.
5. Tengo profesores que dan buenas notas.
6. Mi compañera de cuarto es muy simpática.

C. Sus deseos. Complete cada oración usando una cláusula adjetival.

1. Quiero casarme con una persona que _____.
2. Me gustaría vivir en un apartamento que _____.
3. Prefiero un trabajo que _____.
4. Necesito un coche que _____.
5. Quisiera un(-a) profesor(-a) que _____.
6. Prefiero amigos que _____.

D. Entrevista. Hágale preguntas a un(-a) compañero(-a) de clase.

Pregúntele...

1. si conoce a alguien que viva en México. ¿en España? ¿en la Argentina? ¿Quién(-es)?
2. si hay alguien en su familia que sea famoso. ¿Quién y por qué?
3. qué tipo de clases busca para el semestre próximo.
4. qué tipo de compañero(-a) de cuarto tiene. ¿Qué tipo necesita?
5. si hay algo que le importe más que su familia. ¿Qué es?
6. qué tipo de vacaciones prefiere.

PUENTE CULTURAL

Los paradores nacionales de España

Si Ud. quiere alojarse en un monasterio medieval o en el palacio de un duque o en el castillo de una princesa, haga reservas en los paradores nacionales de España. En 1926, el gobierno español puso en práctica una nueva idea para fomentar° el turismo: la renovación de antiguos palacios, castillos, monasterios y conventos para transformarlos en hoteles de lujo. Estos hoteles son muy populares porque combinan el encanto° del pasado con todas las comodidades° de la vida moderna.

to encourage

charm
conveniences

COMPRENSIÓN CULTURAL

Complete las siguientes oraciones.

1. El edificio de la foto es un _____.
2. En 1926 el gobierno español empezó a renovar _____, _____, _____ y _____ para transformarlos en hoteles.
3. Los paradores son hoteles _____.
4. Muchos paradores son populares porque tienen todas las _____ de la vida moderna.
5. Los paradores también tienen mucho _____.

CUARTO ENCUENTRO

PARA LEER BIEN • *Recapitulation*

Remember that there are three steps in reading a text.

FIRST: Look at the title and illustrations and try to predict the content of the text. Formulate some general questions in your mind that you want the text to answer.

SECOND: Skim the text to get the gist. Do not stumble over unknown words. Try to guess their meaning from the context. Pay attention to cognates. Pick out key words and ideas. Were your questions answered? Formulate more detailed questions based on the new information.

THIRD: Do a more detailed reading trying to answer your new questions.

PRÁCTICA

Apply the three steps mentioned to the **Lectura**.

Primer paso

Preguntas
1. _____
2. _____
3. _____

Nuevas preguntas
1. _____
2. _____

Segundo paso

Respuestas
1. _____
2. _____
3. _____

Gist: _____

3. _____
4. _____

LECTURA   La industria del turismo en España

«ESPAÑA ES DIFERENTE» es el lema° que se ha usado como propaganda en todos los países europeos para atraer el turismo a España. Los turistas de Francia, Alemania, Inglaterra, Portugal, Holanda, Bélgica y los EE.UU. han respondido, escogiendo España para sus vacaciones. En los años 80 más de 36 millones de turistas han visitado este país cada año.

Los turistas vienen en busca de sol, buena comida, buen vino y la tranquilidad que ofrecen los pueblitos a la orilla del mar o en las montañas. A su vez descubren una cultura fascinante y un pueblo admirable. Además se llevan experiencias inolvidables°. Con ellos entra en el país no sólo su dinero sino° también sus costumbres y su cultura, las cuales han influido en la sociedad española cambiando muchos de sus valores tradicionales.

El turismo como una fuente de ingreso° para la economía del país se desarrolló° a mediados de los años 50° cuando había comenzado en España una revitalización de su economía. El gobierno usó la iniciativa privada para montar° un aparato que acomodara° a los turistas que cada año llegaban a sus playas en mayor número.

Así fue como empresas privadas construyeron carreteras, desarrollaron la industria hotelera, crearon° agencias de viaje o agencias de alquiler de coches, y todo lo necesario para atraer al turismo. Todo esto fue muy bien recibido por el resto de la población, pues daba nuevas oportunidades de empleo para muchos en un país donde el desempleo era muy alto.

La Oficina Nacional de Turismo continúa tratando de hacer de España un país cada vez más atractivo para los turistas. Uno de los proyectos

slogan

unforgettable
but

source of income
developed / mid-
50's
build / would ac-
commodate

created

actuales es la limpieza de las aguas contaminadas por la industria. Un tercio de las playas españolas son peligrosas para la salud, sobre todo en la costa de Valencia y en las provincias del norte donde hay mucha actividad industrial que contamina el agua de la costa.

Los españoles gozan° ahora de una nueva prosperidad. Ellos también   enjoy salen de vacaciones y viajan a otros países tal como los turistas que visitan España. Es un lujo que sus abuelos no conocieron.

PRÁCTICA Y CONVERSACIÓN

¿Comprende Ud.? Conteste según la información de la **Lectura**.

1. ¿De dónde vienen los turistas que visitan España?
2. ¿Cuántos turistas vienen cada año?
3. ¿Qué llevan los turistas a España?
4. ¿Cómo han contribuido los turistas al cambio de la sociedad española en los últimos años?
5. ¿Qué se llevan los turistas de España?
6. ¿Cómo ayuda el turismo a los españoles?
7. ¿Quiénes construyeron las carreteras y los hoteles?
8. ¿Cuál es el proyecto de la Oficina Nacional de Turismo ahora?
9. ¿Viajan los españoles? ¿Adónde?

ACTIVIDADES

A. ¿Qué ha hecho Ud.? Fill in the chart with an activity that you have done that matches the description provided. Then in groups of five compare your answers to find the activity in each category that best fits the description.

SUS ACTIVIDADES

Actividad	Respuesta individual	Respuesta del grupo
La más interesante		
La más peligrosa		
La más aburrida		
La más emocionante		
La más romántica		
La más cara		
La más divertida		
La más intelectual		

B. ¿Qué hotel prefieres? A classmate will play the role of a close friend with whom you will be vacationing for a month next summer. You and your friend should discuss what type of hotel you want. Do you want a hotel in a large city, an inn in a rural area, a motel on the beach? What facilities are nice/necessary/unnecessary/too expensive? You must agree on a hotel so that you can make your reservations well in advance.

C. La llegada al hotel. You arrive at a hotel in Lima, Peru. It is late at night and since you are tired, you want to check in quickly. A classmate will play the role of the desk clerk. Explain who you are and that you have a reservation. The clerk will find your name and room number. Fill in the forms, get your room key, and ask for a bellman to carry your luggage and go to your room.

D. La salida del hotel. It's time for you to check out of the hotel. A classmate will play the role of the desk clerk. Go to the reception desk and ask for your bill. You discover they have charged you for a room-service lunch that you didn't order and two phone calls you didn't make. Clear up the problem, pay your bill, return the key and say good-bye to the desk clerk.

PARA ESCRIBIR BIEN • *Making a Reservation by Letter*

The following outline will help you write a letter asking for a room reservation.

1. **Muy señor mío:** = *Dear Sir:*
2. State the dates for which you need the room(s).
3. State the number and type of rooms you desire.
4. List the number of persons who will be staying in the room(s).
5. State any special features the room should have, such as, location, type of bed(s), TV, or facilities for babies or children.
6. Provide your name, address, and phone number so the hotel can reach you to confirm your reservation or solve a problem.
7. **Atentamente** = *Sincerely yours,*

COMPOSICIONES

A. Una reservación. You are planning a trip to Mexico City with your family. Write the Hotel Juárez to make a reservation.

B. Planes de viaje. You and your family / friends / spouse are planning a weekend getaway. You go to your travel agent to make reservations but your agent is in a meeting. You can't wait for your agent and you must make your reservations today. Leave your agent a note explaining where you will be going, when you are leaving and returning, who will be going with you, what type of hotel and facilities you want. Ask your agent to call you with prices for three hotels in the area you will be visiting.

C. El recepcionista nuevo. You own a hotel and are looking for a new receptionist / desk clerk. Write an ad explaining what type of person you need and the qualifications the person must have.

VOCABULARIO ACTIVO

El hotel

el aire acondicionado	air-conditioning
el ascensor	elevator
el botones	bellman
la camarera	(chamber)maid
la habitación	room
el (la) huésped	guest
el inodoro	toilet
la inscripción	registration
el lavabo	sink
el motel	motel
la pensión	inn, boarding house; board
la propina	tip
la recepción	front desk
el (la) recepcionista	desk clerk
el vestíbulo	lobby

Otros sustantivos

la confusión	confusion
el error	error
la hoja	sheet (of paper)
la llamada	call
de larga distancia	long-distance call
la planta baja	ground floor
la tintorería	dry cleaner's
la vista	view

Verbos

abonar	to pay (a bill)
aclarar	to clarify
alojarse	to stay, lodge
asegurar	to assure
cobrar	to charge

Verbos

continuar	to continue
depender de	to depend on
desocupar	to vacate
haber	to have (auxiliary verb)
inscribirse	to register
ocupar	to occupy
parar	to stay, lodge
planchar	to iron, press
reservar	to reserve
resolver (ue)	to solve, resolve
terminar	to finish

Otras expresiones

arrugado	wrinkled
bajar el equipaje	to take the luggage down(stairs)
déjeme ver	let me see
de lujo	adj. luxury
desocupado	vacant
disponible	available
doble	double
menos mal	it's a good thing
moderado	moderate
nuestro	our, ours
perdone	excuse me / us
sencillo	simple, single
subir el equipaje	to take the luggage up(stairs)
tranquilo	quiet, tranquil

A recordar

Review the following situations and tasks that have been presented and practiced in this chapter.

- Discuss and describe hotels and their facilities in our culture and in the Hispanic world.
- Obtain a hotel room and check in.
- Pay a bill with a complication.
- Circumlocute when you can't remember or don't know a word.
- Talk about completed past actions.
- Talk about actions completed before other actions.
- Describe unknown people and things.
- Make an apology.

CAPÍTULO 17
En la ciudad

Cultural Theme: Urban life in the Hispanic world

Communicative Goals:
- Functioning in a city
- Explaining what you would do in certain situations
- Asking for, giving, and receiving directions
- Linking ideas
- Talking about reciprocal actions
- Explaining what you want others to do

※   *A pensar*

- What verb form is used in English to explain what you would do in certain situations? ***I would go*** *to Mexico in your situation.*
- What expressions are used to discuss reciprocal actions? *Bob and Megan met (**each other**) last summer and they have been writing **to one another** ever since.*
- What kind of pronouns are used in English to link two clauses into one sentence? *Michael is the student **that** is going to Venezuela this summer. The group with **which** he is going is from California.*
- In what situations do we use indirect commands in English? **Let Don do it.**
- What verb forms do we use in English to soften requests and criticism? *I **would like** you to turn down the radio.*
- What are some standard expressions used to ask for directions? What are some standard expressions used to give directions?

PRIMER ENCUENTRO

PRESENTACIÓN   En el Distrito Federal

Irene	Ahora que por fin tengo un buen trabajo, necesito pensar en **el transporte**. No sé si debo comprar **un carro** o usar el transporte **público**. ¿Qué harías° tú?	✢ / ✢ ✢ / would you do
Antonia	¡Ay, niña! Tú siempre tan **indecisa**. Pues, ¿dónde **queda** el trabajo que tienes?	indecisive / **quedar** = to be located
Irene	Queda en **las afueras** de la ciudad. Pero **el metro** llega hasta allí. Es la última **estación** en **la línea** Ayacucho.	outskirts / subway ✢ / line
Antonia	Pues, yo no compraría° un carro. Es muy difícil conducir en esta ciudad con tanto **tráfico**.	would . . . buy ✢
Irene	Sí, en eso **tienes razón**. Pero por otro lado es muy conveniente tener un carro.	**tener razón** = to be right
Antonia	¿Quieres **aumentar** la contaminacion del aire° con un carro más?	to increase / ✢
Irene	Hm… Eso lo decide. Usaré el transporte público. Además puedo sacar un pase mensual°.	monthly pass

EL SEMÁFORO

CENTRO 2km.

EL AUTOBÚS

EL TAXI

EL PEATÓN

LINGUARAMA

LA MOTOCICLETA

EL CAMIÓN

LA RUEDA

Comentarios lingüísticos y culturales

a. Mexico City is located in the **Distrito Federal** (similar to the U.S. District of Columbia) and is the capital of the country and center of the government. The abbreviation **México, D.F.** or simply **D.F.**, is similar to the English *Washington, D.C.* (*D.C.*).

b. Because of its size Mexico City suffers many of the same problems as other large cities. Traffic jams in the **Distrito Federal** are some of the worst in the world. Air pollution and smog are also of tremendous concern. The city lies in a valley surrounded by mountains which trap the contaminated air.

c. There are several words for *car* in Spanish. **El carro** is commonly used in the Americas; **el coche** is generally used in Spain and is understood in all parts of the Hispanic world. **El automóvil** is the equivalent of *automobile*.

d. Several of the words for means of transportation have shortened forms: **el automóvil = el auto**; **el autobús = el bus**; **la motocicleta = la moto**.

PRÁCTICA Y CONVERSACIÓN

A. ¿Comprende Ud.? Conteste según la **Presentación**.

1. ¿Qué problema tiene Irene?
2. ¿Dónde queda su trabajo?
3. ¿Hay transporte público para llegar allí? ¿Cuál?
4. ¿Qué le aconseja Antonia? ¿Por qué?
5. ¿Hay contaminación del aire en esta ciudad? ¿Y en su ciudad?

B. Palabras nuevas. Complete con el vocabulario de la **Presentación**.

1. Un medio de transporte sin motor con dos ruedas es _____.
2. Un medio de transporte con dos ruedas y un motor es _____.
3. Un tren subterráneo se llama _____.
4. El medio de transporte que lleva a muchas personas y que va por la calle es _____.
5. En los EE.UU. transportan las cosas grandes como automóviles en _____.

C. Los medios de transporte en la vida diaria. Conteste estas preguntas.

1. ¿Hay un metro en su ciudad? ¿Qué medios de transporte público hay en su ciudad?
2. ¿Tiene Ud. bicicleta o motocicleta? ¿La usa? ¿Está aquí en la universidad?
3. ¿Tiene Ud. carro? ¿Cómo es?
4. ¿Puede Ud. conducir un camión? ¿Es difícil?
5. El año pasado, ¿viajó Ud. en avión? ¿en tren? ¿en coche? ¿en barco?
6. ¿Le gusta viajar en avión? ¿en tren? ¿en autobús? ¿en coche? ¿Por qué?
7. ¿Qué medio de transporte prefiere Ud. para viajar?

ASÍ SE HABLA

ROAD SIGNS

Here are some important words for understanding traffic signs in most Spanish-speaking countries.

¡Alto! (¡Pare! ¡Stop!)	*Stop!*	Autopista	*Freeway*
¡Atención!	*Caution!*	Bifurcación	*Fork in the road*
(¡Precaución!)		Ceda el paso	*Yield*
Aparcamiento	*Parking*	¡Cuidado!	*Caution!*
(Estacionamiento)		Desvío	*Detour*

Sentido único	*One way*	Peaje	*Toll*
Despacio	*Slow*	Peatones	*Pedestrians*
Se usará grúa	*Tow-away zone*	¡Peligro!	*Danger!*
¡Lleva la derecha (la izquierda)!	*Keep to the right (left)!*	Prohibido aparcar (estacionar)	*No parking*
Obras	*Construction*	Semáforo	*Traffic light*
Paso a nivel	*Railroad crossing*		
Paso prohibido	*No entry*		

CUIDADO CON EL TREN   CRUCE DE CAMINOS   ENTRONQUE

CURVA   VELOCIDAD MAXIMA

Other important words for drivers to know are:

la multa	*fine*
el carnet de conductor (la licencia de manejar)	*driver's license*
el registro del coche	*car registration*
las placas	*license plates*

PRÁCTICA Y CONVERSACIÓN

A. ¡Qué mal manejas! Su amigo(-a) lo (la) lleva en su coche por la ciudad pero él/ella maneja muy mal.

¿Qué le dice Ud. cuando…

1. Ud. ve la luz roja del semáforo y su amigo(-a) sigue conduciendo rápido?
2. Ud. ve a unos hombres trabajando?

3. él/ella entra en una calle en que todos los coches van en el sentido contrario?
4. él/ella aparca su coche en un lugar que dice «SE USARÁ GRÚA»?
5. él/ella quiere entrar a la autopista y no sabe que hay que pagar?
6. él/ella sale de la carretera y hay una curva forzada?

 B. El policía de tránsito. Ud. está manejando en las carreteras de México y un policía lo detiene (*stops*) porque Ud. ha excedido la velocidad máxima. Explíquele al policía lo que pasó. En parejas, hagan los papeles de policía y motorista.

ESTRUCTURAS

EXPLAINING WHAT YOU WOULD DO IN CERTAIN SITUATIONS

Conditional of Regular Verbs

In English the conditional is formed with the auxiliary verb *would* + main verb: *they would leave, we would travel.*

CONDITIONAL TENSE: REGULAR -ar, -er AND -ir VERBS

TOMAR	
tomaría	*I would take*
tomarías	*you would take*
tomaría	*he, she, you would take*
tomaríamos	*we would take*
tomaríais	*you would take*
tomarían	*they, you would take*

a. In Spanish the conditional of regular verbs is formed by adding the endings **-ía, -ías, -ía, -íamos, -íais, -ían** to the infinitive.
b. The conditional is often used to explain what someone would do in a certain situation or under certain conditions.

¿**Tomarías** el autobús para llegar al trabajo?

Would you take the bus to work?

No, pero **tomaría** el metro.

No, but I would take the subway.

EN CONTEXTO

Irene No sé qué hacer. ¿**Usarías** el transporte público para ir a la oficina?
Antonia Claro. Nunca **compraría** un coche. Es muy difícil conducir en esta ciudad con tanto tráfico.

PRÁCTICA Y CONVERSACIÓN

A. Medios de transporte. Explique cómo irían estas personas a la oficina bajo condiciones ideales.

> MODELO   el jefe / carro grande
> **El jefe iría en un carro grande.**

1. Pedro y yo / moto
2. los dueños / taxi
3. la Srta. Casona / autobús
4. yo / carro
5. Uds. / metro
6. tú / bicicleta.

B. En el Distrito Federal. Forme por lo menos seis oraciones describiendo lo que harían las siguientes personas en el Distrito Federal.

mi hermana	caminar por el Parque Chapultepec
yo	ir al Museo de Antropología
mis padres	visitar los Jardines Flotantes de Xochimilco
tú	subir a las pirámides antiguas
Carlos y yo	ver el Ballet Folklórico
Uds.	asistir a un partido de fútbol

C. ¿Qué haría su compañero(-a)? Hágale preguntas a un(-a) compañero(-a) de clase.

Pregúntele...

1. si visitaría el Distrito Federal algún día. ¿Con quién(-es)?
2. si viviría en el Distrito Federal. ¿en Madrid? ¿en Buenos Aires?
3. en qué ciudad no trabajaría nunca.
4. a qué ciudad preferiría viajar.
5. qué carro compraría. ¿Por qué?
6. si tomaría el transporte público o usaría un carro en Nueva York. ¿Por qué?
7. si iría a la universidad en bicicleta. ¿Por qué?
8. si compraría una moto. ¿Por qué?

SOFTENING REQUESTS AND CRITICISM
Conditional of Irregular Verbs

There are several Spanish verbs with irregular stems in the conditional.

CONDITIONAL TENSE: SOME IRREGULAR STEMS

Infinitive	Conditional Stem	Infinitive	Conditional Stem	Infinitive	Conditional Stem
haber	**habr-**	poner	**pondr-**	decir	**dir-**
poder	**podr-**	tener	**tendr-**	hacer	**har-**
querer	**querr-**	valer	**valdr-**		
saber	**sabr-**	salir	**saldr-**		
		venir	**vendr-**		

a. Note that these verbs use the same irregular stems for both the future and conditional.
b. The conditional of **hay (haber)** is **habría** = *there would be.*
c. In addition to explaining what you would do in certain situations, the conditional can be used to soften a request or criticism.

—Perdone, señor, ¿**podría** Ud. decirme dónde queda la estación del metro?	*Pardon me, sir, could you tell me where the subway station is located?*
—Oh, está muy lejos de aquí. **Debería** tomar un taxi.	*Oh, it's very far from here. You should take a taxi.*

EN CONTEXTO

Irene Me **gustaría** comprar un coche pero no tengo mucho dinero. En mi situación, ¿qué **harías**?

Antonia Pues yo no **compraría** un coche. **Sería** mejor tomar el autobús.

PRÁCTICA Y CONVERSACIÓN

A. Un nuevo alcalde (*mayor*). Un(-a) compañero(-a) se queja de su ciudad. Explique cómo sería la ciudad con un nuevo alcalde.

> **MODELO**   Compañero(-a): **No hay buen transporte público.**
> Usted: **Habría buen transporte público con un nuevo alcalde.**

1. Los oficiales no dicen la verdad.
2. No podemos salir por la noche.
3. Muchas personas no tienen trabajo.
4. La policía no viene cuando llamamos.
5. Las casas de la ciudad no valen nada.

B. ¿Qué diría Ud. en estas situaciones? A menudo es necesario pedir algo o expresar quejas (*complaints*). ¿Qué diría Ud. en las situaciones siguientes para ser cortés y bien educado(-a)?

1. Ud. está en una calle en el Distrito Federal y no sabe dónde queda el Museo de Antropología. ¿Qué le preguntaría a una mujer que camina cerca?
2. Ud. está en una tienda de regalos y quiere ver los pantalones que están en el escaparate. ¿Qué le preguntaría al dependiente?
3. Ud. necesita saber si su abuela prefiere tomar té o café con el postre hoy. ¿Qué le preguntaría a su abuela?
4. Ud. necesita saber si su amigo(-a) quiere ir al cine esta noche. ¿Qué le preguntaría?
5. Ud. no quiere que su novio(-a) fume tanto. ¿Qué le diría a su novio(-a)?
6. Ud. quiere usar el coche esta noche. ¿Qué le diría o preguntaría a su papá?

C. La vida ideal. In groups of three ask and answer questions to find out what you would do with your life under ideal circumstances.

PUENTE CULTURAL

El Talgo

En España la gente viaja mucho por tren porque el tren es más barato que el avión y es muy agradable. El Talgo es un tren de lujo con coches° elegantes, aire acondicionado, comidas riquísimas y buen servicio. El Talgo ofrece también unos coches con camas. Como dice un anuncio para este tipo de transporte: «Viajar en coche-cama es viajar en un hotel sobre ruedas».

coches

COMPRENSIÓN CULTURAL

Conteste en español.

1. ¿Qué es El Talgo?
2. ¿Qué facilidades ofrece El Talgo?
3. ¿Qué facilidades ofrece una habitación en coche-cama?
4. ¿Cuándo usaría un(-a) viajero(-a) una habitación en coche-cama?
5. ¿Usan mucho los trenes los norteamericanos? Explique.

Viajar en coche-cama es disponer de todo lo que hace que una habitación sea confortable:

- Una auténtica cama.

- Una zona de aseo.

- Amplio espacio para maletas y ropa.

- Un servicio permanente asegurado por un agente atento y previsor.

Viajar en coche-cama es viajar en un hotel sobre ruedas.

SEGUNDO ENCUENTRO

PRESENTACIÓN   El pueblo viejo

Abuelo	Este pueblo ha cambiado muchísimo en los últimos años. Recuerdo cuando todos se conocían° y **casi** toda la actividad del pueblo era alrededor de la plaza y la **iglesia**. Ahora hay más **habitantes** en **el barrio** nuevo que aquí.

knew each other / almost / church inhabitants / neighborhood

Nieto	**Los turistas** vienen aquí, abuelo. Les gusta porque conserva la arquitectura **antigua** y tiene lindos parques y jardines bien **cuidados** y el viejo **palacio**. Pero la gente del pueblo prefiere vivir en la parte nueva.

tourists old / cared-for / ✛

Abuelo	Es una lástima, niño. No saben **valorar** lo que tienen aquí.

to value

Nieto	Sí, abuelo, lo valoran. Pero también quieren sentirse parte del **progreso**. Además, los cines, los teatros, **los bancos** y las grandes tiendas están en la parte nueva. Por eso hay más **movimiento** allí.

✛ / ✛ movement

Abuelo	Yo prefiero la tranquilidad y **la paz** de este lugar, sin **la locura** del tráfico y **el ruido**.

peace / craziness noise

Nieto	Me alegro que te guste así abuelo, porque es imposible conducir un coche en estas **callecitas** de **piedras** y tan **angostas**. Los conductores° prefieren **las avenidas** modernas.

little streets / stones / narrow / drivers / avenues

Abuelo	No sé de qué o de quién hablas. Aquí no se necesita coche. Yo camino a todas partes. De casa a la iglesia hay dos **cuadras** y de la iglesia **doblas** a la izquierda, caminas una cuadra y estás en **la tasca** o **el quiosco** de cigarrillos.

blocks turn bar / kiosk

Nieto	Está bien, abuelo. Tú **quédate con** tu barrio y nosotros con el nuestro.

keep

Comentarios lingüísticos y culturales

a. **El barrio** is a neighborhood or section of a city or town. In the United States **el barrio** often refers to a Hispanic or Spanish-speaking neighborhood.

b. **Una tasca** is a café or bar in Spain where people meet to chat and have a drink or light snack.

c. **El quiosco** = *kiosk*, a small street stand where items such as newspapers, magazines, cigarettes, candy, and gum are sold.

d. In the **Primer encuentro** you learned the word **quedar** = *to be located*. The expression **quedarse con** introduced in this dialogue means *to keep for oneself*.

PRÁCTICA Y CONVERSACIÓN

A. ¿Comprende Ud.? Conteste según la **Presentación**.

1. ¿Por qué se queja el abuelo?
2. ¿Quiénes visitan el barrio viejo? ¿Por qué?
3. ¿En qué parte del pueblo están los teatros y cines?

4. ¿Le gusta al abuelo el ruido?
5. ¿Hay coches en la parte vieja de la ciudad? ¿Por qué?
6. ¿Adónde camina el abuelo?

B. **Asociaciones.** ¿Qué palabras asocia Ud. con…?

ciudad / teatro / calle angosta / barrio / pueblo / iglesia

C. **El barrio San Juan.** Conteste según el dibujo.

EL BARRIO SAN JUAN

1. ¿Qué hay en el centro del barrio español?
2. ¿Quiénes están en la plaza?
3. ¿Hay un cine en el barrio? ¿Cómo se llama?
4. ¿Qué es La Manila? ¿Qué toma la gente en La Manila?
5. ¿Hay un banco en el barrio?
6. En el barrio ¿dónde come la gente?
7. ¿Dónde compra la gente regalos?
8. ¿Dónde trabaja la gente? ¿Y dónde camina?

D. **Mi barrio.** Hágale preguntas sobre su barrio a un(-a) compañero(-a) de clase y su compañero(-a) debe contestar.

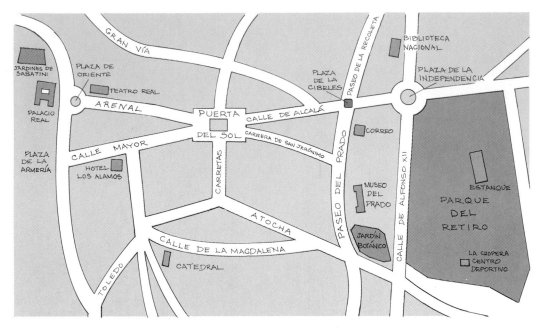

B. Una visita a Madrid. Ud. está en el Hotel Los Álamos en Madrid y tiene dos días para visitar la ciudad. Pídale al recepcionista que le ayude a hacer un programa de los lugares más importantes para ver. Luego pregúntele cómo llegar a cada lugar. Usen el mapa como referencia.

A ESCUCHAR

Este turista está perdido. Escuche el diálogo y marque en el mapa el recorrido del turista para encontrar el Hotel Castelar. Luego marque dónde está el hotel.

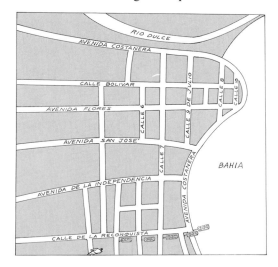

ASÍ SE HABLA

ASKING FOR AND GIVING DIRECTIONS

When traveling in a foreign country, it is essential to be able to ask for and understand directions to a place.

Asking Directions

¿Me podría decir cómo llegar a
_____?

¿Dónde está _____?

¿Dónde queda _____?

Could you tell me how to get to _____?

Where is _____?

Where is _____?

Giving Directions

Tome la calle _____ .

Siga la calle de _____ hasta
_____ .

Doble a la derecha (izquierda) en la
calle _____ .

Siga derecho.

Cruce la avenida _____ .

Camine dos cuadras hasta _____ .

El edificio está a mano derecha
(izquierda).

Take _____ Street.

Follow _____ Street to _____ .

Turn right (left) at _____ Street.

Go straight.

Cross _____ Avenue.

Walk two blocks to _____ .

The building is on the right (left) hand side.

PRÁCTICA Y CONVERSACIÓN

A. **Todo queda muy cerca.** Ud. es un(-a) turista en Madrid y está en la Puerta del Sol, Kilómetro 0 de España. Pregúntele a un(-a) madrileño(-a) cómo llegar a estos lugares. Junto con su compañero(-a) hagan los papeles de turista y madrileño(-a). Túrnense al hacer ambos papeles. Usen el mapa como referencia.

1. La Biblioteca Nacional
2. El Museo del Prado
3. El Parque del Retiro
4. El Jardín Botánico
5. La Chopera
6. El Teatro Real
7. La Plaza de Oriente
8. El Palacio Real
9. Los Jardines de Sabatini
10. La Plaza de la Armería

ESTRUCTURAS

LINKING IDEAS

Relative Pronouns *que, quien,* and *lo que*

Relative pronouns join or link clauses within a sentence. The most common English relative pronouns are *that*, *which*, *who*, and *whom*. The most common Spanish relative pronouns are **que**, **quien(-es)**, and **lo que**.

a. **Que** = *that, which, who*
   Que is the most commonly used relative pronoun; it may refer to a person or thing.

Vamos a visitar la capital. Vamos a alojarnos en un hotel **que** está cerca de todo. La chica **que** viaja con nosotros es Amalia.	*We are going to visit the capital. We're going to stay in a hotel that's near everything. The girl who is traveling with us is Amalia.*

b. **Quien(-es)** = *who, whom*
   The relative pronoun **quien(-es)** is used after prepositions and refers to persons.

La otra persona **con quien** viajo es mi mejor amiga.	*The other person with whom I'm traveling is my best friend.*

c. **Lo que** = *what, that which*
   Lo que refers back to a previously stated idea or sentence, a situation, or something that hasn't yet been mentioned.

Lo que me gustaría hacer es visitar todos los lugares famosos.	*What I'd like to do is visit all the famous places.*

d. In English the relative pronoun is often omitted. However, in Spanish the relative pronoun must be used to join two clauses.

El edificio **que** ves a la derecha es el Banco Nacional.	*The building (that) you see on the right is the National Bank.*

EN CONTEXTO

Abuelo Me gusta este barrio antiguo **que** es tan tranquilo y tradicional.
Nieto ¿De veras? Las personas **con quienes** trabajo prefieren vivir en la parte nueva.
Abuelo Es una lástima, niño. No saben valorar **lo que** tienen aquí.

PRÁCTICA Y CONVERSACIÓN

A. Las personas en su barrio. Combine las dos oraciones en una nueva oración usando una preposición + **quien(-es)**:

MODELO El Sr. Marín es mi vecino. Hablaba del Sr. Marín.
El Sr. Marín es el vecino de quien hablaba.

1. Marianela es la recepcionista. Le di el dinero a Marianela ayer.
2. El Sr. Rivera es el policía. Compré un regalo para el Sr. Rivera.
3. Los González son nuestros amigos. Fuimos al teatro con los González.
4. La Srta. Acosta es la profesora de mi hijo. Hablaba de la Srta. Acosta anoche.
5. La Sra. Cuesta es dentista. Conocí a la Sra. Cuesta la semana pasada.

B. Entrevista. Hágale preguntas a un(-a) compañero(-a) de clase y su compañero(-a) debe contestar.

Pregúntele...

1. si valora todo lo que tiene en su cuarto.
2. lo que valora más en su vida.
3. cómo se llama la persona a quien admira más.
4. quién es la persona con quien sale más.
5. quién es el (la) profesor(-a) para quien estudia más.
6. lo que le gustaría hacer hoy. ¿y mañana?
7. cuál es la ciudad que más le gusta.

C. ¿Quién o qué es? You will begin a sentence by saying the name of a person or thing to your classmates and they must complete the sentence using **que**, or preposition + **quien** + a clause that describes the person or thing mentioned. Use the names of classmates or common classroom and household objects to start your sentences.

MODELOS	Usted:	**Pedro...**
	Compañero(-a):	**Pedro es la persona con quien estudio.**
	Compañero(-a):	**Un lápiz...**
	Usted:	**Un lápiz es una cosa que uso para escribir.**

TALKING ABOUT RECIPROCAL ACTIONS

Reciprocal *nos, se*

English uses the phrases *each other* or *one another* to express reciprocal actions: *They met* ***one another*** *at a party. Now they talk to* ***each other*** *constantly.*

Spanish uses the pronoun **nos** with a first-person plural form of the verb or **se** with the third-person plural form of the verb to express reciprocal actions.

Mis padres **se conocieron** en una fiesta.	*My parents met one another at a party.*
Mi novio y yo **nos conocimos** en una fiesta también.	*My boyfriend and I met each other at a party also.*

EN CONTEXTO

Abuelo Este pueblo ha cambiado muchísimo en los últimos años. Recuerdo cuando todos **se conocían** y casi toda la actividad del pueblo era alrededor de la plaza y la iglesia.

PRÁCTICA Y CONVERSACIÓN

A. Gilberto y Flor: novios ideales. Describa los sentimientos y acciones de los novios usando el pronombre recíproco **se**.

> MODELO   A menudo Gilberto le escribe a Flor. Flor le escribe a Gilberto a menudo.
> **Gilberto y Flor se escriben a menudo.**

1. Gilberto quiere mucho a Flor. Flor quiere mucho a Gilberto.
2. Gilberto llama mucho a Flor y Flor lo llama mucho también.
3. Gilberto mira a Flor constantemente y Flor lo mira constantemente.
4. Gilberto siempre le da regalos a Flor y Flor le da muchos regalos también.
5. Gilberto ayuda mucho a Flor con la tarea y Flor lo ayuda mucho también.

B. Relaciones. Hágale preguntas a un(-a) compañero(-a) de clase sobre su relación con un(-a) amigo(-a) o con un(-a) novio(-a). Su compañero(-a) debe contestar usando el pronombre **nos**.

Pregúntele...

1. dónde y cuándo se conocieron.
2. cuándo se ven ahora.
3. en qué ocasiones se dan regalos.
4. si se llaman por teléfono a menudo.
5. con qué frecuencia se escriben.
6. con qué se ayudan.
7. si se entienden bien.
8. ¿?

PUENTE CULTURAL

Los pueblos blancos

En Andalucía, al sur de España, aparecen en la ladera° de las montañas pueblos blancos que se destacan° contra el cielo azul. Estos pueblos blancos son de origen árabe y son muy antiguos. Las paredes de las casas tienen que ser pintadas de blanco todos los veranos. Esto les da un aspecto limpio y sereno. Muchas de las paredes se ven adornadas con flores rojas, generalmente geranios.

°side
°stand out

COMPRENSIÓN CULTURAL

Complete las siguientes oraciones.

1. Estos pueblos se encuentran en _____ al sur de _____ .
2. Los colores que se ven en estos pueblos son el _____ , el _____ y el _____ .
3. Los pueblos son de origen _____ y son muy _____ .
4. Todos los veranos los habitantes pintan de color _____ las _____ de sus casas.
5. También plantan flores _____ , especialmente los _____ .

TERCER ENCUENTRO

PRESENTACIÓN   Una ciudad histórica: Burgos

Guía   Esta ciudad tiene una de **las catedrales medievales** más her-   ✛ / ✛
mosas de España. Como Uds. podrán ver es un edificio que
no se compara con **los rascacielos** de nuestro siglo.   skyscrapers

Turista 1	¿Esta excursión incluye una visita al centro de la ciudad y al **ayuntamiento**, señor?	city hall
Guía	No, la excursión número dos incluye visitas al Paseo del Espolón al lado del **río**, al centro y a **la estatua** del Cid.	river / +
Turista 2	¿Va Ud. a **la plaza** de Santa María?	+
Guía	Sí, señor. Después de visitar la catedral antigua veremos la plaza y **el arco** de Santa María. Terminamos la excursión en el nuevo edificio del **correo**.	arch / post office
Turista 2	Muy bien. Yo haré esta excursión. En el correo mandaré unas **tarjetas postales**. ¿Cuándo sale?	postcards
Guía	En media hora.	
Turista 1	Yo ya he visitado la catedral. Haré la otra excursión. ¡Que se diviertan!°	Have a good time!

Comentarios lingüísticos y culturales

a. **El paseo** generally refers to a street that has been closed off to traffic and where people can go for walks. There are trees and park benches as well as shops and outdoor cafés.

b. **La plaza** is an open area without buildings or houses located at the intersection of two major streets. It often contains a fountain, statues, trees, flowers, and park benches. A small town may have only a **plaza mayor** (*a main square*) while a large city might have many **plazas**.

c. **El Cid Campeador** is one of the great national heroes of Spain. His real name was Rodrigo Díaz de Vivar, and he was born near Burgos around 1043 and died in Valencia in 1099. He earned his fame leading the Christians in battle in Spain against the Moors or Arabs, who called him **Cid**, which means **señor**.

PRÁCTICA Y CONVERSACIÓN

A. ¿Comprende Ud.? Conteste según la **Presentación**.

1. ¿Cuál es el edificio más importante de Burgos?
2. ¿Qué lugares se visitan con la excursión número dos?
3. ¿Qué lugares se visitan con la excursión de este guía?
4. ¿Por qué va a hacer esta excursión el Turista 2?
5. ¿Qué quiere visitar el Turista 1?

B. Grupos de palabras. ¿Qué palabras no pertenecen al grupo?

1. bebida / café / plaza / tasca
2. rascacielos / iglesia / catedral / centro
3. ayuntamiento / palacio / gobierno / metro
4. bicicleta / banco / dinero /edificio
5. ciudad / motocicleta / pueblo / barrio
6. calle / paseo / quiosco / avenida

C. Complete las ideas. Escoja la frase que mejor complete la oración a la izquierda.

1. En el centro de la ciudad se puede...
2. Una catedral es...
3. En el ayuntamiento trabajan...
4. Un rascacielos es...
5. El rey vive en...
6. Voy al museo para...
7. Voy al correo para...

a. un edificio alto con muchos pisos.
b. ir de compras, pasear o tomar algo en un café.
c. el palacio real.
d. un edificio religioso muy grande.
e. mandar una postal o una carta.
f. los empleados del gobierno de la ciudad.
g. ver obras de arte.

 D. Una ciudad con mucha historia. Escoja una ciudad que Ud. conoce. En parejas, escojan uno de estos papeles: un(-a) turista en la ciudad y un(-a) nativo(-a) de la ciudad. El (la) turista debe preguntarle al (a la) nativo(-a) sobre los lugares de interés, dónde están, cómo son, qué representan, y otras cosas.

ESTRUCTURAS

TELLING PEOPLE WHAT YOU WANT OTHERS TO DO

Indirect Commands

In an indirect command one person tells another person what a third person (or persons) ought to do: *Enrique, don't lift that suitcase, let your brother do it.*

a. The subjunctive form is always used in indirect commands in Spanish.

Que lo **haga** Juan.	*Let Juan do it.*
Que **se diviertan**.	*Have a good time.*
Que no **hagan** esta excursión ellos.	*Don't let them take this tour.*
Que **se pongan** un suéter los niños.	*Have the children put on a sweater.*

Note the word order of these indirect commands.

$$\text{Que} + (\text{no}) + \begin{matrix}\text{(reflexive or} \\ \text{object pronoun)}\end{matrix} \begin{matrix}\text{verb in present} \\ \text{subjunctive}\end{matrix} + \text{(object noun)} + \text{subject}$$

Que	lo	haga	Juan.

b. The indirect command is also frequently used to express good wishes directly to another person.

¡Que te mejores pronto!	*Get well soon!*
¡Que tengan mucha suerte!	*Best of luck to you!*

c. The introductory **que** will generally mean *let* but it can also mean *may* or *have*. A negative indirect command translates as *Don't let....*

EN CONTEXTO

Turista 1   Yo ya he visitado la catedral. Haré la otra excursión. **¡Que se diviertan!**

PRÁCTICA Y CONVERSACIÓN

A. ¿Qué diría Ud. en estas situaciones? Forme un mandato indirecto para expresarles sus deseos a las personas siguientes.

MODELO	Un amigo va a correr en un maratón. / tener suerte
Compañero(-a):	**Voy a correr en un maratón.**
Usted:	**¡Que tengas suerte!**

1. Su mejor amigo(-a) está muy enfermo(-a). / mejorarse pronto
2. Sus padres salen para un fin de semana en la capital. / divertirse
3. Su hermano(-a) va a tomar un examen muy importante. / tener éxito
4. Sus abuelos salen para Europa. / tener un buen viaje
5. Unos amigos van a casarse. / ser felices para siempre
6. Su novio(-a) sale en un viaje de negocios. / volver pronto

B. Un viaje estudiantil. You and your classmates are planning a trip to Mexico. You are in charge and must assign various details and duties to your classmates.

MODELO	comprar una guía del país
Compañero(-a):	**¿Quién va a comprar una guía del país?**
Usted:	**Que la compre** (*name of student*).

1. escoger a un agente de viajes
2. reservar un hotel
3. arreglar los boletos del avión
4. conseguir un mapa
5. organizar las excursiones en la capital
6. conducir al aeropuerto
7. sacar fotos
8. pagar las cuentas

TALKING ABOUT OLD FRIENDS, GREAT PEOPLE, AND NEW THINGS

Position, Form, and Meaning of Adjectives

Certain Spanish adjectives may either precede or follow the noun they modify. The form and/or meaning of these adjectives may change according to position.

Adjectives that Precede		*Adjectives that Follow*	
un **buen** hombre	*a good man*	un hombre **bueno**	*a good man*
un **mal** hombre	*a bad man*	un hombre **malo**	*a bad man*
un **gran** hombre	*a great man*	un hombre **grande**	*a big man*
un **antiguo** palacio	*a former palace*	un palacio **antiguo**	*an ancient palace*
un **nuevo** coche	*a new (new to owner, different) car*	un coche **nuevo**	*a new (brand new) car*
un **pobre** niño	*a poor (unfortunate) child*	un niño **pobre**	*a poor (indigent) child*
un **viejo** amigo	*an old (long-standing) friend*	un amigo **viejo**	*an old (elderly) friend*

a. **Bueno** and **malo** may precede the nouns they modify. When they precede a masculine, singular noun, the forms are shortened: **bueno → buen**; **malo → mal**. They do not change meaning.

b. **Grande > gran** before any singular noun: **un gran pueblo, una gran ciudad**. Note that **gran** = *great*; **grande** = *big, large.*

c. The other adjectives of the chart change meaning but not form as they change position.

EN CONTEXTO

Guía Después de visitar **la catedral antigua** veremos la estatua del Cid, **el gran héroe** de España. Terminamos la excursión en **el nuevo edificio** del correo.

Práctica y conversación

A. **Personas y lugares.** Ponga la forma adecuada de un adjetivo de la lista en el espacio que convenga.

grande / bueno / antiguo / pobre / nuevo / malo / viejo

1. El hotel en que nos alojamos fue un _____ palacio _____.
2. Aquella señora no tiene ningún dinero. Es una _____ mujer _____.
3. Conocí a Miguel hace diez años. Es un _____ amigo _____.
4. Bogotá tiene unos nueve millones de habitantes. Es una _____ ciudad _____.
5. ¿Te gusta mi _____ coche _____? Mi padre lo compró hace tres años y me lo vendió ayer.
6. Abraham Lincoln fue un _____ presidente _____. Hizo muchas cosas para la nación.

B. **Entrevista.** Hágale preguntas a un(-a) compañero(-a) de clase y su compañero(-a) debe contestar.

Pregúntele...

1. quién fue su antiguo(-a) profesor(-a) de español.
2. quién es su más viejo(-a) amigo(-a).
3. si le gustan los edificios antiguos.
4. si el presidente es un gran hombre.
5. si conoce a una gran persona. ¿A quién?
6. si prefiere vivir en un barrio nuevo o viejo.
7. si le gustan las ciudades grandes. ¿Por qué?

PUENTE CULTURAL

Las calles peatonales

Las ciudades del mundo hispano están diseñadas° para peatones, no para coches, a diferencia de las ciudades de los EE.UU. Por ejemplo, en las ciudades principales hay calles que son exclusivamente para el uso de peatones. En estas calles se encuentran tiendas elegantes, cafés, restaurantes, quioscos de revistas o de flores, librerías, músicos, vendedores de lotería y un tumulto de personas que van y vienen gozando° de la algarabía° del lugar. Las Ramblas de Barcelona o la Calle Florida de Buenos Aires son ejemplos clásicos de calles peatonales.

designed

enjoying / pleasant hustle, bustle

COMPRENSIÓN CULTURAL

Escoja las cosas que no se asocian con una calle peatonal. Explique por qué no pertenecen.

boutiques / peatones / trenes / vendedores de lotería / cafés / camiones / olas / restaurantes / cancha de fútbol / librerías / bicicletas / músicos / televisores / quioscos / lanchas

CUARTO ENCUENTRO

PARA LEER BIEN • *Logical Devices*

Logical devices are words or phrases used in a text to signal what is to follow. They help make a text cohesive by joining and relating the various ideas expressed. Here are a few of these devices categorized according to function.

Addition

y, además, también

Contrast

pero, sin embargo (*nevertheless*), por otro lado, por otra parte, en cambio (*on the other hand*)

Exemplification

por ejemplo

Reformulation

es decir (*that is to say*), en otras palabras

Summary

por fin, finalmente, por último

Time

cuando, mientras, luego, entonces, después, de vez en cuando

Result

por eso, pues, luego, así

PRÁCTICA

Párrafos. Forme párrafos cortos uniendo estas oraciones con una de las frases entre paréntesis.

1. a. Iría a trabajar en bicicleta para hacer ejercicio.
        (pero / por otro lado / en cambio)
   b. No puedo porque mi trabajo queda muy lejos de mi casa.
        (también / por fin / y)
   c. Me lleva demasiado tiempo.
2. a. En el centro de la ciudad la contaminación es un problema.
        (por eso / además / por último)
   b. El ruido de los coches y los autobuses es una locura.
        (es decir / luego / por eso)
   c. Yo prefiero vivir en las afueras.
3. a. Para llegar a la plaza principal, siga la Avenida Constitución hasta llegar al río.
        (por fin / luego / mientras)
   b. Doble a la derecha dos cuadras.
        (y después / así / cuando)
   c. Siga derecho hasta encontrar la plaza.

LECTURA   Los medios de transporte

En caso que Ud. esté por planear un viaje a Hispanoamérica, sería bueno informarse sobre los medios de transporte que existen en esos países. Aquí encontrará algunos consejos útiles.

Con excepción de Buenos Aires, Santiago, Caracas y la Ciudad de México, que gozan de° las ventajas° de un sistema de trenes subterráneos, el medio de transporte más común en Hispanoamérica es el autobús. Todos usan este medio para trasladarse°, dentro de las ciudades en los autobuses urbanos, o entre una ciudad y otra en los autobuses interurbanos. Los autobuses interurbanos son generalmente mejores, más cómodos y más grandes que los urbanos.   *enjoy / advantages*   *move*

Según los países, el autobús tiene distintos nombres. Si Ud. viaja en la Argentina, tomará «el colectivo», mientras que en Cuba y Puerto Rico tomará «la guagua;» en Chile lo llaman «el bus» y en México «el camión».

Entre los autobuses urbanos hay distintas categorías. En México, por ejemplo, hay servicios de primera clase, los «Delfines», y servicios de segunda y tercera clase. En los «Delfines» no se aceptan pasajeros de pie ni vendedores ambulantes, mientras que en los de tercera clase se encontrará vendedores de lápices, periódicos o revistas. Aunque estos autobuses tienen una capacidad máxima de pasajeros, ningún chofer la respeta y llevan el doble o el triple de la cantidad de pasajeros permitida.

En caso que Ud. tenga prisa en la Ciudad de México, use el metro. En veinticuatro segundos los trenes van de una estación a otra; son muy rápidos y eficientes. Además es un placer ver las estaciones elegantes con centros comerciales o museos. El metro de la Ciudad de México ha sido un triunfo de la ingeniería y la arquitectura. Fue inaugurado en 1970 y durante su construcción se descubrieron muchísimos artefactos de gran valor arqueológico. Entre los descubrimientos figura una pirámide que ahora adorna° una de las estaciones del metro.   *decorates*

A menos que sea absolutamente necesario, es aconsejable° no manejar   advisable
en ninguna ciudad hispanoamericana. Pues se necesita una habilidad especial para competir con la habilidad de los conductores nativos.

Ahora puede hacer su reservación. ¡Buen viaje! ¡Y que lo disfrute!

PRÁCTICA Y COMPRENSIÓN

A. ¿Dónde está Ud.? Dé el país donde se encuentran estas características en el transporte urbano.

1. Ud. está esperando el colectivo.
2. Ud. está en la estación de guaguas.
3. El camión acaba de irse.
4. Ud. tiene prisa por llegar a una cita, entonces toma el metro.
5. Ud. viaja en un «Delfín».
6. Hay vendedores en el autobús.
7. En esta estación Ud. puede ver una pirámide azteca.

B. ¿Comprende Ud.? Termine las oraciones de acuerdo con la información de la **Lectura**.

1. El medio de transporte más usado es _____.
2. Las categorías de autobuses son _____.
3. En los «Delfines» no se aceptan _____.
4. En los autobuses de tercera clase se permiten _____.
5. No se respeta la capacidad máxima _____.
6. El metro en la Ciudad de México es _____.
7. Durante la construcción del metro _____.
8. En las estaciones del metro hay _____.
9. No se aconseja _____.

ACTIVIDADES

A. Un(-a) guía turístico(-a). You are a tour guide for your city or town (or a city or town of your choice). Today your classmates are taking a tour of the city/town. Describe the place, telling them about the history of the area, the important citizens, and the interesting landmarks.

B. Me gustaría ser alcalde. You are running for mayor of your town or city and must appear as a guest on a local radio show. A classmate will play the role of the reporter who will explain the problems of your town. You must explain what you as the mayor would do to solve the problems and maintain the good things about your city.

C. Un(-a) guía estudiantil. You are working as a student guide at freshman orientation. The following students need to find various campus buildings as well as certain places off campus. As your classmates ask for information, tell them where to go and how to get to the desired locations.

Estudiante 1: Un buen lugar donde se puede conocer a otros estudiantes
Estudiante 2: Un buen lugar para comer una pizza
Estudiante 3: Una tienda donde se puede comprar una lámpara para su cuarto

D. Una visita a mi ciudad favorita. Imagine that you have won a trip to your favorite city. Explain to your classmates which city you would visit, when and with whom you would go, what famous sites you would see, where you would stay, where and what you would eat, and what you would do while there for five days.

PARA ESCRIBIR BIEN • *Explaining and Hypothesizing*

The following phrases used to express conditions will help you explain and hypothesize.

Si yo tuviera la oportunidad / más tiempo / más dinero...	*If I had the opportunity / more time / more money . . . .*
Si yo fuera + adjective: Si yo fuera (más) rico(-a) / joven / viejo(-a)...	*If I were + (adjective): If I were rich(-er) / young(-er) / old(-er) . . . .*
Si yo fuera + noun: Si yo fuera el (la) presidente(-a) / el (la) jefe(-a) / el (la) dueño(-a)...	*If I were + (noun): If I were the president / the boss / the owner . . . .*
En tu / su posición...	*In your position . . . .*
Bajo otras / mejores condiciones...	*Under other / better conditions . . . .*

COMPOSICIONES

A. Con un millón de dólares. You are entering a contest whose grand prize is a million dollars. The winner will be judged on his/her ideas about what to do with the money. Write a paragraph of 10–12 sentences explaining what you would do with a million dollars.

B. Mi ciudad favorita. Write a description of your city or a city you have visited. Describe the main buildings, inhabitants, special attractions and why you like the city.

C. Un mensaje para un(-a) amigo(-a). A Hispanic friend is coming to visit you at the university but you won't be in your room when he/she arrives because you must attend a special lecture in the student union. Leave a note for your friend explaining how to go from your room to the student union. Tell him/her what time to meet you as well.

VOCABULARIO ACTIVO

Medios de transporte	Modes of transportation
el autobús	bus
el bus	bus
el automóvil	automobile
el auto	auto
el camión	truck; bus (Mexico)
el carro	car (Americas)
la estación	station
la línea	line
el metro	subway
la motocicleta	motorcycle
la moto	cycle
el peatón	pedestrian
la peatona	pedestrian
la rueda	wheel
el taxi	taxi cab
el transporte público	public transportation

La ciudad

las afueras	outskirts, suburbs
el alcalde	mayor
el arco	arch
la avenida	avenue
el ayuntamiento	city hall
el banco	bank
el barrio	neighborhood, section of a town
la calle	street
la catedral	cathedral
el correo	post office
la cuadra	block
la esquina	corner
la estatua	statue
el (la) habitante	inhabitant
la iglesia	church
la plaza	square, plaza
el quiosco	kiosk, newsstand
el rascacielos	skyscraper
el semáforo	traffic light
la tasca	bar, cafe (Spain)

el tráfico	traffic
el (la) turista	tourist

Otros sustantivos

la contaminación del aire	air pollution
la locura	craziness
el movimiento	movement
el palacio	palace
la paz	peace
la piedra	stone
la (tarjeta) postal	postcard
el progreso	progress
el río	river
el ruido	noise

Verbos

aumentar	to increase
cruzar	to cross
doblar	to turn
mejorarse	to get better
quedar	to be located
valorar	to value

Otras expresiones

angosto	narrow
antiguo	old, former
buen	good
casi	almost
cuidado	cared for
gran	great
indeciso	indecisive
lo que	what, that which
mal	bad, evil
medieval	medieval
nuevo	new, different
pobre	poor, unfortunate
quedarse con	to keep for oneself
quien(-es)	who, whom
seguir derecho	to go straight
tener razón	to be right
viejo	old, longstanding

✳ *A recordar*

Review the following situations and tasks that have been presented and practiced in this chapter.

- Talk about urban life and cities.
- Function in a city.
- Explain what you would do in certain situations.
- Soften requests and criticism.
- Ask for, give, and receive directions.
- Discuss reciprocal actions.
- Tell people what you want others to do.
- Link ideas within a sentence.

CAPÍTULO 18
El mundo de los negocios

Cultural Theme: Hispanic business practices

Communicative Goals:
- Expressing past wants, needs, doubts
- Making polite requests
- Asking for clarification
- Expressing regret
- Discussing contrary-to-fact situations
- Making banking transactions

* *A pensar*

- When you have not understood someone or have not heard what was said, what are some common ways to ask for clarification?
- How does one express regret in our our culture? ***I'm sorry*** *I arrived late.*
- What verb forms are used to discuss contrary-to-fact situations? *If I had more time this summer,* ***I would go*** *to Mexico.*
- What verb forms are used to make very polite requests? ***Would you*** *please* ***send*** *this letter for me?*
- In our culture do you address your boss or other supervisors differently from the way you address your co-workers? Explain.
- What are some common phrases needed when banking?
- What verb forms are used to express past wants, hopes and doubts? *I hoped that* ***he would arrive*** *sooner. It was necessary that* ***he arrive*** *on time.*

PRIMER ENCUENTRO

PRESENTACIÓN La financista ‾   financier

LA COMPUTADORA

LA FOTOCOPIADORA

LA MÁQUINA DE ESCRIBIR

EL CAJÓN

EL ARCHIVO

LA CALCULADORA

LA PAPELERA

Mi madre tenía razón. Ella no quería que yo fuera° secretaria. ¡Ah, si encontrara° un buen trabajo! ¡Qué feliz sería! Me gustaría trabajar en **una oficina comercial** como financista y **especular** con **las acciones** de **la bolsa**. No quiero tener que **archivar**, ni **escribir a máquina** informes largos, ni **fotocopiar**. Eso es para **oficinistas**. Quiero un trabajo con **responsabilidades** pero que no sea muy difícil; y que no sea aburrido **sino** interesante.

> me to be
> if only I could
> find / business
> office / to
> speculate / stocks
> stock market
> to file / to type
> to photocopy /
> office workers / ✛
> but rather

Comentarios lingüísticos y culturales

a. The stock markets of the Spanish-speaking world are generally located in the capital of the country. Just as in the U.S., stocks of national and multinational companies are traded daily.

b. Business offices in the Hispanic world reflect the same technology as in our culture. Computers are replacing typewriters; FAX machines, copiers, laser printers, and answering machines are becoming standard equipment.

PRÁCTICA Y CONVERSACIÓN

A. ¿Comprende Ud.? Conteste según la **Presentación**.

1. ¿Dónde quiere trabajar la mujer?
2. ¿Quiere ser secretaria en una oficina?
3. ¿Le gustaría a ella archivar y escribir a máquina?
4. ¿Quiere un trabajo difícil?
5. ¿Qué tipo de trabajo quiere ella?

B. ¿Cuál es la palabra? El (la) profesor(-a) va a dividir la clase en dos grupos: A y B. Usando las preguntas que siguen, Grupo A va a hacer tres preguntas al otro grupo que debe contestarlas con el libro cerrado. Luego, grupo B hará las otras tres preguntas y grupo A debe contestarlas con el libro cerrado. El grupo que contesta las tres preguntas correctamente es el ganador.

1. ¿Qué usamos cuando queremos resolver un problema de matemáticas?
2. ¿Qué usamos cuando queremos escribir un informe largo? Dé dos posibilidades.
3. ¿Dónde se archivan las carpetas *(file folders)*?
4. ¿Qué usamos cuando necesitamos copiar unos papeles?
5. ¿Dónde trabaja un oficinista?
6. ¿Dónde se compran y venden acciones?

ESTRUCTURAS

EXPRESSING PAST WANTS AND HOPES

Imperfect Subjunctive of Regular Verbs

The imperfect subjunctive is used in many of the same types of situations as the present subjunctive except that the situations take place in the past.

IMPERFECT SUBJUNCTIVE: REGULAR -ar, -er *and* -ir *Verbs*

	TRABAJAR	VENDER	ESCRIBIR
	trabajara	vendiera	escribiera
	trabajaras	vendieras	escribieras
	trabajara	vendiera	escribiera
	trabajáramos	vendiéramos	escribiéramos
	trabajarais	vendierais	escribierais
	trabajaran	vendiera	escribieran

a. In order to conjugate a verb in the imperfect subjunctive you must first obtain the stem. The stem is formed by dropping the **-ron** ending from the third-person plural form of the preterite: **trabajaron** > **trabaja-**; **vendieron** > **vendie-**; **escribieron** > **escribie-**. To this stem add the endings that correspond to the subject: **-ra, -ras, -ramos, -rais, -ran**. Note the written accent on the first-person plural form.

b. The present subjunctive is used when the verb of the main clause is in the present tense. When the verb of the main clause is in a past tense, then the imperfect subjunctive is used. Compare the use of the present and imperfect subjunctive in the following examples involving impersonal expressions or verbs of wanting and hope.

Es necesario que **archives** estas cartas.	*It is necessary that you file these letters.*
Era necesario que **archivaras** estas cartas.	*It was necessary that you file these letters.*
El jefe **espera** que **escriba** a máquina ese informe.	*The boss hopes that you will type that report.*
El jefe **esperaba** que **escribiera** a máquina ese informe.	*The boss hoped that you would type that report.*

EN CONTEXTO

La financista Mi madre tenía razón. Ella quería que yo **trabajara** en una oficina comercial pero no de secretaria.

PRÁCTICA Y CONVERSACIÓN

A. El jefe exigente (*demanding*). Ud. trabajaba para un jefe exigente en una oficina comercial y tenía mucho que hacer. Explique la tarea de Ud. y de sus compañeros.

> **MODELO** trabajar diez horas al día
> **Era necesario que trabajáramos diez horas al día.**

1. preparar el café	4. barrer la oficina
2. escribir muchos informes	5. planear las reuniones
3. arreglar las máquinas	6. no perder tiempo

B. Una llamada de su mamá. Al volver a su cuarto en la residencia su compañero(-a) le explica que su mamá ha llamado por teléfono. Ud. adivina (*guess*) lo que quería su mamá y su compañero(-a) confirma todas sus adivinanzas.

MODELO   llamarla por teléfono
                    Usted: **¿Debo llamarla por teléfono?**
            Compañero(-a):   **¡Exactamente! Quería que la llamaras por teléfono.**

1. gastar menos dinero   4. asistir a todas mis clases
2. comer bien   5. escribirles más a mis abuelos
3. lavar la ropa   6. estudiar más y salir menos

C. A los dieciséis años. Explique cómo era su vida cuando tenía dieciséis años.

1. Era muy importante que yo _____.
2. Mis padres esperaban que yo _____.
3. Era bueno / malo que mis amigos _____.
4. Mi madre (no) quería que yo _____.
5. Era necesario que yo _____.
6. Nuestros profesores esperaban que nosotros _____.

D. La vida universitaria. Hágale a un(-a) compañero(-a) de clase preguntas sobre su vida universitaria del semestre pasado y su compañero(-a) le contestará.

Pregúntele…

1. si era necesario que trabajara.
2. lo que sus padres querían que estudiara.
3. lo que él/ella quería que hicieran sus padres.
4. cuántos informes sus profesores esperaban que escribiera.
5. cuándo era posible que saliera con amigos.
6. a qué hora era necesario que se levantara. ¿y que se acostara?

LINKING CONTRADICTORY IDEAS

Pero versus *sino*

Pero and **sino** are equivalent to *but* in English; however, they each have specific uses in Spanish.

a. **Pero** is used to join two clauses when there is no contradiction. **Pero** conveys the ideas of *but*, *yet*, *on the other hand*. The statement preceding **pero** can be affirmative or negative.

Esta fotocopiadora no funciona bien   *This copier doesn't run well but (on the*
  pero es barata.   *other hand) it's cheap.*
El Sr. Arellano es el dueño de esta   *Señor Arellano is the owner of this*
  compañía **pero** no lo he visto   *company but (yet) I have never seen*
  nunca.   *him.*

b. **Sino** is used to contradict a preceding negative statement. It conveys the idea of *but rather*, *on the contrary*.

Mónica no es financista **sino** oficinista.	*Mónica isn't a financier but rather an office worker.*
No vamos a archivar estas cartas **sino** fotocopiarlas.	*We're not going to file these letters but rather copy them.*

c. When **sino** is followed by a clause containing a conjugated verb, **sino que** is used.

Ella no escribe una carta **sino que** prepara un informe.	*She's not writing a letter but rather she's preparing a report.*

EN CONTEXTO

La financista Quiero un trabajo con responsabilidades **pero** que no sea muy difícil; y que no sea aburrido **sino** interesante.

PRÁCTICA Y CONVERSACIÓN

A. Mi trabajo. Complete las oraciones con **pero**, **sino** o **sino que**.

1. Mi jefe no es financista _____ economista.
2. Es un poco exigente _____ es simpático también.
3. No le importa que yo termine el trabajo rápidamente _____ lo haga bien.
4. No recibo muchos beneficios sociales _____ recibo un buen sueldo.
5. Por eso no quiero buscar otro trabajo _____ quedarme aquí.

B. Opiniones. Complete las oraciones de una manera lógica.

1. Un jefe ideal no es _____ sino _____.
2. Un(-a) profesor(-a) ideal no es _____ sino _____.
3. Mi mejor amigo(-a) es _____ pero _____.
4. Por la mañana no me gusta _____ pero _____.
5. Mis padres no son _____ sino _____.

PUENTE CULTURAL

La burocracia

La burocracia es un aparato complicado, antiguo y muchas veces ineficiente que hace perder cientos de horas de trabajo productivo a los que tienen que hacer trámites° oficiales. Una persona puede pasar días yendo° de una oficina pública a otra buscando firmas° de empleados, sellos, estampillas y más papeles que luego van a ser archivados sin ningún valor. Pero ¡ojo! es fácil evitar° todos estos problemas si Ud. conoce a una persona en un cargo público que lo pueda ayudar. Entonces, un trámite complicado se convierte en algo muy simple.

proceedings
going
signatures

to avoid

COMPRENSIÓN CULTURAL

¿Cierto o falso? Corrija las oraciones falsas.

1. La burocracia en los países hispanos siempre es eficiente.
2. Para hacer un trámite oficial es fácil perder cientos de horas.
3. A veces es necesario ir de una oficina a otra buscando firmas de empleados.
4. La burocracia nunca archiva papeles sin valor.
5. Es posible evitar la burocracia si Ud. tiene un amigo en una oficina del gobierno.
6. En nuestra cultura no hay ninguna·burocracia.

SEGUNDO ENCUENTRO

PRESENTACIÓN   En la ventanilla° del banco   teller's window

    Cajero* El que sigue.   teller / Next.
    Cliente 1   Buenos días. Quisiera **cobrar** este **cheque.** Necesito **efectivo.**   to cash / + / cash

---

* New active vocabulary word.

Cajero	Cómo no. Este cheque es de la Cía. Carrera. Necesita **endosarlo**. **Firme** aquí, por favor.	to endorse / **firmar** = to sign
Cliente 1	Cómo no.	
Cajero	¿Su nombre es Armando Ruiz?	
Cliente 1	¿Cómo?	
Cajero	Su nombre.	
Cliente 1	¡Ah sí, sí! Armando Ruiz. Perdone, no le oí bien.	

· · ·

Cajero	El que sigue.	
Cliente 2	Quisiera **guardar** algo en mi **caja de seguridad**.	to keep / safe deposit box
Cajero	Pase por aquella puerta, allí lo van a **atender**.	to take care of

· · ·

Cliente 3	Buenos días. Necesito **depositar** esto en mi **cuenta corriente** y este cheque en mi **cuenta de ahorros**. Además quisiera **sacar** 300.000 pesos.	✢ / checking account / savings account / to withdraw
Cajero	Un momentito. Para sacar los 300.000 pesos necesita escribir un cheque de su **chequera**.	checkbook
Cliente 3	Pero ¿cómo? No entiendo. Yo abrí esta cuenta la semana pasada y aún no tengo mi propia chequera.	
Cajero	Entonces se lo puedo **descontar** del depósito.	to discount

· · ·

Banquero*	Señor Irujo, perdone que le diga, pero Ud. habla **como si** fuera muy fácil conseguir **un préstamo**.	banker / as if loan
Sr. Irujo	He venido a este banco porque tiene **hipotecas** con un interés bajo.	mortgages

Banquero	Bueno, el banco puede prestarle el 80 por ciento° del valor°	percent / value
	de la compra.	
Sr. Irujo	¿Qué solicitudes se necesitan?	
Banquero	Aquí tiene estos folletos° que le explican todo el procedimiento°	brochures / procedure
	para **pedir dinero prestado**.	to borrow money
Sr. Irujo	Gracias. Lo estudiaré y volveré a hablarle.	

Rodríguez y Hnos., S.A.

MUEBLES

Comentarios lingüísticos y culturales

Here are some Spanish abbreviations commonly used in the business world:

Cía. = compañía = *company*
S.A. = Sociedad Anónima = *Incorporated (Inc.)*
Hnos. = hermanos = *brothers*

PRÁCTICA Y CONVERSACIÓN

A. ¿Comprende Ud.? Conteste según la **Presentación**.

1. ¿Qué quiere hacer el primer cliente?
2. ¿Por qué tiene que firmar el cheque?
3. ¿Por qué quiere su caja de seguridad el segundo cliente?
4. ¿Qué quiere hacer el tercer cliente?
5. ¿Cuánto puede prestarle al Sr. Irujo el banco?

B. Complete. ¿Qué palabras se necesitan?

1. Me puedes dar un _____. Necesito dinero. Te lo devuelvo la semana que viene cuando me paguen.
2. Te escribo un _____ de mi _____ si puedes darme 10 dólares en _____.
3. Abrí una _____ y una _____ en el Banco de Bilbao.
4. El _____ de este préstamo es muy alto.

C. El préstamo. Ud. necesita dinero para pagar la matrícula de este semestre. Vaya al banco y pida un préstamo. Pregunte cuál es el interés y cuánto tiempo tiene para devolver el dinero. En parejas, túrnense al representar el papel de banquero(-a) y estudiante.

ASÍ SE HABLA

ASKING FOR CLARIFICATION

The meaning of messages in a conversation is never fixed. Sometimes you understand the words, but the concepts remain unclear. You then need to negotiate the meaning of words saying things like: *What do you mean by* _____? Here are some expressions you can use to ask for clarification or repetition.

¿Cómo dice(-s)? No entiendo.	
¿Cómo es esto? No entiendo.	
Estoy confundido(-a). ¿Cómo es?	*I'm confused.*
Esto es demasiado para mí.	*It's over my head.*
¿Qué quiere(-s) decir? No comprendo.	
¿Puede repetir lo que dijo, por favor?	
No oí, ¿qué dijo (dijiste)?	
¿Cómo?	
¿Mande? (*México*)	*What?*
Perdón, no entendí.	

PRÁCTICA Y CONVERSACIÓN

 A. Aclaraciones. En parejas representen los papeles de esta situación. Su compañero(-a) lo (la) llama por teléfono pero Uds. tienen una mala conexión y Ud. no comprende bien lo que le está diciendo. Pídale que repita y aclare lo que dice.

 B. ¿Cómo dice? Ud. llama a su compañero(-a) por teléfono para contarle que este semestre no puede asistir a la universidad porque el banco no quiere darle un préstamo. No hable claramente porque la conexión telefónica no es buena.

A ESCUCHAR

Estos muchachos quieren cambiar dólares en un país latinoamericano. Escuche el diálogo y diga si las siguientes oraciones son verdaderas o falsas. Corrija las oraciones falsas.

1. Los muchachos son hispanos.
2. Pueden cambiar dólares en el banco.
3. Necesitan ir a la casa de cambio para comprar pesos.
4. Un hombre les ofrece comprarles los dólares en la calle.
5. Los muchachos están confundidos.
6. El hombre les ofrece menos dinero que la casa de cambio.
7. Los muchachos compran pesos en la casa de cambio.

ESTRUCTURAS

DISCUSSING PREVIOUS DOUBTS, ADVICE, AND COMMANDS

Imperfect Subjunctive of Irregular and Stem-Changing Verbs

Since the stems for all verbs in the imperfect subjunctive are formed by dropping the **-ron** ending from the third-person plural of the preterite, the imperfect subjunctive will show the same irregularities as the preterite. There are no exceptions.

IMPERFECT SUBJUNCTIVE: SOME IRREGULAR STEMS

i *Stem*	*Preterite*	*Imperfect Subjunctive*	j *Stem*	*Preterite*	*Imperfect Subjunctive*
hacer	hicieron	**hicie**ra	decir	dijeron	**dije**ra
querer	quisieron	**quisie**ra	traer	trajeron	**traje**ra
venir	vinieron	**vinie**ra			
			-cir Verbs		
			traducir	tradujeron	**traduje**ra

u *Stem*	*Preterite*	*Imperfect Subjunctive*	y *Stem*	*Preterite*	*Imperfect Subjunctive*
andar	anduvieron	**anduvie**ra	caer	cayeron	**caye**ra
estar	estuvieron	**estuvie**ra	creer	creyeron	**creye**ra
poder	pudieron	**pudie**ra	leer	leyeron	**leye**ra
poner	pusieron	**pusie**ra	oír	oyeron	**oye**ra
saber	supieron	**supie**ra	**-uir** Verbs		
tener	tuvieron	**tuvie**ra	construir	construyeron	**construye**ra

OTHER IRREGULAR STEMS

ser	fueron	**fue**ra	dar	dieron	**die**ra
ir	fueron	**fue**ra	haber	hubieron	**hubie**ra

a. The imperfect subjunctive of **hay (haber)** is **hubiera**.
b. Stem-changing **-ir** verbs such as **pedir** or **dormir** will show the **e → i** or **o → u** changes throughout the imperfect subjunctive.

IMPERFECT SUBJUNCTIVE: SOME STEM-CHANGING VERBS

e → i: PEDIR	o → u: DORMIR
pidiera	**durm**iera
pidieras	**durm**ieras
pidiera	**durm**iera
pidiéramos	**durm**iéramos
pidierais	**durm**ierais
pidieran	**durm**ieran

c. Irregular and stem-changing verbs use the same imperfect subjunctive endings as regular verbs.

d. You have learned to use the subjunctive when there is a change of subject following verbs that express a request, command, judgment, doubt, denial, or uncertainty. When these verbs are in a past tense, they are followed by the imperfect subjunctive. Compare the following examples.

Mi padre me **dice** que **ponga** mis joyas en la caja de seguridad.	*My father tells me to put my jewelry in the safe deposit box.*
Mi padre me **dijo** que **pusiera** mis joyas en la caja de seguridad.	*My father told me to put my jewelry in the safe deposit box.*
No **creo** que ella **tenga** mucho dinero en su cuenta corriente.	*I don't believe she has much money in her checking account.*
No **creía** que **tuviera** mucho dinero en su cuenta corriente.	*I didn't believe she had much money in her checking account.*

EN CONTEXTO

Señor Irujo Unos amigos **me aconsejaron que viniera** aquí porque este banco tiene préstamos con un interés bajo.

Banquero Bueno, el banco puede prestarle el ochenta por ciento del valor de la compra.

PRÁCTICA Y CONVERSACIÓN

A. Consejos de un banquero. Explique lo que un banquero les aconsejó a sus clientes.

Les aconsejó que...

tener una cuenta de ahorros / poner sus joyas en una caja de seguridad / no pedir préstamos grandes / venir a verlo a menudo / saber cuánto dinero tenían.

B. Las cosas nunca cambian. Ud. habla con su abuelo y compara las ideas de sus padres con los suyos.

> MODELO   ser honrado(-a)
>
> Usted: **Mis padres insisten en que sea honrado(-a).**
>
> Compañero(-a): **Mis padres también insistieron en que yo fuera honrado(-a).**

1. vestirse bien
2. hacer la tarea
3. conducir con cuidado
4. decir la verdad

5. saber las lecciones
6. tener buenos amigos
7. no pedir dinero siempre
8. ir a la universidad

C. La juventud. Hágale preguntas a un(-a) compañero(-a) de clase sobre su juventud y su compañero(-a) debe contestar.

Pregúntele…

1. a qué edad ya no creía que hubiera un Santa Claus.
2. adónde preferían sus padres que fuera para jugar.
3. lo que sus padres insistieron que hiciera.
4. lo que sus padres le aconsejaron que se hiciera en el futuro.
5. a qué hora sus padres le dijeron que se durmiera.

D. ¿Qué no permitían sus padres? En grupos de cinco, explíqueles a los otros miembros del grupo lo que sus padres no permitían que hiciera durante los años de la escuela secundaria. ¿Qué actividades aparecen con más frecuencia? Compare los resultados de su grupo con los de los otros grupos de la clase.

MAKING POLITE REQUESTS

Other Uses of the Imperfect Subjunctive

The imperfect subjunctive forms of **deber**, **poder**, and **querer** are often used to soften a statement or request so that it appears more polite.

a. When used as a polite request, the imperfect subjunctive is the main verb of the sentence. Compare the translations of the following sentences.

Quiero depositar este cheque.	*I want to deposit this check.*
Quisiera depositar este cheque.	*I would like to deposit this check.*
Debes guardarlo en la caja de seguridad.	*You must keep it in the safe deposit box.*
Debieras guardarlo en la caja de seguridad.	*You should keep it in the safe deposit box.*
¿Puede Ud. cobrar este cheque?	*Can you cash this check?*
¿**Pudiera** Ud. cobrar este cheque?	*Could you cash this check?*

b. The imperfect subjunctive is always used after the expression **como si** meaning *as if*.

El cajero habla español **como si fuera** argentino.

The teller speaks Spanish as if he were Argentinian.

EN CONTEXTO

Señor Irujo **Quisiera** obtener una hipoteca para una nueva casa.

Banquero Sr. Irujo, perdone que le diga, pero Ud. habla **como si fuera** muy fácil conseguir un préstamo.

PRÁCTICA Y CONVERSACIÓN

A. La pobre Srta. Salazar. La Srta. Salazar empieza un nuevo trabajo en un banco pero los otros empleados no creen que sea muy simpática o cortés. Ayude a la señorita a ser más simpática cambiando sus verbos al imperfecto del subjuntivo.

1. Quiero más café.
2. Uds. no deben perder tanto tiempo.
3. Quiero ir a almorzar ahora.
4. Carlota debe ir conmigo.
5. ¿Puedes mostrarme donde están las cajas de seguridad?

B. ¿Cómo hacen estas personas sus actividades? Complete las oraciones de una manera lógica.

1. Siempre gasto dinero como si _____.
2. Uno(-a) de mis amigos(-as) maneja como si _____.
3. El (la) profesor(-a) habla español como si _____.
4. Mis padres me tratan (*treat*) como si yo _____.
5. Mi jefe siempre trabaja como si _____.

C. ¿Qué diría Ud. en estas situaciones? Explique lo que Ud. diría o preguntaría para ser cortés.

1. En la clase: Quiere que su profesor(-a) le explique una palabra nueva.
2. En el restaurante: Quiere que el camarero le traiga otro vaso de vino tinto.
3. En la tienda: Quiere ver una blusa roja.
4. En el banco: Necesita cobrar un cheque.
5. En su cuarto: Cree que su compañero(-a) no debe fumar tanto.
6. En la ciudad: No puede encontrar el museo de arte y necesita ayuda.

PUENTE CULTURAL

La moneda extranjera

En los países hispanoamericanos la inflación es un grave problema dentro de la economía del país. Los gobiernos tratan de combatir la inflación pero no tienen éxito siempre. Muchos países han tenido que cambiar su moneda, pues la moncda original había perdido mucho de su valor. Por ejemplo, la antigua moneda del Perú, los **soles**, fueron cambiados a **intis**. En la Argentina el antiguo **peso** fue cambiado al **austral**. Otras monedas hispanoamericanas son el **sucre** en Ecuador, el **balboa** en Panamá, el **guaraní** en el Paraguay, el **bolívar** en Venezuela; algunos otros países, como México y Chile, llaman **peso** a sus respectivas monedas nacionales.

COMPRENSIÓN CULTURAL

Combine el país con su moneda.

1. la Argentina	a. el balboa
2. Ecuador	b. el bolívar
3. México	c. el guaraní
4. Panamá	d. el austral
5. Paraguay	e. el inti
6. el Perú	f. el peso
7. Venezuela	g. el sucre

TERCER ENCUENTRO

PRESENTACIÓN   La correspondencia

Pablo	¡Llegó **la correspondencia!**	✛
Manuel	¿Hay algo para mí?	
Pablo	Sí, el cartero trajo de vuelta° la carta que **enviaste** ayer.	brought back / **enviar** = to send
Manuel	**¡Qué raro!** ¿Será que no tiene suficiente **franqueo** porque va al **extranjero**?	How strange! / postage / abroad
Pablo	¿La **pesaste** antes de mandarla?	**pesar** = to weigh
Manuel	No, la eché en **el buzón** de la esquina. No creía que necesitara más **estampillas** que éstas.	mailbox / stamps
Pablo	¡Ah! Si siguieras mi consejo, no te pasarían estas cosas. Yo tengo que llevar este **paquete** y una tarjeta postal al correo hoy. Si quieres, te la llevo y la pesan allí.	package
Manuel	Te lo agradecería.	
Pablo	Fíjate° que **el sobre** tenga **la dirección** correcta y **el distrito postal.** ¿Te parece que esta **caja** está bien **envuelta**? No quisiera que tuvieran problemas para **entregar**la.	Make sure / envelope / address / postal code / box / wrapped / to deliver
Manuel	¿Va por **correo aéreo**?	air mail
Pablo	No, sería muy caro.	
Manuel	No creo que haya problemas. ¡Uy, espera! Te olvidaste de escribir **el remitente.**	sender
Pablo	Menos mal que **te diste cuenta.**	**darse cuenta** = to realize

Comentarios lingüísticos y culturales

a. **La estampilla** = *stamp* in the Americas. **El sello** = *stamp* in Spain.

b. The expression **darse cuenta de** = *to realize.*

Manuel **se dio cuenta de** que Pablo se había olvidado de escribir el remitente.

PRÁCTICA Y CONVERSACIÓN

A. ¿Comprende Ud.? Conteste según la **Presentación**.

1. ¿Qué trajo el cartero de vuelta?
2. ¿Adónde quería enviar la carta Manuel?
3. ¿Dónde la echó al correo?
4. ¿Por qué volvió la carta?
5. ¿Qué va a llevar Pablo al correo?
6. ¿Va a enviar su paquete por correo aéreo? ¿Por qué (no)?
7. ¿Qué se olvidó de escribir Pablo en el paquete?

B. El sobre. Conteste según la información en el sobre.

1. ¿Qué cosas están escritas en el sobre?
2. ¿Quién es el remitente? ¿En qué ciudad y en qué país está? ¿Cuál es su dirección? ¿y su distrito postal?
3. ¿Para quién es la carta? ¿En qué ciudad y en qué país vive? ¿Cuál es su dirección? ¿y su distrito postal?
4. ¿De qué país son los sellos? ¿Cuánto costaron?

editorial libros de oro, s.a.
Paseo de Gracia, 87
08004 Barcelona
España

Don Manuel A. Esteban Beltrán
5927 Buena Vista Drive
San Bernardino, California 92402
EEUU

C. **Entrevista.** Trabajen en parejas y pregúntele a su compañero(-a) lo siguiente.

Pregúntele...

1. a quién(-es) le (les) escribe regularmente.
2. si recibe muchas cartas del extranjero.
3. a qué hora viene el (la) cartero(-a) a su casa por lo general.
4. si tiene una colección de estampillas.
5. si ha recibido un paquete recientemente. ¿De quién?

D. **El paquete.** ¿Qué haría si tuviera que mandar un paquete a un buen amigo? Ordene las oraciones en forma lógica. Escriba el número de orden delante de la oración.

_____ Escribiría la dirección en el paquete.
_____ Pondría el regalo en una caja.
_____ Le pagaría al dependiente.
_____ Pesaría el paquete.
_____ Iría al centro y compraría el regalo.
_____ Pondría el franqueo.
_____ Envolvería la caja.
_____ Iría al correo.

ASÍ SE HABLA

EXPRESSING REGRET

There are things that you may regret having done or not having done in the past, and also things you are sorry you can't do now or in the future. Here are some expressions you may use to express regret.

¡Qué pena!
¡Qué pesar!
¡Qué lástima no poder...
Lo siento pero no puedo.
Quisiera hacerlo pero...
Es una lástima que...
Siento mucho no...

Past Event = Expression + **haber** + Past Participle
Present or Future Event = Expression + Infinitive

Regret	*Examples*
Siento tanto (no) haber + (past participle)	Siento tanto no haberlo hecho.
Siento mucho (no) haber + (past participle)	Siento mucho haber dejado las ventanas abiertas.
Si hubiera… no habría(n)…	Si hubiera cerrado las ventanas no habrían entrado a robar.
Lamento mucho (no) + (infinitive)	Lamento mucho no poder comprar un coche.
Tengo un remordimiento por…	Tengo un remordimiento por no haber dicho la verdad.
¡Qué pena que no…!	¡Qué pena que no pudiste venir a la fiesta!

PRÁCTICA Y CONVERSACIÓN

A. Ud. siente mucho no haber hecho estas cosas. ¿Cómo expresa su pesar? Dé una explicación breve por qué se siente así.

> **MODELO**   no haberse casado con un millonario
> **Si me hubiera casado con un millonario ahora no tendría que trabajar tanto.**
> **Lamento no haberme casado con un millonario ahora no tendría que trabajar tanto.**

1. no haber estudiado derecho
2. no haber estudiado negocios
3. no poder ir de vacaciones
4. no haberse levantado temprano
5. no ir a casa a visitar a su familia
6. no ver a un amigo en la conferencia

B. Hágale preguntas a su compañero(-a) comenzando con: **¿Por qué (no) + (pasado)? ¿Por qué (no) + (presente)?** Él o ella debe responder usando una expresión de pesar. Luego escriban la conversación que han tenido.

DISCUSSING CONTRARY-TO-FACT SITUATIONS

If Clauses with Imperfect Subjunctive and Conditional

Contrary-to-fact statements such as *If I were you (but I'm not)*. . . are frequently joined with a result statement expressing what would or would not be done: *If I were you, I wouldn't do that.*

a. When a clause introduced by **si** *(if)* expresses a contrary-to-fact situation or an impossible fact, the verb in the **si** clause must be in the imperfect subjunctive. The verb in the main or result clause must be in the conditional.

Contrary-to-fact situation

> **Si tuviera** tiempo, **iría** al correo antes del trabajo.

> *If I had the time (which I don't), I would go to the post office before work.*

Improbable fact

> **Llevaría** su paquete al correo **si termináramos** temprano.

> *I would take your package to the post office if we were to finish early (which is unlikely).*

EN CONTEXTO

Manuel El cartero trajo de vuelta la carta que envié ayer.
Pablo ¡Ah! **Si siguieras** mi consejo, no te **pasarían** estas cosas.

PRÁCTICA Y CONVERSACIÓN

A. En el correo. Si Ud. trabajara en el correo, ¿qué haría Ud.?

Si yo trabajara en el correo…

vender estampillas / pesar paquetes / entregar la correspondencia / leer direcciones / enviar cartas al extranjero / contestar preguntas

B. Una carta a sus padres. Explique en qué situaciones Ud. les escribiría una carta a sus padres.

Les escribiría a mis padres si…

perder todo mi dinero / querer salir de la universidad / tener un problema / preocuparme por los estudios / salir mal en los cursos / conseguir un trabajo

C. ¿Qué haría su compañero(-a)? Pregúntele a un(-a) compañero(-a) de clase lo que haría y su compañero(-a) debe contestar.

Pregúntele…

1. si se levantaría temprano si no tuviera clases.
2. si se sentiría mejor si fuera rico(-a).
3. si escribiría más cartas si tuviera más tiempo.
4. dónde viviría si pudiera mudarse (*to move*).
5. qué compraría primero si ganara la lotería.

D. ¿Qué haría Ud.? Complete las oraciones de una manera lógica.

1. Si yo fuera el (la) presidente(-a) de la universidad, _____ .
2. Iría _____ si tuviera mucho dinero.
3. Si me invitaran a la Casa Blanca en Washington, _____ .
4. Pasaría mis vacaciones en Europa si _____ .
5. Si yo tuviera tiempo, _____ .

PUENTE CULTURAL

La industria y el trabajo

Los países hispanoamericanos son llamados países en vía de desarrollo°. Éstos no son países industrializados, sino países cuya° economía depende de la agricultura y de la exportación de materias primas°. Sin embargo, en las últimas décadas muchos campesinos°, que tradicionalmente se mantenían con el cultivo de la tierra, ahora han emigrado a las ciudades en busca de mejores oportunidades de trabajo en las nuevas fábricas. Los trabajos en las fábricas varían desde la construcción de coches hasta la producción de zapatos.

developing
whose
raw materials
rural workers

COMPRENSIÓN CULTURAL

Complete las siguientes oraciones.

1. Muchos países latinoamericanos son países _____.
2. La economía de estos países depende de _____ y _____.
3. Tradicionalmente los campesinos se ganaban la vida con _____.
4. En los últimos años los campesinos han emigrado _____ para encontrar _____.
5. Los trabajos en las fábricas varían desde _____ hasta _____.

CUARTO ENCUENTRO

PARA LEER BIEN • *The Functions of a Text*

In the **ASÍ SE HABLA** sections you have learned how spoken language is used for different functions. For example, you can use the language to agree, to sympathize, or to complain. Written language also has functions. You can say that this or that text is used to give information, to request information, to describe, to argue a point, and so on.

PRÁCTICA

¿Cuál es el propósito? Read the following letters and assign a function to each one. What do these letters do? What is their purpose? Introduction? Giving information? Persuading? Inviting? Requesting information? Expressing gratitude?

LECTURA   Cartas comerciales

Casa Lautaro, S.A.
Carrera 25 No. 27–102
Barquisimeto 3001
Venezuela

Srta. Leonor Aguirre
Avenida del Libertador 1209
Cali
Colombia

Muy estimada señorita:
　　Conforme con su pedido de fecha 11 del corriente°,　　this month
tenemos el agrado° de comunicarle que en el día de ayer,　　pleasure
en un paquete certificado, le hemos enviado la máquina
de escribir que Ud. nos pidió por teléfono.
　　Aquí le adjunto° la factura por el valor de la　　I enclose
máquina. Le agradeceríamos que hiciera su pago por
cheque o tarjeta de crédito y no en efectivo.
　　Agradecido por su interés en nuestra empresa,

　　　　　　Queda a sus órdenes,

　　　　　　Teodoro Goya
　　　　　　Teodoro Goya
　　　　　　Casa Lautaro, S.A.

Banco de la Nación
CIRCULAR

A los señores miembros del directorio

Muy estimados señores:

El Banco de la Nación se complace° en invitarlos   takes pleasure
a una cena que se celebrará el día 25 de noviembre
en honor del fundador del Banco, Dr. Amadeo Gaitán.

Quisiéramos que nos hicieran saber de su
asistencia° a la brevedad posible°.   attendance / as
                                                            soon as possible

Pendiente de su contestación,

Les saluda atentamente,

José González

José González
Gerente General

PRÁCTICA Y COMPRENSIÓN

A. ¿Comprende Ud.? Conteste de acuerdo con la información de la carta de la Casa Lautaro.

1. ¿Para quién es la carta? ¿Cuál es su dirección?
2. ¿Qué pidió la señorita?
3. ¿Cuándo y cómo la pidió?
4. ¿Qué envían con esta carta?
5. ¿Cómo debe pagar?
6. ¿De quién es la carta?

B. Una invitación. En parejas escriban una invitación para su graduación.

ACTIVIDADES

A. En el banco. You are a tourist in Mexico City. You go to a local bank; a classmate will play the role of a teller. Ask what is the exchange rate for the U.S. dollar in terms of the Mexican peso. Then explain that you want to change $200.00 in U.S. traveler's checks. Thank the teller and leave.

B. Si ganara ese coche... You are a contestant on a TV game show. In order to win a car you must explain to the audience what you would do with the car if you won it. If you can come up with ten uses for the car in just one minute, you win the car!

C. En el correo. You are in Guatemala and must mail a package to a friend in the U.S. A classmate will play the role of a postal clerk. Ask if the package is properly wrapped and if the address is properly written. Ask the clerk what it will cost to send it by regular mail and by air. Choose the less expensive way. Pay for the postage and thank the clerk for the help.

D. Consejos para su hermano(-a). Your little brother/sister is about to enter high school and last night you gave him/her your best advice for success. Today you tell your parents what you told, asked, or advised your brother/sister to do.

PARA ESCRIBIR BIEN • *Writing a Business Letter*

Salutation

Estimada señorita:
Estimado señor:
Muy estimado Dr. Ortega:
Respetable señor:
Muy señor(-es) mío(-s):

Note that generally a colon is used after the salutation of a business letter in Spanish.

Beginning the Text

Tengo el gusto de dirigirme a Ud(-s). para _____ .
En contestación a su amable carta de __(fecha)__ .
Le (les) damos gracias por su carta de __(fecha)__ .
Siento mucho tener que comunicarle(-les) que _____ .

Closing

Muy atentamente,
Le (les) saluda muy atentamente/respetuosamente,
Sin otro particular lo (los) saluda respetuosamente,
En espera de sus prontas noticias, lo (los) saluda atentamente,
Quedo a sus órdenes S.S. (su seguro servidor),

COMPOSICIONES

A. Un programa para estudiantes de intercambio. Write a letter to the Universidad de Cuzco in Cuzco, Peru asking for information about programs for foreign students. Explain for what dates you want the information. Ask about courses, prices, housing arrangements, other activities.

B. Librería Cartagena. Write a letter to Librería Cartagena; Avenida de la República 1342; 08023 Barcelona, España, asking them for information about the price of a book that you need. Then write a follow-up letter thanking them for having sent you the information and asking that they send you the book.

C. Un recado. While your roommate was out his/her brother called. Since you must go to class and your roommate hasn't returned, leave your roommate a note explaining that the brother called and said that your roommate should do the following things: return the books to the library, give him his history report, go with him to the bank on Saturday, lend him some cash.

VOCABULARIO ACTIVO

La oficina comercial	The business office
la acción	share of stock, stock
el archivo	file cabinet
la bolsa	stock market
la calculadora	calculator
la carpeta	file folder
el (la) financista	financier
la (foto) copiadora	photocopying machine, copier
la máquina de escribir	typewriter
el (la) oficinista	office worker
la papelera	wastebasket

El banco	
el (la) banquero(-a)	banker
la caja de seguridad	safe deposit box
el (la) cajero(-a)	teller
la cuenta	account
de ahorros	savings account
corriente	checking account
el cheque	check
la chequera	checkbook
el efectivo	cash

la hipoteca	mortgage
el préstamo	loan
la ventanilla	teller's window

La correspondencia	The mail
el buzón	mailbox
el correo aéreo	air mail
la dirección	address
el distrito postal	postal code
la estampilla	stamp (Americas)
el franqueo	postage
el paquete	package
el remitente	sender
el sello	stamp (Spain)
el sobre	envelope

Otros sustantivos	
la caja	box
el cajón	drawer
el extranjero	abroad
la responsabilidad	responsibility

Verbos	
archivar	to file
atender (ie)	to take care of, attend to

depositar	*to deposit*	**como si**	*as if*
descontar (ue)	*to discount*	**darse cuenta de**	*to realize*
endosar	*to endorse*	**envuelto**	*wrapped*
entregar	*to deliver*	**escribir a máquina**	*to type*
enviar	*to send*	**exigente**	*demanding*
especular	*to speculate*	**El (la) que sigue.**	*Next* (person in line).
firmar	*to sign*		
fotocopiar	*to photocopy*	*pedir dinero prestado*	*to borrow money*
funcionar	*to work, function*	*¡Qué raro!*	*How strange!*
guardar	*to keep, save*	*sino*	*but, but rather*
pesar	*to weigh*	*sino que*	*but rather, on the contrary*
sacar	*to withdraw*		

Otras expresiones

cobrar un cheque	*to cash a check*

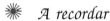 *A recordar*

Review the following situations and tasks that have been presented and practiced in this chapter.

- Express past wants, hopes, advice, doubt, and commands.
- Make polite requests.
- Express regret for your actions.
- Discuss contrary-to-fact situations.
- Complete routine banking transactions.
- Complete routine postal transactions.
- Ask for clarification.
- Write a business letter.

APPENDIX A
Metric Units of Measurement

MEASUREMENT OF LENGTH AND DISTANCE

1 centímetro	=	.3937 inch (less than 1/2 inch)
1 metro	=	39.37 inches (about 1 yard, 3 inches)
1 kilómetro (1.000 metros)	=	.6213 mile (about 5/8 mile)

MEASUREMENT OF WEIGHT

1 gramo	=	.03527 of an ounce
100 gramos	=	3.527 ounces (less than 1/4 pound)
1 kilogramo (1.000 gramos)	=	35.27 ounces (2.2 pounds)

MEASUREMENT OF LIQUID

1 litro	=	1.0567 quarts (slightly more than a quart)

MEASUREMENT OF LAND AREA

1 hectárea	=	2.471 acres

MEASUREMENT OF TEMPERATURE

C = Celsius or Centigrade; F = Fahrenheit

0°C	=	32°F (freezing point of water)
37°C	=	98.6°F (normal body temperature)
100°C	=	212°F (boiling point of water)

CONVERSION OF FAHRENHEIT TO CELSIUS

$$C = \frac{5}{9}(F - 32)$$

CONVERSION OF CELSIUS TO FAHRENHEIT

$$F = \frac{9}{5}C + 32$$

APPENDIX B
Guide to Spanish Pronunciation

VOWELS

The Spanish vowels **a**, **e**, **i**, **o**, **u**, and sometimes **y** are pronounced differently than their English equivalents. English vowel sounds are generally longer than those in Spanish. In addition, English vowel sounds often glide into or merge with other vowels to produce combination sounds. As a general rule you should pronounce Spanish vowels with a short, precise sound: **se** ≠ *say*. Do not reduce Spanish unstressed vowel sounds to *uh* as in English **presidente** ≠ *president*.

a The vowel **a** is pronounced like the *a* in the English word *father*.

la   casa   alumna   Granada

e The vowel **e** has two basic sounds in Spanish.

1. When **e** ends a syllable or is followed in the syllable by **d**, **m**, **n**, or **s**, it is comparable to the *e* in the English word *they*.

   de   pared   empresa   en   es

2. In all other cases it is comparable to the *e* in the English word *get*.

   el   puerta   papel

i, y The vowels **i** and **y** are pronounced like the *i* in the English word *machine*.

cinco   libro   interesante   Chile   y   hay

o The vowel **o** has two basic sounds in Spanish.

1. When it ends a syllable, it is comparable to the **o** in the English word *vote*.

   no   como   bolígrafo   reloj

2. In all other cases it is comparable to the *o* in the English word *for*.

   son   señor   árbol

u The vowel **u** is pronounced like the *u* in the English word *rule*.

usted   universidad   tú   música

DIPHTHONGS

A diphthong is any combination of a weak vowel (**i**, **u**) and a strong vowel (**a**, **e**, **o**), or the combination of two weak vowels. In a diphthong the two vowels are pronounced as a single sound, with the strong vowel (or the second of the two weak vowels) receiving slightly more emphasis than the other.

aire   edific**io**   v**ue**lvo   **tie**ne   c**iu**dad

A written accent mark can be used to eliminate the natural diphthong so that two separate vowels will be heard.

t**í**o   d**í**a   esqu**í**o   cafeter**í**a

CONSONANTS

b, v   **B** and **v** are pronounced exactly alike in Spanish and have two basic sounds.

1. The **b** or **v** that occur at the beginning of a sentence or phrase and after **m** or **n** are pronounced like the *b* in the English word *boy*. The symbol for this sound is /b/.

   biología   tam**b**ién   **B**ogotá   **v**a

2. In all other cases such as in the interior of a word, phrase, or sentence both letters are pronounced similar to an English *b* but with the lips barely touching. This sound has no English equivalent. The symbol for this sound is /b̶/.

   a**b**uelo   no**v**io   a**b**ogado   tra**b**ajar

ce, ci, s, z

In most of the Americas and in some parts of Spain the letters **s**, **z**, and **c** before **e** or **i** are pronounced like the *s* in the English word *sun*.

mú**s**ica   lune**s**   lápi**z**   a**z**ul   **C**e**c**ilia   ha**c**er

ca, co, cu, c + consonant (except h), k, qu

The letter **c** before a consonant (except **h**) or before the vowels **a**, **o**, **u**, the letter **k**, and **qu** before **e** or **i** are represented by the sound /k/. The /k/ sound is similar to the English /k/ but without the puff of air that accompanies the /k/ sound in *cat*.

casa   **c**omer   **c**u**c**hara   **c**liente   **k**ilómetro   **qu**eso   **qu**ien

ch   The **ch** is pronounced like the *ch* in the English word *church*.

o**ch**o   mu**ch**o   **Ch**ile

d   The Spanish **d** has two different pronunciations; neither is like the English *d*.

1. The **d** that occurs at the beginning of a sentence or phrase and after **n** or **l** is pronounced by pressing the front of the tongue against the back of the upper teeth; this sound is represented by /d/.

   día   **d**ónde   el **d**isco   **D**aniel

2. In all other cases the **d** is pronounced like the *th* in the English word *this* and is represented by /đ/.

adiós   nada   Eduardo

f   The **f** is pronounced like the **f** in the English word *film*.

familia   diferente   Federico

ge, gi, j

The Spanish **j** and **g** before **e** or **i** as well as the **x** in **México** and **Texas** are similar to the *h* in the English word *house*. However, in some Spanish dialects the sound is more pronounced and similar to the sound you make when breathing on a pair of glasses to clean them.

gente   región   jardín   José   México

ga, go, gu, g + consonant

The Spanish **ga, go, gu,** and **g + consonant** have two different pronunciations.

1. At the beginning of a phrase or sentence or after **n** or **m**, the Spanish **g + consonant** or the vowels **a, o, u** is pronounced like the English **g** in the word *gas*. The sound is represented phonetically as /g/.

un gato   lengua   Guatemala

2. In all other cases the **g + consonant** or **a, o, u** is pronounced like the *g* in the English word *sugar*; it is represented phonetically as /g̶/.

agua   bolígrafo   Segovia

h   The Spanish **h** is never pronounced; it is silent as in the case of the English word *hour*.

hay   ahora   historia   hotel   Héctor

l   The Spanish single **l** sound resembles the *l* sound in English.

la   capital   película

ll, y

The **ll** is pronounced like the Spanish consonant **y** in most parts of the Spanish-speaking world. The **ll** / **y** sound is like the *y* in the English words *yes* or *yellow*.

tortilla   calle   llama   Guillermo   yo   Yolanda   Yucatán

m   The **m** is pronounced like the *m* in the English word *met*.

muy   comprar   América

n   The **n** is pronounced like the *n* in the English word *net*. However, an **n** before the letters **p, b, v, m** is pronounced like an **m**: **un poco** = / u m p o k o /.

no   tiene   gano
un poco   un baile   un viaje   un mercado

ñ   The **ñ** is similar to the English sound **ny** in *canyon*.

      año   mañana   señor   España

p   The Spanish **p** is similar to the English *p* except that it is not pronounced with the puff of air that accompanies the /p/ sound in *pan*. The English *p* in *spill* sounds like the Spanish **p**.

      pan   **p**ero   ca**p**ital

r   When the letter **r** does not begin a word, it is pronounced by a single flap of the tip of the tongue on the ridge behind the upper front teeth. This sound is similar to the English *tt* in *batter* or *dd* in *ladder*.

      mejo**r**   pe**r**o   pa**r**a   g**r**ande

rr   The letter **r** at the beginning of a word and the letter **rr** in the interior of a word are pronounced by flapping the tip of the tongue on the ridge behind the upper teeth in rapid succession.

      rosa   **R**amón   guita**rr**a   ba**rr**io

t   The Spanish **t** is pronounced by pressing the front of the tongue against the back of the upper front teeth. It is not pronounced with the puff of air of the English word *two*.

      tú   **t**omar   **T**omás   cen**t**ro

x   The Spanish **x** has two basic sounds.

    1. In most cases it is pronounced /ks/ as represented by the English letters *xc* or as found in the English word *excellent*.

      examen   excelente   explicar

    2. The **x** in some proper names is pronounced like the Spanish **j**.

      México   Texas   Don Quixote   Xavier

SYLLABICATION

The stress of a Spanish word is governed by rules that involve syllables. Unless you know how to divide a word into syllables, you cannot be certain where to place the spoken stress or written accent mark.

    The following rules determine the division of Spanish words into syllables.

1. Most syllables in Spanish end with a vowel.

    me-sa   to-ma   li-bro

2. A single consonant between two vowels begins a syllable.

    u-na   pe-ro   ca-mi-sa

3. Generally two consonants are separated so that one ends a syllable and the second begins the next syllable. Remember that the consonants **ch**, **ll**, and **rr** are considered single letters and will begin a syllable. Double **c** and double **n** will separate.

par-que	tam-bién	gran-de	cul-tu-ra
mu-cho	ca-lle	pe-rro	
lec-ción	in-nato		

4. When any consonant except **s** is followed by **l** or **r**, both consonants form a cluster that will begin a syllable.

   ha-blar   si-glo   a-brir   ma-dre   o-tro   is-la

5. Combinations of three or four consonants will divide according to the above rules. The letter **s** will end the preceding syllable.

cen-tral	san-gría	siem-pre	ex-tra-ño
in-dus-trial	ins-truc-ción	es-cri-bir	

6. A combination of two strong vowels (**a**, **e**, **o**) will form two separate syllables.

   mu-se-o   cre-e   ma-es-tro

7. A combination of a strong vowel (**a**, **e**, **o**) and a weak vowel (**i**, **u**) or two weak vowels is called a diphthong. A diphthong forms one syllable.

   ciu-dad   cau-sa   bue-no   pien-sa

   Note: A written accent mark over a weak vowel in combination with another vowel will divide a diphthong into two syllables.

   rí-o   dí-a

   Written accent marks on other vowels will not affect syllabication: lec-ción.

ACCENTUATION

Two basic rules of stress determine how to pronounce individual Spanish words.

1. For words ending in a consonant other than **n** or **s**, the stress falls on the last syllable.

   to**mar**   invi**tar**   pa**pel**   re**loj**   universi**dad**

2. For words ending in a vowel, **-n** or **-s**, the stress falls on the next to last syllable.

clase	**to**man	**ca**sas
to**ma**mos	cor**ba**ta	som**bre**ro

3. A written accent mark is used to indicate an exception to the ordinary rules of stress.

   sábado   to**mé**   lec**ción**   **fá**cil

Note: Words stressed on any syllable except the last or next to last will always carry a written accent mark. Verb forms with attached pronouns are frequently found in this category.

ex**plí**quemelo   levan**tán**dose   prepa**rár**noslas

4. A diphthong is any combination of a weak vowel (**i, u**) and a strong vowel (**a, e, o**) or two weak vowels. In a diphthong the two vowels are pronounced as a single sound with the strong vowel (or the second of the two weak vowels) receiving slightly more emphasis than the other.

piensa   alm**ue**rzo   c**iu**dad   f**ui**mos

A written accent mark can be used to eliminate the natural diphthong so that two separate vowel sounds will be heard.

cafetería   tío   continúe

5. Written accent marks can also be used to distinguish two words with similar spelling and pronunciation but with different meanings.

   a. Interrogative and exclamatory words have a written accent.

cómo	how	por qué	why
cuándo	when	qué	what, how
dónde	where	quién(-es)	who, whom

   b. Demonstrative pronouns have a written accent to distinguish them from the demonstrative adjective forms.

esta mesa	this table	ésta	this one
ese chico	that boy	ése	that one
aquellas montañas	those mountains	aquéllas	those

   c. In nine common word pairs, the written accent mark is the only distinction between the two words.

de	of, from	dé	give
el	the	él	he
mas	but	más	more
mi	my	mí	me
se	himself	sé	I know
si	if	sí	yes
solo	alone	sólo	only
te	you	té	tea
tu	your	tú	you

APPENDIX C
Regular Verbs

Infinitive	hablar *to speak*	aprender *to learn*	vivir *to live*
Present Participle	hablando *speaking*	aprendiendo *learning*	viviendo *living*
Past participle	hablado *spoken*	aprendido *learned*	vivido *lived*

SIMPLE TENSES

Present Indicative *I speak, am speaking, do speak*	hablo hablas habla	aprendo aprendes aprende	vivo vives vive
	hablamos habláis hablan	aprendemos aprendéis aprenden	vivimos vivís viven
Imperfect Indicative *I was speaking, used to speak, spoke*	hablaba hablabas hablaba	aprendía aprendías aprendía	vivía vivías vivía
	hablábamos hablabais hablaban	aprendíamos aprendíais aprendían	vivíamos vivíais vivían
Preterite *I spoke, did speak*	hablé hablaste habló	aprendí aprendiste aprendió	viví viviste vivió
	hablamos lablasteis hablaron	aprendimos aprendisteis aprendieron	vivimos vivisteis vivieron
Future *I will speak, shall speak*	hablaré hablarás hablará	aprenderé aprenderás aprenderá	viviré vivirás vivirá
	hablaremos hablaréis hablarán	aprenderemos aprenderéis aprenderán	viviremos viviréis vivirán

Conditional *I would speak*	hablaría	aprendería	viviría
	hablarías	aprenderías	vivirías
	hablaría	aprendería	viviría
	hablaríamos	aprenderíamos	viviríamos
	hablaríais	aprenderíais	viviríais
	hablarían	aprenderían	vivirían

Present Subjunctive *(that) I speak*	hable	aprenda	viva
	hables	aprendas	vivas
	hable	aprenda	viva
	hablemos	aprendamos	vivamos
	habléis	aprendáis	viváis
	hablen	aprendan	vivan

Imperfect Subjunctive *(that) I speak, might speak*	hablara	aprendiera	viviera
	hablaras	aprendieras	vivieras
	hablara	aprendiera	viviera
	habláramos	aprendiéramos	viviéramos
	hablarais	aprendierais	vivierais
	hablaran	aprendieran	vivieran

Commands *Speak*		—	—	—
	informal	habla (no hables)	aprende (no aprendas)	vive (no vivas)
	formal	hable	aprenda	viva
		hablen	aprendan	vivan

Compound Tenses

Present Perfect Indicative *I have spoken*	he	hemos			
	has	habéis	hablado	aprendido	vivido
	ha	han			

Past Perfect Indicative *I had spoken*	había	habíamos			
	habías	habíais	hablado	aprendido	vivido
	había	habían			

Present Progressive *I am speaking*	estoy	estamos			
	estás	estáis	hablando	aprendiendo	viviendo
	está	están			

Past Progressive *I was speaking*	estaba	estábamos			
	estabas	estabais	hablando	aprendiendo	viviendo
	estaba	estaban			

APPENDIX D
Stem-Changing Verbs

	1. e → ie		2. o → ue	
	pensar	perder	contar	volver
Present Indicative	pienso	pierdo	cuento	vuelvo
	piensas	pierdes	cuentas	vuelves
	piensa	pierde	cuenta	vuelve
	pensamos	perdemos	contamos	volvemos
	pensáis	perdéis	contáis	volvéis
	piensan	pierden	cuentan	vuelven
Present Subjunctive	piense	pierda	cuente	vuelva
	pienses	pierdas	cuentes	vuelvas
	piense	pierda	cuente	vuelva
	pensemos	perdamos	contemos	volvamos
	penséis	perdáis	contéis	volváis
	piensen	pierdan	cuenten	vuelvan

	3. e → ie, i	4. e → i, i	5. o → ue, u
	sentir	pedir	dormir
Present Indicative	siento	pido	duermo
	sientes	pides	duermes
	siente	pide	duerme
	sentimos	pedimos	dormimos
	sentís	pedís	dormís
	sienten	piden	duermen
Present Subjunctive	sienta	pida	duerma
	sientas	pidas	duermas
	sienta	pida	duerma
	sintamos	pidamos	durmamos
	sintáis	pidáis	durmáis
	sientan	pidan	duerman

Preterite	sentí	pedí	dormí
	sentiste	pediste	dormiste
	sintió	pidió	durmió
	sentimos	pedimos	dormimos
	sentisteis	pedisteis	dormisteis
	sintieron	pidieron	durmieron
Imperfect Subjunctive	sintiera	pidiera	durmiera
	sintieras	pidieras	durmieras
	sintiera	pidiera	durmiera
	sintiéramos	pidiéramos	durmiéramos
	sintierais	pidierais	durmierais
	sintieran	pidieran	durmieran
Present Participle	sintiendo	pidiendo	durmiendo

(Note: The verb **jugar** changes **u** → **ue**.)

APPENDIX E
Irregular Verbs

Infinitive	Participles	Present Indicative	Imperfect	Preterite
1. abrir *to open*	abriendo abierto	abro abres abre abrimos abrís abren	abría abrías abría abríamos abríais abrían	abrí abriste abrió abrimos abristeis abrieron
2. andar *to walk*	andando andado	ando andas anda andamos andáis andan	andaba andabas andaba andábamos andabais andaban	anduve anduviste anduvo anduvimos anduvisteis anduvieron
3. caer *to fall*	cayendo caído	caigo caes cae caemos caéis caen	caía caías caía caíamos caíais caían	caí caíste cayó caímos caísteis cayeron
4. conocer *to know* **-cer** verbs: **c → zc** before **a, o**	conociendo conocido	conozco conoces conoce conocemos conocéis conocen	conocía conocías conocía conocíamos conocíais conocían	conocí conociste conoció conocimos conocisteis conocieron
5. construir *to build* **-UIR** verbs: **i → y,** **y** inserted before **a, e, o**	construyendo construido	construyo construyes construye construimos construís construyen	construía construías construía construíamos construíais construían	construí construiste construyó construimos construisteis construyeron

Future	Conditional	Present Subjunctive	Imperfect Subjunctive	Informal/Formal Commands
abriré	abriría	abra	abriera	—
abrirás	abrirías	abras	abrieras	abre (no abras)
abrirá	abriría	abra	abriera	abra
abriremos	abriríamos	abramos	abriéramos	—
abriréis	abriríais	abráis	abrierais	—
abrirán	abrirían	abran	abrieran	abran
andaré	andaría	ande	anduviera	—
andarás	andarías	andes	anduvieras	anda (no andes)
andará	andaría	ande	anduviera	ande
andaremos	andaríamos	andemos	anduviéramos	—
andaréis	andaríais	andéis	anduvierais	—
andarán	andarían	anden	anduvieran	anden
caeré	caería	caiga	cayera	—
caerás	caerías	caigas	cayeras	cae (no caigas)
caerá	caería	caiga	cayera	caiga
caeremos	caeríamos	caigamos	cayéramos	—
caeréis	caeríais	caigáis	cayerais	—
caerán	caerían	caigan	cayeran	caigan
conoceré	conocería	conozca	conociera	—
conocerás	conocerías	conozcas	conocieras	conoce (no conozcas)
conocerá	conocería	conozca	conociera	conozca
conoceremos	conoceríamos	conozcamos	conociéramos	—
conoceréis	conoceríais	conozcáis	conocierais	—
conocerán	conocerían	conozcan	conocieran	conozcan
construiré	construiría	construya	construyera	—
construirás	construirías	construyas	construyeras	construye (no construyas)
construirá	construiría	construya	construyera	construya
construiremos	construiríamos	construyamos	construyéramos	—
construiréis	construiríais	construyáis	construyerais	—
construirán	construirían	construyan	construyeran	construyan

Infinitive	Participles	Present Indicative	Imperfect	Preterite
6. continuar *to continue*	continuando continuado	continúo continúas continúa	continuaba continuabas continuaba	continué continuaste continuó
		continuamos continuáis continúan	continuábamos continuabais continuaban	continuamos continuasteis continuaron
7. dar *to give*	dando dado	doy das da	daba dabas daba	di diste dio
		damos dais dan	dábamos dabais daban	dimos disteis dieron
8. decir *to say, tell*	diciendo dicho	digo dices dice	decía decías decía	dije dijiste dijo
		decimos decís dicen	decíamos decíais decían	dijimos dijisteis dijeron
9. empezar (e → ie) *to begin* -zar verbs: z → c before e	empezando empezado	empiezo empiezas empieza	empezaba empezabas empezaba	empecé empezaste empezó
		empezamos empezáis empiezan	empezábamos empezabais empezaban	empezamos empezasteis empezaron
10. escoger *to choose* -ger verbs: g → j before a, o	escogiendo escogido	escojo escoges escoge	escogía escogías escogía	escogí escogiste escogió
		escogemos escogéis escogen	escogíamos escogíais escogían	escogimos escogisteis escogieron
11. esquiar *to ski*	esquiando esquiado	esquío esquías esquía	esquiaba esquiabas esquiaba	esquié esquiaste esquió
		esquiamos esquiáis esquían	esquiábamos esquiabais esquiaban	esquiamos esquiasteis esquiaron

Future	Conditional	Present Subjunctive	Imperfect Subjunctive	Informal/Formal Commands
continuaré	continuaría	continúe	continuara	—
continuarás	continuarías	continúes	continuaras	continúa (no continúes)
continuará	continuaría	continúe	continuara	continúe
continuaremos	continuaríamos	continuemos	continuáramos	—
continuaréis	continuarías	continuéis	continuarais	—
continuarán	continuarían	continúen	continuaran	continúen
daré	daría	dé	diera	—
darás	darías	des	dieras	da (no des)
dará	daría	dé	diera	dé
daremos	daríamos	demos	diéramos	—
daréis	daríais	deis	dierais	—
darán	darían	den	dieran	den
diré	diría	diga	dijera	—
dirás	dirías	digas	dijeras	di (no digas)
dirá	diría	diga	dijera	diga
diremos	diríamos	digamos	dijéramos	—
diréis	diríais	digáis	dijerais	—
dirán	dirían	digan	dijeran	digan
empezaré	empezaría	empiece	empezara	—
empezarás	empezarías	empieces	empezaras	empieza (no empieces)
empezará	empezaría	empiece	empezara	empiece
empezaremos	empezaríamos	empecemos	empezáramos	—
empezaréis	empezaríais	empecéis	empezarais	—
empezarán	empezarían	empiecen	empezaran	empiecen
escogeré	escogería	escoja	escogiera	—
escogerás	escogerías	escojas	escogieras	escoge (no escojas)
escogerá	escogería	escoja	escogiera	escoja
escogeremos	escogeríamos	escojamos	escogiéramos	—
escogeréis	escogeríais	escojáis	escogierais	—
escogerán	escogerían	escojan	escogieran	escojan
esquiaré	esquiaría	esquíe	esquiara	—
esquiarás	esquiarías	esquíes	esquiaras	esquía (no esquíes)
esquiará	esquiaría	esquíe	esquiara	esquíe
esquiaremos	esquiaríamos	esquiemos	esquiáramos	—
esquiaréis	esquiaríais	esquiéis	esquiarais	—
esquiarán	esquiarían	esquíen	esquiaran	esquíen

Infinitive	Participles	Present Indicative	Imperfect	Preterite
12. estar *to be*	estando estado	estoy estás está	estaba estabas estaba	estuve estuviste estuvo
		estamos estáis están	estábamos estabais estaban	estuvimos estuvisteis estuvieron
13. haber *to have*	habiendo habido	he has ha [hay]	había habías había	hube hubiste hubo
		hemos habéis han	habíamos habíais habían	hubimos hubisteis hubieron
14. hacer *to make*, do	haciendo hecho	hago haces hace	hacía hacías hacía	hice hiciste hizo
		hacemos hacéis hacen	hacíamos hacíais hacían	hicimos hicisteis hicieron
15. ir *to go*	yendo ido	voy vas va	iba ibas iba	fui fuiste fue
		vamos vais van	íbamos ibais iban	fuimos fuisteis fueron
16. leer *to read* i → y: stressed i → í	leyendo leído	leo lees lee	leía leías leía	leí leíste leyó
		leemos leéis leen	leíamos leíais leían	leímos leísteis leyeron
17. oír *to hear* i → y	oyendo oído	oigo oyes oye	oía oías oía	oí oíste oyó
		oímos oís oyen	oíamos oíais oían	oímos oísteis oyeron

Future	Conditional	Present Subjunctive	Imperfect Subjunctive	Informal/Formal Commands
estaré	estaría	esté	estuviera	—
estarás	estarías	estés	estuvieras	está (no estés)
estará	estaría	esté	estuviera	esté
estaremos	estaríamos	estemos	estuviéramos	
estaréis	estaríais	estéis	estuvierais	
estarán	estarían	estén	estuvieran	estén
habré	habría	haya	hubiera	—
habrás	habrías	hayas	hubieras	—
habrá	habría	haya	hubiera	—
habremos	habríamos	hayamos	hubiéramos	—
habréis	habríais	hayáis	hubierais	—
habrán	habrían	hayan	hubieran	—
haré	haría	haga	hiciera	—
harás	harías	hagas	hicieras	haz (no hagas)
hará	haría	haga	hiciera	haga
haremos	haríamos	hagamos	hiciéramos	—
haréis	haríais	hagáis	hicierais	—
harán	harían	hagan	hicieran	hagan
iré	iría	vaya	fuera	—
irás	irías	vayas	fueras	ve (no vayas)
irá	iría	vaya	fuera	vaya
iremos	iríamos	vayamos	fuéramos	—
iréis	iríais	vayáis	fuerais	—
irán	irían	vayan	fueran	vayan
leeré	leería	lea	leyera	—
leerás	leerías	leas	leyeras	lee (no leas)
leerá	leería	lea	leyera	lea
leeremos	leeríamos	leamos	leyéramos	—
leeréis	leeríais	leáis	leyerais	—
leerán	leerían	lean	leyeran	lean
oiré	oiría	oiga	oyera	—
oirás	oirías	oigas	oyeras	oye (no oigas)
oirá	oiría	oiga	oyera	oiga
oiremos	oiríamos	oigamos	oyéramos	—
oiréis	oiríais	oigáis	oyerais	—
oirán	oirían	oigan	oyeran	oigan

Infinitive	Participles	Present Indicative	Imperfect	Preterite
18. pagar *to pay* **-gar** verbs: **g → gu** before **e**	pagando pagado	pago pagas paga pagamos pagáis pagan	pagaba pagabas pagaba pagábamos pagabais pagaban	pagué pagaste pagó pagamos pagasteis pagaron
19. poder *can, to be able*	pudiendo podido	puedo puedes puede podemos podéis pueden	podía podías podía podíamos podíais podían	pude pudiste pudo pudimos pudisteis pudieron
20. poner *to place, put*	poniendo puesto	pongo pones ponc ponemos ponéis ponen	ponía ponías ponía poníamos poníais ponían	puse pusiste puso pusimos pusisteis pusieron
21. querer *to want, wish*	queriendo querido	quiero quicrcs quiere queremos queréis quieren	quería querías quería queríamos queríais querían	quise quisiste quiso quisimos quisisteis quisieron
22. romper *to break*	rompiendo roto	rompo rompes rompe rompemos rompéis rompen	rompía rompías rompía rompíamos rompíais rompían	rompí rompiste rompió rompimos rompisteis rompieron
23. saber *to know*	sabiendo sabido	sé sabes sabe sabemos sabéis saben	sabía sabías sabía sabíamos sabíais sabían	supe supiste supo supimos supisteis supieron

Future	Conditional	Present Subjunctive	Imperfect Subjunctive	Informal/Formal Commands
pagaré	pagaría	pague	pagara	—
pagarás	pagarías	pagues	pagaras	paga (no pagues)
pagará	pagaría	pague	pagara	pague
pagaremos	pagaríamos	paguemos	pagáramos	
pagaréis	pagaríais	paguéis	pagarais	
pagarán	pagarían	paguen	pagaran	paguen
podré	podría	pueda	pudiera	—
podrás	podrías	puedas	pudieras	—
podrá	podría	pueda	pubiera	—
podremos	podríamos	podamos	pudiéramos	—
podréis	podríais	podáis	pudierais	—
podrán	podrían	puedan	pudieran	—
pondré	pondría	ponga	pusiera	—
pondrás	pondrías	pongas	pusieras	pon (no pongas)
pondrá	pondría	ponga	pusiera	ponga
pondremos	pondríamos	pongamos	pusiéramos	—
pondréis	pondríais	pongáis	pusierais	—
pondrán	pondrían	pongan	pusieran	pongan
querré	querría	quiera	quisiera	—
querrás	querrías	quieras	quisieras	quiere (no quieras)
querrá	querría	quiera	quisiera	quiera
querremos	querríamos	queramos	quisiéramos	—
querréis	querríais	queráis	quisierais	—
querrán	querrían	quieran	quisieran	quieran
romperé	rompería	rompa	rompiera	—
romperás	romperías	rompas	rompieras	rompe (no rompas)
romperá	rompería	rompa	rompiera	rompa
romperemos	romperíamos	rompamos	rompiéramos	—
romperéis	romperíais	rompáis	rompierais	—
romperán	romperían	rompan	rompieran	rompan
sabré	sabría	sepa	supiera	—
sabrás	sabrías	sepas	supieras	sabe (no sepas)
sabrá	sabría	sepa	supiera	sepa
sabremos	sabríamos	sepamos	supiéramos	—
sabréis	sabríais	sepáis	supierais	—
sabrán	sabrían	sepan	supieran	sepan

Infinitive	Participles	Present Indicative	Imperfect	Preterite
24. salir	saliendo	salgo	salía	salí
to leave	salido	sales	salías	saliste
		sale	salía	salió
		salimos	salíamos	salimos
		salís	salíais	salisteis
		salen	salían	salieron
25. seguir (e → i, i)	siguiendo	sigo	seguía	seguí
to follow	seguido	sigues	seguías	seguiste
		sigue	seguía	siguió
gu → g				
before **a, o**		seguimos	seguíamos	seguimos
		seguís	seguíais	seguisteis
		siguen	seguían	siguieron
26. ser	siendo	soy	era	fui
to be	sido	eres	eras	fuiste
		cs	cra	fue
		somos	éramos	fuimos
		sois	erais	fuisteis
		son	eran	fueron
27. tener	teniendo	tengo	tenía	tuve
to have	tenido	tiencs	tenías	tuviste
		tiene	tenía	tuvo
		tenemos	teníamos	tuvimos
		tenéis	teníais	tuvisteis
		tienen	tenían	tuvieron
28. tocar	tocando	toco	tocaba	toqué
to play	tocado	tocas	tocabas	tocaste
		toca	tocaba	tocó
-car verbs:				
c → qu		tocamos	tocábamos	tocamos
before **e**		tocáis	tocabais	tocasteis
		tocan	tocaban	tocaron
29. traducir	traduciendo	traduzco	traducía	traduje
to translate	traducido	traduces	traducías	tradujiste
		traduce	traducía	tradujo
-cir verbs:		traducimos	traducíamos	tradujimos
c → zc		traducís	traducíais	tradujisteis
before **a, o**		traducen	traducían	tradujeron

Future	Conditional	Present Subjunctive	Imperfect Subjunctive	Informal/Formal Commands
saldré	saldría	salga	saliera	—
saldrás	saldrías	salgas	salieras	sal (no salgas)
saldrá	saldría	salga	saliera	salga
saldremos	saldríamos	salgamos	saliéramos	—
saldréis	saldríais	salgáis	salierais	—
saldrán	saldrían	salgan	salieran	salgan
seguiré	seguiría	siga	siguiera	—
seguirás	seguirías	sigas	siguieras	sigue (no sigas)
seguirá	seguiría	siga	siguiera	siga
seguiremos	seguiríamos	sigamos	siguiéramos	—
seguiréis	seguiríais	sigáis	siguierais	—
seguirán	seguirían	sigan	siguieran	sigan
seré	sería	sea	fuera	—
serás	serías	seas	fueras	sé (no seas)
será	sería	sea	fuera	sea
seremos	seríamos	seamos	fuéramos	—
seréis	seríais	seáis	fuerais	—
serán	serían	sean	fueran	sean
tendré	tendría	tenga	tuviera	—
tendrás	tendrías	tengas	tuvieras	ten (no tengas)
tendrá	tendría	tenga	tuviera	tenga
tendremos	tendríamos	tengamos	tuviéramos	—
tendréis	tendríais	tengáis	tuvierais	—
tendrán	tendrían	tengan	tuvieran	tengan
tocaré	tocaría	toque	tocara	—
tocarás	tocarías	toques	tocaras	toca (no toques)
tocará	tocaría	toque	tocara	toque
tocaremos	tocaríamos	toquemos	tocáramos	—
tocaréis	tocaríais	toquéis	tocarais	—
tocarán	tocarían	toquen	tocaran	toquen
traduciré	traduciría	traduzca	tradujera	—
traducirás	traducirías	traduzcas	tradujeras	traduce (no traduzcas)
traducirá	traduciría	traduzca	tradujera	traduzca
traduciremos	traduciríamos	traduzcamos	tradujéramos	—
traduciréis	traduciríais	traduzcáis	tradujerais	—
traducirán	traducirían	traduzcan	tradujeran	traduzcan

Infinitive	Participles	Present Indicative	Imperfect	Preterite
30. traer *to bring*	trayendo traído	traigo traes trae	traía traías traía	traje trajiste trajo
		traemos traéis traen	traíamos traíais traían	trajimos trajisteis trajeron
31. valer *to be worth*	valiendo valido	valgo vales vale	valía valías valía	valí valiste valió
		valemos valéis valen	valíamos valíais valían	valimos valisteis valieron
32. venir *to come*	viniendo venido	vengo vienes viene	venía venías venía	vine viniste vino
		venimos venís vienen	veníamos veníais venían	venimos vinisteis vinieron
33. ver *to see*	viendo visto	veo ves ve	veía veías veía	vi viste vio
		vemos veis ven	veíamos veíais veían	vimos visteis vieron
34. volver (o → ue) *to return*	volviendo vuelto	vuelvo vuelves vuelve	volvía volvías volvía	volví volviste volvió
		volvemos volvéis vuelven	volvíamos volvíais volvían	volvimos volvisteis volvieron

Future	Conditional	Present Subjunctive	Imperfect Subjunctive	Informal/Formal Commands
traeré	traería	traiga	trajera	—
traerás	traerías	traigas	trajeras	trae (no traigas)
traerá	traería	traiga	trajera	traiga
traeremos	traeríamos	traigamos	trajéramos	—
traeréis	traeríais	traigáis	trajerais	—
traerán	traerían	traigan	trajeran	traigan
valdré	valdría	valga	valiera	—
valdrás	valdrías	valgas	valieras	val (no valgas)
valdrá	valdría	valga	valiera	valga
valdremos	valdríamos	valgamos	valiéramos	—
valdréis	valdríais	valgáis	valierais	—
valdrán	valdrían	valgan	valieran	valgan
vendré	vendría	venga	viniera	—
vendrás	vendrías	vengas	vinieras	ven (no vengas)
vendrá	vendría	venga	viniera	venga
vendremos	vendríamos	vengamos	viniéramos	—
vendréis	vendríais	vengáis	vinierais	—
vendrán	vendrían	vengan	vinieran	vengan
veré	vería	vea	viera	—
verás	verías	veas	vieras	ve (no veas)
verá	vería	vea	viera	vea
veremos	veríamos	veamos	viéramos	—
veréis	veríais	veáis	vierais	—
verán	verían	vean	vieran	vean
volveré	volvería	vuelva	volviera	—
volverás	volverías	vuelvas	volvieras	vuelve (no vuelvas)
volverá	volvería	vuelva	volviera	vuelva
volveremos	volveríamos	volvamos	volviéramos	—
volveréis	volveríais	volváis	volvierais	—
volverán	volverían	vuelvan	volvieran	vuelvan

APPENDIX F
Supplemental Verb Tenses

The future perfect and conditional perfect tenses as well as the present perfect and past perfect subjunctive tenses are not actively taught within the main text of **Encuentros**. These tenses are of much lower frequency than the other tenses included and are not essential for basic communication in Spanish. Charts showing the formation of these tenses accompanied by a brief explanation, translation, and examples are presented for reference.

1. FUTURE PERFECT INDICATIVE

The future perfect tense is formed with the future tense of the auxiliary verb **haber** plus the past participle of the main verb.

habré habrás habrá habremos habréis habrán	{hablado comido salido	*I will have* *you will have* *he, she, you will have* *we will have* *you will have* *they, you will have* {*spoken* *eaten* *left*

The future perfect expresses an action that will have taken place by some future time or before another future action.

Para el año 1997 **me habré graduado**.   *By the year 1997 I will have graduated.*
Habremos terminado el informe cuando   *We will have finished the report when the*
   llegue el jefe.   *boss arrives.*

2. CONDITIONAL PERFECT INDICATIVE

The conditional perfect tense is formed with the conditional tense of the auxiliary verb **haber** plus the past participle of the main verb.

habría		*I would have*	
habrías	⎧ hablado	*you would have*	⎧ *spoken*
habría	⎨ comido	*he, she, you would have*	⎨ *eaten*
habríamos	⎩ salido	*we would have*	⎩ *left*
habríais		*you would have*	
habrían		*they, you would have*	

The conditional perfect is often used to express something that would have or might have happened if certain other conditions had been met. In such cases the past perfect subjunctive is used in the *if* clause while the conditional perfect is in the main clause of the sentence.

Habríamos viajado a México si hubiéramos tenido más tiempo.

We would have traveled to Mexico if we would have had more time.

Si me hubieras llamado más temprano, **habría ido** a tu fiesta.

If you had called me earlier, I would have gone to your party.

3. PRESENT PERFECT SUBJUNCTIVE

The present perfect subjunctive is formed with the present subjunctive of the auxiliary verb **haber** plus the past participle of the main verb.

	haya			*I have*	
	hayas	⎧ hablado		*you have*	⎧ *spoken*
que	haya	⎨ comido	*(that)*	*he, she has; you have*	⎨ *eaten*
	hayamos	⎩ salido		*we have*	⎩ *left*
	hayáis			*you have*	
	hayan			*they, you have*	

The present perfect subjunctive is used to talk about an action completed before the action of the main verb; the main verb must be in the present or future tenses or command form.

Mi madre espera que ya **hayamos terminado** la tarea.

My mother hopes that we have already finished the homework.

Es posible que **hayan ido** al cine.

It's possible that they have gone to the movies.

4. PAST PERFECT SUBJUNCTIVE

The past perfect subjunctive is formed with the imperfect subjunctive of the auxiliary verb **haber** plus the past participle of the main verb.

que	hubiera hubieras hubiera hubiéramos hubierais hubicran	{ hablado comido salido	(that)	I had you had he, she had, you had we had you had they, you had	{ spoken eaten left

The past perfect subjunctive is used to talk about an action that had taken place before the action of the main verb; the main verb may be in any past tense or the conditional tense. The past perfect subjunctive is also used in *if* clauses of contrary-to-fact statements when the main clause is in the conditional perfect tense.

Mi madre esperaba que ya **hubiéramos terminado** la tarea.

My mother hoped that we had already finished the homework.

Si **hubiera tenido** más dinero, habría comprado más regalos.

If I had more money, I would have bought more gifts.

Spanish-English Vocabulary

This vocabulary includes the meanings of all Spanish words and expressions which have been glossed or listed as active vocabulary in this textbook. Most proper nouns, conjugated verb forms, and cognates used as passive vocabulary are not included here.

The Spanish style of alphabetization has been followed: **c** precedes **ch**, **l** precedes **ll**, **n** precedes **ñ**, and **r** precedes **rr**. A word without a written accent mark appears before the form with a written accent: i.e., **si** precedes **sí**. Stem-changing verbs are indicated by the change in parentheses following the infinitive: **(ie)**, **(ue)**, **(i)**, **(ie, i)**, **(ue, u)**, or **(i, i)**.

The number following the English meaning refers to the chapter in which the vocabulary item was first introduced actively; the letters **EP** refer to the **Encuentro preliminar**.

The following abbreviations are used:

abb	abbreviation	*Mex*	Mexico
aff	affirmative	*n*	noun
adj	adjective	*neg*	negative
adv	adverb	*obj*	object
Am	Americas	*pl*	plural
art	article	*pp*	past participle
conj	conjunction	*poss*	possessive
dir obj	direct object	*prep*	preposition
f	feminine	*pron*	pronoun
fam	familiar	*refl*	reflexive
form	formal	*rel*	relative
indir obj	indirect object	*s*	singular
inf	infinitive	*Sp*	Spain
interr	interrogative	*subj*	subject
m	masculine		

A

a to, toward, at **1**; **a casa** home **3**; **a dieta** on a diet **5**; **a la derecha** to (on) the right **5**; **a la izquierda** to (on) the left **5**; **a la semana** per week, a week **8**; **a menos que** unless **15**; **a menudo** often **2**; **¿a qué hora?** (at) what time? **3**; **a tiempo** on time **3**; **a veces** sometimes **2**; **a ver** let's see **12**

abierto *pp* opened **16**

el(la) **abogado(-a)** lawyer **3**
abonar to pay **16**
el **abrazo** hug **1**; **abrazos** hugs (typical closing for a personal letter) **1**
el **abrigo** coat, overcoat **8**

abril April **4**

abrir to open **6**; **abierto** *pp* opened **16**

el(la) **abuelo(-a)** grandfather(-mother) **3**; los **abuelos** grandparents **3**

aburrido bored **1**

acabar to finish, run out **14**; **acabar de + inf** to have just (done something) **6**

el **acantilado** cliff

la **acción** stock, share of stock **18**

el **aceite** oil, salad oil **5**

aceptar to accept **2**

acerca de about, concerning

aclarar to clarify **16**

acomodar to accommodate

aconsejable advisable

aconsejar to advise **13**

acostarse (ue) to go to bed **8**

acostumbrarse to become accustomed

la **actividad** activity

activo active

actual current, present, present-day

la **actualidad** present, present time

el **acuerdo** agreement **12**; **llegar a un acuerdo** to reach an agreement **12**; **estar de acuerdo** to agree, be in agreement **2**

el **adelanto** advance, advancement

además besides, furthermore **12**

adiós good-bye **EP**

la **advinanza** riddle

el **adjetivo** adjective

adjuntar to enclose (in a letter)

la **administración** administration **11**; **la administración de empresas** business administration **11**

¿adónde? where? (with verbs of motion) **3**

adornar to decorate, adorn

la **aduana** customs **15**

el **adverbio** adverb

el **aeropuerto** airport **15**

afeitarse to shave **8**

el(la) **aficionado(-a)** fan, sports fan **10**

afuera outside, outdoors **8**

las **afueras** outskirts, suburbs **17**

la **agencia** agency **12**; **la agencia de empleos** employment agency **12**; **la agencia de viajes** travel agency **15**

el(la) **agente** agent **12**

agosto August **4**

agradable nice, pleasant **4**

agradecer to thank

el **agrado** pleasure

el **agua** *f* water **5**; **el agua mineral** mineral water, bottled water **7**

la **aguja** needle

ahí there (near person addressed)

el(la) **ahijado(-a)** godson(-daughter); *pl* godchildren

ahora now **1**

los **ahorros** *pl* savings **18**; **la cuenta de ahorros** savings account **18**

el **aire** air **16**; **el aire acondicionado** air-conditioning **16**; **la contaminación del aire** air pollution **17**

aislado isolated

el **ajedrez** chess **13**

el **ajo** garlic **5**

al (a + el) to the + m s noun **3**; **al día** per day, **6**; **al + inf** upon + present participle **13**; **al lado de** next to **9**

el **alcalde** mayor **17**

alcanzar to gain, obtain

alegre happy

alemán *adj* German **2**

el **alemán** German (language) **2**

Alemania Germany **2**

alérgico allergic **14**; **ser alérgico a** to be allergic to **14**

la **alfabetización** literacy

la **alfombra** rug **9**

la **algarabía** hustle-bustle

algo something **5**; **algo más** something else, something more

el **algodón** cotton **6**

alguien someone, somebody **8**

alguno, algún, alguna some, any, someone **5**; *pl* some, a few **5**

los **almacenes** department store **6**

almorzar (ue) to have lunch, to eat lunch **5**

el **almuerzo** lunch **5**

alojarse to stay, lodge **16**

alquilar to rent

alrededor de around, about

el **altavoz** loud-speaker

alto tall **2**

el(la) **alumno(-a)** student **EP**

allí there, over there **1**

el **ama de casa** *f* housewife **3**

amarillo yellow **2**

el **ambiente** environment, atmosphere

el(la) **amigo(-a)** friend **1**

la **amistad** friendship

ancho wide **8**

angosto tight **8**; narrow **17**

el **anillo** ring **8**

el **ánimo** spirit; **dar ánimo** to encourage **11**

anoche last night **6**

anteayer day before yesterday **6**

antes de *prep* before **7**

antes que *conj* before **15**

el **antibiótico** antibiotic **14**

antiguo old, ancient **17**; *before noun* former **17**

anunciar to announce **15**

el **anuncio** advertisement **6**

el **año** year **3**; **tener. . .años** to be...years old **3**

el **apartamento** apartment **2**

el **apellido** last name **12**

aprender to learn **2**

aprobar (ue) to pass a course, exam **11**

los **apuntes** *pl* notes, classnotes **11**

aquel, aquella *adj* that (distant) **5**; **aquellos(-as)** *pl* those (distant) **5**

aquél, aquélla *pron* that (one) **12**; **aquéllos(-as)** *pl* those (ones) **12**

aquello *neuter pron* that **12**

aquí here **1**

el **árbol** tree **4**
el **arco** arch **17**
archivar to file **18**
el **archivo** file cabinet **18**
la **arena** sand **13**
el **arete** earring
argentino *adj* Argentinian **2**
el(la) **arquitecto(-a)** architect **3**
la **arquitectura** architecture **3**
arreglar to fix, repair **6**; to arrange, tidy up **9**
arreglarse to get ready **8**
el **arroz** rice **7**
arrugado wrinkled **16**
el **arte** *f* art **11**; **las bellas artes** fine arts **11**
el **artículo** article **6**
el **ascensor** elevator **16**
asegurar to assure, secure **16**
asesinar to murder
así in this way, thus; **así que** therefore; **no es así** it's not that way **3**
el **asiento** seat **10**
la **asistencia** attendance
el(la) **asistente social** social worker **12**
asistir a to attend **2**
asombrar to astonish
el(la) **aspirante** applicant, candidate **12**
la **aspirina** aspirin **14**
atar to tie
atender (ie) to take care of, to attend to **18**
aterrizar to land **15**
el(la) **atleta** athlete **10**
atraer to attract
aumentar to increase **17**
el **aumento** raise **12**
el **autobús** bus **17**; **el bus** bus **17**
el **automóvil** automobile **17**; **el auto** auto **17**
la **avenida** avenue **17**
la **aventura** adventure **13**; **de aventura** *adj* adventure **13**
el **avión** airplane **15**
avisar to tell, advise **15**
ayer yesterday **6**

ayudar to help, aid **9**
el **ayuntamiento** city hall **17**
la **azafata** stewardess **15**
el **azúcar** sugar **5**
azul blue **2**

B

bailar to dance **1**
el **baile** dance **11**
bajar to go down(stairs) **9**; **bajar de peso** to lose weight **5**; **bajar el equipaje** to take the luggage down **16**
bajo short **2**
la **banana** banana **7**
el **banco** bank **17**
el(la) **banquero(-a)** banker **18**
bañarse to take a bath, bathe **8**
el **baño** bathroom **9**
barato inexpensive, cheap **6**
el **barco** ship, boat **15**
barrer to sweep **9**
el **barrio** neighborhood, section of town **17**
el **básquetbol** basketball **10**
¡Basta! Enough! Stop it! **10**
bastante *adj* enough **5**
bastante *adv* rather **EP**
la **basura** trash, garbage **9**; **sacar la basura** to take out the trash, garbage **9**
la **bata** robe, bathrobe **8**
el **bautismo** baptism, **3**
el **bebé** baby **3**
beber to·drink **2**
la **bebida** drink **5**
la **beca** scholarship **11**
el **béisbol** baseball **10**
las **bellas artes** *pl* fine arts **11**
la **belleza** beauty
el **beneficio** benefit **12**; **los beneficios sociales** fringe benefits **12**
la **biblioteca** library **1**
la **bicicleta** bicycle **13**; **montar en bicicleta** to ride a bicycle **13**
bien well **EP**
la **biología** biology **1**
el **bistec** steak **5**

blanco white **2**
la **blusa** blouse **6**
la **boca** mouth **14**
el **bocadillo** snack, small sandwich
la **boda** wedding **6**
la **boletería** ticket office **10**
el **boleto** ticket **15**; **el boleto de ida y vuelta** round-trip ticket **15**
el **bolígrafo** pen, ballpoint pen **1**
la **bolsa** purse, handbag; **6**; stock market **18**
el(la) **bombero(-a)** firefighter **12**
bonito pretty **2**
la **bota** boot **6**
el **botones** bellman **16**
la **boutique** boutique, specialty shop **6**
el **boxeo** boxing **10**
el **brazo** arm **14**
el **bronceado** suntan **13**
la **bruja** witch
buenísimo very good **10**
bueno, buen, buena, *adj* good **2**; **bueno** *adv* well, all right; **es bueno** it's good **4**; **Buen provecho.** Enjoy your meal. **7**; **Buen viaje.** Have a good trip. **15**; **Buena suerte.** Good luck, **6**; **Buenas noches.** Good evening. Good night. **EP**; **Buenas tardes.** Good afternoon. **EP**; **Buenos días.** Good morning. **EP**; **¡Qué bueno!** That's good! **EP**
la **bufanda** scarf **8**
el **bus** bus **17**
buscar to look for **4**
el **buzón** mailbox **18**

C

el **caballo** horse **13**; **montar a caballo** to ride horseback **13**
la **cabeza** head **8**
cada each, every **5**
la **cadera** hip **14**
caer to fall **14**
el **café** café, coffee shop **1**; coffee **2**; **el café con leche** coffee with warmed milk **5**; **el café solo** black coffee **7**

la **caja** cash register, cashier's desk, counter **6**; box **18**; la **caja de seguridad** safe deposit box **18**

el(la) **cajero(-a)** cashier **6**; teller **18**

el **cajón** drawer **18**

los **calcetines** *pl* socks **6**

la **calculadora** calculator **18**

el **calendario** calendar **4**

caliente hot (in temperature) **7**

calmar to calm, ease **14**

el **calor** heat **4**; **hace calor** it's hot **4**; **tener calor** to be hot **8**

la **caloría** calorie **5**; **contar calorías** to count calories **5**

la **calle** street **17**

la **cama** bed **9**; **hacer la cama** to make the bed **9**

el(la) **camarero(-a)** waiter (waitress) **7**; steward **15**; *f* (chamber)maid **16**

cambiar to exchange, change **6**; **cambiar dinero** to change money **15**

el **cambio** change, exchange **10**; **en cambio** on the other hand

caminar to walk **1**

el **camión** truck **17**

la **camisa** shirt **6**

la **camiseta** tee-shirt **6**

el(la) **campeón(-a)** champion **10**

el **campeonato** championship **10**

el(la) **campesino(-a)** rural person

el **campo** country, rural area, field

la **canasta** basket

la **cancha** field, court **10**

cansado tired **1**

cantar to sing **1**

la **capital** capital (city) **2**

el **capítulo** chapter **EP**

la **cara** face **8**

cariñoso loving, affectionate

la **carne** meat **5**; **la carne asada** grilled meat; beef **7**

caro expensive **6**

la **carpeta** file folder **18**

el(la) **carpintero(-a)** carpenter, cabinetmaker **12**

la **carta** letter **2**; playing card **13**

la **carrera** career **1**

el **carro** car (*Am*) **17**

el **cartel** poster, sign

el(la) **cartero(-a)** letter carrier, mail carrier **12**

la **casa** house **1**; **a casa** home **3**; **en casa** at home **1**

casado married **3**

casarse to get married **15**

casi almost **17**

la **catarata** waterfall, falls

la **catedral** cathedral **17**

catorce fourteen **EP**

la **cebolla** onion **5**

celebrar to celebrate **3**

célebre famous

la **cena** supper, light evening meal **5**

cenar to eat supper

el **centro** center, downtown **6**; el **centro comercial** shopping center, mall **6**; el **centro estudiantil** student center, union **1**

cepillarse to brush **8**

cerca *adv* near **2**

cerca de *prep* near **2**

cero zero **EP**

cerrar (ie) to close **5**

la **cerveza** beer **2**

el **ciclismo** biking, cycling **13**

cien, ciento hundred **3**

la **ciencia** science; **las ciencias de la educación** education (course of study) **11**; **las ciencias exactas** natural sciences **11**; **las ciencias políticas** political science **11**

cierto true **1**

el **cigarrillo** cigarette **14**

cinco five **EP**

cincuenta fifty **3**

el **cine** movie theater **4**

el **cinturón** belt **6**

la **cita** date, appointment **4**

la **ciudad** city **6**

claro clear

la **clase** class **EP**; **la clase económica** economy class

(travel) **15**; **la primera clase** first class (travel) **15**; **la clase media** middle class

clasificarse to qualify **10**

el(la) **cliente** client, customer **7**

la **clínica** clinic, hospital **12**

cobrar to charge **16**; **cobrar un cheque** to cash a check **18**

la **cocina** kitchen, stove **9**

cocinar to cook **5**

el(la) **cocinero(-a)** cook, chef **7**

el **coche** car **2**

coincidir to coincide

la **cola** line **6**; **hacer cola** to stand in line **6**

el **colegio** elementary school, boarding school, college preparatory high school **11**

la **colina** hill

el **colmo** last straw **12**

colombiano *adj* Colombian **2**

el **color** color **2**

el **collar** necklace

la **comadre** godmother

el **comedor** dining room **9**

comenzar (ie) to begin **6**

comer to eat **2**

cómico funny **13**

la **comida** meal, **4**; dinner, main meal **5**; food **6**

como as, like, since **4**; ¡**Cómo no!** Of course! **2**; **como si** as if **18**; **tan + adj or adv + como** as + *adj* or *adv* + as **12**; **tanto como** as much as **12**

¿**cómo?** how? **EP**; ¿**Cómo te llamas?** What's your name? **EP**

la **cómoda** dresser **9**

la **comodidad** comfort, convenience

cómodo comfortable **9**

el **compadre** godfather; *pl* godparents

compartir to share

complacerse to take pleasure

completamente completely **8**

la **compañía** company **12**

el(la) **compañero(-a)** companion, -mate **1**; el(la) **compañero(-a)**

de clase classmate **EP; el(la) compañero(-a) de cuarto** roommate **1**
completo complete; full (hotel, motel) **15**
comportarse to behave
comprar to buy **1**
la **compra** purchase; **hacer compras** to shop, purchase **8; ir de compras** to go shopping **8**
comprender to understand **2**
la **computadora** computer **11; la programación de computadoras** computer programming **11**
con with **1; conmigo** with me **4; contigo** with you (*fam s*) **4; con destino a** with destination to **15 con tal que** provided that **15**
el **concierto** concert **2**
la **condición** condition **10**
el **condimento** dressing, condiment **5**
conducir to drive **4**
el(la) **conductor(-a)** driver
la **conferencia** lecture **11; dictar una conferencia** to give a lecture **11**
la **confianza** confidence **10**
la **confitería** sweetshop, tea shop
la **confusión** confusion **16**
conocer to know, be acquainted with **4;** *preterite* to meet **12**
el **conocido** acquaintance
el **conocimiento** knowledge
el **conquistador** conqueror
consciente aware
conseguir (i, i) to obtain, get **7**
el(la) **consejero(-a)** advisor, counselor **12**
la **construcción** construction **12**
construir to construct **5**
el **consultorio** doctor's or dentist's office **14**
el(la) **contador(-a)** accountant **12**
la **contaminación** pollution **17; la contaminación del aire** air pollution **17**
contar (ue) to count **5; contar calorías** to count calories **5**

contento content, happy **1**
continuar to continue **16**
contra against **9**
contratado contracted
el **contrato** contract **12**
contribuir to contribute **5**
el **corazón** heart **14**
la **corbata** necktie **6**
el **correo** post office **17; el correo aéreo** air mail **18**
correr to run **10**
la **correspondencia** mail **18**
la **corrida de toros** bullfight
la **cortesía** courtesy, politeness
corto short
la **cosa** thing **2**
la **cosecha** harvest
la **costa** coast
costar (ue) to cost **6; ¿Cuánto cuesta?** How much does it cost? **6**
crear to create
creer to believe, think **2; Creo que no.** I don't think so. **2; Creo que sí.** I think so. **2**
el **crucero** cruise **15**
cruzar to cross **17**
el **cuaderno** notebook, workbook **1**
la **cuadra** block **17**
el **cuadro** painting
¿cuál(-es)? which one(-s)? **2**
la **cualificación** qualification **12**
cualquier any
cuando *conj* when **15; de vez en cuando** from time to time **8**
¿cuándo? when? **2**
en cuanto a with regard to
¿cuánto? how much? **2;** *pl* how many? **EP**
cuarenta forty **3**
cuarto fourth **13**
el **cuarto** room **1;** bedroom **9;** quarter **3**
cuatro four **EP**
cuatrocientos four hundred **4**
cubano Cuban **2**
el **cubierto** cover, place setting **5**
la **cuchara** soup spoon **5**

la **cucharita** teaspoon **5**
el **cuchillo** knife **5**
el **cuello** neck **14**
la **cuenta** bill, check **7;** account **18; la cuenta de ahorros** savings account **18; la cuenta corriente** checking account **18**
el **cuento** (short) story **13**
el **cuero** leather **6**
el **cuerpo** body **14**
cuidado cared for, looked after, taken care of **17; tener cuidado** to be careful **5**
cuidar to care for, to take care of, to look after; **cuidado** cared for, looked after, taken care of **17;**
cuidarse to be careful **14**
el **cumpleaños** birthday **4**
el(la) **cuñado(-a)** brother-/ sister-in-law **3**
curar to cure **14**
el(la) **curandero(-a)** healer
el **curso** course **11**

CH

el **champú** shampoo **14**
charlar to chat **9**
Chau Good-bye **4**
el **cheque** check **18; el cheque de viajero** traveler's check **15; cobrar un cheque** to cash a check **18**
la **chequera** checkbook **18**
el **chicle** chewing gum **14**
el(la) **chico(-a)** boy (girl) **1**
chico small, little; **Me va chico.** It's small on me. **8**
el **chile** hot pepper **7**
la **chimenea** fireplace, chimney **9**
el **chocolate** chocolate, hot chocolate **5**
el **chorizo** sausage **7**

D

dar to give **3; dar ánimo** to encourage **11; dar luz (a un(-a) niño(-a))** to give birth
darse cuenta de to realize **18**

de of, from **1**; **del (de + el)** of the + *m s noun* **3**; **de la mañana** A.M. **3**; **de la noche** P.M. **3**; **de la tarde** P.M. **3**; **De nada.** You're welcome. **1**; **¿De quién(-es)?** Whose? **3**

deber to ought to, to owe **2**

débil weak **14**

decidir to decide **11**

décimo tenth **13**

decir to say, tell **4**; **decir que sí** to say yes **4**; **decir que no** to say no **4**; **dicho** *pp* said, told **16**

dedicarse a to devote oneself to **8**

el **dedo** finger **14**

dejar to leave, let, allow **12**; **déjeme ver** let me see **16**

del (de + el) of the + *m s noun* **3**

delante de in front of **9**

delgado thin **2**

delicioso delicious **7**

la **demanda** demand **12**

demasiado too much **4**

el(la) **dentista** dentist **12**

dentro de within

el **departamento** department **11**

depender de to depend on **16**

el(la) **dependiente** salesperson **6**

el **deporte** sport **10**

deportivo *adj* sport **10**

depositar to deposit **18**

deprimente depressing

la **derecha** right **5**; **a la derecha** to (on) the right **5**

el **derecho** law (course of study) **11**

derecho straight ahead **17**; **seguir derecho** to go straight **17**

desarrollar to develop

el **desarrollo** development

el **desastre** disaster **10**

desatar to untie, loosen

desayunar to eat breakfast, to have breakfast **8**

el **desayuno** breakfast **5**

descansar to rest **4**

desconocido unknown

descontar (ue) to discount **18**

descortés impolite, discourteous

descubierto *pp* **descubrir** discovered **16**

el **descubrimiento** discovery

descubrir to discover **8**; *pp* **descubierto** discovered **16**

desde from, since **4**

desear to want, wish **6**

el **desempleo** unemployment **12**

desocupado vacant **16**

desocupar to vacate **16**

despedir (i, i) to fire **12**

despedirse (i, i) to say goodbye **8**

el **despertador** alarm clock **8**

despertarse (ie) to wake up **8**

después *adv* later, afterwards **2**

después de *prep* after **3**

después que *conj* after **15**

destacar to stand out

el **destino** destination **15**; **con destino a** with destination to **15**

destruir to destroy **5**

detrás de behind **9**

la **deuda** debt **8**

devolver (ue) to return (an object) **6**

el **día** *m* day **4**; **Buenos días.** Good morning. EP; **todos los días** every day **2**

diario daily **8**

el **dibujo** drawing

diciembre December **4**

dictar to dictate; **dictar una conferencia** to give a lecture **11**

dicho *pp* **decir** said, told **16**

diecinueve nineteen EP

dieciocho eighteen EP

dieciséis sixteen EP

diecisiete seventeen EP

el **diente** tooth **8**

la **dieta** diet **5**; **estar a dieta** to be on a diet **5**

diez ten EP

diferente different **3**

difícil difficult **4**; **es difícil** it's not easy, it's unlikely **4**

el(la) **difunto(-a)** dead person

la **dignidad** dignity

el **dinero** money **3**; **pedir dinero prestado** to borrow money **18**

la **dirección** address **18**

directo direct, non-stop **15**

el **disco** record **4**

la **discoteca** discotheque, disco **3**

discutir to discuss, argue **2**

diseñar to design

disponible available **16**

dispuesto ready, willing, prepared, disposed **12**

distinto different **9**

el **distrito postal** postal district **18**

la **diversión** hobby, amusement, recreation **13**

divertido amusing, fun **9**

divertirse (ie, i) to have a good time **8**

divorciado divorced **3**

doblar to turn **17**

doble double **16**

doce twelve EP

el(la) **doctor(-a)** doctor **1**

el **dólar** dollar **4**

doler (ue) to hurt, ache **14**

el **dolor** pain, ache; **tener dolor de. . .** to have a . . . ache, to have a pain in . . . **14**

el **domingo** Sunday **4**

don male title of respect **3**

¿dónde? where? **1**

doña female title of respect **3**

dormir (ue, u) to sleep **5**

dormirse (ue, u) to go to sleep, to fall asleep **8**

el **dormitorio** bedroom **9**

dos two EP

doscientos two hundred **4**

la **ducha** shower **8**

ducharse to take a shower **8**

dudar to doubt **13**

el(la) **dueño(-a)** owner **12**

dulce *adj* sweet **5**

el **dulce** *n* (piece of) candy; *pl* candy, sweets **7**

durante during **4**

durar to last

duro hard, difficult **12**

E

e and (replaces y before words beginning with i- or hi-) 13

la **economía** economics 11; economy

económico inexpensive, economical 15

la **edad** age 12

el **edificio** building 1

la **educación** education 11; **las ciencias de la educación** education (course of study) 11

el **efectivo** cash 18

el **ejemplo** example 3; **por ejemplo** for example 14

el **ejercicio** exercise 4; **hacer ejercicio** to exercise 4

el *definite art* the 1

él *subj pron* he 1; *prep pron* him 4

el(la) **electricista** electrician 12

elegante elegant 6

elegir (i, i) to choose

ella *subj pron* she 1; *prep pron* her 4

ellos(-as) *subj pron* they 1; *prep pron* them 4

la **embajada** embassy 15

embarazada pregnant 14

empezar (ie) to begin 5

el(la) **empleado(-a)** employee 12

la **empresa** firm, company 12; **la administración de empresas** business administration 11

en in, on, at 1; **en caso que** in case that 15; **en grupo** in a group 3; **en punto** on the dot, exactly 3; **en vez de** instead of 9

encantado delighted (to meet you) 2

encantar to delight, charm, adore 13; **me encanta(-n)** I love, adore 5

el **encanto** charm

encontrar (ue) to find, meet

encontrarse (ue) to be located

el **encuentro** meeting, encounter **EP**

la **enchilada** (*Mex*) cheese or meat filled tortilla 7

endosar endorse 18

enero January 4

enfermarse to get sick 14

la **enfermedad** illness 14

el(la) **enfermero(-a)** nurse 12

enfermo sick 1

enfrentarse to face

enojado angry, mad 1

el **enojo** anger 12

la **ensalada** salad 5

enseñar to teach 11

entender (ie) to understand

entendido understood 8

la **entidad** entity

entonces then 4

la **entrada** main dish, entrée 7; ticket 10; entrance

entrar (en) to enter 9

entre between, among

entregar to deliver 18

el **entremés** appetizer 7

entrenado coached, trained 10

el(la) **entrenador(-a)** coach 10

entrenar to coach, train

la **entrevista** interview 12

enviar to send 18

envolver (ue) to wrap 6; *pp* **envuelto** wrapped 18

el **equipaje** luggage 15; **bajar el equipaje** to take the luggage down 16; **subir el equipaje** to take the luggage up 16

el **equipo** team 10

equivocarse to make a mistake; to be mistaken 11

el **error** error 16

la **escala** stop(-over) 15; **hacer escala** to make a stop(-over) 15

la **escalera** stairway 9

el **escaparate** display window 6

escoger to choose 6

escribir to write 2; *pp* **escrito** written 16; **escribir a máquina** to type 18; **la máquina de escribir** typewriter 18

escrito *pp* **escribir** 16

el **escritorio** desk 1

escuchar to listen (to) 1

la **escuela** school 11; **la escuela secundaria** high school 11; **la escuela primaria** elementary school

ese, esa *adj* that 5; **esas, esos** *adj* those 5

ése, ésa *pron* that (one) 12; **ésos, ésas** *pron* those (ones) 12

eso *neuter pron* that 12; **por eso** for that reason 3; **a eso de** about (+ time) 9

la **espalda** back 14

España Spain 2

español *adj* Spanish 2

el **español** Spanish (language) 1

la **especialidad** specialty 7

la **especialización** major 11

el **espectáculo** show

especular to speculate 18

esperar to wait 5; to hope 5

el(la) **esposo(-a)** husband (wife) 3

el **esquí** skiing 13; **el esquí acuatico** waterskiing 13

esquiar to ski 4

la **esquina** corner 17

la **estación** season 4; station 17

la **estadía** stay

el **estadio** stadium 10

estadounidense *adj* U.S. resident

los **Estados Unidos** EE.UU. United States, U.S. 2

la **estampilla** stamp (*Am*) 18

el **estante** 9 shelf; **el estante para libros** bookshelf 9

estar to be 1; **estar a dieta** to be on a diet 5; **estar de acuerdo** to agree, be in agreement 2; **estar de huelga** to be on strike 12; **estar de moda** to be in style 6; **estar de vacaciones** to be on vacation 15; **estar harto** to be fed up 12; **estar resfriado** to have a cold 14

estatal *adj* state, of the state

la **estatua** statue 17

este, esta *adj* this **5**; estos, estas *adj* these **5**
éste, ésta *pron* this (one) **12**; éstos, éstas *pron* these (ones) **12**
el este east
esto *neuter pron* this **12**
el estéreo stereo set **9**
el estómago stomach **14**
la estructura structure
el(la) estudiante student **1**
estudiantil *adj* student **11**
estudiar to study **1**
el estudio study **11**
estupendo great, outstanding **10**
la evaluación evaluation **12**
evitar to avoid
exacto exact; las ciencias exactas natural sciences **11**
el examen examination, exam **1**
examinar to examine **14**
la excursión tour **15**
exigente demanding **18**
existir to exist **10**
el éxito success **13**
explicar to explain **9**
la expresión expression
el extranjero abroad **18**
extrañar to miss

F
la fábrica factory **12**
fabuloso fabulous **13**
fácil easy **4**; es fácil it's easy, it's likely **4**
fácilmente easily **8**
facturar to check (luggage) **15**
la facultad school, college **11**
la falda skirt **6**
falso falso **1**
faltar to be missing, lacking; to need **13**
la familia family **EP**
familiar *adj* family **3**
fantástico fantastic **10**
el(la) farmacéutico(-a) pharmacist **14**
la farmacia pharmacy (course of study) **11**; pharmacy, drugstore **14**

fascinar to fascinate **13**
el favor favor; por favor please **1**
favorito favorite **4**
febrero February **4**
la fecha date **4**
felicitaciones congratulations **3**
feo ugly **2**
la feria festival, holiday
la fiebre fever **14**
la fiesta party **3**
la filosofía philosophy; Filosofía y Letras Liberal Arts **11**
el fin end **11**; el fin de semana weekend **4**; por fin finally **14**
la final finals, end game of competition **10**
finalmente finally **8**
el(la) financista financier **18**
firmar to sign **18**
la física physics **11**
físico *adj* physical **10**
el flan baked custard **7**
la flauta flute **13**
la flor flower **4**
flotar to float
el folleto brochure
fomentar to encourage
la (foto)copiadora photocopying machine, copier **18**
fotocopiar to photocopy **18**
la fotografía photograph **7**; la foto *f* photo **7**
el francés French (language) **1**
francés *adj* French **2**
el franqueo postage **18**
frecuentemente frequently **8**
la fresa strawberry **7**
el fresco coolness, cool temperature **4**; hace fresco it's cool **4**; *adj* fresh **6**
el frijol bean **7**
el frío cold **4**; hace frío it's cold **4**; tener frío to be cold **8**
la fruta fruit **5**
la fuente fountain, source
fuerte strong **10**
fumar to smoke **6**
la función performance
funcionar to run, function **18**

el fútbol soccer **10**; el fútbol norteamericano football **10**
el futuro future **2**

G
la gana desire, wish, longing; tener ganas de + inf to feel like (doing something) **10**
las gafas glasses; las gafas de sol sunglasses **13**
ganar to earn **6**; to win **10**
la ganga bargain **6**
el garaje garage **9**
la garganta throat **14**
el gas gas, carbonation **7**
gastar to spend **6**
el gazpacho (*Sp*) chilled vegetable soup **7**
general general; por lo general generally **11**
generalmente generally **8**
la gente people **9**
el(la) gerente manager **12**; el(la) gerente general general manager **12**
la gimnasia gymnastics **10**
el gimnasio gymnasium **10**
el gobierno government
el golf golf (sport) **10**
la goma rubber
gordo fat **2**
gozar de to enjoy
gracias thank you **EP**
graduarse to graduate **11**
grande big, large **2**; gran (*before s n*) great **17**
gratis free (of charge)
grave serious **14**
la gripe flu **14**
gris gray **2**
gritar to shout **10**
el grupo group; en grupo in a group **3**
el guacamole (*Mex*) avocado dip **7**
el guante glove **8**
guapo attractive, handsome **2**
guardar to keep, save **18**

la **guerra** war
la **guía** guidebook **15**; **la guía
turística** tourist guidebook **15**
la **guitarra** guitar **9**
gustar to be pleasing, to like **13**;
me gusta(-n) I like **1**; **te
gusta(-n)** you like **1**
el **gusto** pleasure **2**; **Mucho gusto.**
Pleased to meet you. **2**; **El
gusto es mío.** The pleasure is
mine. **2**

H

haber to be **7**; **hay** there is,
there are **EP**; **hubo** there was,
there were **7**; **haber** to have
(auxiliary verb) **16**
la **habitación** room **16**
el **habitante** inhabitant **17**
hablar to talk, speak **1**; **hablando
de** speaking about **11**; **¡Ni que
hablar!** Don't even mention
it! **3**
hacer to do, make **4**; *pp* **hecho**
done, made **16**; **¿Qué tiempo
hace?** What's the weather
like? **4**; **hace calor** it's hot **4**;
hace fresco it's cool **4**; **hace
frío** it's cold **4**; **hace sol** it's
sunny **4**; **hace viento** it's
windy **4**; **hacer cola** to stand
in line **6**; **hacer compras** to
purchase, shop **6**; **hacer
ejercicio** to exercise **4**; **hacer
la cama** to make the bed **9**;
hacer las maletas to pack **15**;
hacer un viaje to take a trip **15**;
hacer escala to make a
stop(-over) **15**; **hace + unit of
time + que + verb in preterite**
ago **7**; **¿Cuánto tiempo hace
que…?** For how long . . . ? **14**
hacerse to become **8**
el **hambre** *f* hunger **5**; **tener
hambre** to be hungry **5**
la **hamburguesa** hamburger **5**
harto fed up **12**; **estar harto** to be
fed up **12**

hasta *prep* until **EP**
hasta que *conj* until **15**
hay there is, there are **EP**; **¿Qué
hay de nuevo?** What's new? **EP**;
¿Qué hay? What's new? **EP**
hecho *pp* **hacer** done, made **16**
el **helado** ice cream **5**
la **herida** wound **14**
herido wounded
el(la) **hermano(-a)** brother (sister)
3
hermoso beautiful **6**
la **hierba** herb
el(la) **hijo(-a)** son (daughter) **3**; *pl*
children **3**
la **hipoteca** mortgage **18**
hispánico *adj* Hispanic
hispano *n* and *adj* Hispanic
la **historia** history **1**
el **hockey** hockey **10**
la **hoja** sheet of paper **16**
hola hello **EP**
el **hombre** man **3**; **el hombre de
negocios** businessman **12**
la **hora** hour, time **3**; **a la hora
de…** at . . . time, at the hour
of . . . **6**
el **horario** schedule
horrible horrible **7**
el **hotel** hotel **15**
hoy today **1**
hoy día nowadays
la **huelga** strike **12**; **estar de
huelga** to be on strike **12**
el **hueso** bone **14**
el(la) **huésped** guest **16**
el **huevo** egg **5**

I

la **iglesia** church **17**
igual equal **12**
importante important **4**
importar to be important **13**
imposible impossible **3**
incaico *adj* Incan
incluir to include **15**
increíble incredible **12**
indeciso indecisive **17**

indígena *adj* native
la **infección** infection **14**
influir to influence
el **informe** report **4**
la **ingeniería** engineering **11**
el(la) **ingeniero(-a)** engineer **12**
Inglaterra England **2**
el **inglés** English (language) **1**
inglés *adj* English **2**
ingresar to enter
el **ingreso** income
inmediatamente immediately **8**
el **inodoro** toilet **16**
inolvidable unforgettable
inscribirse to register **16**
la **inscripción** registration **16**
insistir en to insist (on) **13**
el **instituto** high school **11**
inteligente intelligent **2**
el **intercambio** exchange
el **interés** interest **13**; **la tasa de
interés** interest rate
interesar to interest, to be
interested in **13**
internacional international **2**
el **invierno** winter **4**
invitar to invite **2**
ir to go **3**; **ir a + inf** to be going
to (do something) **3**; **ir de
compras** to go shopping **6**;
ir de pesca to go fishing **13**;
ir en / por + transportation to
go by + transportation **15**;
Me va chico. It's small on
me. **8**; **vamos a + inf** let's
(do something) **3**
irse to go away, leave **8**
-ísimo very, extremely,
exceptionally **14**
la **isla** island **15**
italiano *adj* Italian **2**
el **italiano** Italian (language) **2**
la **izquierda** left **5**; **a la izquierda**
to (on) the left **5**

J

el **jai alai** jai alai, Basque sport
el **jamón** ham **5**

japonés *adj* Japanese **2**
el japonés Japanese (language) **2**
el jarabe syrup **14**
el jardín garden, yard **9**; el jardín de la infancia kindergarten
los jeans jeans **6**
el(la) jefe(-a) boss **12**
el jerez sherry
joven young **2**
la joya jewel; *pl* jewelry, jewels **6**
el juego game, sport **10**
el jueves Thursday **4**
el(la) jugador(-a) player **10**
jugar (ue) to play (a sport, game) **10**
el jugo juice **5**
julio July **4**
junio June **4**
junto together
justo *adj* just, fair **3**
justo *adv* coincidentally

L

la *definite art* the **1**; *dir obj pron* her, it, you (*form s*) **7**
el laboratorio laboratory **1**
el lado side; al lado de next to, beside **9**; por otro lado on the other hand **11**
el lago lake **13**
la lámpara lamp **9**
la lana wool **6**
la lancha motorboat **13**
el lápiz pencil **1**
largo long **14**
las *definite art* the **1**; *dir obj pron* them, you (*form pl*) **7**
la lástima pity; ¡Qué lástima! That's too bad! **EP**; Es lástima. It's too bad. **4**
el lavabo sink **16**
lavar to wash **9**
lavarse to wash oneself **8**
le *indir obj pron* (to, for) him, her, you (*form s*) **9**
la lección lesson **1**
la lectura reading
la leche milk **5**; el café con leche coffee with warmed milk **5**

la lechuga lettuce **5**
leer to read **2**
la legumbre vegetable **5**
lejos *adv* far **2**
lejos de *prep* far from **2**
el lema slogan
la lengua language **1**
les *indir obj pron* (to, for) the, you (*form pl*) **9**
levantarse to get up **8**
libre free; los ratos libres free time **13**
la librería bookstore **1**
el libro book **1**
licenciado having a university degree
ligero light **5**
limpiar to clean **9**
limpio clean **9**
lindo pretty, nice, first-rate **6**
la línea line **17**
la lista list **15**; la lista de espera waiting list **15**
listo ready (with estar) **5**; with ser clever
lo *dir obj pron* him, it, you (*form s*) **7**
lo *neuter definite art* the **11**; lo mejor the best thing **11**; lo mismo the same thing **11**; lo peor the worst thing **11**; lo que what, that which **17**
la loción lotion **13**
loco crazy **1**
la locura craziness **17**
los *definite art* the **1**; *dir obj pron* them, you (*form pl*) **7**
luego later **EP**; then, afterwards **8**
el lugar place, space **7**
el lujo luxury; de lujo deluxe **16**
la luna moon; la luna de miel honeymoon **15**
el lunes Monday **4**
la luz light

LL

la llamada call **16**; la llamada de larga distancia long-distance call **16**

llamar to call **4**
llamarse to be named, to be called **8**; ¿Cómo te llamas? What's your name? **EP**
la llave key **14**
la llegada arrival **15**
llegar to arrive **3**; llegar a un acuerdo to reach an agreement **12**; llegar a ser to become **10**
llevar to wear **6**; to carry, take
llover (ue) to rain; llueve it's raining **4**
llueve it's raining **4**

M

la madre mother **3**
la madrina godmother **3**
el(la) maestro(-a) teacher (in elementary school) **11**
magnífico wonderful, superb, magnificent **13**
mal *adv* bad, sick **EP**; *adj before m s noun* bad, evil **17**
el malentendido misunderstanding
el malestar unrest
la maleta suitcase **15**; hacer las maletas to pack **15**
malo bad, evil **2**; mal *before m s noun* bad, evil **17**; es malo it's bad **4**
mandar to send **7**; to order **13**
manejar to drive **4**
la manifestación demonstration
la mano *f* hand **8**
la manzana apple **7**
mañana tomorrow **EP**
la mañana morning **2**; por la mañana in the morning **2**; de la mañana A.M. **3**
maquillarse to put on make-up **8**
la máquina machine **18**; la máquina de escribir typewriter **18**; escribir a máquina to type **18**
el mar sea **13**
el martes Tuesday **4**
marzo March **4**
más more **6**; algo más something else, something more

masticar to chew **14**
las **matemáticas** mathematics **1**
la **materia** subject matter **11**
materna *adj* motherly
matricularse to enroll, register **11**
mayo May **4**
mayor older **3**; main, principal;
  el(la) mayor the oldest **3**
la **mayoría** majority
me *dir obj pron* me **7**; *indir obj
  pron* (to, for) me, **9**; *refl pron*
  myself **8**
la **medianoche** midnight **3**
las **medias** stockings, hose **6**
la **medicina** medicine (course of
  study) **11**
el(la) **médico(-a)** doctor **12**
medieval medieval **17**
medio middle
el **medio** means, method; **los
  medios de transporte** modes of
  transportation **17**
el **mediodía** noon **3**
mejor better **4**; **el(la) mejor** the
  best **2**; **lo mejor** the best thing,
  part **11**
mejorar to get better, improve **14**
mejorarse to get better **17**
menor younger **3**; **el(la) menor** the
  youngest **3**
menos less **EP**; **menos mal** it's a
  good thing **16**; **a menos que**
  unless **15**; **por lo menos** at
  least **14**
la **mente** mind, intelligence **8**
el **menú** menu **7**
a menudo often **2**
la **mercadería** merchandise, goods
el **mercado** market **6**
las **mercancías** merchandise,
  goods
merecer to merit, deserve **4**
el **mes** month **4**
la **mesa** table **1**; **poner la mesa** to
  set the table **5**
el(la) **mesero(-a)** (*Mex*) waiter
  (waitress) **7**
el **metro** subway **17**
mexicano *adj* Mexican **2**

la **mezcla** mixture
mi *poss adj* my **1**
mí *prep pron* me **4**
el **miembro** member **11**
mientras while **11**
el **miércoles** Wednesday **4**
migratorio migrant; **el(la)
  obrero(-a) migratorio(-a)**
  migrant worker
mil thousand **4**
millón million **4**
mío *poss adj and pron* my, mine
  16
mirar to look at **1**
mismo same; **lo mismo** the same
  thing **11**
la **mitad** half
la **mochila** backpack **1**
la **moda** fashion, style **6**; **estar de
  moda** to be in style **6**
moderado moderate **16**
moderno modern **9**
molestar to bother **No te
  molestes.** Don't bother **5**
el **momento** moment; **un momento**
  wait a minute, moment **11**
la **moneda** currency, coins
montar to mount, get on, ride;
  montar a caballo to ride
  horseback **13**; **montar en
  bicicleta** to ride a bicycle **13**
moreno brunette, dark hair **2**
morir (ue, u) to die **8**; *pp* **muerto**
  dead, died **16**
el **mostrador** counter, ticket
  counter **15**
mostrar (ue) to show **10**
el **motel** motel **16**
la **motocicleta** motorcycle **17**; la
  moto cycle **17**
el **movimiento** movement **17**
el(la) **muchacho(-a)** boy (girl) **6**
mucho *adv* much, a lot **EP**, *adj*
  much, many, a lot **5**
mudarse to move
el **mueble** piece of furniture **9**; **los
  muebles** furniture **9**
la **muela** molar **14**; **tener dolor de
  muelas** to have a toothache **14**

muerto dead, deceased **3**; *pp*
  morir dead, died **16**
la **mujer** woman **3**; **la mujer de
  negocios** businesswoman **12**
mundial *adj* world
el **mundo** world **10**
el **museo** museum **4**
la **música** music **1**; **la música de
  cámara** chamber music
muy very **EP**

N

nacer to be born **3**
nada nothing **7**; **De nada.** You're
  welcome. **1**; Nada en especial.
  EP
nadar to swim **4**
nadie no one, nobody **8**
la **naranja** orange **7**
la **nariz** nose **14**
la **natación** swimming **13**
là **náusea** nausea; **tener náuseas** to
  be sick, nauseous **14**
navegar to sail **13**
la **Navidad** Christmas
necesario necessary **4**
necesitar to need **1**
negar (ie) to deny **13**
negociar to negotiate **12**
el **negocio** transaction, deal; **los
  negocios** business **11**; **el hombre
  (la mujer) de negocios**
  businessman(-woman) **12**
negro black **2**
ni...ni neither . . . nor **8**; **¡Ni que
  hablar!** Don't even mention
  it! **3**
el(la) **nieto(-a)**
  grandson(-daughter) **3**;
  pl grandchildren
nieva it's snowing **4**
nevar (ie) to snow; **nieva** it's
  snowing **4**
la **nieve** snow **8**
ninguno, ningún, ninguna no one,
  none, (not) . . . any **8**
el(la) **niño(-a)** child, boy (girl) **3**
el **nivel** level
no no, not **EP**

la **noche** night, evening **2**; **por la noche** in the evening, at night **2**; **de la noche** P.M. **3**; **Buenas noches.** Good evening., Good night. **EP**; **esta noche** tonight **13**

el **nombre** name **12**

el **norte** north

norteamericano *adj* North American **2**

nos *dir obj pron* us **7**; *indir obj pron* (to, for) us **9**; *refl pron* ourselves **8**

nosotros(-as) *subj pron* we **1**; *prep pron* us **4**

la **noticia** piece of news **10**; **las noticias** news **10**

novecientos nine hundred **4**

la **novela** novel **13**

noveno ninth **13**

noventa ninety **3**

noviembre November **4**

el(la) **novio(-a)** fiancé(-e), boy-(girl-)friend **2**

nuestro *poss adj* our **3**; *poss pron* our, ours **16**

nueve nine **EP**

nuevo new **2**; (precedes noun) different **17**; **¿Qué hay de nuevo?** What's new? **EP**

el **número** number **EP**; size (of gloves, shoes) **6**

nunca never **2**

O

o or **2**

o...o either . . . or **8**

la **obra** work (of art, music, literature) **13**

el(la) **obrero(-a)** worker **12**; **el(la) obrero(-a) migratorio(-a)** migrant worker

octavo eighth **13**

octubre October **4**

ocupar occupy **16**

ocurrir to happen **14**

ochenta eighty **3**

ocho eight **EP**

ochocientos eight hundred **4**

el **oeste** west

la **oferta** sale **6**; **de oferta** on sale **6**

la **oficina** office **1**; **la oficina comercial** business office **18**

el(la) **oficinista** office worker **18**

ofrecer to offer **4**

ojalá (que) I hope, it is to be hoped that **9**

el **oído** inner ear **14**

oír to hear **5**

el **ojo** eye **14**

la **ola** wave **13**

olvidar to forget **14**; **olvidarse de** to forget

once eleven **EP**

la **oración** prayer

la **orden** order; **a sus órdenes** at your service **8**

la **oreja** (outer) ear **14**

organizar to organize **11**

el **orgullo** pride

el **oro** gold

os *dir obj pron* you (*fam pl*) **7**; *indir obj pron* (to, for) you (*fam pl*) **9**; *refl pron* yourselves (*fam pl*) **8**

el **otoño** fall, autumn **4**

otro other, another **5**

P

el(la) **paciente** patient **14**

el **padre** father **3**; *pl* parents **3**

el **padrino** godfather; best man **3**

la **paella** (*Sp*) seafood, meat, rice casserole **7**

pagar to pay **6**

el **país** country, nation **2**

la **palabra** word **3**

el **palacio** palace **17**

el **pan** bread **5**

los **pantalones** pants, slacks **6**

la **pantufla** slipper **8**

la **papa** (*Am*) potato **5**; **las papas fritas** French fries **5**

el **papel** paper **1**; role

la **papelera** wastebasket **18**

el **paquete** package **18**

el **par** pair **6**

para *prep* for, in order to, by **4**

para que *conj* so that **15**

el **parador nacional** Spanish national tourist inn

parar to stay, lodge **16**

pardo brown **2**

parecer to seem; **parece que** it seems that **10**; **me parece** it seems to me **10**

la **pared** wall **9**

la **pareja** couple, pair **15**

el(la) **pariente** relative **3**

el **parque** park **4**

la **parte** part; **todas partes** everywhere **13**

la **partera** mid-wife

participar en to participate in **10**

el **partido** game, match **10**

el **parto** delivery (of child)

pasado last **6**; **la semana pasada** last week **6**

el(la) **pasajero(-a)** passenger **15**

el **pasaporte** passport **15**

pasar to happen **11**; to spend (time) **13**; **pasarlo bien/mal/de maravillas** to have a good/bad/wonderful time **13**; **¿Qué le pasa?** What's wrong with him, her, you?, What's he, she, you got? **14**

el **pasatiempo** pastime **13**

pasear to take a walk, stroll **13**

el **paseo** walk, stroll, outing

la **pasta** paste; **la pasta dentífrica** toothpaste **14**

el **pastel** cake, pastry **5**

la **pastilla** pill **14**

patear to kick **10**

el **patinaje** skating **13**; **el patinaje sobre hielo** ice-skating **13**

patinar to skate **13**

el **patio** patio **9**

la **patria** homeland

patrio *adj* patriotic

patrocinado sponsored

la **paz** peace **17**

el **peatón (la peatona)** pedestrian **17**

el **pecho** chest **14**

el **pedazo** piece
pedir (i, i) to request, ask for, order **5**; **pedir dinero prestado** to borrow money **18**
peinarse to comb one's hair **8**
la **película** movie, film **11**
el **peligro** danger
peligroso dangerous
el **pelo** hair **8**
la **pelota** ball **10**
la **pena** grief, sadness, sorrow, pain; **¡Qué pena!** What a shame! **11**
pensar (ie) to think **5**; **pensar + inf** to plan, intend **5**; **pensar de** to hold an opinion; **pensar en** to think about
la **pensión** inn, boarding house, board **16**
peor worse **6**; **el(la) peor** the worst **10**; **lo peor** the worst thing **11**
pequeño small, little **2**
perder (ie) to lose **10**
perdón excuse me **11**
perdone excuse me **16**
perezoso lazy **8**
perfecto perfect **4**
el **periódico** newspaper **13**
el **periodismo** journalism **11**
el(la) **periodista** journalist **10**
permitir to permit, allow **13**
pero but **1**
el **perro** dog **3**
la **persona** person **1**
el **personal** personnel, staff **12**
pesado heavy **7**
pesar to weigh **18**
a pesar de in spite of
la **pesca** fishing **13**; **ir de pesca** to go fishing **13**
el **pescado** fish (as food) **5**
pescar to fish **13**
la **peseta** peseta, monetary unit of Spain **4**
el **peso** peso, monetary unit of Mexico and several other countries **4**; weight; **bajar de peso** to lose weight **5**
el **piano** piano **9**

picante spicy, hot **7**
el **picnic** picnic **13**
el **pie** foot **14**
la **piedra** stone **17**
la **pierna** leg **14**
el **pijama** pajamas **8**
el(la) **piloto(-a)** pilot **15**
la **pimienta** pepper **5**
la **pirámide** pyramid **15**
la **piscina** swimming pool **13**
el **piso** floor, story **9**
el **plan** plan **3**
planchar to iron, press **16**
planear to plan **3**
la **planta baja** ground floor **16**
el **platillo** saucer, small plate **5**
el **plato** dish **5**; course **7**; **el primer plato** first course **7**; **el segundo plato** second course **7**
la **playa** beach **4**
la **plaza** square, plaza **17**; **la plaza de toros** bullring
el(la) **plomero(-a)** plumber **12**
la **población** population
pobre poor **17**; *precedes noun* unfortunate **17**
la **pobreza** poverty
poco *adj* little, small, slight **5**; *pl* few **5**; *adv* little, not much; **un poco** a little, a little bit **4**
el **poder** power
poder (ue) to be able to **5**; *preterite aff* to manage **12**; *preterite neg* to fail **12**
poderoso powerful
el **policía** policeman **12**
la **policía** police force, department
policíaco *adj* mystery **13**
la **política** politics; **las ciencias políticas** political science **11**
el **pollo** chicken **5**
poner to put, place **4**; *pp* **puesto** put, placed **16**; **poner la mesa** to set the table **5**; **poner la radio** to put on, turn on the radio **4**; **poner la televisión** to put on, turn on the television **4**
ponerse to put on **8**; to become **14**

popular popular **11**
por for, by, in, through **4**; **por ejemplo** for example **14**; **por eso** for that reason, that's why **3**; **por favor** please **1**; **por fin** finally **14**; **por la mañana/noche/tarde** in the morning/evening/afternoon **2**; **por lo general** generally **11**; **por lo menos** at least **14**; **por otro lado** on the other hand **11**; **por primera vez** for the first time **14**; **¿por qué?** why? **2**; **por supuesto** of course **2**; **por teléfono** by phone, on the phone **3**; **por última vez** for the last time **14**; **por último** finally **8**
el **porcentaje** percentage
porque because **2**
posible possible **4**
la **postal** postcard **17**
el **postre** dessert **5**
practicar to practice **1**; to go out for, to play (sports) **10**
el **precio** price **6**; **el precio fijo** fixed price **6**
preferir (ie) to prefer **5**
preguntar to ask a question **5**; **preguntar por** to inquire about someone **5**
preocupado worried **1**
preocuparse (por) to worry (about) **8**
preparar to prepare **4**
la **presentación** introduction
presentar to introduce **2**
presentarse to appear **15**
la **presión** pressure; **la presión sanguínea** blood pressure **14**
el **préstamo** loan **18**
prestar to loan, lend **9**; **pedir dinero prestado** to borrow money **18**
la **primavera** spring **4**
primero *adj* first **8**; *precedes m s noun* **primer 13**
el **primero** first (of month) **4**
el(la) **primo(-a)** cousin **3**

la **prisa** haste; **tener prisa** to be in a hurry **8**
privado private **9**
probar (ue) to taste, try **5**
probarse (ue) to try on
el **problema** problem **2**
procedente de departing from **15**
el **producto** product **12**
la **profesión** profession **12**
profesional professional **10**
el(la) **profesor(-a)** professor **EP**
profundo deep
la **programación de computadoras** computer programming **11**
el(la) **programador(-a) de computadoras** computer programmer **12**
el **progreso** progress **17**
prohibido forbidden, prohibited
prohibir to prohibit; **se prohíbe + inf** it's prohibited + *inf* **6**
prometer to promise **15**
pronto immediately, soon **5**; **tan pronto como** as soon as **15**
la **propiedad** property
la **propina** tip **16**
propio *adj* own
proponer to propose **11**
próximo next **13**
el **público** audience, public **10**; **público** public **17**
el **pueblo** town **6**
el **puente** bridge; **el puente cultural** cultural bridge
la **puerta** door **9**; gate **15**; **la puerta de embarque** boarding gate **15**
puertorriqueño *adj* Puerto Rican **2**
pues well **EP**; because **3**
puesto *pp* **poner** put, placed **16**
el **puesto** job, position **12**
el **pulso** pulse **14**
el **punto** point **10**; **en punto** exactly, on the dot **3**
el **pupitre** student desk **1**

Q
que *rel pron* that, which, who **3**
¿qué? what?, which? **2**; **¿Qué hay de nuevo?** What's new? **EP**; **¿Qué tal?** How are things? **EP** **¿Qué tal si...?** What if ..., What about ...? **13**; **¿Qué tal + noun?** What was + *noun* like? **10**; **¿Qué tiempo hace?** What's the weather like? **4**; **¡Qué bien!** How nice! **3**; **¡Qué bueno!** That's good! **EP**; **¡Qué lástima!** That's too bad! **EP**; **¡Qué pena!** What a shame! **11** **¡Qué raro!** How strange! **18**
quebrarse to break (a bone) **14**
quedar to be left, remaining **13**; to be located **17**; **me queda bien** it looks good on me **8**
quedarse to remain, stay **13**; **quedarse con** to keep for oneself **17**
el **quehacer doméstico** chore **9**
quejarse de to complain about **8**
quemarse to burn **13**
querer (ie) to want, wish **5**; *preterite aff* to try **12**; *preterite neg* to refuse **12**
querido dear, greeting for a personal letter **1**
el **queso** cheese **5**
quien(-es) *rel pron* who, whom **17**
¿quién(-es)? who? **2**; **¿de quién(-es)...?** whose? **3**
la **química** chemistry **1**
el(la) **químico(-a)** chemist **12**
quince fifteen **EP**
la **quinceañera** coming out party for 15-year-old Hispanic females
quinientos five hundred **4**
quinto fifth **13**
el **quiosco** kiosk **17**
quisiera I would like **5**
quitarse to take off (clothing) **8**
quizás perhaps, maybe **13**

R
la **radio** radio **4**; **poner la radio** to turn on, put on the radio **4**

la **raíz** root
rápidamente rapidly **5**
la **raqueta** racket **10**
raro strange, rare; **¡Qué raro!** How strange! **18**
el **rascacielos** skyscraper **17**
el **rato** short time, while; **los ratos libres** free time **13**
la **razón** reason; **tener razón** to be right **18**
la **recepción** front desk **16**
el(la) **recepcionista** receptionist **14**; desk clerk (of hotel) **16**
la **receta** prescription **14**; recipe
recetar to prescribe **14**
recibir to receive **2**
recomendar (ie) to recommend **5**
recordar (ue) to remember
rechazar to reject
el **refresco** soda, pop **5**
el **refrigerador** refrigerator **9**
el **regalo** gift **3**
regatear to bargain, haggle **6**
registrar to check, examine **15**
regresar to return (to a place) **3**
regular all right, so-so **EP**
el **reloj** clock **1**; watch **6**
el **remedio** remedy, medicine **14**
el **remitente** sender **18**
el **renombre** fame, renown
renunciar to resign **12**
repetir (i, i) to repeat **5**
requerir (ie, i) to require **10**
la **reservación** reservation **15**
reservar to reserve **16**
el **resfriado** cold, chill; **estar resfriado** to have a cold **14**
la **residencia** dormitory **1**
resolver (ue) to solve, resolve **16**; *pp* **resuelto** resolved, solved **16**
la **responsabilidad** responsibility **18**
la **respuesta** reply
el **restaurante** restaurant **2**
el **resto** rest, remainder
resuelto *pp* **resolver** resolved, solved **16**
el **resultado** result **10**
la **reunión** meeting **11**

reunir to meet, gather together
la **revista** magazine 10
rezar to pray
la **ría** inlet (of water)
rico rich; good, delicious 5
ridículo ridiculous 4
el **río** river 17
riquísimo delicious 7
rogar (ue) to beg; **se ruega** please 6
rojo red 2
romántico romantic 13
romper to break 14; *pp* **roto** broken 16
la **ropa** clothing, clothes 6
roto broken, torn 6; *pp* **romper** broken 16
rubio blond 2
la **rueda** wheel 17
el **ruido** noise 17
ruso *adj* Russian 2
el **ruso** Russian (language) 2
la **ruta** route 15
la **rutina** routine 8

S

el **sábado** Saturday 4
saber to know 4; *preterite* to find out 12; **saber + inf** to know how to 4; **saber bien/mal** to taste good/bad 7
sacar to take out, get 9; to withdraw 18; **sacar la basura** to take out the trash, garbage 5
sacudir to dust 9
la **sal** salt 5
la **sala** living room 9; **la sala de espera** waiting room 14; **la sala de estar** family room 9; **la sala de recreo** recreation room 9
el **salario** wages 12
la **salida** departure 15
salir (de) to leave 4; to turn out to be, to come out 10
la **salsa** sauce 7
la **salud** health 14
el **saludo** greeting EP
la **sandalia** sandal 13

el **sandwich** sandwich 5
la **sangría** (*Sp*) wine punch 7
sano healthy 14
se *refl pron* himself, herself, yourself(-ves), themselves 8
secarse to dry (oneself) 8
secundario secondary; **la escuela secundaria** high school 11
la **sed** thirst 5; **tener sed** to be thirsty 5
la **seda** silk 6
seguir (i, i) to follow, pursue 11; **seguir derecho** to go straight 17; **el que sigue** next (person in line) 18
segundo second 13; **el segundo plato** second course 7
seguro certain, sure 10
el **seguro** security, insurance; **el seguro social** social security; **el seguro de desempleo** unemployment benefits 12
scis six EP
seiscientos six hundred 4
el **sello** (*Sp*) stamp 18
el **semáforo** traffic light 17
la **semana** week 4; **a la semana** per week 8
el **semestre** semester 1
sencillo simple, single 16
sentarse (ie) to sit down 8
sentir (ie, i) to regret, feel sorry 13; **Lo siento.** I'm sorry. EP
sentirse (ie, i) to feel 8
señalar to point out
el **señor** Mr., sir, gentleman EP; *abb* **Sr.**
la **señora** Mrs., lady EP; *abb* **Sra.**
la **señorita** Miss, young lady, unmarried lady EP; *abb* **Srta.**
separado separated 3
séptimo seventh 13
ser to be 2; **llegar a ser** to become 10
el **ser humano** human being
el **servicio** service 12; **los servicios sociales** social services 12
la **servilleta** napkin 5

servir (i, i) to serve 5; **¿En qué puedo servirle?** May I help you? 8
sesenta sixty 3
setecientos seven hundred 4
setenta seventy 3
setiembre, septiembre September 4
sexto sixth 13
si if 1
sí yes EP
la **sicología** psychology 11
el(la) **sicólogo(-a)** psychologist 12
siempre always 2; **como siempre** as usual 10; **hasta siempre** as always 1
siete seven EP
el **siglo** century 13
el **significado** meaning
la **silla** seat 1
el **sillón** armchair 9
simpático nice 2
sín *prep* without 4
sin embargo nevertheless
sin que *conj* without 15
sino *prep* but, but rather 18
sino que *conj* but rather, on the contrary 18
el **sindicato** union
el **síntoma** symptom 14
el **sistema** system
sobre on (top of) 9; about, concerning; **sobre todo** especially
el **sobre** envelope 18
el(la) **sobrino(-a)** nephew (niece) 3
social social; **los beneficios sociales** fringe benefits 12; **los servicios sociales** social services 12
la **sociología** sociology 11
el(la) **sociólogo(-a)** sociologist 12
el **sofá** sofa 9
el **sol** sun 4; **hace sol** it's sunny 4 **las gafas de sol** sunglasses 13; **tomar el sol** to sunbathe 13
solamente only 4
solicitar to apply 12
la **solicitud** application form 12
solo *adj* alone
sólo *adv* only 6

el(la) **soltero(-a)** bachelor, single person **3**

el **sombrero** hat **8**

la **sombrilla** beach umbrella **13**

sonar (ue) to ring **8**

el **sonido** sound

soñar (ue) con to dream about **12**

la **sopa** soup **5**

sorprenderse to surprise

la **sorpresa** surprise **4**

el **sótano** basement **9**

su *poss adj* his, her your (*form s*) **2**; their, your (*pl*) **3**

subir to go up(-stairs) **9**; **subir el equipaje** to take the luggage up **16**

sucio dirty **6**

el(la) **suegro(-a)** father-(mother-)in-law **3**

el **sueldo** salary **12**

el **sueño** sleep **14**; **tener sueño** to be sleepy **14**

la **suerte** luck **10**; **tener suerte** to be lucky **10**; **Buena suerte.** Good luck. **6**

el **suéter** sweater **6**

el **supermercado** supermarket **6**

el **sur** south

suspender to fail **11**

el **sustantivo** noun

suyo *poss adj and pron* his, her, hers, your, yours, their theirs **16**

T

el **taco** (*Mex*) tortilla filled with meat, lettuce, tomatoes and cheese **7**

el **tacón** heel **6**

tal such; **¿Qué tal?** How are things? **EP**; **¿Qué tal __?** What was __ like? **10**; **¿Que tal si __?** What if __?, What about __? **13**; **tal vez** perhaps, maybe **12**

la **talla** size (of clothing) **6**

también also, too **1**

el **tambor** drum **13**

tampoco (not) either, neither **1**

tan...como as . . . as (*with adjs and advs*)**12**; **tan pronto como** as soon as **15**

tanto(-a) so much **8**; as much **12**; **tantos(-a)** so many **8**; as many **12**

tanto...como as . . . as (*with nouns*) **12**

la **tapa** (*Sp*) appetizer

tarde late **3**

la **tarde** afternoon **2**; **Buenas tardes.** Good afternoon. **EP**; **de la tarde** P.M. **3**; **por la tarde** in the afternoon **2**

la **tarea** homework **4**; **hacer la tarea** to do homework **4**

la **tarifa** fare **15**

la **tarjeta** card **9**; **la tarjeta de embarque** boarding pass **15**; **la tarjeta postal** postcard **17**

la **tasca** (*Sp*) bar, café **17**

el **taxi** taxi cab **17**

la **taza** cup **5**

te *dir obj pron* you (*fam s*) **7**; *indir obj pron* (to, for) you (*fam s*) **9**; *refl pron* yourself (*fam s*) **8**

el **té** tea **2**

el **teatro** theater **13**

el **techo** roof **9**

el **teléfono** telephone **2**; **por teléfono** by telephone, on the telephone **3**

la **televisión** television **1**; **poner la televisión** to put on, turn on the television **4**

el **televisor** television set **9**

el **tema** theme, topic

la **temperatura** temperature **14**

temprano early **3**

tender (ie) a + inf to have a tendency

el **tenedor** fork **5**

tener to have **3**; **tener...años** to be . . . years old **3**; **tener calor** to be hot **4**; **tener cuidado** to be careful **5**; **tener dolor de...** to have a . . . ache; to have a pain in . . . **14**; **tener dolor de muelas** to have a toothache **14**; **tener frío** to be cold **4**; **tener ganas de + inf** to feel like (doing something) **10**; **tener hambre** to be hungry **5**; **tener náuseas** to be sick, nauseous **14**; **tener prisa** to be in a hurry **8**; **tener que + inf** to have to (do something) **3**; **tener razón** to be right **17**; **tener sed** to be thirsty **5**; **tener sueño** to be sleepy **14**; **tener suerte** to be lucky **10**

el **tenis** tennis **10**; **los zapatos de tenis** tennis shoes **10**

el(la) **tenista** tennis player **10**

tercero third **13**; *precedes m s noun* **tercer** third **13**

terminar to end, finish **16**

la **ternera** veal **7**

terrible terrible **7**

la **tertulia** social gathering for conversation or entertainment

ti *prep pron* you (*fam*) **4**

el **tiempo** weather, time **4**; **¿Qué tiempo hace?** What's the weather like? **4**; **Hace buen/mal tiempo.** It's good/bad weather. **4**; **a tiempo** on time **3**

la **tienda** shop, store **6**; **la tienda de regalos** gift shop **6**

la **tintorería** dry cleaners **16**

el(la) **tío(-a)** uncle (aunt) **3**; *pl* aunts and uncles

típico typical **9**

el **tipo** type, kind **14**

tirar to throw

el **título** degree

la **toalla** towel **13**

tocar to play (an instrument) **9**

todavía still, yet **7**; **todavia no** not yet

todo all, every **4**; **es todo** that's all **14**; **es todo por ahora** that's all for now **8**; **todos los días** every day **2**; **todas partes** everywhere **13**

tomar to take, eat, drink **2**; **tomar**

el sol to sunbathe **13**
el **tomate** tomato **5**
el **torero** bullfighter
el **toro** bull; **la corrida de toros** bullfight
la **tortilla** (*Mex*) flat bread made of corn meal **7**; (*Sp*) omelette with potatoes **7**
la **tos** cough **14**
toser to cough **14**
trabajar to work **1**
el **trabajo** work, job **4**
traducir to translate **4**
traer to bring, carry **4**
el **tráfico** traffic **17**
trágico tragic **13**
el **traje** suit **6**; **el traje de baño** bathing suit **13**
el **trámite** step, stage; *pl* proceedings
tranquilo quiet, tranquil **16**
el **transporte** transportation **17**; **el transporte público** public transportation **17**; **los medios de transporte** modes of transportation **17**
trasladarse to move
el **tratamiento** treatment
tratar to try **14**; **tratar de + inf** to try, attempt; **trato hecho** it's a deal **13**
trece thirteen **EP**
treinta thirty **3**
el **tren** train **15**
tres three **EP**
trescientos three hundred **4**
la **tribu** tribe
triste sad **1**
tu *poss adj* your (*fam s*) **EP**
tú *subj pron* you (*fam s*) **EP**
el(la) **turista** tourist **17**
turístico *adj* tourist **15**
tuyo *poss adj and pron* your, yours (*fam s*) **16**

U

u or (used before **o-** or **ho-**) **13**
último last (in a series) **8**; **por**

último finally **8**
un(-a) *indefinite art* a, an, one **1**; **unos(-as)** some, a few, several **1**
la **universidad** university **1**
uno one **EP**
urgente urgent **4**
usar to use **5**
el **uso** use **12**
usted *subj pron* you (*form s*) **1**; *abb* **Ud. 1**; *prep pron* you (*form s*) **4**
ustedes *subj pron* you (*fam and form pl*) **1**; *abb* **Uds. 1**; *prep pron* you (*fam and form pl*) **4**
la **uva** grape **7**
¡Uy! Oh! **15**

V

las **vacaciones** *pl* vacation **15**; **estar de vacaciones** to be on vacation **15**
valer to be worth **15**; **¿Cuánto vale(-n)?** What does it (do they) cost?
el **valor** value, worth
valorar to value **17**
vamos a + inf let's (do something) **3**
varios *pl* several, various **10**
vasco Basque
el **vaso** (drinking) glass **5**
el(la) **vecino(-a)** neighbor **3**
veinte twenty **EP**
veinticinco twenty-five **3**
veinticuatro twenty-four **3**
veintidós twenty-two **3**
veintinueve twenty-nine **3**
veintiocho twenty-eight **3**
veintiséis twenty-six **3**
veintisiete twenty-seven **3**
veintitrés twenty-three **3**
veintiún, veintiuno(-a) twenty-one **3**
el **velero** sailboat **13**
vendar to bandage **14**
el(la) **vendedor(-a)** salesperson **6**; el(la) **vendedor(-a) ambulante** street vendor

vender to sell **2**
venezolano Venezuelan **2**
venir to come **3**
la **venta** sale **12**
la **ventaja** advantage
la **ventana** window **9**
la **ventanilla** teller's window **18**
ver to see **4**; *pp* **visto** seen **16**; **a ver** let's see **12**
el **verano** summer **4**
las **veras** *pl* truth, reality; **de veras** really **13**
el **verbo** verb
la **verdad** truth **4**; **¿verdad?** right?, true? **1**
verde green **2**
el **vestíbulo** lobby **16**
el **vestido** dress **6**
vestirse (**i, i**) to get dressed **8**
la **vez** time (in a series) occasion, instance **9**; **a veces** sometimes, at times **2**; **algunas veces** sometimes **11**; **de vez en cuando** from time to time **8**; **en vez de** instead of **9**; **muchas veces** often **5**; **otra vez** again **11**; **por última vez** for the last time **8**; **tal vez** perhaps, maybe **12**
viajar to travel **2**
el **viaje** trip **15**; **¡Buen viaje!** Have a good trip! **15**; **hacer un viaje** to take a trip **15**
el(la) **viajero(-a)** traveler **15**
la **vida** life **9**
viejo old **2**; *precedes noun* longstanding, old **17**
el **viento** wind **4**; **hace viento** it's windy **4**
el **viernes** Friday **4**
el **vinagre** vinegar **5**
el **vino** wine **5**; **el vino blanco** white wine **5**; **el vino tinto** red wine **5**
la **visa** visa **15**
visitar to visit **2**
la **vista** view **16**
visto *pp* **ver** seen **16**
la **vitamina** vitamin **14**
la **vivienda** housing

vivir to live **2**

el **vocabulario** vocabulary; **el vocabulario activo** active vocabulary

el **vólibol** volleyball **10**

volver (ue) to return **5**; *pp* **vuelto** returned **16**

vosotros(-as) *subj pron* you (*fam pl, Sp*) **1**; *prep pron* you (*fam pl, Sp*) **4**

votar to vote

el **vuelo** flight **15**

vuelto *pp* **volver** returned **16**; **de vuelta** *adj* return **15**

vuestro *poss adj* your (*fam pl, Sp*) **3**; *poss adj and pron* your, yours (*fam pl, Sp*) **16**

Y

y and **EP**

ya already **5**; **ya no** no longer

yo *subj pron* I **1**

Z

la **zapatería** shoe store **6**

el **zapato** shoe **6**; los **zapatos de tenis** tennis shoes **10**

Index

I-45